高等职业教育计算机类课程
新形态一体化教材

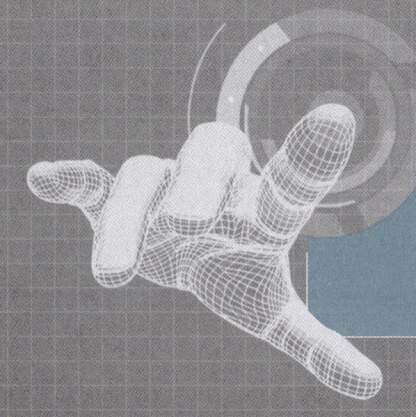

# 信息技术

主　编　周　峰　李　洁　魏汝岩

副主编　杨　林　刘允涛　孙　慧

中国教育出版传媒集团

高等教育出版社·北京

**内容提要**

本书按照教育部颁布的《高等职业教育专科信息技术课程标准（2021年版）》要求，结合高等职业教育教学特色，聚焦课前、课中、课后的学习全过程，构建线上线下混合教学模式，并综合开发多种教学资源。

全书分为基础篇和拓展篇，共10个单元，既包含信息技术基础知识及基本操作，也包含信息技术在各领域中的应用及发展现状。全书以项目化的形式组织各部分教学内容，选取综合、实用的任务串联各知识点，依据学生认知特点，以"学习目标→课前自学→任务介绍→任务实施→课后提升"的结构由浅入深地设计教学内容，在"课后提升"部分又包含温故知新的"巩固提升"和针对全国计算机等级考试一级的"拓展提升"两部分内容，适合不同学习阶段的学生练习并拓展所学知识和技能。

本书配有微课视频、电子课件、任务素材、拓展阅读、教学设计、习题答案等数字化学习资源。与本书配套的数字课程"信息技术"在"智慧职教"平台（www.icve.com.cn）上线，学习者可以登录平台进行在线学习及资源下载，授课教师可以调用本课程构建符合自身教学特色的SPOC课程，详见"智慧职教"服务指南。教师也可发邮件至编辑邮箱1548103297@qq.com获取相关资源。

本书可作为高等职业院校信息技术一级课程的教学用书，也可作为备考全国计算机等级考试及计算机应用基础的参考用书，还可供其他学习信息技术相关基础知识及基本操作的学习者使用。

**图书在版编目（CIP）数据**

信息技术／周峰,李洁,魏汝岩主编. --北京：高等教育出版社,2022.12

ISBN 978-7-04-059538-3

Ⅰ. ①信… Ⅱ. ①周… ②李… ③魏… Ⅲ. ①信息技术-高等职业教育-教材 Ⅳ. ①TP3

中国版本图书馆 CIP 数据核字（2022）第 211141 号

Xinxi Jishu

| 策划编辑 | 刘子峰 | 责任编辑 | 刘子峰 白 颢 | 封面设计 | 赵 阳 | 版式设计 | 张 杰 |
| 责任绘图 | 于 博 | 责任校对 | 窦丽娜 | 责任印制 | 田 甜 |

| 出版发行 | 高等教育出版社 | 网　址 | http://www.hep.edu.cn |
| 社　　址 | 北京市西城区德外大街4号 | | http://www.hep.com.cn |
| 邮政编码 | 100120 | 网上订购 | http://www.hepmall.com.cn |
| 印　　刷 | 北京市白帆印务有限公司 | | http://www.hepmall.com |
| 开　　本 | 787mm×1092mm 1/16 | | http://www.hepmall.cn |
| 印　　张 | 19 | | |
| 字　　数 | 420千字 | 版　次 | 2022年12月第1版 |
| 购书热线 | 010-58581118 | 印　次 | 2022年12月第1次印刷 |
| 咨询电话 | 400-810-0598 | 定　价 | 49.50元 |

本书如有缺页、倒页、脱页等质量问题，请到所购图书销售部门联系调换
版权所有　侵权必究
物 料 号　59538-00

# "智慧职教"服务指南

"智慧职教"(www.icve.com.cn)是由高等教育出版社建设和运营的职业教育数字教学资源共建共享平台和在线课程教学服务平台,与教材配套课程相关的部分包括资源库平台、职教云平台和App等。用户通过平台注册,登录即可使用该平台。

- 资源库平台:为学习者提供本教材配套课程及资源的浏览服务。

登录"智慧职教"平台,在首页搜索框中搜索"信息技术",找到对应作者主持的课程,加入课程参加学习,即可浏览课程资源。

- 职教云平台:帮助任课教师对本教材配套课程进行引用、修改,再发布为个性化课程(SPOC)。

1. 登录职教云平台,在首页单击"新增课程"按钮,根据提示设置要构建的个性化课程的基本信息。

2. 进入课程编辑页面设置教学班级后,在"教学管理"的"教学设计"中"导入"教材配套课程,可根据教学需要进行修改,再发布为个性化课程。

- App:帮助任课教师和学生基于新构建的个性化课程开展线上线下混合式、智能化教与学。

1. 在应用市场搜索"智慧职教icve"App,下载安装。

2. 登录App,任课教师指导学生加入个性化课程,并利用App提供的各类功能,开展课前、课中、课后的教学互动,构建智慧课堂。

"智慧职教"使用帮助及常见问题解答请访问help.icve.com.cn。

# 前言

信息技术课程是高等职业教育各专业学生必修的公共基础课程。信息技术教学是我国建设创新型国家、制造强国、网络强国的重要推动力量。学生通过学习本课程,能够增强信息意识、提升计算思维、促进数字化创新与发展能力、树立正确的信息社会价值观和责任感,为其职业发展、终身学习奠定基础。根据教育部2021年3月颁布的《高等职业教育专科信息技术课程标准(2021年版)》的要求,我们组织了校企"双元"合作的教研专家团队,其中既有来自中国特色高水平高职院校(A档)建设单位——山东商业职业技术学院的优秀教师,也有来自山东省骨干企业——山东道克图文快印公司和中兴协力(山东)数字科技集团有限公司的高级管理人员和技术工程师。本书凝聚了编写团队多年来积累的教学经验和科研成果,充分考虑了高职学生的认识特点和能力需求。

本书由基础篇和拓展篇两部分组成。基础篇是必修内容,是高等职业学校学生提升其信息素养的基础,包含Word 2016文档处理、Excel 2016电子表格处理、PowerPoint 2016演示文稿制作、信息检索、新一代信息技术、信息素养与社会责任6个单元。拓展篇是选修内容,是高等职业教育学生深入理解信息技术、拓展职业能力的基础,包含信息安全、程序设计、大数据、人工智能、云计算、机器人流程自动化、数字媒体、虚拟现实、区块链、现代通信技术、物联网以及信息工程项目管理等内容。各地区、学校和教师可根据国家有关规定,结合地方资源、学校特色、专业需要和学生实际情况,自主确定拓展篇教学内容。

本书具有以下几个特色:

1. 严格按照新课标要求编写而成,贯彻新课标中关于教材、教法的核心思想与指导意见,落实国家关于职业教育相关文件的精神。

2. 本着"一切为了学生"的教育情怀,内容反映学校历次信息技术课程教学改革成果,特别是根据学生的认知规律和企业的人才需求,将新课标中12个拓展模块内容归纳为信息基础技术、信息应用技术、通信工程技术和信息工程项目管理4个单元,便于相关知识的融会贯通与教学组合。

3. 按"案例引入、学做一体、项目实战"的模式组织教材内容,将项目情境和线上线下混合式教学方法灵活结合,有利于教师教学和学生自学。

4. 将班墨工匠精神、祖国壮美山河和优秀企业文化等元素融入案例素材,注重学生的素质教育与素养提升。

5. 校企"双元"合作开发,融入信创内容,特别是重点介绍了我国云计算、大数据、物联网、人工智能、区块链、信息安全等新一代信息技术相关产业和知名企业的发展以及在各行业的应用成果,强化对高素质信息人才"安全可靠、自主可控"和"国产化替代"等意识的培养,凸显产教融合的创新成果。

# 前言

本书由山东商业职业技术学院周峰、李洁和魏汝岩担任主编,杨林、刘允涛、孙慧担任副主编,宋传玲、杜鹃、朱佳、单锦宝、刘悦、韩晶晶、韩蓓、马霞、徐俐、焦丽等参加编写。本书的编写和整理工作由山东商业职业技术学院、山东道克图文快印公司和中兴协力(山东)数字科技集团有限公司共同合作完成。在此感谢所有参与本教材编写和资料收集的教师和工程师的无私支持与奉献,以及所有参与教材论证的专家的大力支持。

由于编者水平有限,本书疏漏及不足之处在所难免,恳请广大读者批评指正。

编　者

2022 年 11 月

# 目录

## 基 础 篇

### 单元 1　Word 2016 文档处理 …………… 2
#### 项目 1-1　文档编辑美化 ………………… 2
【学习目标】 ………………………………… 2
【课前自学】 ………………………………… 2
（一）Word 2016 简介 ……………………… 2
（二）文档的基本操作 ……………………… 3
【课中学习】 ………………………………… 8
任务 1-1："《墨经》的科技之光"文档
编辑排版 …………………………… 8
（一）任务介绍 ……………………………… 8
（二）任务实施 ……………………………… 9
【课后提升】 ………………………………… 12
（一）巩固提升 ……………………………… 12
实训任务 1-1："大学生网络创业交流会
邀请函"编辑排版 ……… 12
（二）拓展提升 ……………………………… 12
实训任务 1-2：对"学院年度工作总结"
文档进行批注与修订 …… 12

#### 项目 1-2　个人简历的制作 ……………… 12
【学习目标】 ………………………………… 12
【课前自学】 ………………………………… 13
（一）表格制作 ……………………………… 13
（二）插入图片与绘制图形 ………………… 13
（三）文本框的应用 ………………………… 14
（四）插入艺术字 …………………………… 15
【课中学习】 ………………………………… 15
任务 1-2："个人简历"文档制作 ………… 15
（一）任务介绍 ……………………………… 15
（二）任务实施 ……………………………… 16

【课后提升】 ………………………………… 23
（一）巩固提升 ……………………………… 23
实训任务 1-3："产品销售表"文档
制作 ……………………… 23
（二）拓展提升 ……………………………… 23
实训任务 1-4："创新产品展示说明会
邀请函"排版制作 ……… 23

#### 项目 1-3　长文档排版 …………………… 24
【学习目标】 ………………………………… 24
【课前自学】 ………………………………… 25
（一）长文档的定义 ………………………… 25
（二）长文档的高效排版 …………………… 25
【课中学习】 ………………………………… 32
任务 1-3："好客山东欢迎您"长文档编辑
排版 ………………………………… 32
（一）任务介绍 ……………………………… 32
（二）任务实施 ……………………………… 32
任务 1-4："古代工匠大师简介"长文档编辑
排版 ………………………………… 42
（一）任务介绍 ……………………………… 42
（二）任务实施 ……………………………… 42
【课后提升】 ………………………………… 54
（一）巩固提升 ……………………………… 54
实训任务 1-5：全国计算机等级考试二级
MS Office 高级应用模拟
练习题 1 ………………… 54
（二）拓展提升 ……………………………… 54
实训任务 1-6：全国计算机等级考试二级
MS Office 高级应用模拟
练习题 2 ………………… 54

I

# 目录

## 单元 2　Excel 2016 电子表格处理 …… 55
### 项目 2-1　数据快速录入及计算 ………… 55
【学习目标】………………………………… 55
【课前自学】………………………………… 55
　　（一）Excel 2016 快速录入 …………… 55
　　（二）Excel 2016 计算公式 …………… 59
【课中学习】………………………………… 65
　任务 2-1：贷款计算 ……………………… 65
　　（一）任务介绍 ………………………… 65
　　（二）任务实施 ………………………… 66
　任务 2-2：期末考试成绩计算 …………… 68
　　（一）任务介绍 ………………………… 68
　　（二）任务实施 ………………………… 68
【课后提升】………………………………… 70
　　（一）巩固提升 ………………………… 70
　　实训任务 2-1：图文店绩效考核信息
　　　　　　　　计算 …………………… 70
　　（二）拓展提升 ………………………… 70
　　实训任务 2-2：学号输入 ……………… 70

### 项目 2-2　函数的使用 …………………… 70
【学习目标】………………………………… 70
【课前自学】………………………………… 71
　　Excel 2016 常用函数 …………………… 71
【课中学习】………………………………… 73
　任务 2-3："山东道克图文公司员工考核表"
　　　　　数据处理 ……………………… 73
　　（一）任务介绍 ………………………… 73
　　（二）任务实施 ………………………… 74
【课后提升】………………………………… 91
　　（一）巩固提升 ………………………… 91
　　实训任务 2-3：员工性别信息的
　　　　　　　　计算 …………………… 91
　　（二）拓展提升 ………………………… 91
　　实训任务 2-4：对考核表进行隔行
　　　　　　　　填色 …………………… 91

### 项目 2-3　对表格进行数据处理及图表的
　　　　　　应用 ……………………… 91
【学习目标】………………………………… 91
【课前自学】………………………………… 92
　　（一）格式化表格 ……………………… 92
　　（二）数据处理 ………………………… 93
【课中学习】………………………………… 102
　任务 2-4："开支明细表"整理与分析 …… 102
　　（一）任务介绍 ………………………… 102
　　（二）任务实施 ………………………… 103
【课后提升】………………………………… 110
　　（一）巩固提升 ………………………… 110
　　实训任务 2-5："股票走势数据表"
　　　　　　　　处理 …………………… 110
　　（二）拓展提升 ………………………… 111
　　实训任务 2-6："产品销售表"统计
　　　　　　　　分析 …………………… 111

## 单元 3　PowerPoint 2016 演示文稿制作 … 112
### 项目 3-1　主题演示文稿的策划与制作 …… 112
【学习目标】………………………………… 112
【课前自学】………………………………… 112
　　（一）PowerPoint 2016 简介 ………… 112
　　（二）幻灯片的主界面 ………………… 112
　　（三）幻灯片视图 ……………………… 113
　　（四）幻灯片母版 ……………………… 114
　　（五）演示文稿的组织结构 …………… 115
【课中学习】………………………………… 116
　任务 3-1："壮美五岳.pptx"展示幻灯片
　　　　　制作 …………………………… 116
　　（一）任务介绍 ………………………… 116
　　（二）任务实施 ………………………… 116
【课后提升】………………………………… 132
　　（一）巩固提升 ………………………… 132
　　实训任务 3-1："我和我的家乡"幻灯片
　　　　　　　　制作 …………………… 132
　　（二）拓展提升 ………………………… 132
　　实训任务 3-2："天河二号超级计算机"
　　　　　　　　演示文稿制作 ………… 132

### 项目 3-2　主题演示文稿的动画制作与
　　　　　　美化 ……………………… 133
【学习目标】………………………………… 133
【课前自学】………………………………… 134
　　（一）幻灯片的动画窗口 ……………… 134

（二）幻灯片的切换窗口 …………… 134
（三）幻灯片的制作技巧 …………… 135
【课中学习】 ……………………………… 139
任务 3-2:"壮美五岳.pptx"展示幻灯片
制作 ……………………………… 139
（一）任务介绍 ……………………… 139
（二）任务实施 ……………………… 139
【课后提升】 ……………………………… 146
（一）巩固提升 ……………………… 146
实训任务 3-3:"我和我的家乡"幻灯片
细节展示 ………………… 146
（二）拓展提升 ……………………… 147
实训任务 3-4:"产品信息"展示幻灯片
制作 …………………… 147

## 单元 4 信息检索 …………………………… 148

项目 4-1 了解信息检索 …………………… 148
【学习目标】 ……………………………… 148
【课前自学】 ……………………………… 148
（一）信息与信息资源 ……………… 148
（二）信息检索概述 ………………… 150
【课中学习】 ……………………………… 151
任务 4-1:在中国政府网中检索信息 … 151
（一）任务介绍 ……………………… 151
（二）任务实施 ……………………… 151
任务 4-2:登录爱课程网 ……………… 154
（一）任务介绍 ……………………… 154
（二）任务实施 ……………………… 155
【课后提升】 ……………………………… 156
实训任务 4-1:使用搜索引擎搜索并
登录教育部官网 ………… 156
项目 4-2 信息检索应用 …………………… 157
【学习目标】 ……………………………… 157
【课前自学】 ……………………………… 157
（一）信息检索的原理 ……………… 157
（二）信息检索的类型 ……………… 157
（三）信息检索方法及步骤 ………… 158
（四）信息检索的技巧 ……………… 158
【课中学习】 ……………………………… 161

任务 4-3:使用百度搜索引擎检索就业
信息 ……………………………… 161
（一）任务介绍 ……………………… 161
（二）任务实施 ……………………… 162
任务 4-4:利用知网检索期刊论文 …… 164
（一）任务介绍 ……………………… 164
（二）任务实施 ……………………… 164
【课后提升】 ……………………………… 165
实训任务 4-2:使用搜索引擎搜集心仪
企业的相关信息 ………… 165

## 单元 5 新一代信息技术 …………………… 166

项目 5 认识新一代信息技术 ……………… 166
【学习目标】 ……………………………… 166
【课前自学】 ……………………………… 166
新一代信息技术概述 ………………… 166
【课中学习】 ……………………………… 167
（一）大数据 ………………………… 167
（二）人工智能 ……………………… 171
（三）云计算 ………………………… 174
（四）量子信息 ……………………… 177
（五）移动通信 ……………………… 179
（六）物联网 ………………………… 181
（七）区块链 ………………………… 183
【课后提升】 ……………………………… 185
实训任务 5:了解新一代信息技术与
其他产业的融合发展 …… 185

## 单元 6 信息素养与社会责任 ……………… 190

项目 6 了解信息素养与社会责任 ………… 190
【学习目标】 ……………………………… 190
【课前自学】 ……………………………… 190
（一）信息素养 ……………………… 190
（二）信息技术发展史 ……………… 191
【课中学习】 ……………………………… 192
（一）信息安全 ……………………… 192
（二）信息素养与社会责任 ………… 195
（三）国产化替代 …………………… 198
【课后提升】 ……………………………… 199
实训任务 6:网络诈骗认知与防范 …… 199

# 目录

## 拓 展 篇

### 单元 7 信息基础技术 ·············· 204
#### 项目 7-1 信息安全 ·············· 204
【信息安全认知】·············· 204
　　(一) 信息安全概述 ·············· 204
　　(二) 信息安全的定义和基本特征 ·············· 204
　　(三) 信息安全主流技术和设备 ·············· 205
【信息安全项目实施】·············· 209
　　(一) 项目描述 ·············· 209
　　(二) 知识准备 ·············· 209
　　(三) 项目实施 ·············· 210
　　(四) 项目总结 ·············· 212
【信息安全项目拓展】·············· 212
　　(一) 项目描述 ·············· 212
　　(二) 项目要求 ·············· 212

#### 项目 7-2 程序设计 ·············· 213
【程序设计认知】·············· 213
　　(一) 计算机语言 ·············· 213
　　(二) 编程语言 ·············· 214
　　(三) 计算机程序 ·············· 215
【程序设计项目实施】·············· 215
　　(一) 项目描述 ·············· 215
　　(二) 知识准备 ·············· 215
　　(三) 项目实施 ·············· 217
　　(四) 项目总结 ·············· 217
【程序设计项目拓展】·············· 218
　　(一) 项目描述 ·············· 218
　　(二) 项目要求 ·············· 218

#### 项目 7-3 大数据 ·············· 219
【大数据认知】·············· 219
　　(一) 大数据的定义 ·············· 219
　　(二) 大数据的特征 ·············· 219
　　(三) 大数据技术 ·············· 220
【大数据项目实施】·············· 221
　　(一) 项目描述 ·············· 221
　　(二) 知识准备 ·············· 221
　　(三) 项目实施 ·············· 221
　　(四) 项目总结 ·············· 226
【大数据项目拓展】·············· 227
　　(一) 项目描述 ·············· 227
　　(二) 项目要求 ·············· 227

#### 项目 7-4 人工智能 ·············· 228
【人工智能认知】·············· 228
　　(一) 人工智能概述 ·············· 228
　　(二) 人工智能主要分支 ·············· 228
　　(三) 人工智能与机器学习/深度学习的关系 ·············· 229
　　(四) 人工智能的 4 种类型 ·············· 229
【人工智能项目实施】·············· 230
　　(一) 项目描述 ·············· 230
　　(二) 知识准备 ·············· 230
　　(三) 项目实施 ·············· 231
　　(四) 项目总结 ·············· 234
【人工智能项目拓展】·············· 234
　　(一) 项目描述 ·············· 234
　　(二) 项目要求 ·············· 234

#### 项目 7-5 云计算 ·············· 235
【云计算认知】·············· 235
　　(一) 云计算概述 ·············· 235
　　(二) 云计算架构 ·············· 235
　　(三) 云计算常见应用 ·············· 236
【云计算项目实施】·············· 236
　　(一) 项目描述 ·············· 236
　　(二) 知识准备 ·············· 236
　　(三) 项目实施 ·············· 238
　　(四) 项目总结 ·············· 241
【云计算项目拓展】·············· 241
　　(一) 项目描述 ·············· 241
　　(二) 项目要求 ·············· 241

### 单元 8 信息应用技术 ·············· 242
#### 项目 8-1 机器人流程自动化 ·············· 242
【机器人流程自动化认知】·············· 242
　　(一) 机器人流程自动化概念 ·············· 242

（二）RPA 开发平台 ·················· 242
　　　（三）RPA 的部署模式 ················ 243
　【机器人流程自动化项目实施】············ 244
　　　（一）项目描述 ····················· 244
　　　（二）知识准备 ····················· 244
　　　（三）项目实施 ····················· 245
　　　（四）项目总结 ····················· 247
　【机器人流程自动化项目拓展】············ 247
　　　（一）项目描述 ····················· 247
　　　（二）项目要求 ····················· 248
项目 8-2　数字媒体 ························ 248
　【数字媒体认知】······················· 248
　　　（一）数字媒体概述 ················· 248
　　　（二）数字媒体分类 ················· 248
　　　（三）数字媒体技术 ················· 248
　【数字媒体项目实施】··················· 249
　　　（一）项目描述 ····················· 249
　　　（二）知识准备 ····················· 249
　　　（三）项目实施 ····················· 253
　　　（四）项目总结 ····················· 254
　【数字媒体项目拓展】··················· 254
　　　（一）项目描述 ····················· 254
　　　（二）项目要求 ····················· 254
项目 8-3　虚拟现实 ························ 255
　【虚拟现实认知】······················· 255
　　　（一）虚拟现实的概念 ··············· 255
　　　（二）虚拟现实的特点 ··············· 255
　　　（三）虚拟现实的关键技术 ··········· 256
　　　（四）虚拟现实的应用 ··············· 256
　【虚拟现实项目实施】··················· 257
　　　（一）项目描述 ····················· 257
　　　（二）项目准备 ····················· 257
　　　（三）项目实施 ····················· 258
　　　（四）项目总结 ····················· 259
　【虚拟现实项目拓展】··················· 259
　　　（一）项目描述 ····················· 259
　　　（二）项目要求 ····················· 259

项目 8-4　区块链 ·························· 260
　【区块链认知】························· 260
　　　（一）区块链的定义 ················· 260
　　　（二）区块链的核心技术 ············· 260
　　　（三）区块链的特点 ················· 262
　【区块链项目实施】····················· 263
　　　（一）项目描述 ····················· 263
　　　（二）知识准备 ····················· 263
　　　（三）项目实施 ····················· 264
　　　（四）项目总结 ····················· 265
　【区块链项目拓展】····················· 265
　　　（一）项目描述 ····················· 265
　　　（二）项目要求 ····················· 265

单元 9　通信工程技术 ······················ 266
项目 9-1　现代通信技术 ···················· 266
　【现代通信技术认知】··················· 266
　　　（一）现代通信技术的概念 ··········· 266
　　　（二）现代通信系统的类型 ··········· 266
　　　（三）现代通信设备 ················· 267
　【现代通信技术项目实施】··············· 270
　　　（一）项目描述 ····················· 270
　　　（二）知识准备 ····················· 270
　　　（三）项目实施 ····················· 272
　　　（四）项目总结 ····················· 273
　【现代通信技术项目拓展】··············· 273
　　　（一）项目描述 ····················· 273
　　　（二）项目要求 ····················· 273
项目 9-2　物联网 ·························· 274
　【物联网认知】························· 274
　　　（一）物联网的概念 ················· 274
　　　（二）物联网的体系架构 ············· 274
　　　（三）物联网的主要特点 ············· 275
　　　（四）物联网应用 ··················· 275
　【物联网项目实施】····················· 276
　　　（一）项目描述 ····················· 276
　　　（二）知识准备 ····················· 276
　　　（三）项目实施 ····················· 278
　　　（四）项目总结 ····················· 280

# 目录

【物联网项目拓展】 ·················· 281
 （一）项目描述 ·················· 281
 （二）项目要求 ·················· 281

## 单元 10　信息工程项目管理 ·········· 282
### 项目 10　项目管理 ·················· 282
【项目管理认知】 ·················· 282
 （一）项目管理概述 ·················· 282
 （二）项目设计流程 ·················· 283

 （三）项目实施监控 ·················· 285

【项目管理项目实施】 ·················· 286
 （一）项目描述 ·················· 286
 （二）项目实施 ·················· 286
 （三）项目总结 ·················· 288

【项目管理项目拓展】 ·················· 289
 （一）项目描述 ·················· 289
 （二）项目要求 ·················· 289

参考文献 ································· 290

# 基 础 篇

- 单元1　Word 2016 文档处理
- 单元2　Excel 2016 电子表格处理
- 单元3　PowerPoint 2016 演示文稿制作
- 单元4　信息检索
- 单元5　新一代信息技术
- 单元6　信息素养与社会责任

# 单元1　Word 2016 文档处理

## 项目1-1　文档编辑美化

【学习目标】

1. 知识目标

1）熟悉 Word 2016 的工作环境。
2）掌握 Word 2016 的基本操作。
3）掌握文本字体、字形、段落格式设置的方法。
4）掌握页面设置的方法。
5）掌握分栏设置的方法。

2. 能力目标

1）能够根据需求进行文档版面设计。
2）能够针对需求进行文档美化。

3. 素质目标

1）学习中国传统文化,培养爱国主义情怀和民族自豪感。
2）具有团队精神,能够和团队成员协商,共同完成实训任务。

【课前自学】

（一）Word 2016 简介

微软公司发布的 Microsoft Office 2016 办公软件套装沿用了 2010 版本的功能区界面,保持了直观、便捷的操作特性。与以往版本相比,Office 2016 在功能、稳定性、兼容性方面有明显提升,已成为目前应用最广的办公软件套装之一。

Office 2016 中的文档工具——Word 2016 提供了强大的文字、表格和图片的编辑处理,以及文档合并和审阅、批注等功能,在人们的日常工作和生活中得到了广泛应用。本项目通过案例的编排操作,学习文本编排、文档美化、版面设计和操作技巧等知识,从而熟练掌握 Word 2016 的相关知识与操作技能。

单元 1　Word 2016 文档处理

## (二) 文档的基本操作

Word 2016 的基本操作包括文档的新建、打开、保存、另存为及关闭等。

### 1. 新建文档

方法 1：右击系统桌面，在弹出的快捷菜单中选择"新建"→"Microsoft Word 文档"命令。

方法 2：启动 Word 2016，选择"文件"选项卡，单击"新建"→"空白文档"选项，如图 1-1 所示。

微课 1-1：
新建 Word 文档

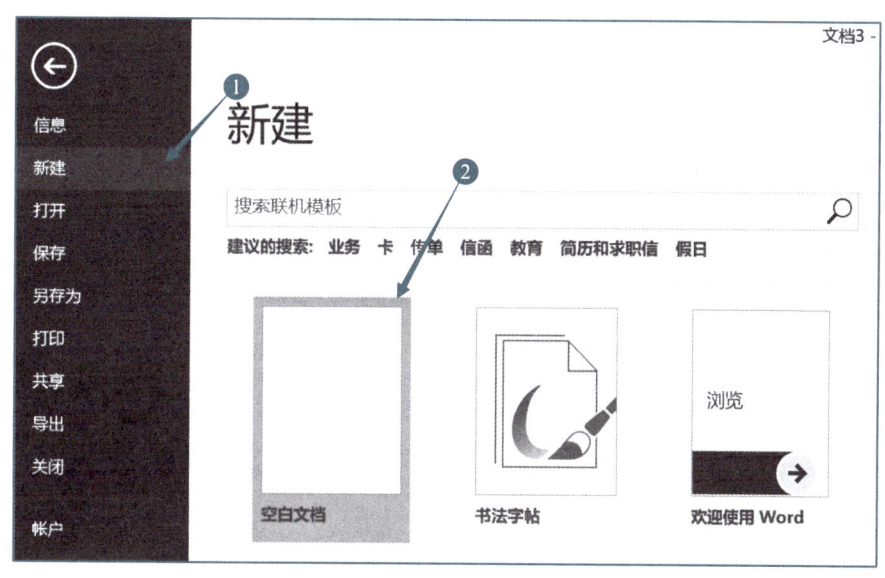

图 1-1　新建空白文档

在新建的空白文档中录入文本内容，如图 1-2 所示。

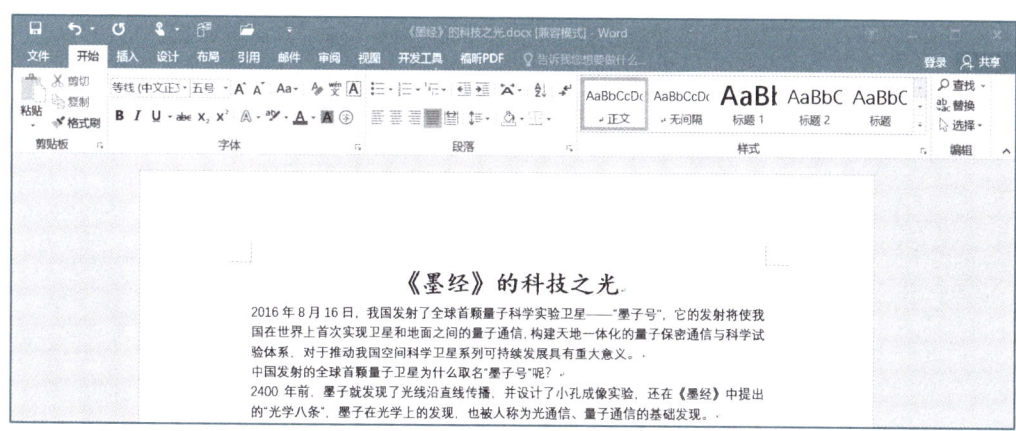

图 1-2　录入文本

### 2. 美化文档

Word 2016 提供了各种工具使文本变得美观醒目，如对文本、段落、页面等文档格

微课 1-2：
美化 Word 文档

式进行设置来美化文档,从而帮助用户更轻松自如地阅读文档。

(1) 设置文本格式

如果想使文本变美观,就需要设置其格式,如调整文本的字体、字号、字形、颜色、字符间距等。恰当地设置格式不仅有助于美化文档,还能增强信息的传递能力。

方法1:选择"开始"选项卡,在"字体"选项组中设置字体、字号、加粗、倾斜、下划线、文本效果、颜色等,如图1-3所示。

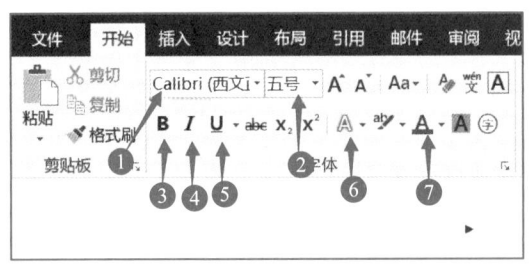

图1-3 设置字体字形

方法2:单击"字体"选项组的对话框启动器按钮,打开"字体"对话框设置中文字体、西文字体、字形、字号及字体颜色等,如图1-4所示;设置字符间距,如图1-5所示。

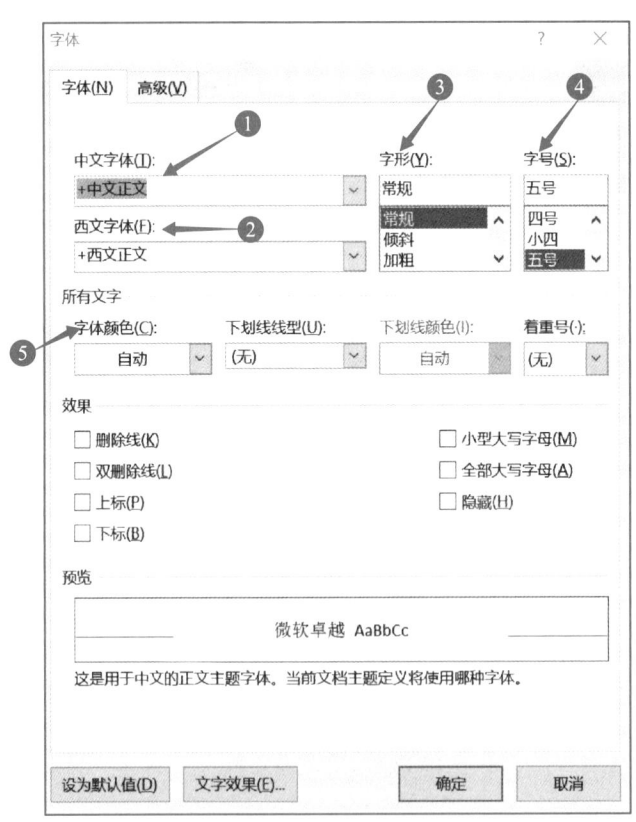

图1-4 "字体"对话框

图 1-5 设置字符间距

(2) 设置段落格式

设置段落格式可以使文档结构层次分明、规范统一、排列整齐,从而增强文档的整体美感和可读性。

方法 1:选择"开始"选项卡,在"段落"选项组中可以设置项目符号、编号、段落缩进和间距、文本的对齐、底纹和边框等,如图 1-6 所示。

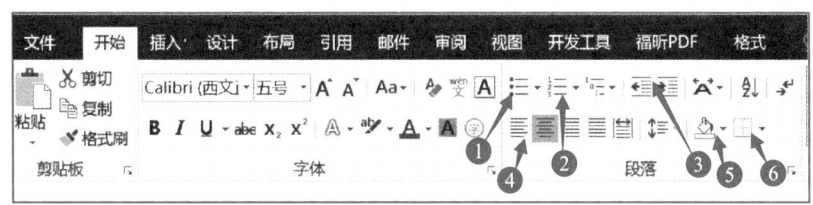

图 1-6 设置段落格式

文本行距大小设置要合适,应与文本字符大小成正比。可调整行距的倍值、最小值、固定值。默认为单倍行距。行距若设为固定值,字符高度超过行距部分则不显示。各级标题常设置段前、段后的距离来调整标题间、标题与正文间的距离,其值的大小应与各级别标题相适应。

方法 2:选择"开始"选项卡,单击"段落"选项组的对话框启动器按钮。在"段落"对话框中可以设置对齐方式、左右缩进、特殊格式、段前和段后间距、行距等，如图 1-7 所示。

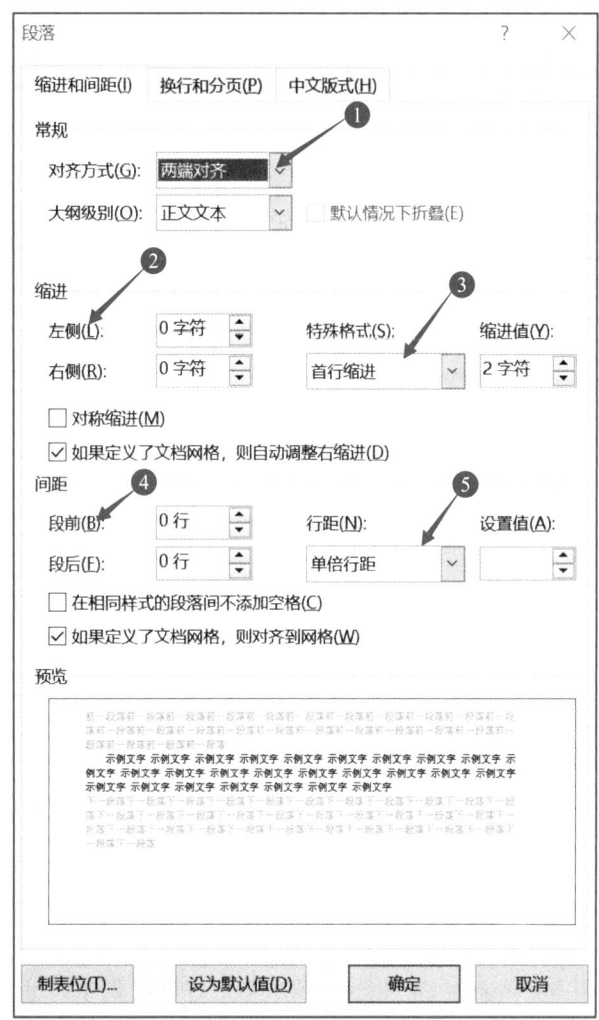

图 1-7 "段落"对话框

（3）设置页面格式

设置页面格式是调整文档在纸张页面上布局和位置。

方法 1：单击"布局"选项卡，在"页面设置"选项组中可以设置页边距、纸张方向、纸张大小等。如图 1-8 所示。

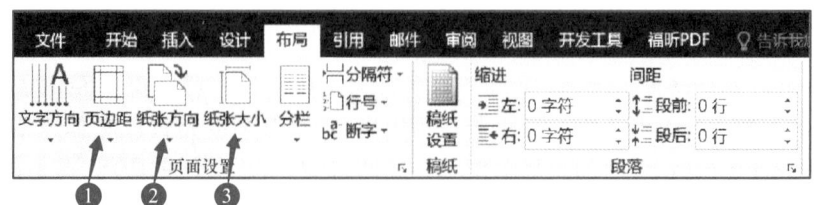

图 1-8 设置页面格式

方法 2：选择"布局"选项卡，单击"页面设置"选项组的对话框启动器按钮，在"页面设置"对话框中设置页边距、纸张方向、页码范围等，如图 1-9 所示。

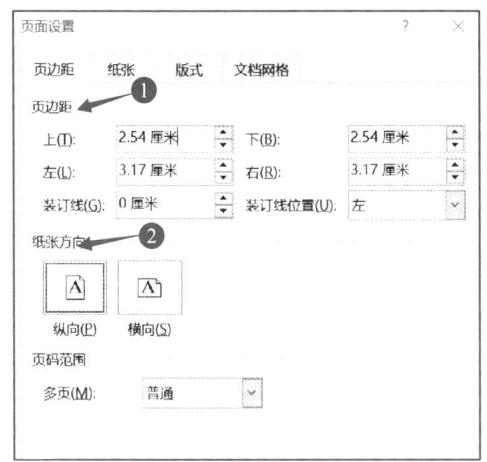
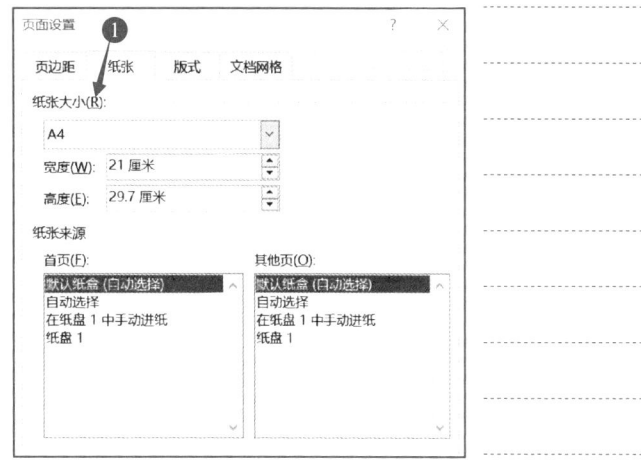

图 1-9 "页面设置"对话框

（4）查找和替换文字

使用查找和替换功能可以快速查找和替换文档中的指定文本或字符。

选择"开始"选项卡，单击"编辑"选项组中的"替换"按钮，打开"查找和替换"对话框进行设置，如图 1-10 所示。

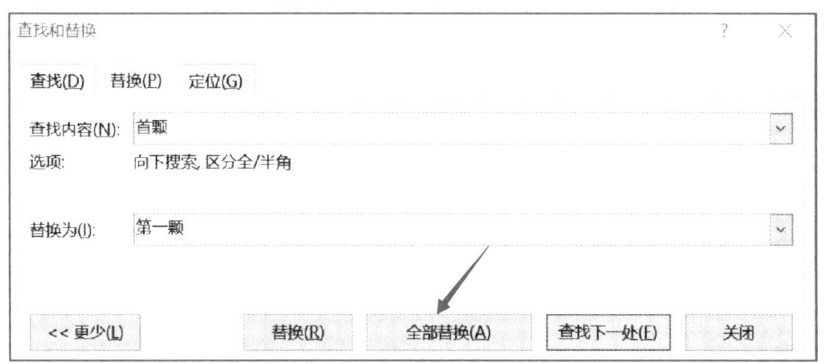

图 1-10 "查找和替换"对话框

（5）设置文本分栏

设置文本分栏可以设置分栏样式选择、分栏选择、栏宽和栏距等，从而改变文本的页面布局，调整文本的显示效果。

选择"布局"选项卡，单击"页面设置"选项组"分栏"下拉按钮，选择"更多分栏"，在"分栏"对话框设置栏数、宽度、栏宽是否相等、分隔线等，如图 1-11 所示。

**3．保存文档**

方法 1：单击工具栏中的"保存"按钮。

微课 1-3：
保存和关闭文档

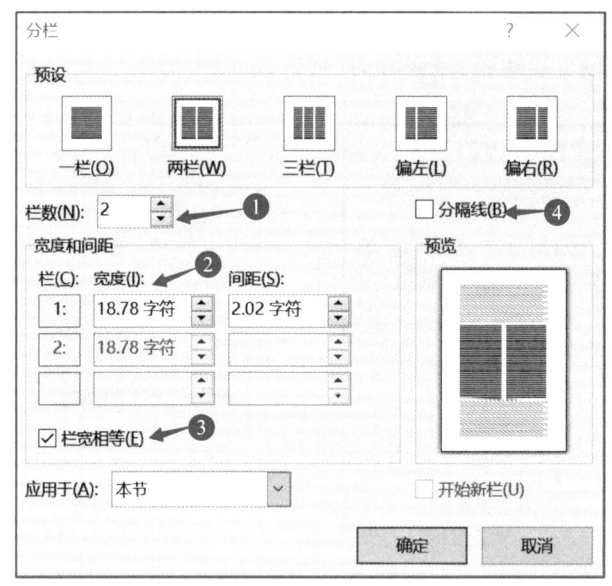

图 1-11 文档分栏

方法 2：按 Ctrl+S 组合键。

方法 3：选择"文件"选项卡中的"保存"或"另存为"命令。

4．关闭文档

方法 1：单击标题栏中的"关闭"按钮。

方法 2：选择"文件"选项卡中的"关闭"命令。

方法 3：按 Alt+F4 组合键。

## 【课中学习】

### 任务 1-1："《墨经》的科技之光"文档编辑排版

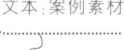

#### （一）任务介绍

学校开展科普周活动，小明想制作一份介绍中国古代科学发展的文档向同学进行展示。他决定使用 Word 2016 对文档进行排版，具体任务要求如下：

1）打开素材文档，将标题"《墨经》的科技之光"设置为楷体、一号字、加粗、居中对齐、字符间距加宽 2 磅。

2）将正文设置为宋体、小四号字。

3）将正文段落设置为首行缩进 2 字符。

4）将正文中多余的空行删掉。

5）将正文的段落间距设置为段前 0.5 行、段后 0.5 行。

6）将最后一段文本取消首行缩进、首字下沉 2 行。

7）将前四段文本设置为等宽的两栏显示，并添加分隔线。

8）将上下左右页边距分别设置为 2.3 厘米、2.3 厘米、3 厘米、3 厘米并保存文档。

## (二)任务实施

1)打开文档,选中标题文字"《墨经》的科技之光",选择"开始"选项卡,在"字体"选项组的"字体"下拉列表框中选择"楷体",在"字号"下拉列表框中选择"一号",单击"加粗"按钮,在"段落"选项组中选择"居中对齐",如图 1-12 所示。

微课 1-4:
文档编辑排版

图 1-12 设置标题

2)单击"字体"选项组的对话框启动器按钮,打开"字体"对话框。单击"高级"选项卡,在"间距"下拉列表框中选择"加宽",在"磅值"数值框中输入"2 磅",如图 1-13 所示。

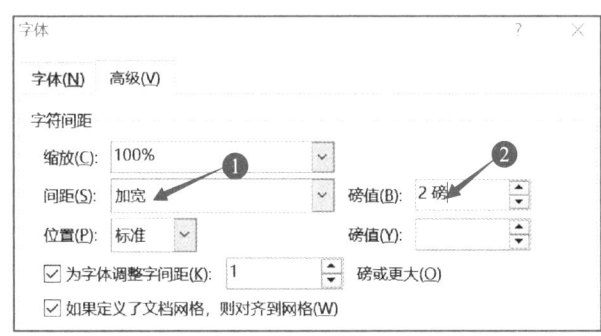

图 1-13 设置字符间距

3)选中正文文本,在"字体"选项组中设置"字体"为"宋体","字号"为"小四"。

4)选中正文文本,在"开始"选项卡中单击"段落"选项组的对话框启动器按钮,打开"段落"对话框,在"特殊格式"下拉列表框中选择"首行缩进",在"缩进值"下拉列表框中选择"2 字符",如图 1-14 所示。

5)选中正文段落,选择"开始"选项卡,单击"编辑"选项组中的"替换"按钮,打开"查找和替换"对话框。将光标定位在"查找内容"文本框,再单击"特殊格式"下拉按钮,选择"段落标记",在"查找内容"文本框中插入两个段落标记"^p^p"。将光标定位在"替换为"文本框中,插入一个段落标记"^p",单击"全部替换"按钮,如图 1-15 所示。

6)选中正文段落,选择"开始"选项卡,单击"段落"选项组的对话框启动器按钮,打开"段落"对话框,设置段前和段后间距为"0.5 行"。

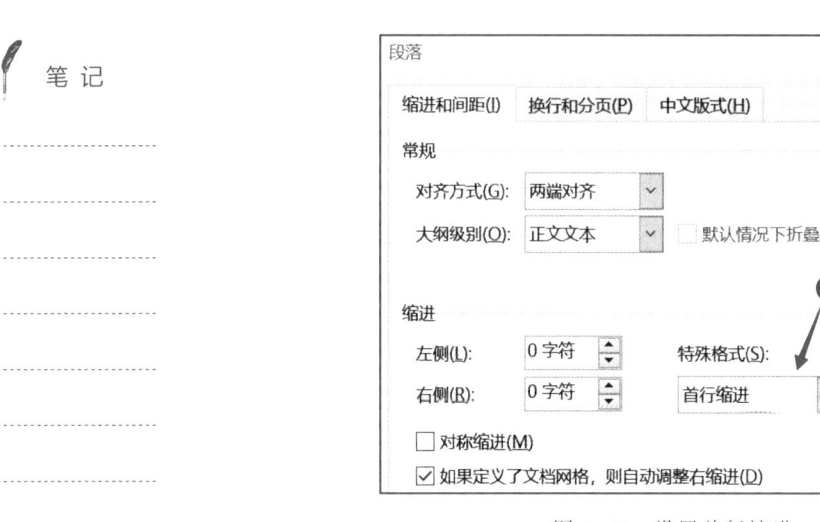

图 1-14 设置首行缩进

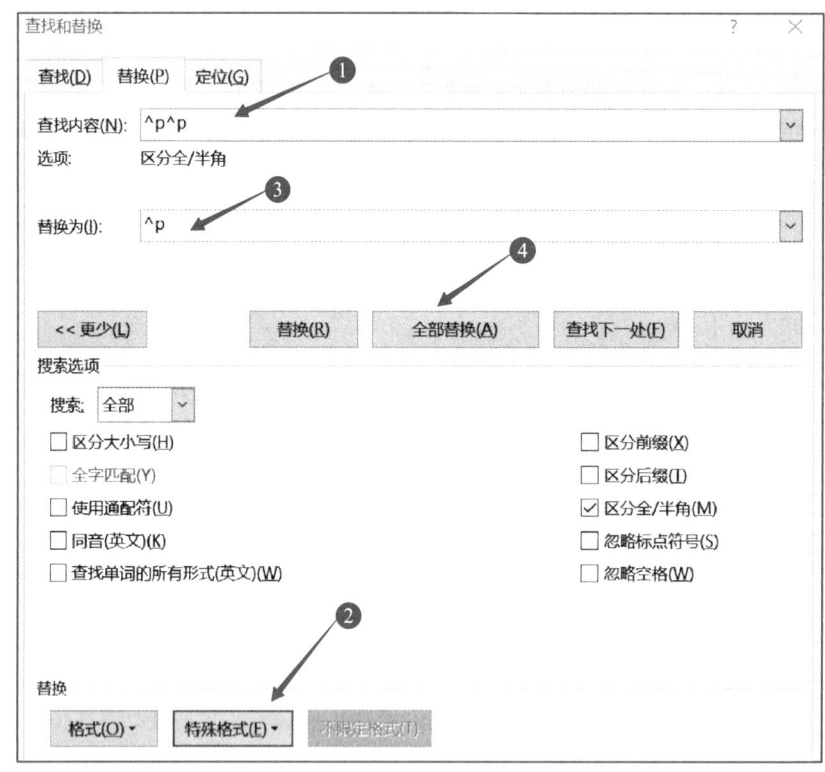

图 1-15 "查找和替换"对话框

7)选中最后一段文字,选择"开始"选项卡,单击"段落"选项组的对话框启动器按钮,打开"段落"对话框,在"特殊格式"下拉列表框中选择"无"。

8)选择"插入"选项卡,单击"文本"选项组的"首字下沉"按钮,在"首字下沉"对话框中选择"下沉",在"下沉行数"数值框输入 2,如图 1-16 所示。

9)选中前四段文本,选择"布局"选项卡,在"页面设置"选项组的"分栏"下拉列表框中选择"更多分栏",打开"分栏"对话框,选择"两栏",再选中"栏宽相等"和"分隔线"复选框,如图 1-17 所示。

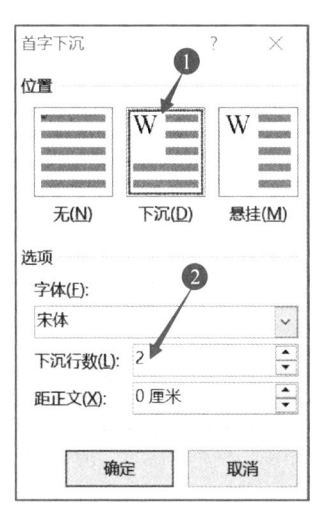

图 1-16 设置首字下沉

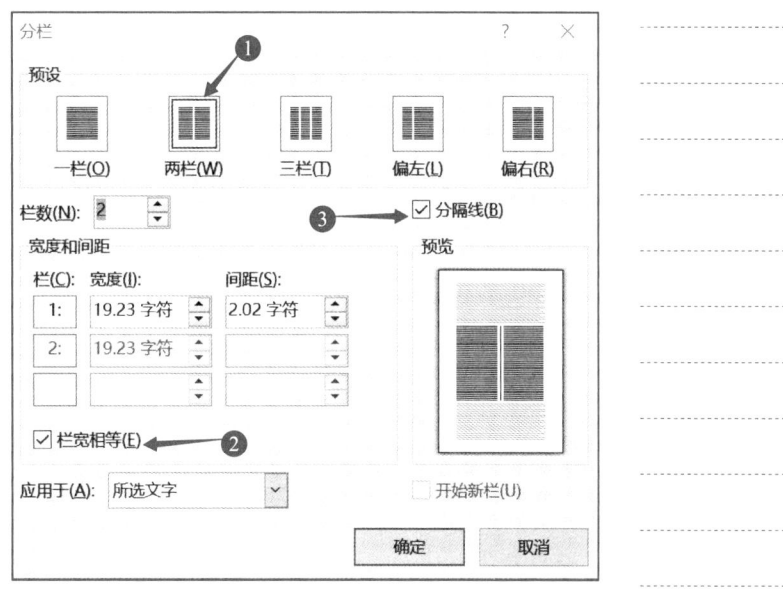

图 1-17 设置分栏

10）选择"布局"选项卡,单击"页面设置"选项组的对话框启动器按钮,分别在"页面设置"对话框中的上、下、左、右页边距数值框中输入 2.3 厘米、2.3 厘米、3 厘米和 3 厘米,如图 1-18 所示。

图 1-18 设置页边距

11）保存文档。

## 【课后提升】

### （一）巩固提升

实训任务1-1："大学生网络创业交流会邀请函"编辑排版

学校学生会计划举办一场大学生网络创业交流会，拟邀请部分专家和老师来校讲座。因此，校学生会外联部需要制作一批邀请函，并分别递送给拟邀请的专家和老师。具体要求如下：

1）打开名为"Word素材.docx"的文件，调整文档版面。设置页面高度为18厘米、宽度为30厘米，上下页边距为2厘米，左右页边距为3厘米。

2）将素材文件夹下名为"背景图片.jpg"的图片设置为邀请函背景。

3）根据名为"Word-邀请函参考样式.docx"的文件，调整邀请函中文字的字体、字号和颜色。

4）调整邀请函中文字段落对齐方式。

5）调整邀请函中"大学生网络创业交流会"和"邀请函"两个段落的间距。

6）在文字"尊敬的"和"（老师）"之间，插入拟邀请的专家和老师的姓名，拟邀请的专家和老师姓名在名为"通讯录.xlsx"的文件中。每张邀请函中只能填写1位专家或老师的姓名，所有的邀请函页面请另外保存在一个名为"Word-邀请函.docx"的文件中。

### （二）拓展提升

实训任务1-2：对"学院年度工作总结"文档进行批注与修订

期末了，办公室职员小新准备年终工作总结。学院下设多个部门，总结需要各部门领导进行批阅，并保留修改痕迹。小新想到使用Word的审阅功能来完成工作。

1）对"学院年度工作总结"文档设置批注，选中某段文字，单击"新建注释"按钮，并输入文字"删除此句"。

2）设置"学院年度工作总结"文档为修订模式。

3）接受一条修订。

# 项目1-2 个人简历的制作

## 【学习目标】

**1. 知识目标**

1）掌握文本框的基本操作。

2）掌握文本主题颜色的设置方法。

3）掌握表格的制作与应用方法。

4）掌握图片与艺术字的操作。

5）了解模板的操作流程。

**2. 能力目标**

1）能够根据需要设计封面。

2）能够对封面的文本进行美化。

3）能够设计制作个人简历。

**3. 素质目标**

1）培养精益求精的品质。

2）提升审美能力，培养创新思维。

【课前自学】

### （一）表格制作

Word 2016 的文字处理功能非常强大，然而在实际使用时，可能还需要处理或制作如申请表、登记表、值班表、个人信息表等表格。在 Word 2016 中，制作表格有 5 种方法：插入表格、绘制表格、文本转换成表格、快速表格和 Excel 表格。此外，在表格中可以插入文字、数字和图片等元素。

选择"插入"选项卡，单击"表格"下拉按钮，插入一个 4 行 3 列的表格，如图 1-19 所示。

微课 1-5：
表格制作

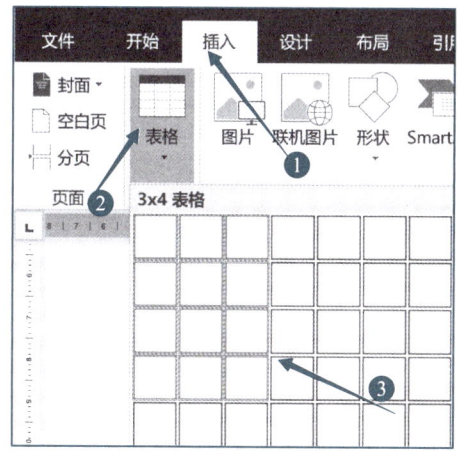

图 1-19　插入 4 行 3 列的表格

### （二）插入图片与绘制图形

在 Word 2016 中插入图片，有助于提升文档版面的美感。在调研报告中或者是在简历中的适当位置插入图片，会提升文档的可读性。Word 2016 可插入的元素包括线条、基本几何形状、箭头、公式、流程图、星与旗帜、标注等类型。通过组合不同类型的自选图形，可以制作出不同效果的图形。添加图片与绘制图形在 Word 2016 中的位置，如图 1-20 所示。

微课 1-6：
插入图片与绘制图形

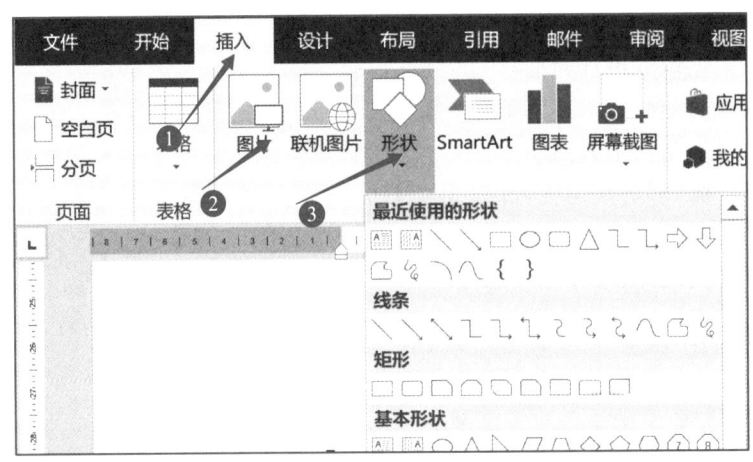

图1-20 插入图片与绘制图形

微课1-7:
文本框的应用

### (三) 文本框的应用

用Word 2016中编辑文档时,为了版面效果,有时需要插入文本框。文本框是在文档的编辑区中独立绘制的区域,分横排和竖排两种模式。横排文本框的文字从左向右水平排列,竖排文本框的文字从上向下垂直排列。在文本框中可以输入文字、绘制图形、插入图片等。

方法1:选择"插入"选项卡,单击"文本"选项组中的"文本框"下拉按钮,选择"绘制文本框"或"绘制竖排文本框"命令,如图1-21所示。鼠标指针变为十字形,单击即可生成一个默认尺寸的文本框。

笔记

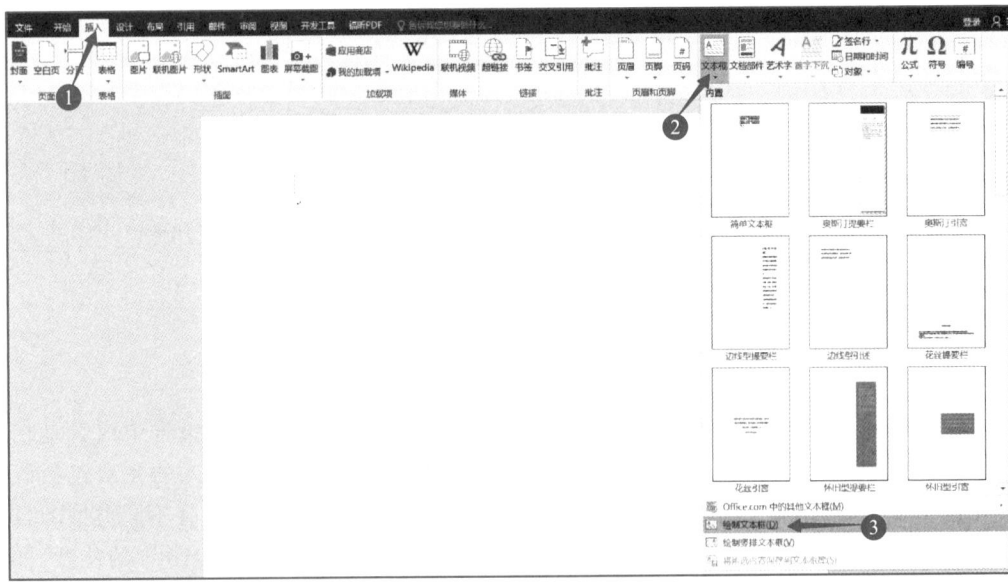

图1-21 通过"文本"选项组添加"文本框"

方法2:选择"插入"选项卡,单击"插图"选项组中的"形状"下拉按钮,选择"最近使用形状"选项组中的横排文本框或竖排文本框,如图1-22所示。

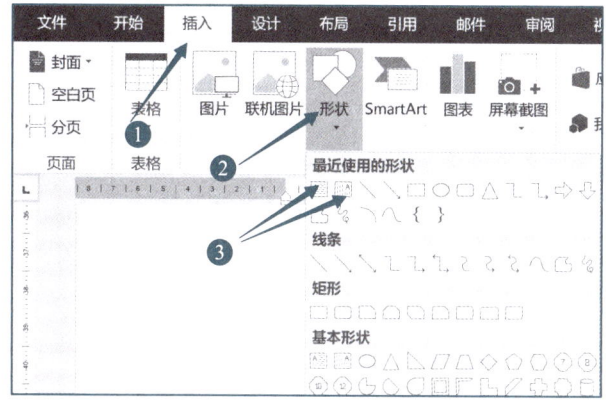

图1-22 通过"插图"选项组添加文本框

### (四)插入艺术字

艺术字在Word 2016中被广泛使用,能够提升文档版面美感。

方法1:选中文档中要制作的文字,选择"插入"选项卡单击"文本"组中的"艺术字"下拉按钮,选择要制作的艺术字形状,再单击"确定"按钮,如图1-23所示。

微课1-8:
插入艺术字

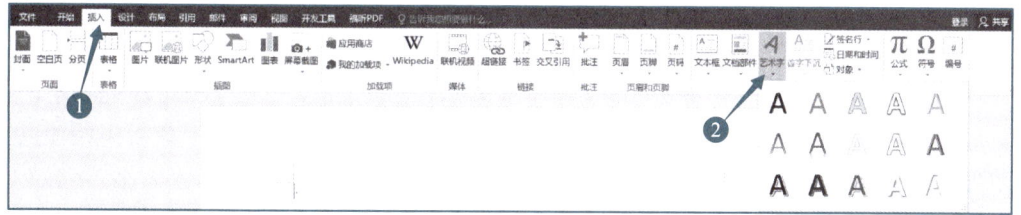

图1-23 添加艺术字

方法2:选中文档中要制作的文字,选择"绘图工具|格式"选项卡,对形状效果、文本效果、大小和排列进行设置,如图1-24所示。

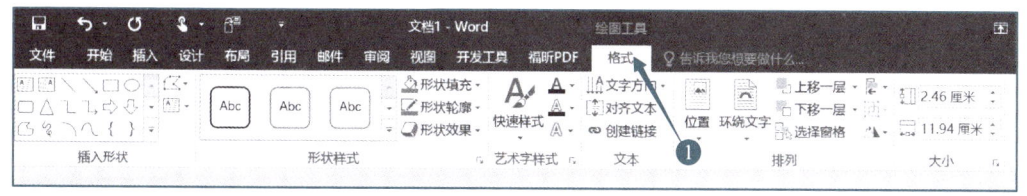

图1-24 设置艺术字

### 【课中学习】

任务1-2:"个人简历"文档制作

### (一)任务介绍

张静是一名大学本科三年级学生,她计划暑期去一家公司实习。为获得实习机会,

文本:案例素材

她打算用 Word 2016 制作一份简洁的个人简历,具体要求如下:

1)调整文档版面,设置纸张大小为 A4、上下页边距为 2.5 厘米、左右页边距为 3.2 厘米。

2)在适当的位置插入橙色和白色的两个矩形,其中橙色矩形占满 A4 幅面,文字环绕方式设置为"浮于文字上方",作为简历的背景。

3)参照示例文件,插入橙色的圆角矩形,并输入文字"实习经验"。

4)参照示例文件,插入文本框并输入文字,调整文字的字体、字号、位置和颜色。其中文中"张静"应为标准色橙色的艺术字,"寻求能够……"文本部分的效果设置为跟随路径的上弯弧效果。

5)根据页面布局,插入名为"1.png"的图片,依据样例进行裁剪和调整。分别插入名为 2.jpg、3.jpg、4.jpg 的图片,并调整位置。

6)参照示例文件,插入形状中橙色线条类型箭头,插入"SmartArt"图形,并进行适当调整。

7)参照示例文件,在"促销活动分析"等 4 处描述个人能力的内容使用项目符号"对勾",在"曾任班长"等 4 处描述在校活动的内容插入红色"五角星"符号。通过调整各部分的位置、大小、形状和颜色,统一视觉效果。

## (二) 任务实施

1)打开素材文件夹,右击文件夹中空白区域,在弹出的快捷菜单中选择"新建"→选择"Microsoft Word 文档"命令,将文档重命名为"简历.docx"。选择"布局"选项卡,单击"页面设置"选项组的对话框启动器按钮,打开"页面设置"对话框,设置上下页边距为 2.5 厘米、左右页边距为 3.2 厘米。再选择"纸张"选项卡,在"纸张大小"下拉列表框中选择 A4,如图 1-25 所示。

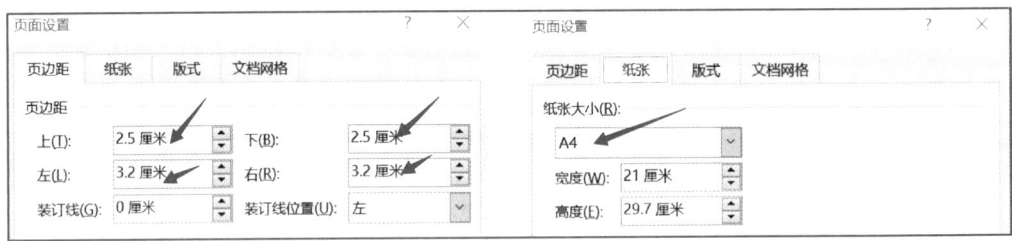

图 1-25　设置页面

2)选择"插入"选项卡,单击"插图"选项组中的"形状"下拉按钮,选择"矩形"形状,如图 1-26 所示。

3)插入形状后,选择"绘图工具|格式"选项卡单击"形状样式"选项组中的"形状填充"下拉按钮,选择"标准色"中的"橙色",如图 1-27 所示。再单击"形状轮廓"下拉按钮,选择"无轮廓",如图 1-28 所示。

4)选择"绘图工具|格式"选项卡,在"大小"选项组的高度和宽度数值框中将橙色矩形的高度设置为 29.7 厘米,宽度设置为 21 厘米,如图 1-29 所示。

单元 I　Word 2016 文档处理

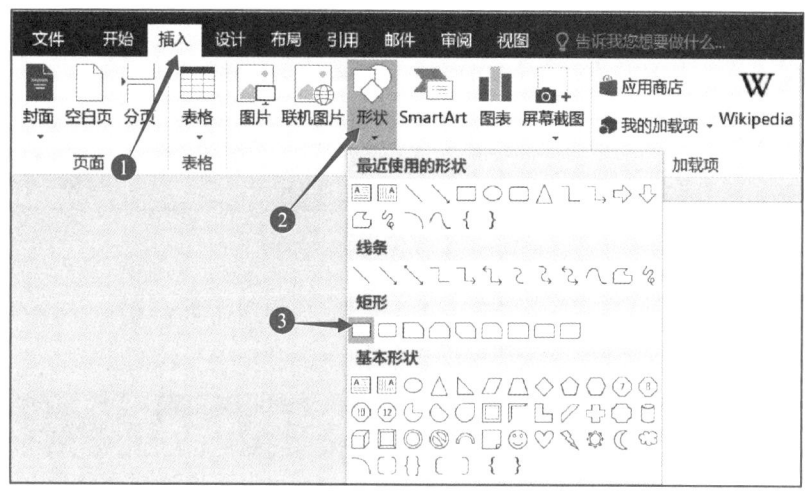

图 1-26　插入形状

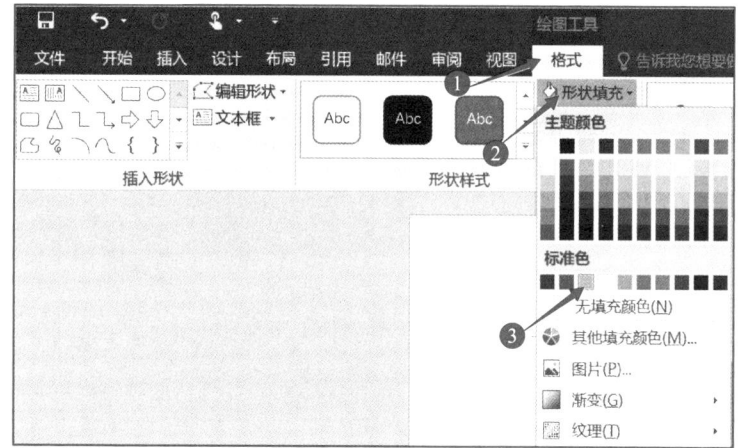

图 1-27　设置形状填充

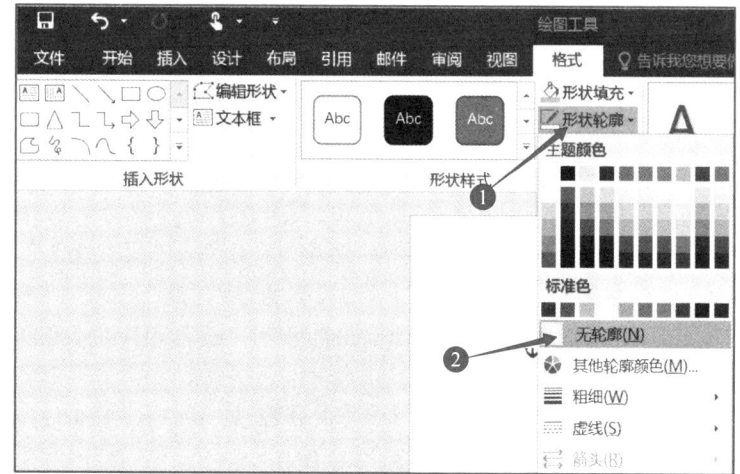

图 1-28　设置形状轮廓

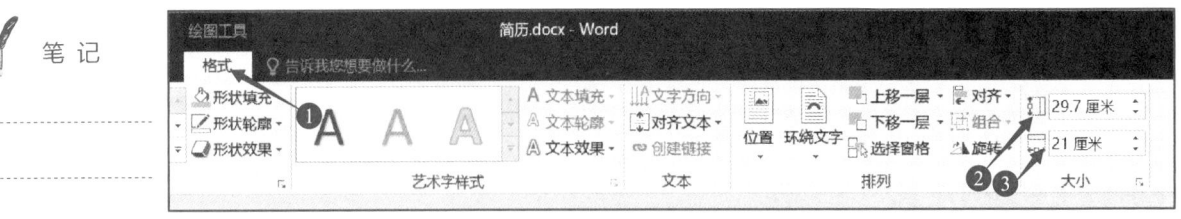

图 1-29　设置形状大小

5）选择"绘图工具|格式"选项卡单击"排列"选项组中的"位置"下拉按钮，选择"中间居中,四周型文字环绕"，如图 1-30 所示。

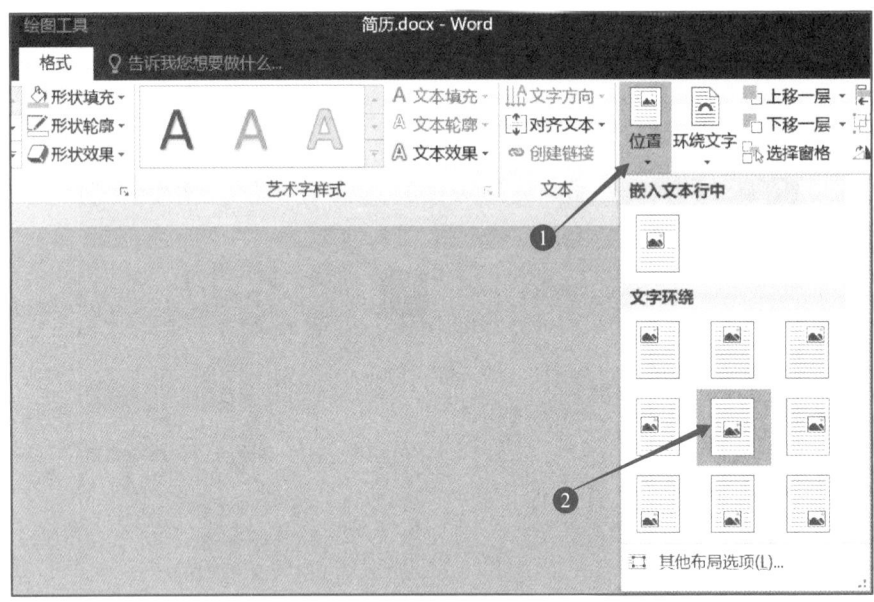

图 1-30　设置位置

6）选择"格式"选项卡，单击"排列"选项组中的"环绕文字"下拉按钮，选择"浮于文字上方"。

7）插入另一个矩形，选择"格式"选项卡，单击"形状样式"选项组中的"形状填充"下拉按钮，选择"白色"，再单击"形状轮廓"下拉按钮，选择"无轮廓"。

8）选择"格式"选项卡，在"大小"选项组中设置白色矩形框高为 23 厘米、宽为 18 厘米。单击"大小"选项组的对话框启动器按钮，打开"布局"对话框，切换到"位置"选项卡将"水平"选项组的"对齐方式"设置为"居中"，"相对于"设置为"栏"；"垂直"选项组的"绝对距离"设置为"1.5 厘米"，"下侧"设置为"上边距"，如图 1-31 所示。

9）参照示例文件，选择"插入"选项卡，单击"插图"选项组中的"形状"下拉按钮，选择"圆角矩形"形状，如图 1-32 所示。

10）选择"绘图工具|格式"选项卡，单击"形状样式"选项组中的"形状填充"下拉按钮，选择"橙色"，再单击"形状轮廓"下拉菜单选择"无轮廓"。单击该圆角矩形，输入文字"实习经验"，设置"字体"为"宋体""字号"为"小二"。

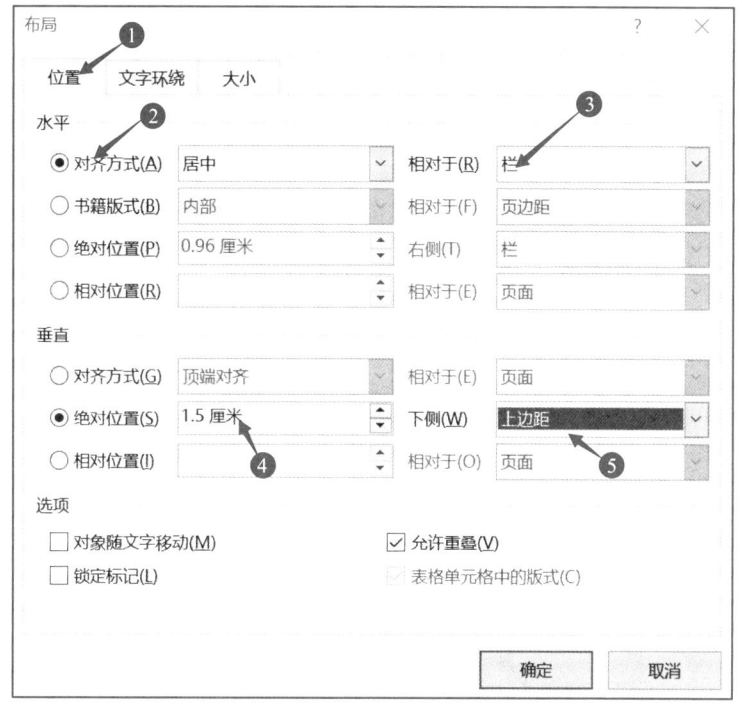

图 1-31　设置白色矩形

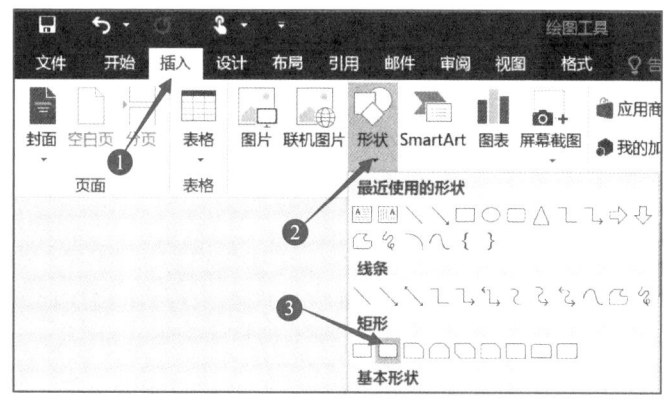

图 1-32　插入圆角矩形

11）选择"插入"选项卡，单击"插图"选项组中的"形状"下拉按钮，选择"圆角矩形"。设置该圆角矩形的"形状填充"为"无填充""形状轮廓"颜色为"橙色"。

12）参照示例文件，选择"插入"选项卡，单击"文本"选项组中的"文本框"下拉按钮，选择"绘制文本框"命令，添加一个新文本框。

13）选中该文本框，按住键盘上的 Ctrl 键同时按住鼠标左键向右拖动，复制一个相同的文本框，如图 1-33 所示。

14）复制名为"素材.txt"的文件中的对应文本并粘贴到对应的文本框中，参照示例文件，设置文本框中文字的字体为楷体、字号为四号、段后间距为 0.5 行。

15）参照示例文件，调整两个文本框的位置，在"格式"选项卡的"形状填充"选项

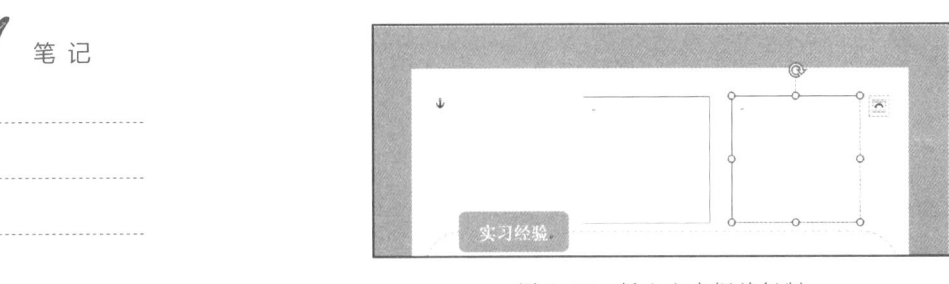

图 1-33　插入文本框并复制

组中设置两个文本框的"形状填充"设置为"无填充","形状轮廓"设置为"无轮廓"。

16）在虚线框中插入 3 个文本框,依次输入对应的文字。

17）选择"插入"选项卡,单击"文本"选项组中的"艺术字"下拉按钮,选择艺术字样式、输入文本"张静",设置"艺术字"的"填充颜色"为"橙色",字体设置为"楷体",如图 1-34 所示。

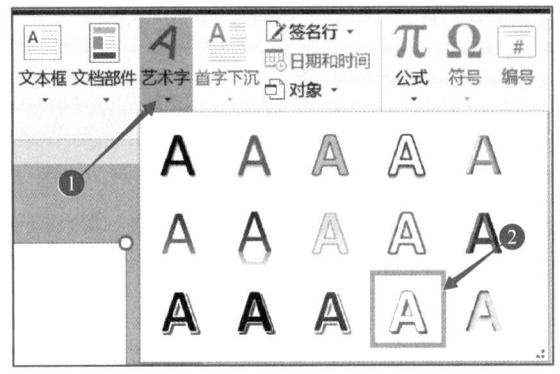

图 1-34　插入艺术字

18）选择"插入文字"选项卡,单击"文本"选项组中的"艺术字"下拉按钮,参照示例图选择艺术字样式,输入"寻求能够不断学习进步,有一定挑战性的工作!"再选择"格式"选项卡,设置"环绕文字"为"浮于文字上方","文本效果"为"转换"中的"跟随路径-上弯弧",设置"阴影"为"外部-右下斜偏移",如图 1-35 所示。

19）选择"插入"选项卡,单击"插图"选项组中的"图片"按钮。在打开的"插入图片"对话框中,选择素材文件夹中名为 1.png 的图片。再选择"格式"选项卡,单击"排列"选项组中的"环绕文字"下拉按钮,选择"浮于文字上方"。

20）选择该图片,选择"格式"选项卡,单击"大小"选项组中的"裁剪"按钮,拖动图片边框,裁剪出满足题目要求的尺寸,再按 Esc 键退出裁剪操作。单击"调整"选项组中的"压缩图片"按钮,删除图片的剪裁区域,如图 1-36 所示。

21）插入 3 个"无轮廓"的"文本框",输入对应的日期。

22）在文本框的下方依次插入名为 2.jpg、3.jpg 和 4.jpg 的图片。选择"格式"选项卡,单击"排列"选项组中的"环绕文字"下拉按钮,选择"浮于文字上方"。

23）把光标定位到文字"实习经验"下方,选择"插入"选项卡单击"插图"选项组中

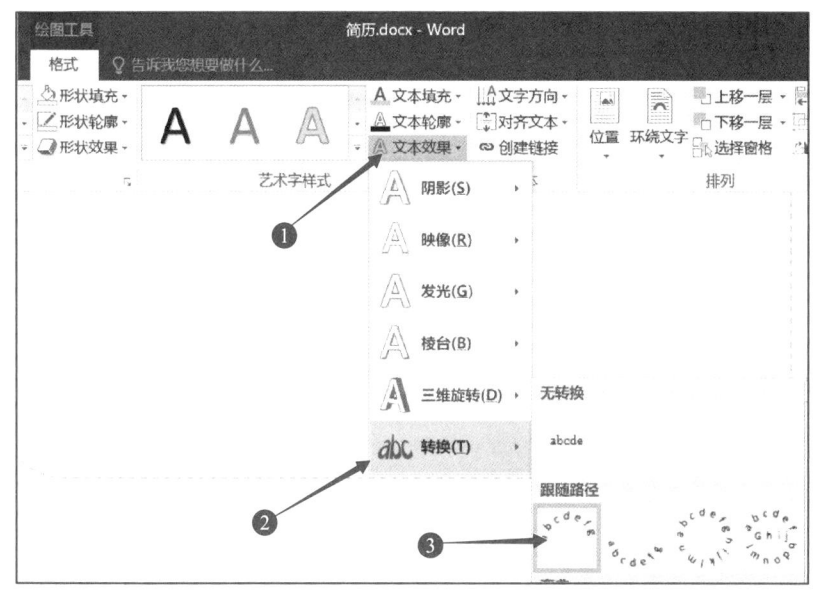

图 1-35 文本效果设置

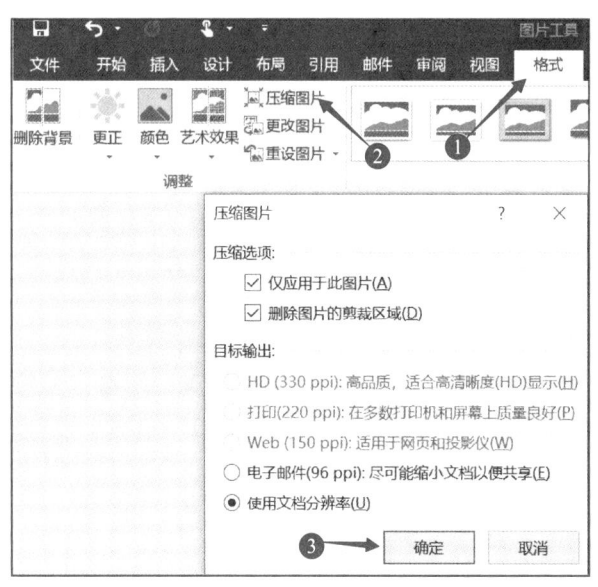

图 1-36 压缩图片

的"形状"下拉按钮,选择"线条"选项组中的"直线箭头"形状。再选择"图片工具|格式"选项卡,设置"形状轮廓"为"橙色","粗细"为"3 磅"。

24)插入 3 条"箭头汇总"里的"上箭头"形状,设置"形状填充"为"橙色","形状轮廓"为"橙色"。

25)选择"插入"选项卡,单击"插图"选项组中的"SmartArt"按钮,在打开的"选择 SmartArt 图形"对话框中选择相应类型的图形,如图 1-37 所示。在插入的 SmartArt 图形中输入文字,并设置为"浮于文字上方"。选中插入的 SmartArt 图形,选择"SmartArt

工具|设计"选项卡,单击"更改颜色"下拉按钮,选择对应的颜色。

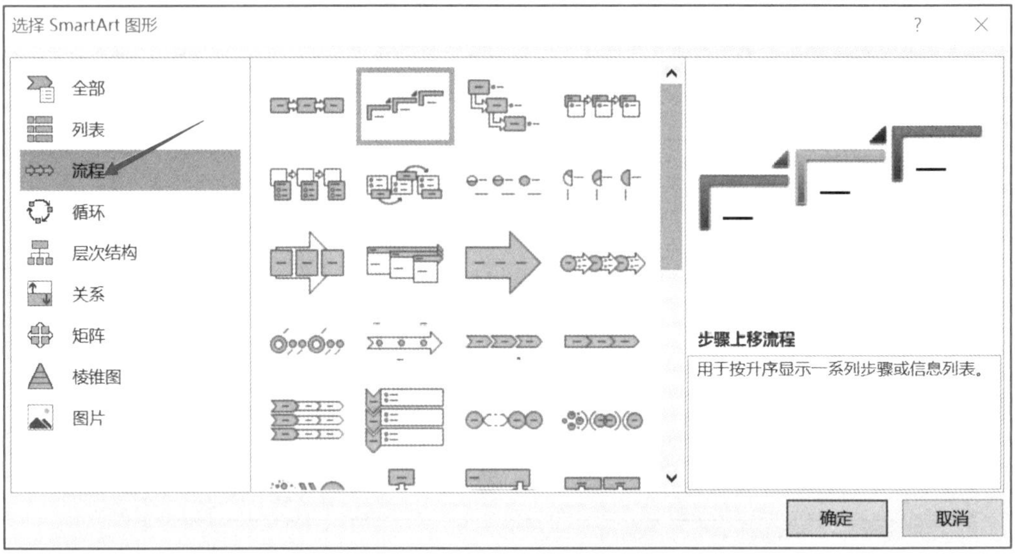

图 1-37　插入 SmartArt 图形

26)选中文本中需要插入项目符号的文字,选择"开始"选项卡,单击"段落"选项组中的"项目符号"下拉按钮,选择题目要求的项目符号。

27)选择"插入"选项卡,单击"符号"选项组中的"符号"按钮,打开"符号"对话框,在"子集"下拉列表框中选择"其他符号",选择实心星图案,如图 1-38 所示。再选择"开始"选项卡,在"字体"选项组中设置实心星的颜色为"红色"。

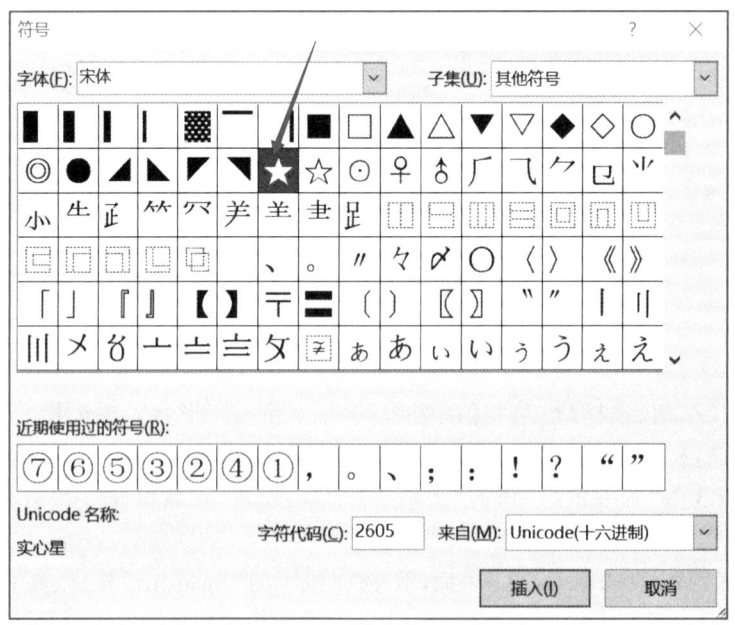

图 1-38　插入特殊符号

## 【课后提升】

### （一）巩固提升

**实训任务 1-3："产品销售表"文档制作**

销售部要对前 4 个月公司电子产品销售情况进行统计分析，并向总公司领导进行汇报。部门领导安排小王用 Word 2016 制作一份产品销售数据表，并实现表格的合并、拆分、美化、斜线表头的制作、表格跨页表头自动跟随、公式、和由表格生成统计表等操作。具体要求如下：

1) 新建一个名为"产品销售表.docx"的 Word 2016 文档。
2) 创建一个 7 行 5 列的表格，输入数据，如图 1-39 所示。

拓展阅读 1-3：
实训解析

|  | 一月份 | 二月份 | 三月份 | 四月份 |
|---|---|---|---|---|
| 笔记本 | 102020.56 | 199892.23 | 230581.56 | 330581.8 |
| 手机 | 130048.23 | 156000 | 95960.34 | 65960 |
| 打印机 | 459055.67 | 578000 | 567800 | 456780.56 |
| 复印机 | 15567.89 | 29456.45 | 21600 | 31600.75 |
| 服务器 | 958123.45 | 1589000 | 894500 | 694534.8 |
| 合计 |  |  |  |  |

图 1-39　销售数据

3) 设置表格行高为 1.2 厘米、列宽为 3 厘米。表格中文字字体设置为宋体，字号设置为小四号字，对齐方式设置为水平居中。
4) 绘制斜线表头，并输入月份和名称，设置表头自动重复。
5) 设置表格第 7 行为自动求和保留整数。
6) 根据表格中的数据，在表格下方插入一个簇状柱形图，便于更直观地观察数据，如图 1-40 所示。

### （二）拓展提升

**实训任务 1-4："创新产品展示说明会邀请函"排版制作**

某公司将于今年举办一场创新产品展示说明会，市场部助理小王需要制作会议邀请函，并寄送给相关的客户。具体要求如下：

1) 将文档中"会议议程："后的 7 行文字转换为 7 行 3 列的表格，并根据窗口大小自动调整表格列宽。
2) 套用一种表格样式，使表格更加美观。
3) 为了在以后的邀请函制作任务中再使用该会议议程的样式，将文档中的表格内容保存至"表格"部件库，并将其命名为"会议议程"。
4) 将文档末尾处的日期格式调整为根据邀请函生成日期而自动更新的日期格式。
5) 在文字"尊敬的"后面，插入拟邀请的客户姓名和称谓。拟邀请的客户姓名在名为"通讯录.xlsx"文件中，客户称谓则根据客户性别自动显示为"先生"或"女士"，如"范俊弟（先生）"或"黄雅玲（女士）"。

拓展阅读 1-4：
实训解析

笔 记

| 月份 / 名称 | 一月份 | 二月份 | 三月份 | 四月份 |
|---|---|---|---|---|
| 笔记本 | 102020.56 | 199892.23 | 230581.56 | 330581.8 |
| 手机 | 130048.23 | 156000 | 95960.34 | 65960 |
| 打印机 | 459055.67 | 578000 | 567800 | 456780.56 |
| 复印机 | 15567.89 | 29456.45 | 21600 | 31600.75 |
| 服务器 | 958123.45 | 1589000 | 894500 | 694534.8 |
| 合计 | 1,664,816 | 2,552,349 | 1,810,442 | 1,579,458 |

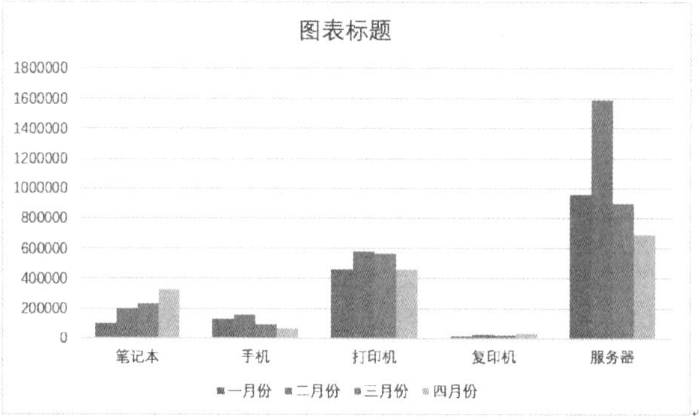


图 1-40　效果图

6）每位客户的邀请函占 1 页，且每页邀请函中只能包含 1 位客户姓名，所有的邀请函页面保存在名为“Word-邀请函.docx”文件中。删除“Word-邀请函.docx”文件中的空白页面。

7）因本次会议邀请有来自中国香港和中国澳门的客户，因此，将“Word-邀请函.docx”中的所有文字内容设置为繁体中文格式，以便于相关客户阅读。

8）制作完成后，保存“Word-邀请函.docx”文件。

9）关闭 Word 2016 程序。

项目 1-3
长文档排版

PPT

## 项目 1-3　长文档排版

### 【学习目标】

1. 知识目标

1）了解文档视图、查找与替换、撤消与恢复、文档校对、多窗口等基本操作。

2）掌握样式、分页符、分节符的概念和操作方法。

3）掌握设置页眉页脚的操作要点和操作方法。

4）掌握使用样式设置编辑长文档的操作要点和操作方法。

5）掌握插入封面、目录的操作要点和操作方法。

6）掌握多级编号的操作要点和操作方法。

**2. 能力目标**

1）能够使用 Word 2016 编辑制作论文等一般长文档。

2）能够使用 Word 2016 编辑制作书籍等复杂长文档。

**3. 素质目标**

1）树立不怕困难，吃苦耐劳的精神，能够攻坚克难完成实训任务。

2）增强对家乡和祖国的热爱之情，培养爱国主义情怀。

3）了解中国传统工匠大师，增强民族自豪感，坚定文化自信。

## 【课前自学】

### （一）长文档的定义

长文档文字内容较多，篇幅相对较长，文档层次结构相对复杂。各企事业单位经常制作员工手册、产品说明书、单位史志等长文档，个人也经常处理论文、书籍编写事务，因此，大学生要熟练掌握 Word 2016 中长文档的相关知识与操作技能。

微课 1-10：
长文档的定义与高效排版

### （二）长文档的高效排版

**1. 灵活运用样式**

长文档文字内容较多，篇幅相对较长，需要设置样式来使文档格式更清晰。使用样式设置格式有很多好处，具体如下。

1）使用样式可以高效地设置长文档各级标题和所有正文段落的格式。

2）使用样式修改文档格式方便，不用逐一选定文本并设置格式，只需修改样式即可。

3）可以实现目录的自动生成。

（1）新建样式

选中文本，选择"开始"选项卡，设置字体、字号等格式。单击"开始"选项卡"样式"选项组中的"更多"按钮，如图 1-41 所示，在打开的下拉列表中选择"创建样式"命令，如图 1-42 所示，弹出"根据格式化创建新样式"对话框，输入样式名称即可，如图 1-43 所示。

图 1-41　设置格式

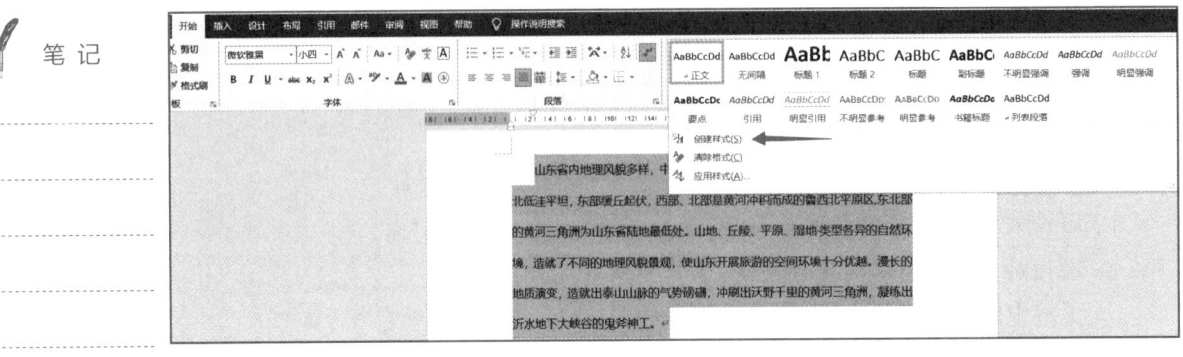

图 1-42 创建样式

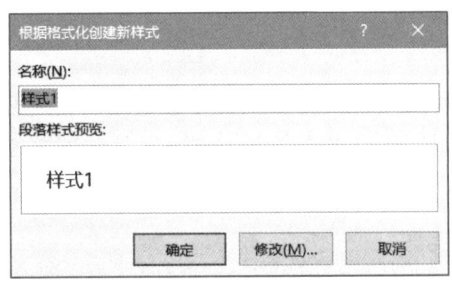

图 1-43 "根据格式化创建新样式"对话框

（2）修改样式

选择"开始"选项卡，右击"样式"选项组中要修改的样式（如"样式 1"），在弹出的快捷菜单中选择"修改"命令，如图 1-44 所示。在打开的"修改样式"对话框中单击左下方的"格式"下拉按钮，在弹出的下拉菜单中可以对样式的"字体""段落""制表位"等 9 个属性进行设置，如图 1-45 所示。如选择"段落"设置，会打开"段落"对话框，重新设置段落格式并单击"确定"按钮，选中"自动更新"复选框。"样式 1"修改完毕后，所有使用"样式 1"样式的文字格式，都自动修改更新。

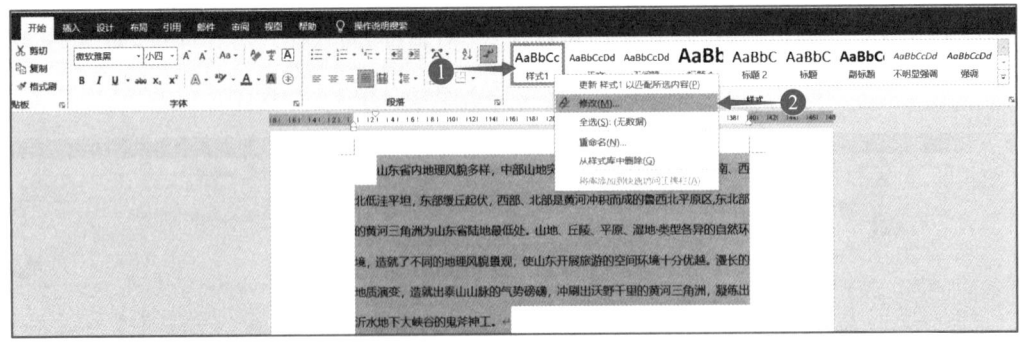

图 1-44 修改样式

（3）选用样式

方法 1：选中文本，单击"开始"选项卡"样式"选项组中的"更多"按钮，在打开的下拉列表中选择相应的样式。

单元 1　Word 2016 文档处理

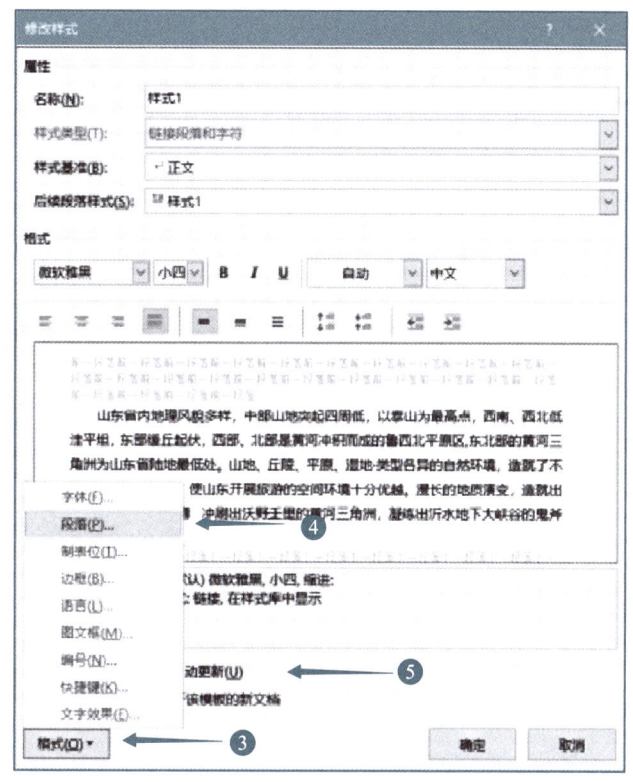

图 1-45　"修改样式"对话框

方法 2：也可以使用样式窗格，单击"开始"选项卡"样式"选项组中的样式启动器按钮，在弹出的"样式"任务窗格中选择相应的样式，如图 1-46 所示。

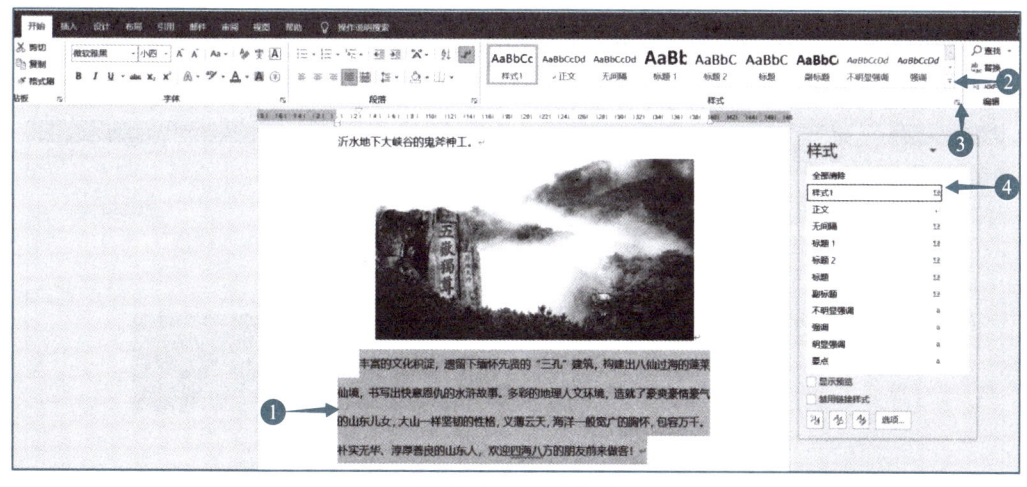

图 1-46　选用样式

**2. 灵活运用分页与分节**

（1）分页

文字内容超过一页时，文档会自动分页。如果不满一页时想在页中某处强行分页，

微课 1-11：
分页与分节的灵活运用

可插入分页符。

方法1：选择"插入"选项卡，单击"分页"按钮。

方法2：选择"布局"选项卡，单击"分隔符"下拉按钮，在弹出的下拉菜单中选择"分页符"命令，如图1-47所示。

图1-47 插入分页符

单击"开始"选项卡"段落"选项组中的"显示/隐藏编辑标志"按钮，可显示分页符或隐藏分页符。

（2）分节

节是文档中独立设置某些页面格式选项的部分，分节是将一个文档分成几部分，每部分为一个独立的节，每一节有自己独立的格式。节以分节符分隔。

下面以前后页不同的页面边框为例。将光标定位在长文档某段落后面，选择"布局"选项卡，在"页面设置"选项组中单击"分隔符"下拉按钮，选择"分节符"选项组中的"下一页"，如图1-48所示。

图1-48 插入分节符

在将光标分别定位到"分节符(下一页)"的前后段落中,单击"设计"选项卡"页面背景"选项组中的"页面边框"按钮,打开"边框和底纹"对话框,选择"页面边框"选项卡,在"设置"选项组中选择"方框",在"艺术型"下拉列表框中选择指定样式,"应用于"下拉列表框中选择"本节",如图1-49所示。前后页显示不同的页面边框效果如图1-50所示。

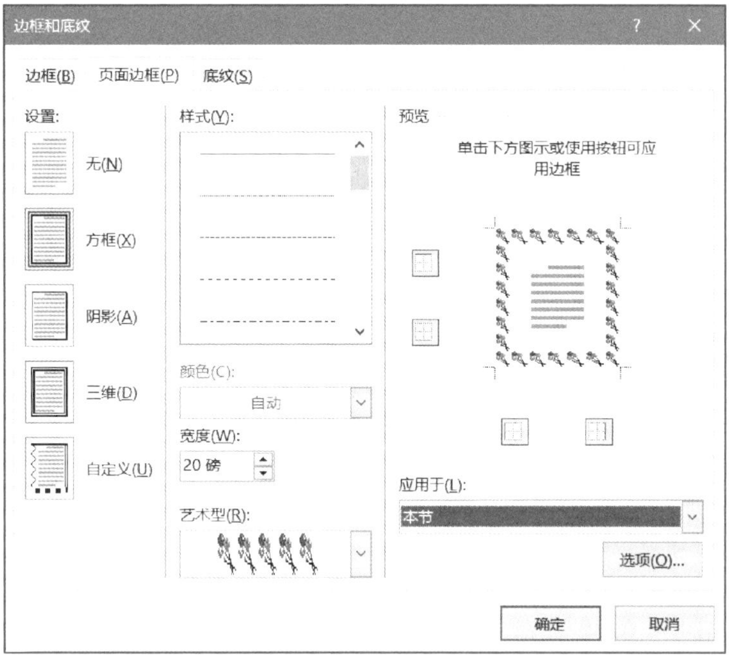

图1-49 插入分节符

图1-50 分节后做成的不同页面边框

注意：插入分页符，在文档中只分页，而不分节；插入"下一页"的分节符，在文档中既分页，也分节；插入连续的分节符，在文档中则只分节，不分页。

**3. 灵活运用不同文档视图**

Word 2016 为用户提供了多种视图设置方式，在编辑文档的过程中，灵活设置不同视图，可以从不同的角度观察所编辑的文档。

（1）页面视图

在页面视图下，看到的文档布局与在打印机上打印出的纸质文档布局一样。打开 Word 2016 文档，默认的视图是页面视图。页面视图也是显示附加信息最多的视图，分栏效果、页边距、图形、页眉和页脚等都可以在页面视图下正常显示。

（2）Web 版式视图

在 Web 版式视图中，可以创建能显示在 Web 浏览器上的 Web 页或文档，可看到背景和为适应窗口而换行显示的文本，图形位置与在 Web 浏览器中的位置一致，可模拟该文档在 Web 浏览器上浏览的效果。

（3）草稿视图

草稿视图只显示文本和文本格式，简化了页面的布局，可便捷地进行文档的输入和编辑。在草稿视图中，不显示页边距、页眉和页脚、背景、图形以及分栏情况。由于草稿视图不显示附加信息，因此该视图占用计算机内存少、处理速度快。在草稿视图中可以快速输入、编辑和设置文本格式。

（4）大纲视图

在页面视图下，编辑、查看几十页乃至几百页的长文档大纲（文档的各级标题）是一件很麻烦的事情。在大纲视图下，编辑、查看长文档大纲就变得简单了。在大纲视图中，既可以查看文档的大纲，还可以通过拖动标题来移动、复制和重新组织大纲，也可以通过折叠文档来查看只有标题的文档，或者展开文档查看所有标题和文本内容。大纲视图中不显示页边距、页眉和页脚、图片以及背景，如图 1-51 所示。

图 1-51 大纲视图

（5）阅读视图

阅读视图是阅读长文档的最佳方式，适合长文档编辑制作完成后做整体的审阅，如图1-52所示。

图1-52　阅读视图

（6）导航窗格

选择"视图"选项卡，选中"显示"选项组中的"导航窗格"复选框，显示出该文档的结构图，如图1-53所示。文档结构图分为左、右两部分，左侧显示文档的大纲结构，右侧显示文档的内容。当单击左栏中标题时，右栏自动显示出该标题下的内容。使用该功能，可以快速浏览长文档。

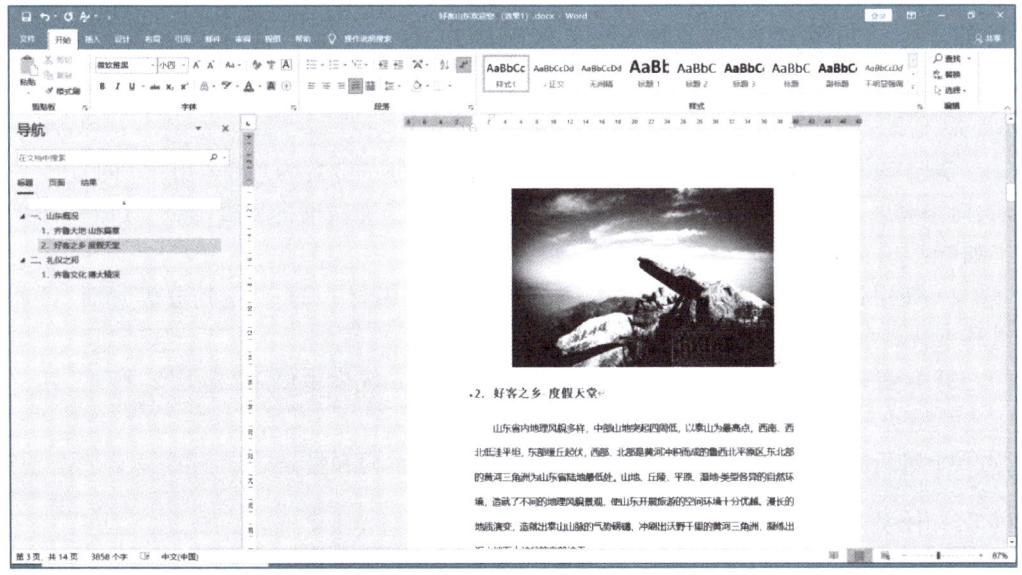

图1-53　文档结构图

**4. 域**

域可以完成一些自动生成功能,如在长文档中自动生成页码、自动生成目录等,都是使用 Word 2016 的域功能。在 Word 2016 的表格中插入计算公式,是公式域。选择"插入"选项卡,单击"文本"选项组中的"日期和时间"按钮,在"日期和时间"对话框中选择时间格式,并选中"自动更新"复选框,生成一个可以自动更新的时间域,如图 1-54 所示。

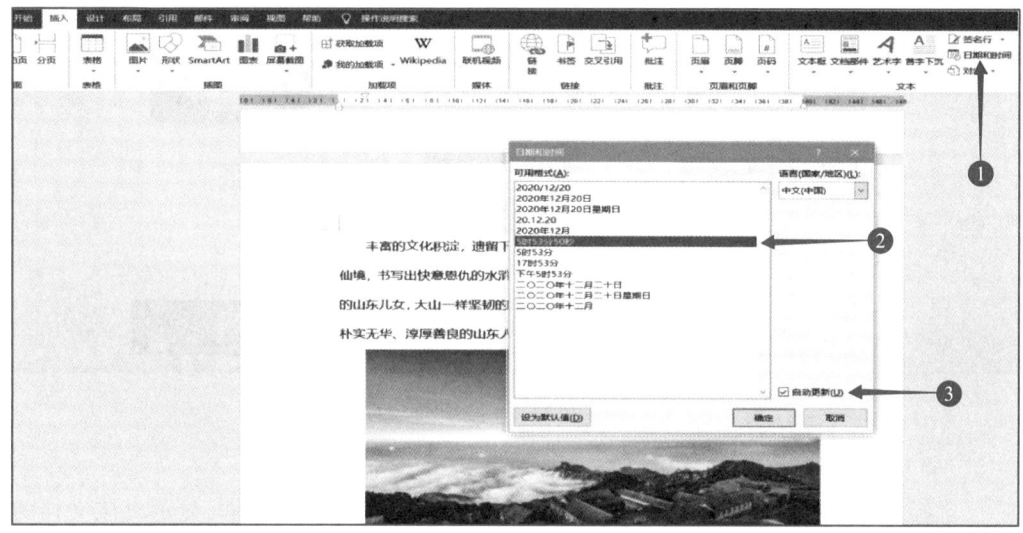

图 1-54 插入时间域

## 【课中学习】

### 任务 1-3:"好客山东欢迎您"长文档编辑排版

#### (一) 任务介绍

学校举办山东旅游展示宣传周活动,小明想制作一份名为"好客山东"的宣传手册,向参观人员进行展示。他决定使用 Word 2016 对长文档进行编辑排版,具体任务要求如下:

1) 使用长文档编辑的方法把"好客山东欢迎您(素材).docx"文档分为封面、目录页和正文 3 个部分。

2) 设置样式格式,一级标题使用"标题 1"样式,二级标题使用"标题 2"样式,其余正文使用统一样式。

3) 目录和正文分节,使用独立的页码,自动生成页码和目录。

#### (二) 任务实施

**1. 设置正文段落格式**

1) 打开名为"好客山东欢迎您(素材).docx"的文档,选中"山东……"部分文本,选择"开始"选项卡,在"字体"选项组中设置字体为"仿宋"、字号为"小四"。单击"开始"选项卡中"段落"选项组的对话框启动器按钮,在打开的"段落"对话框中设置"对齐方式"为"两端对齐"、"特殊"设置为"首行"缩进 2 个字符、"段前"设置为"0 行"、"段后"设置为"2 磅"、"行距"设置为"单倍行距",如图 1-55 所示。

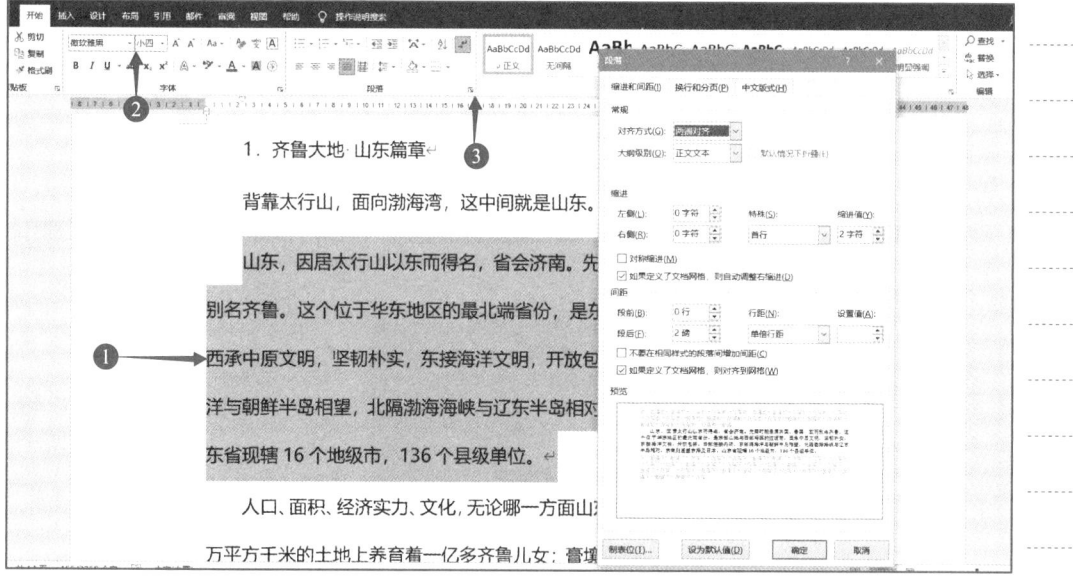

图 1-55　设置字体格式

2) 单击"开始"选项卡"样式"选项组中的"更多"按钮,在下拉菜单中选择"创建样式"命令,如图 1-56 所示,打开"根据格式化创建新样式"对话框,命名样式名为"正文样式 1",如图 1-57 所示。

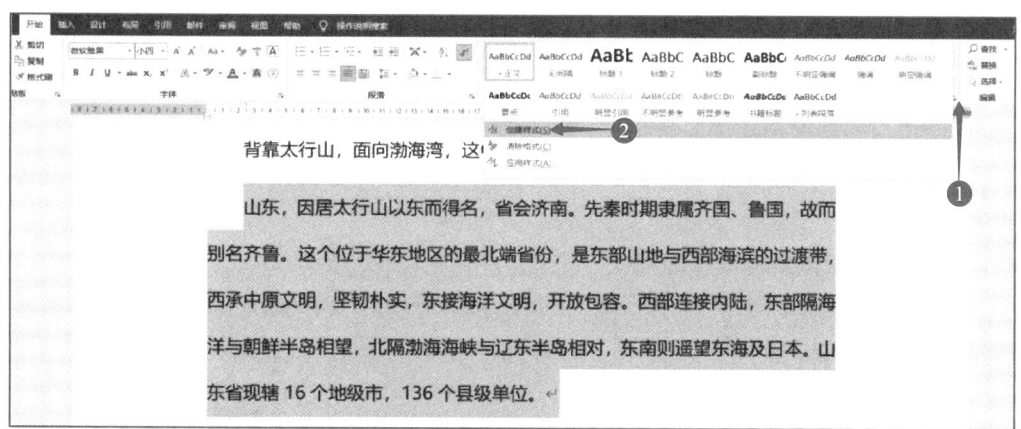

图 1-56　创建样式

3) 单击"开始"选项卡"编辑"选项组的"选择"下拉按钮,在下拉菜单中选择"全选"命令。单击"开始"选项卡"样式"选项组的"正文样式 1",将全文段落设置为统一的样式,如图 1-58 所示。

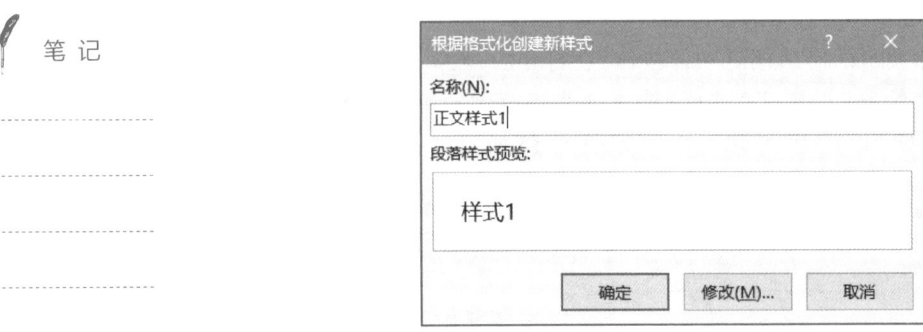

图 1-57 "根据格式化创建新样式"对话框

图 1-58 设置全文段落样式统一

**2. 设置一、二级标题**

1）选中一级标题"一、山东概况"标题，单击"开始"选项卡"样式"选项组中的"标题 1"样式。用同样的办法把"二、礼仪之邦""三、无限风光""四、文化遗产"和"五、齐鲁美食"等一级标题的样式设置为"标题 1"。

2）选中"1. 齐鲁大地　山东篇章"和"2. 好客之乡　度假天堂"等二级标题，设置样式为"标题 2"。

**3. 使用导航窗格检查标题样式**

在"视图"选项卡选中"导航窗格"复选框，在打开的"导航"窗格检查有无标题遗漏或错误的标题样式，如图 1-59 所示。

**4. 分节**

将文档分成 3 节，需要在文档中插入两个分节符，文章首页为封面，第二页为目录。封面不设置页码，目录页设置独立的页码，正文设置独立的页码。

1）把光标定位到首页的最后一个空白段落，选择"布局"选项卡，单击"分隔符"选项组中的"分节符"下拉按钮，在弹出的下拉菜单中选择"下一页"命令，如图 1-60 所示。用同样的方法，再插入第二个分节符。

微课 1-15：
分节并插入不同的页码

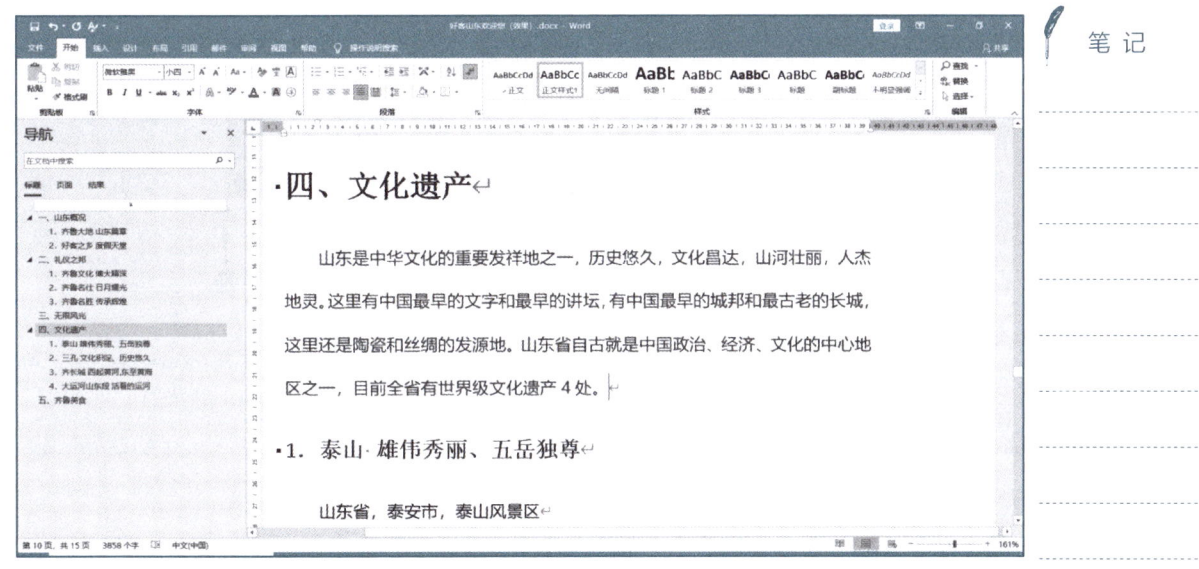

图 1-59　使用"导航"窗格检查标题样式

图 1-60　插入分节符

2）选择"开始"选项卡，单击"段落"选项组中的"显示/隐藏编辑标记"按钮，显示分节符标记，如图 1-61 所示。

3）把光标定位到第二页的分节符标记前，按 Enter 键两次，在第二页第一行中输入文字"目录"。清除该文字格式，设置文字"目录"的字体为"黑体"、字号为"二号"、对齐方式为"居中对齐"，如图 1-62 所示。

**5. 插入不同的页码**

1）把光标定位到正文，选择"插入"选项卡，单击"页眉和页脚"选项组中的"页码"下拉按钮，在弹出的下拉菜单中选择"页面底端"→"普通数字 2"，如图 1-63 所示。

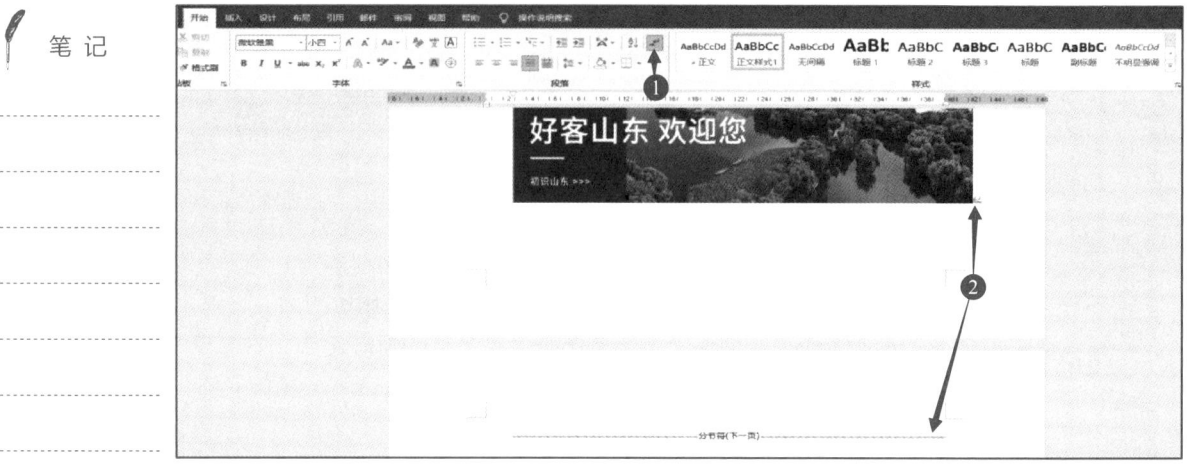

图 1-61 显示分节符

图 1-62 新建目录页

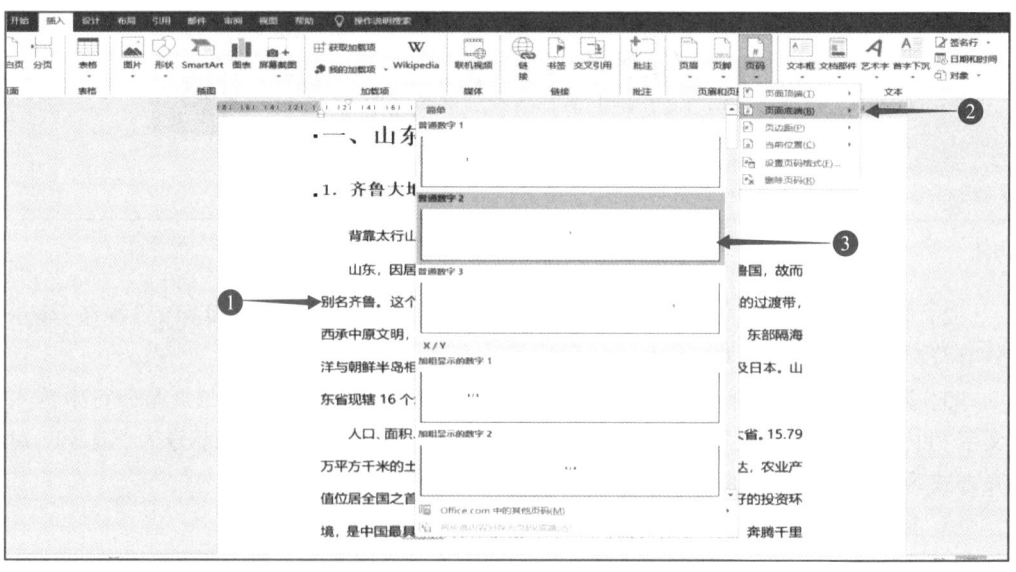

图 1-63 插入页码

2）进入页脚编辑状态，选择"页眉和页脚工具|设计"选项卡，单击"导航"选项组中的"链接到前一节"按钮，如图 1-64 所示。

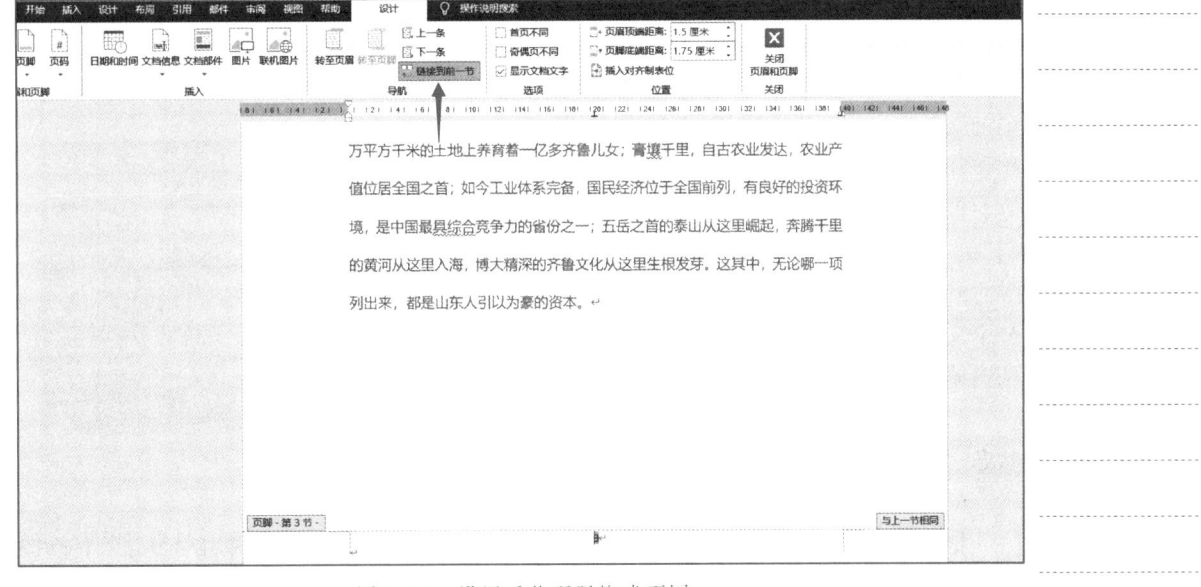

图 1-64　设置后节页码格式不同

3）选择"页眉和页脚工具|设计"选项卡单击"页眉和页脚"选项组中的"页码"下拉按钮，在弹出的下拉菜单中选择"设置页码格式"命令，如图 1-65 所示。打开"页码

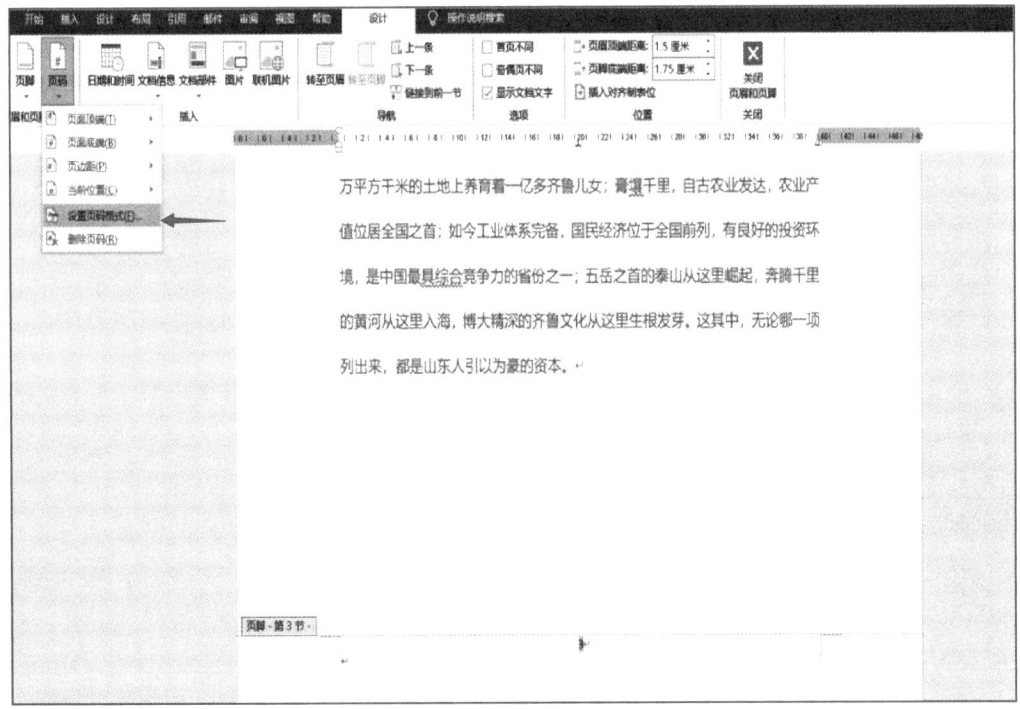

图 1-65　设置页码格式

格式"对话框,设置"起始页码"为1,如图1-66所示。

4)在页眉页脚编辑状态,把光标定位到目录页的页脚位置。选择"页眉和页脚工具|设计"选项卡,单击"页眉和页脚"选项组中的"链接到前一节"按钮。单击"页码"下拉按钮,下拉菜单中选择"设置页码格式"命令,打开"页码格式"对话框,设置"起始页码"为1。

5)在页眉页脚编辑状态,把光标定位到整个文档的第一页的页脚位置,删除整个文档的第一页的页码。

6)双击正文的位置,退出页眉页脚编辑状态。

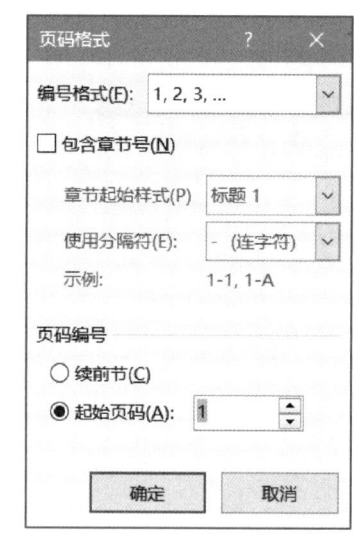

图1-66 "页码格式"对话框

**6. 插入目录**

把光标定位到目录页中文字"目录"下方,选择"引用"选项卡,单击"目录"下拉按钮,在弹出的下拉菜单中选择"自定义目录"命令,如图1-67所示。在打开的"目录"对话框中单击"确定"按钮,如图1-68所示,自动生成目录,如图1-69所示。

微课1-16:
插入目录、更改正文所有段落以及目录的更新

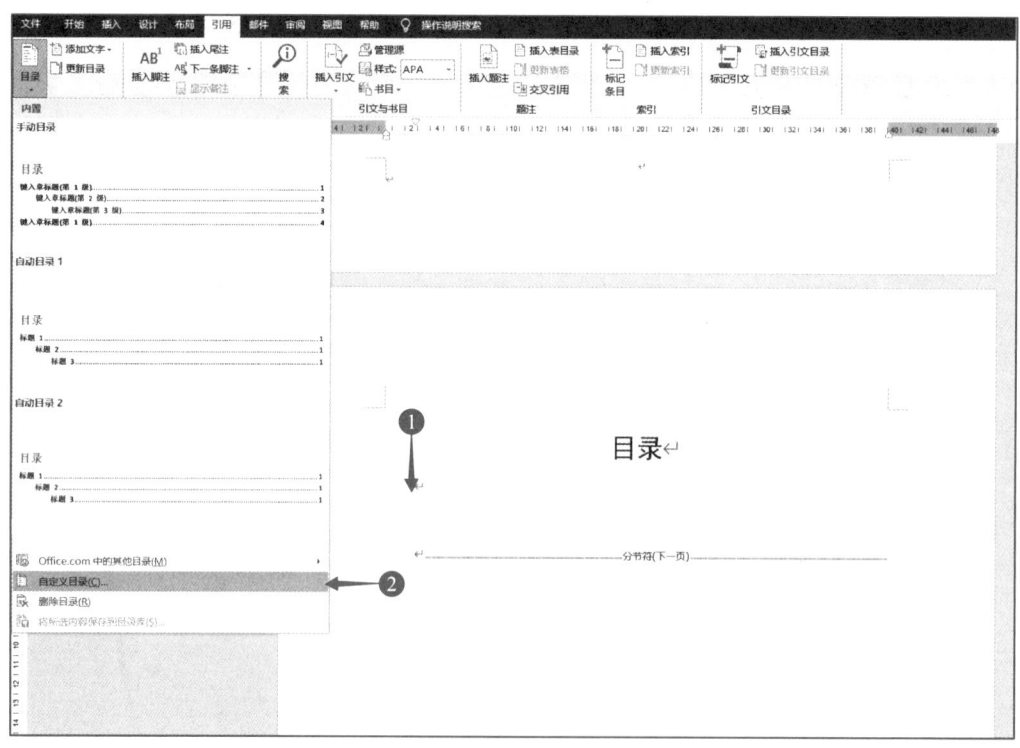

图1-67 插入目录

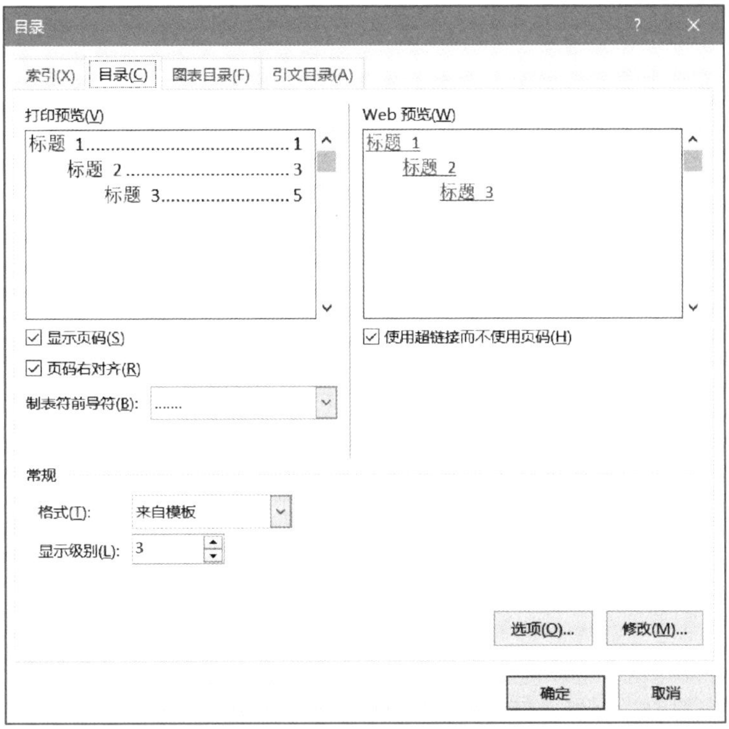

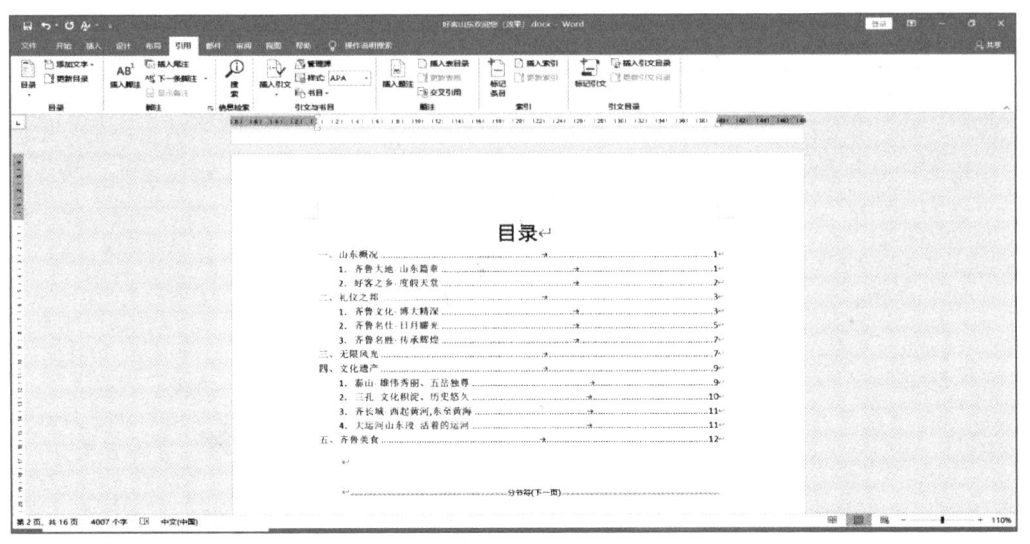

图 1-68 "目录"对话框

图 1-69 自动生成的目录

7. 更改正文所有段落格式

把光标定位到正文位置,选择"开始"选项卡,右击"样式"选项组中的"正文段落样式 1",在弹出的快捷菜单中选择"修改"命令,打开"修改样式"对话框,将文字字号设置为"四号",选中"自动更新"复选框,单击"确定"按钮,如图 1-70 所示。

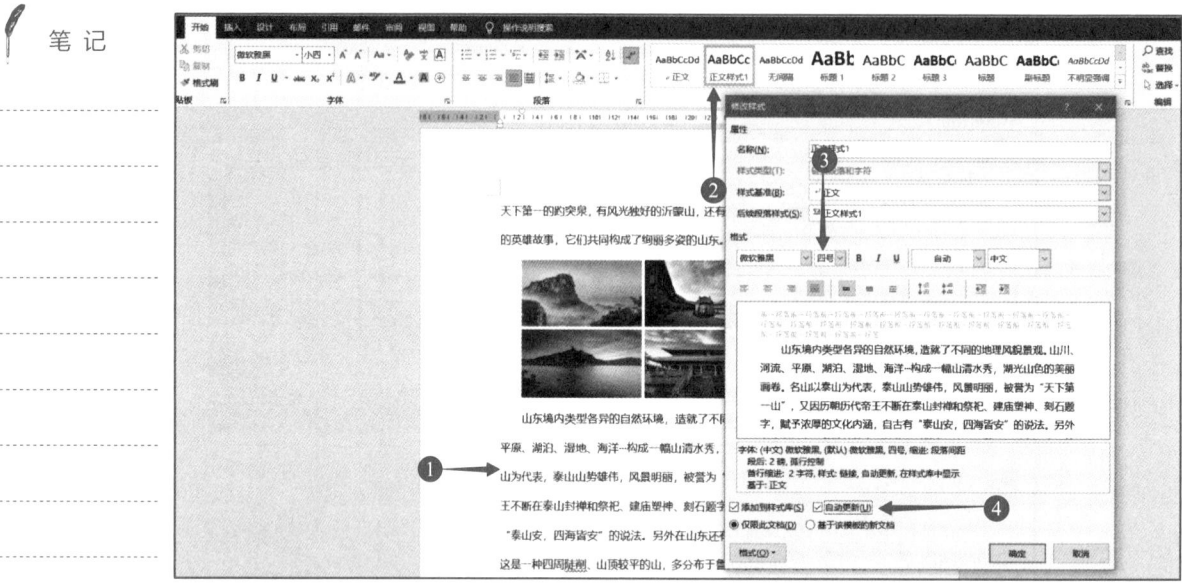

图 1-70　自动更改正文段落格式

**8. 更新目录**

1）右击文档第二页目录域,在弹出的快捷菜单中选择"更新域",打开"更新目录"对话框单击"更新整个目录"单选按钮,如图 1-71 所示。

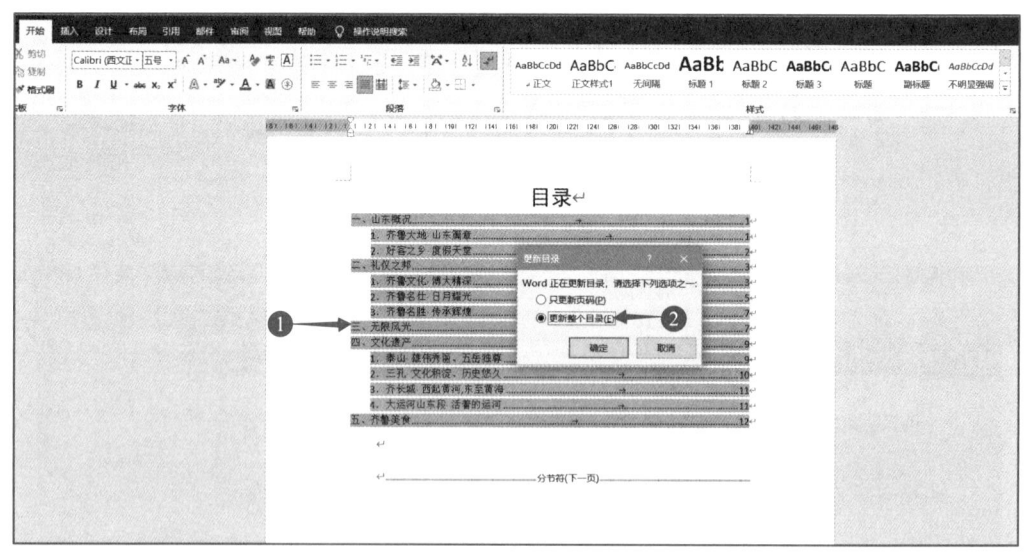

图 1-71　更新目录

2）选择文档的第二页目录域,在"开始"选项卡的"字体"选项组中设置字体为"宋体"、字号为"四号"。单击"开始"选项卡"段落"选项组中的"显示/隐藏编辑标记"按钮,隐藏编辑标记,再把光标定位到本页首行目录后,按回车键一次,如图 1-72 所示。目录页的最终效果如图 1-73 所示。

单元 1　Word 2016 文档处理

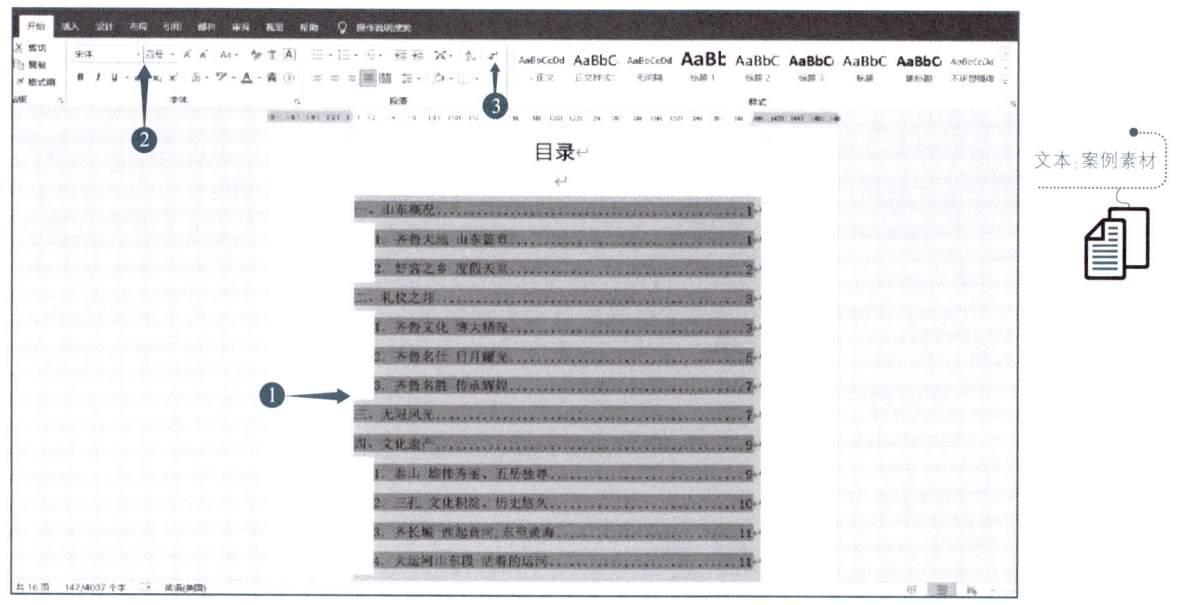

图 1-72　调整目录

图 1-73　目录页的最终效果

基础篇

微课 1-17：
"古代工匠大师简介"长文档编辑排版

文本:案例素材

## 任务 1-4："古代工匠大师简介"长文档编辑排版

### （一）任务介绍

学校举办职业工匠大师宣传周活动，小明想制作一份介绍古代工匠大师的宣传手册。他计划用 Word 2016 对长文档进行编辑排版，具体任务要求如下：

1）编辑名为"班墨奚简介（素材）.docx"的文档并重命名为"古代工匠大师简介（效果）.docx"，文档分为目录和正文两部分，目录页和正文分节。

2）目录和正文使用独立的页码。自动生成页码、目录和编号。一级标题编号格式为第一章、第二章、第三章等，二级标题编号格式为中文数字一、二、三等。设置并编辑一、二级标题格式。

3）使用域自动生成页眉，使用统一的样式设置正文格式。

### （二）任务实施

**1. 设置正文段落格式**

打开文档"班墨奚简介（素材）.docx"，另存为"古代工匠大师简介（效果）.docx"。单击"开始"选项卡"编辑"选项组中的"选择"下拉按钮，在弹出的下拉菜单中选择"全选"命令，在"开始"选项卡的"字体"选项组中设置字体为"宋体"、字号为"五号"，在"段落"对话框中设置"首行"缩进"2 字符"、"行距"为"单倍行距"，如图 1-74 所示。

图 1-74　设置全文段落格式

**2. 设置一级标题样式**

选中文字"匠圣鲁班"，单击"开始"选项卡"样式"选项组中的"标题 1"样式，如图 1-75 所示。用同样的方法，设置文档中标题"科圣墨子"和"造车鼻祖奚仲"为"标题 1"样式。

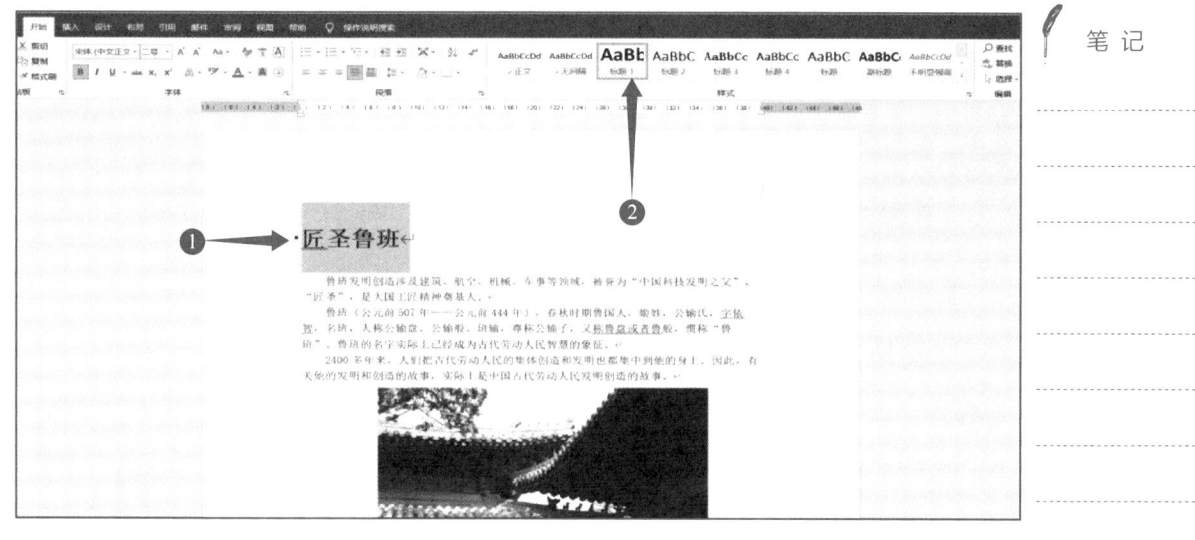

图 1-75 设置一级标题样式

**3．设置二级标题样式**

1）单击正文任意位置，选择"开始"选项卡，单击"编辑"选项组中"替换"按钮，在打开的"查找和替换"对话框的"查找内容"文本框中输入"人物生平"。单击"替换为"文本框，单击"更多"按钮，在展开的"查找和替换"对话框左下方单击"格式"下拉按钮，在弹出的下拉菜单中选择"样式"命令，如图 1-76 所示。在打开的"替换样式"对话框中选择"标题 2"样式，如图 1-77 所示，单击"确定"按钮返回"查找和替换"对话框，再单击"全部替换"按钮，即可将所有"人物生平"的文本样式全部替换为"标题 2"样式。

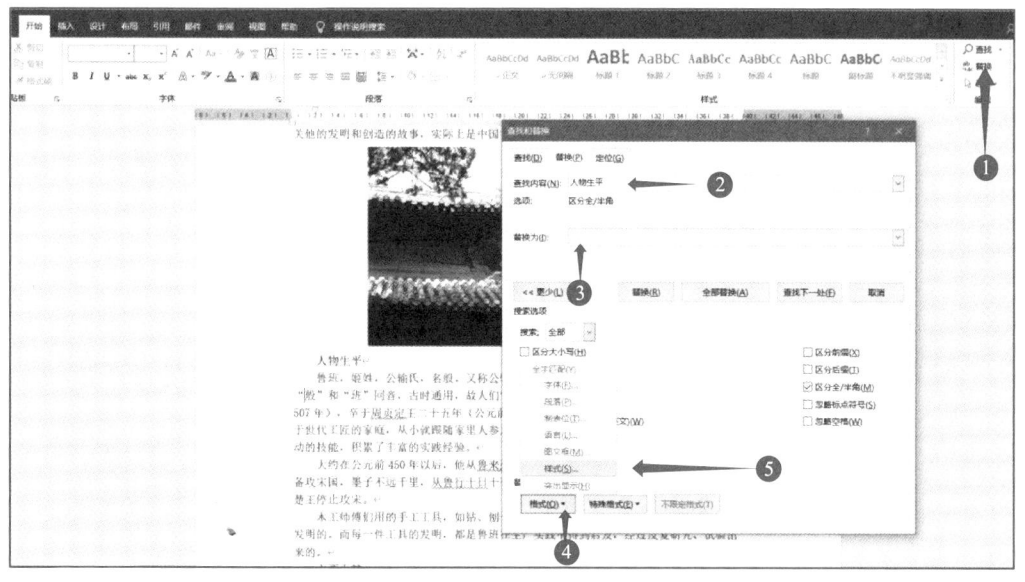

图 1-76 "查找和替换"对话框

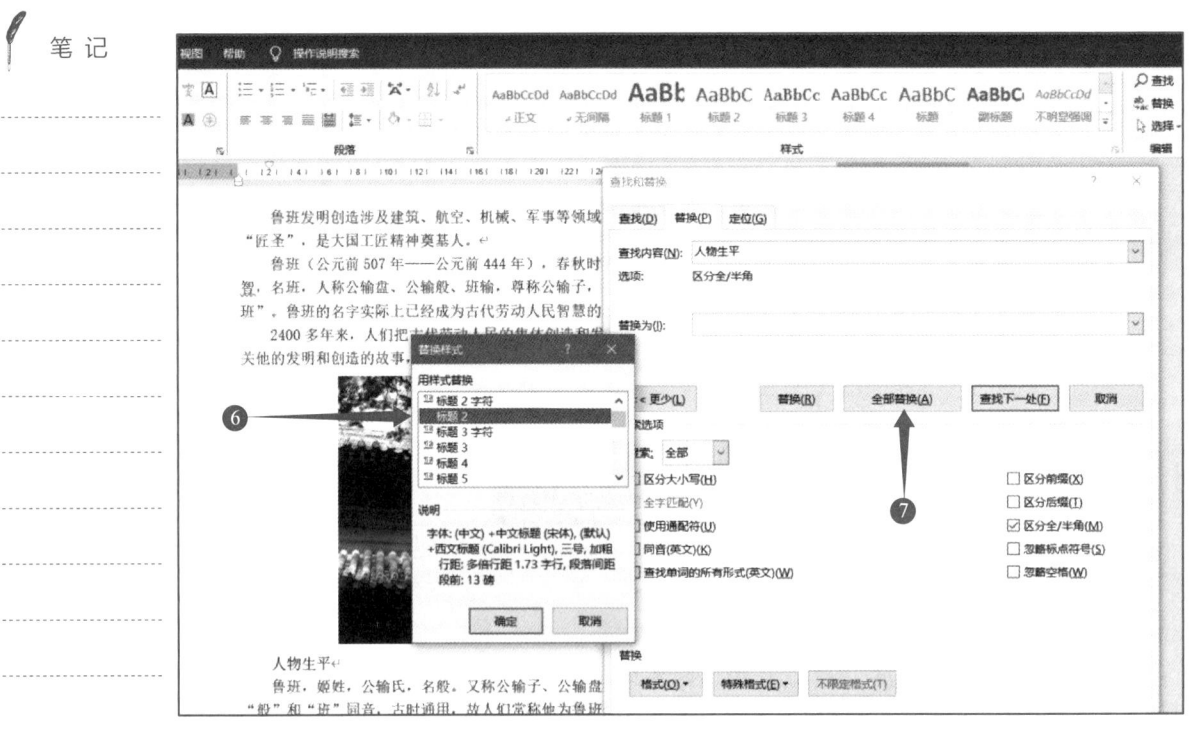

图 1-77　所有"人物生平"的文本样式全部替换为"标题 2"样式

2）单击正文任意位置，选择"开始"选项卡，单击"编辑"选项组中的"替换"按钮，在"查找和替换"对话框的"查找内容"文本框中输入"主要贡献"，在文本框"替换为"中不输入任何内容（之前将"人物生平"替换为"标题 2"样式默认保留），单击"全部替换"按钮，如图 1-78 所示。

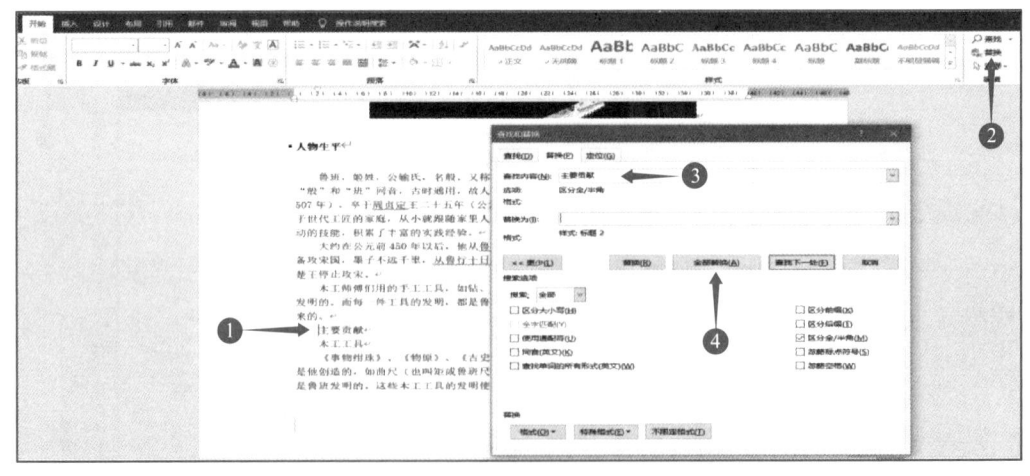

图 1-78　所有"主要贡献"的文本样式全部替换为"标题 2"样式

3）用设置"主要贡献"文字样式的办法，设置所有"轶事典故""人物影响"和"参考

单元 1　Word 2016 文档处理

资料"的文本样式为"标题 2"样式。

**4. 使用"导航"窗格检查标题样式**

选择"视图"选项卡,选中"导航窗格"复选框,在"导航"窗格检查有无标题遗漏或误操作的标题设置样式。设置遗漏或误操作的标题样式为正确的标题样式,如图 1-79 所示。

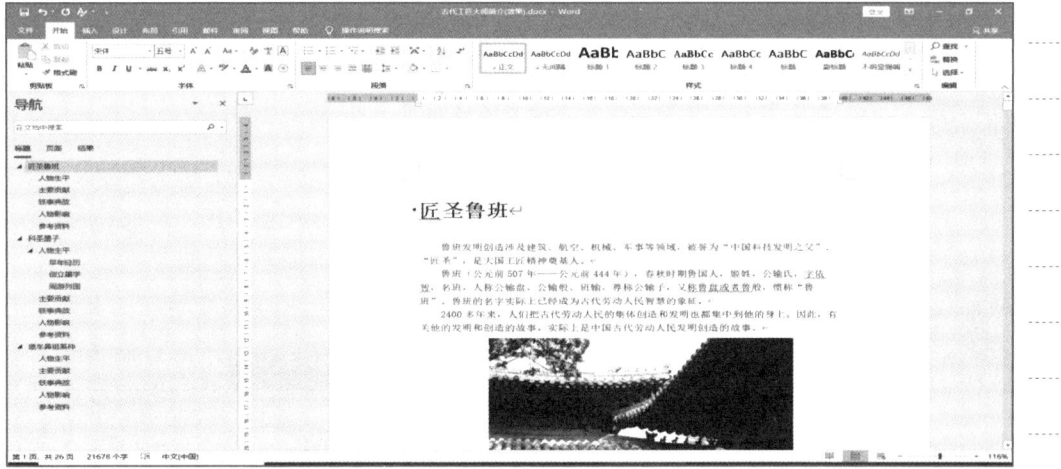

图 1-79　使用导航窗格检查标题样式

**5. 链接多级编号与标题**

1）把光标定位到文档首页"匠圣鲁班"的位置,单击"开始"选项卡"段落"选项组中的多级列表下拉按钮,在"列表库"选项组中选择第三行、第二列的样式,如图 1-80 所示。

微课 1-18：
链接多级编号与标题

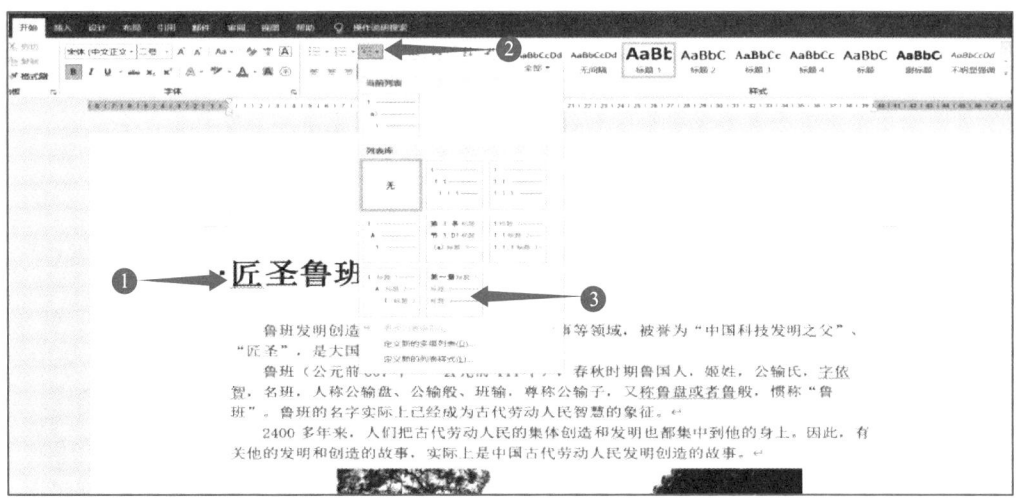

图 1-80　添加多级标题

2)把光标定位到文档首页"匠圣鲁班"的位置,单击"开始"选项卡"段落"选项组中的多级列表下拉按钮,在下拉菜单中选择"定义新的多级列表"命令,如图 1-81 所示。

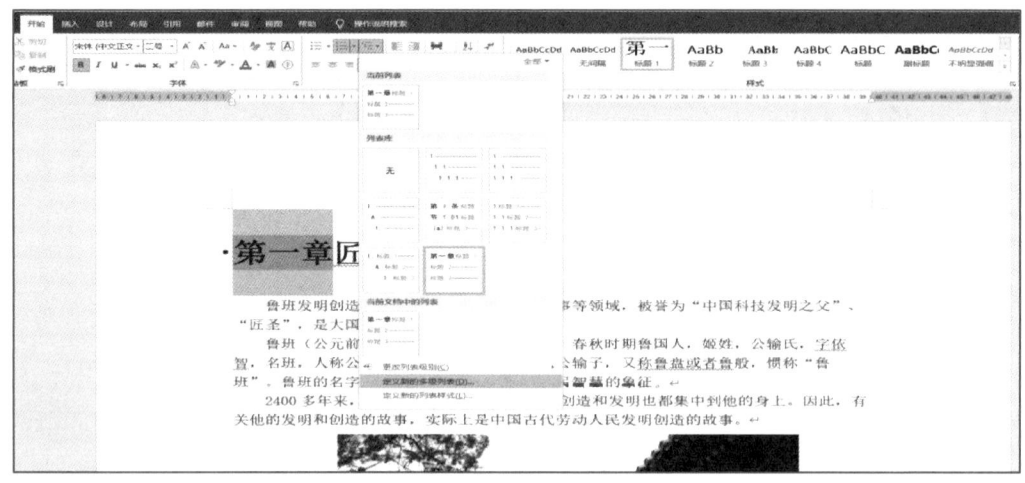

图 1-81  定义新的多级列表

3)在打开的"定义新多级列表"对话框中"单击要修改的级别"选择"1",在"输入编号的格式"文本框中输入"第一章▯",如图 1-82 所示。

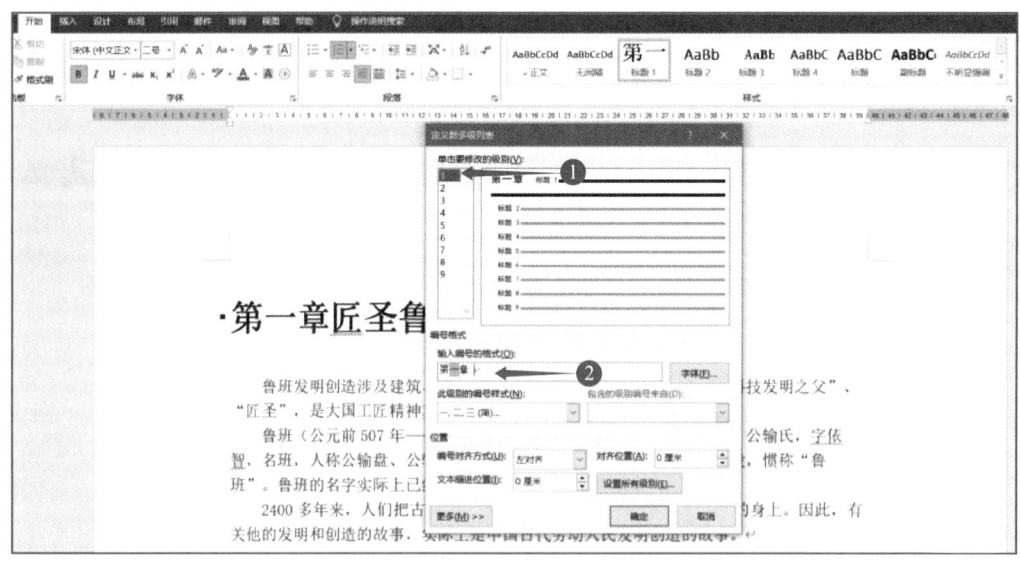

图 1-82  修改一级标题编号格式

4)在"定义新多级列表"对话框中"单击要修改的级别"选择"2",在"此级别的编号样式"下拉菜单中选择"一、二、三(简)",在"输入编号的格式"中文本框中输入

"一、",单击"确定"按钮,如图 1-83 所示。

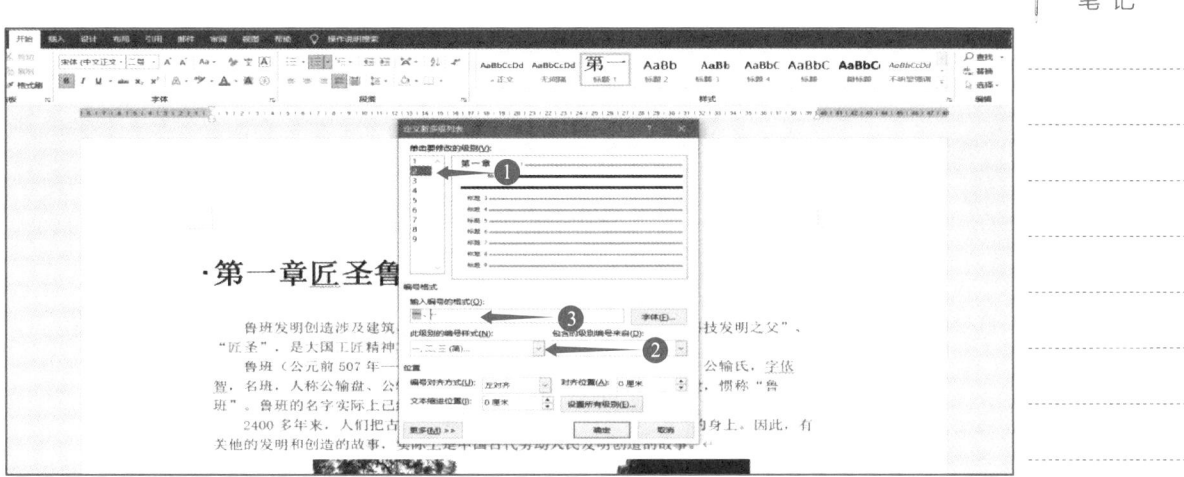

图 1-83　修改二级标题编号格式

5)在"视图"选项卡中选中"导航窗格"复选框,在"导航"窗格中查看两级标题编号,如图 1-84 所示。

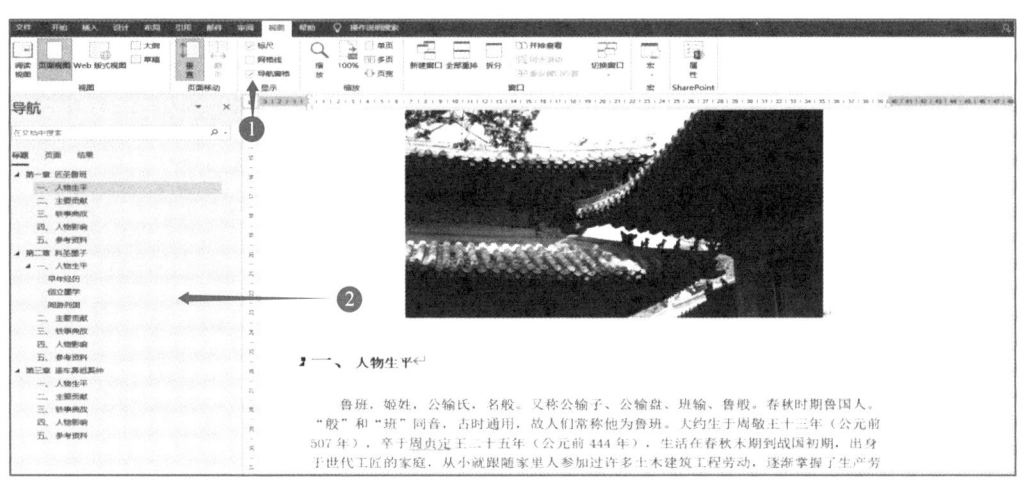

图 1-84　使用"导航"窗格查看两级标题编号

**6. 插入分节符**

1)把光标定位到标题"匠圣鲁班"的"匠"字前,选择"布局"选项卡,单击"页面设置"选项组中的"分隔符"下拉按钮,在弹出的下拉菜单中选择"分节符"选项组中的"下一页",插入分节符,如图 1-85 所示。

2)选择"开始"选项卡,单击"段落"选项组中的"显示/隐藏编辑标志"按钮,显示分页符。把光标定位到正文的前一页的分节符前,单击"字体"选项组中的"清除所有格式"按钮,如图 1-86 所示。

微课 1-19:
插入分节符及段前分页

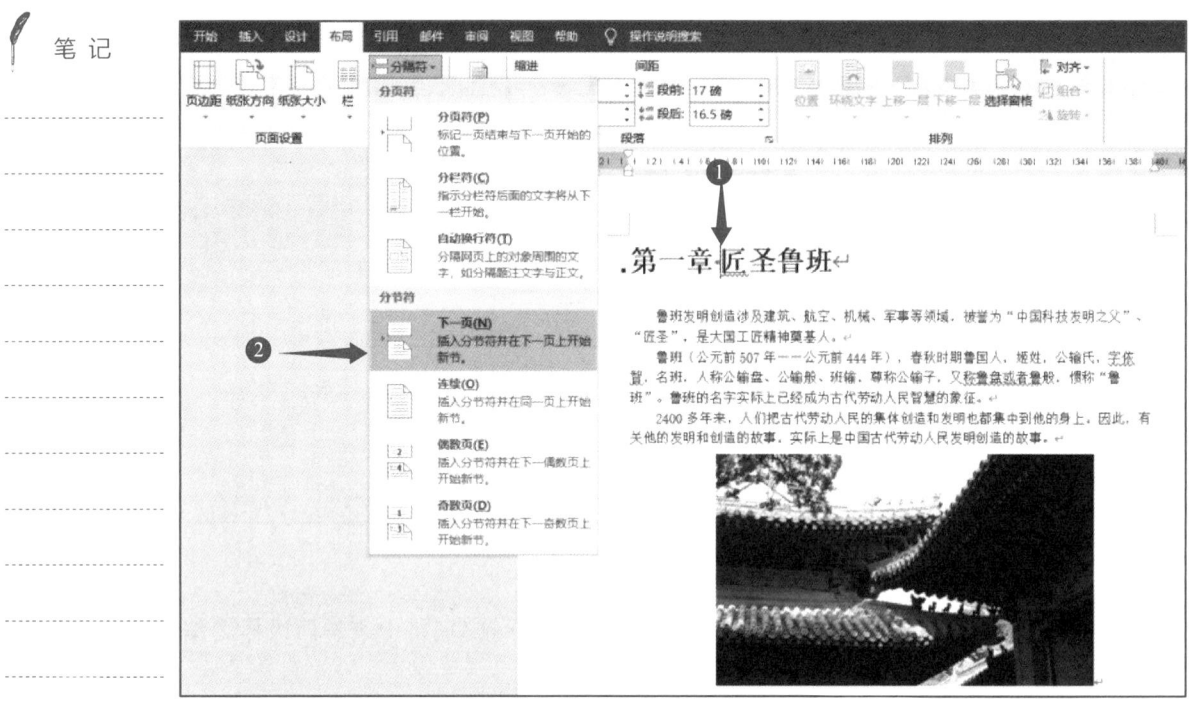

图 1-85 插入分页符

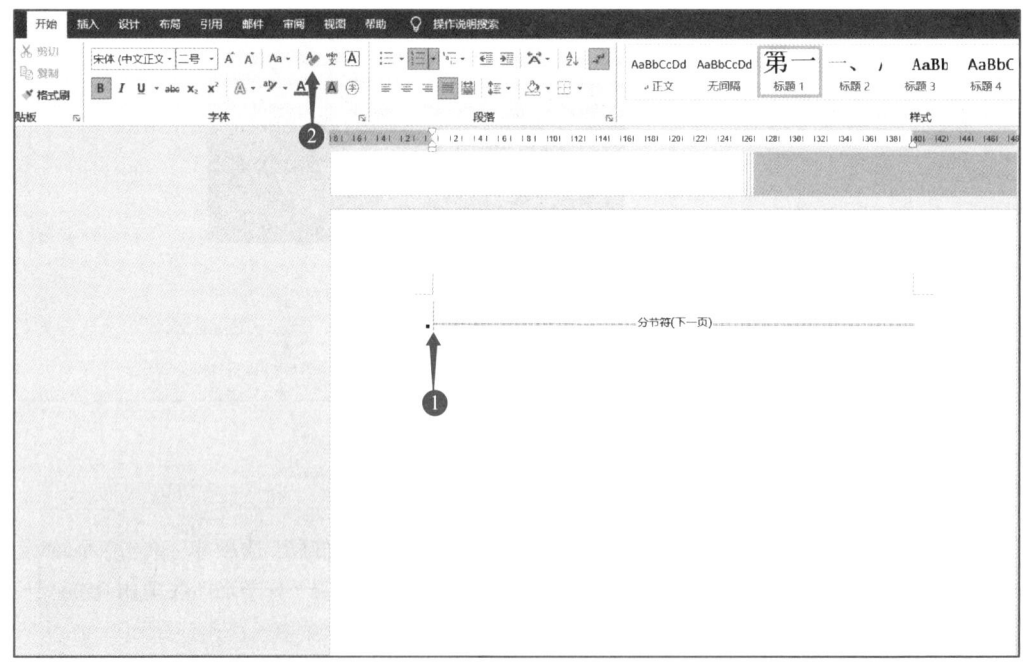

图 1-86 清楚格式

3）把光标定位到第二页的分节符标记前，按回车键 3 次，在第二页第一行输入文字"目录",设置文字"目录"的字体为"黑体"、字号为"二号",对齐方式为"居中对齐",如图1-87所示。

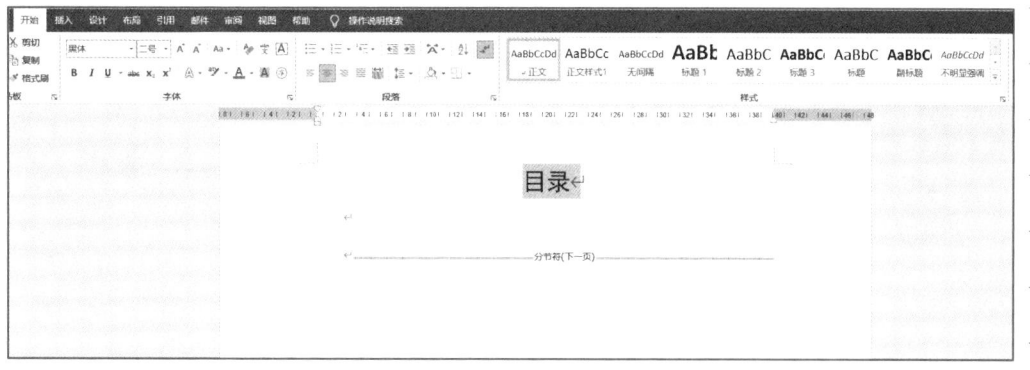

图1-87 预留空白目录页

**7. 修改"标题1"样式为段前分页**

选中标题中"匠圣鲁班"4个字,选择"开始"选项卡,右击"样式"选项组中的"标题1"样式,在弹出的快捷菜单中选择"修改"命令,打开"修改样式"对话框,选中"自动更新"复选框,单击左下方的"格式"下拉按钮在弹出的下拉菜单中选择"段落"命令,打开"段落"对话框,选中"段前分页"复选框,单击"确定"按钮,如图1-88所示。

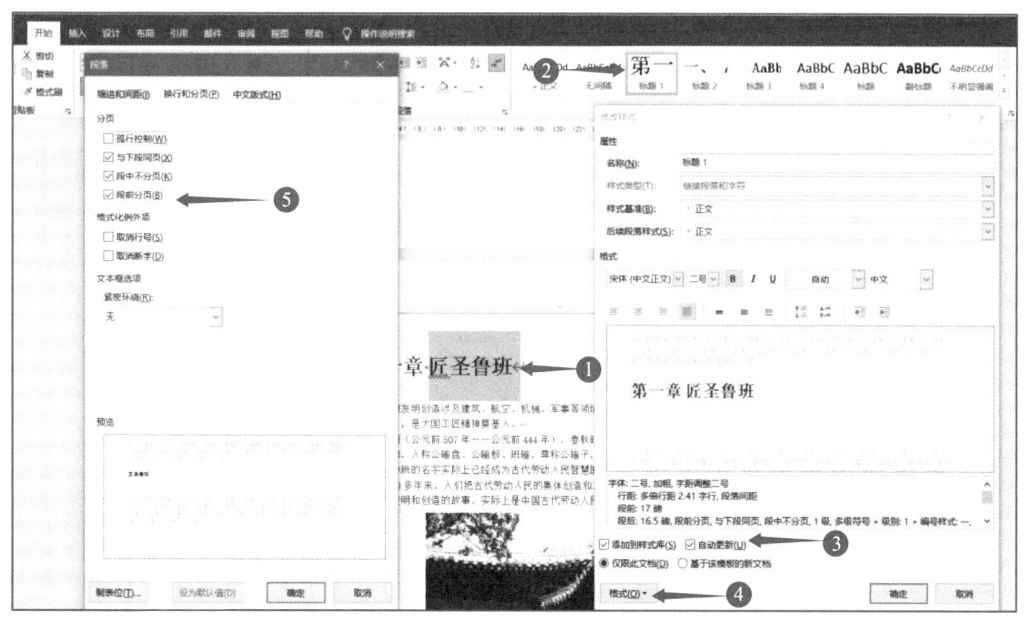

图1-88 修改"标题1"样式为段前分页

**8. 插入页码和页眉**

1)把光标定位到正文选择"插入"选项卡,单击"页眉和页脚"选项组中的"页码"下拉按钮,在弹出的下拉菜单中选择"页面底端"→"普通数字2",如图1-89所示。

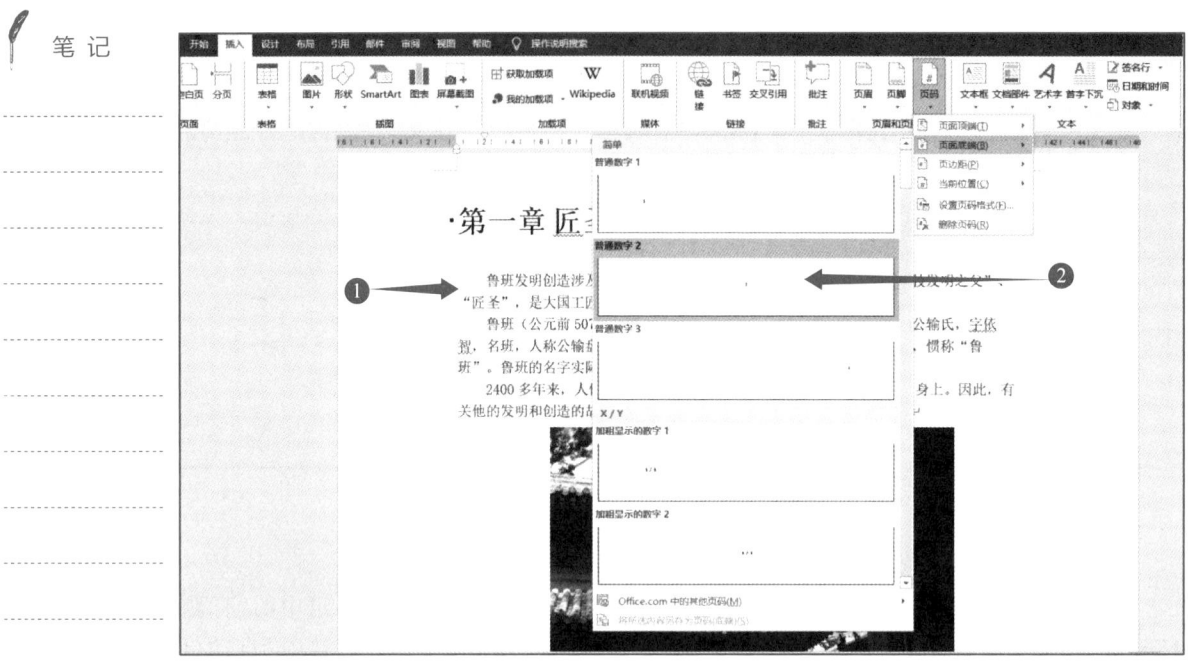

图 1-89 选择"页面底端"→"普通数字 2"

2）进入页脚编辑状态，选择"页眉和页脚工具|设计"选项卡，单击"链接到前一条页眉"按钮，如图 1-90 所示。

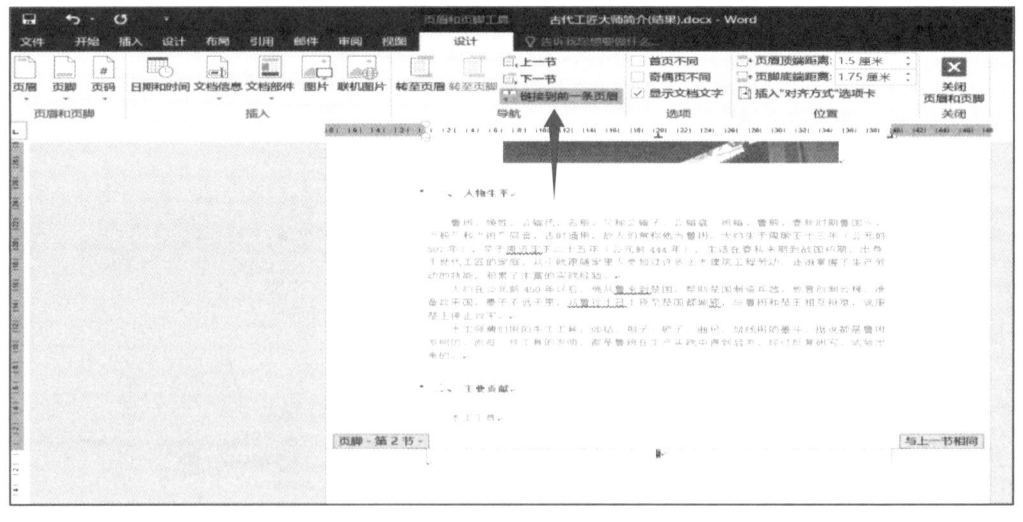

图 1-90 断开链接

3）单击"页眉和页脚工具|设计"选项卡中的"页码"下拉按钮，在弹出的下拉菜单中选择"设置页码格式"命令，如图 1-91 所示。打开"页码格式"对话框，单击"起始页码"单选按钮，在文本框中输入"1"，再单击"确定"按钮，如图 1-92 所示。

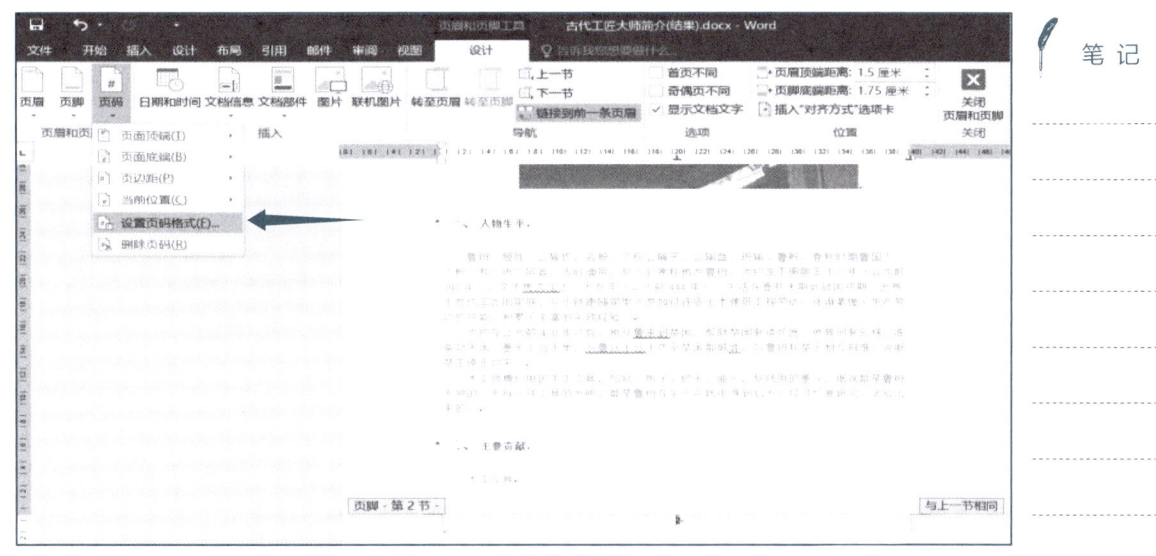

图 1-91　设置页码格式

4）在页眉页脚编辑状态，把光标定位到目录页的页脚位置，查看目录页码是否保留。

5）在页眉页脚编辑状态，把光标定位到正文首页的页眉位置，单击"页眉和页脚工具|设计"选项卡中的"链接到前一条页眉"按钮。

6）在页眉页脚编辑状态，把光标定位到正文首页的页眉位置，单击"页眉和页脚工具|设计"选项卡中的"文档信息"下拉按钮，在弹出的下拉菜单中选择"域"命令，如图 1-93 所示，打开"域"对话框，在域对话框中，左边选择"域名"列表框中的"StyleRef"，在"样式名"列表框中选择"标题 1"，单击"确定"按钮，如图 1-94 所示。

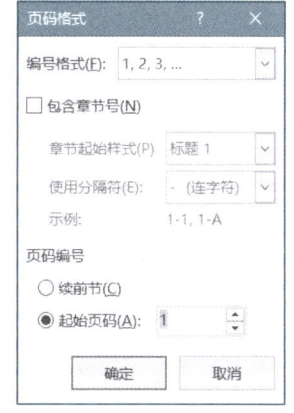

图 1-92　设置起始页码

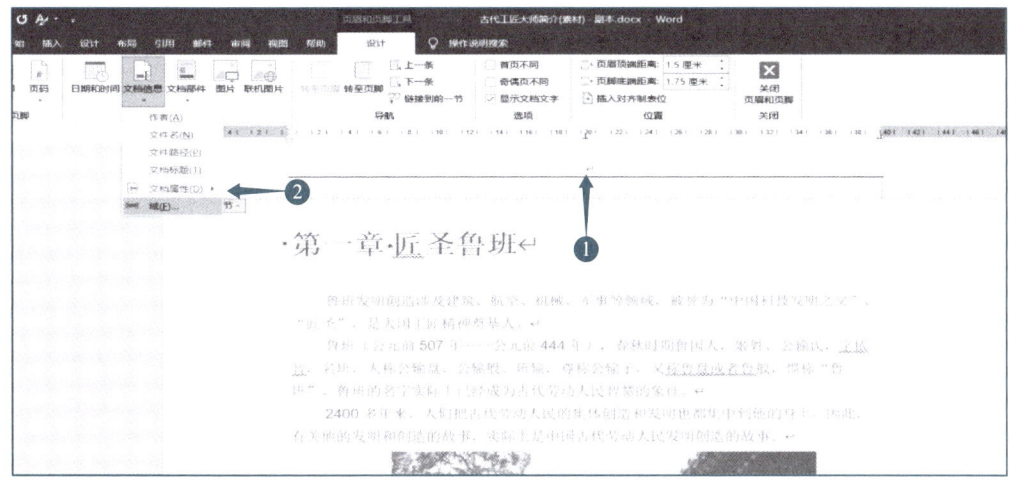

图 1-93　插入域

图 1-94　设置域

7）双击正文的位置,退出页眉页脚编辑状态。

**9. 引用目录**

把光标定位到目录页标题"目录"下方空白段落位置,单击"引用"选项卡中的"目录"下拉按钮,在弹出的下拉菜单中选择"自定义目录"命令,如图 1-95 所示。在打开的"目录"对话框中单击"确定"按钮,如图 1-96 所示,自动生成目录,如图 1-97 所示。

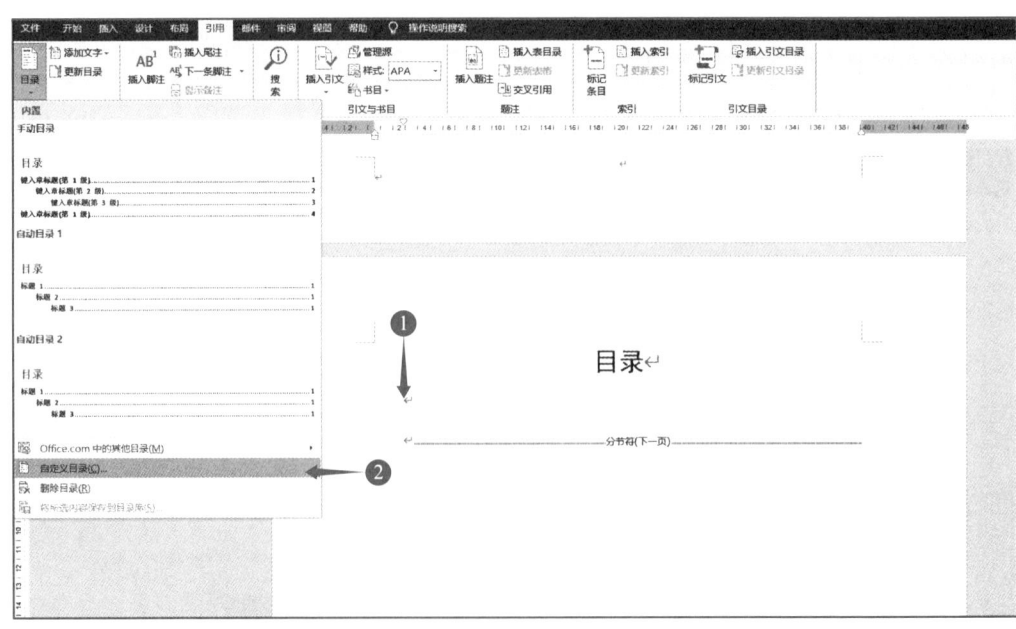

图 1-95　自定义目录

单元 1　Word 2016 文档处理

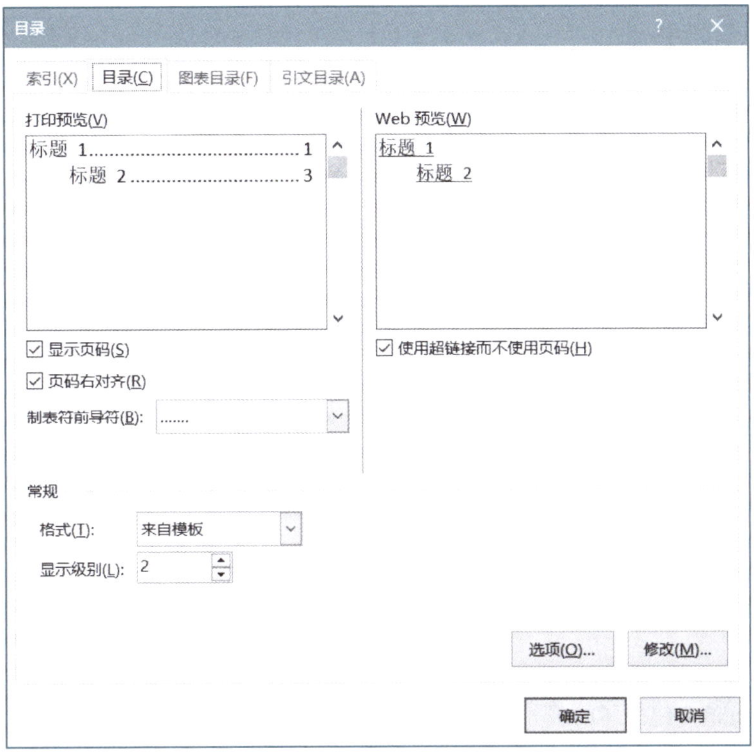

图 1-96　"目录"对话框

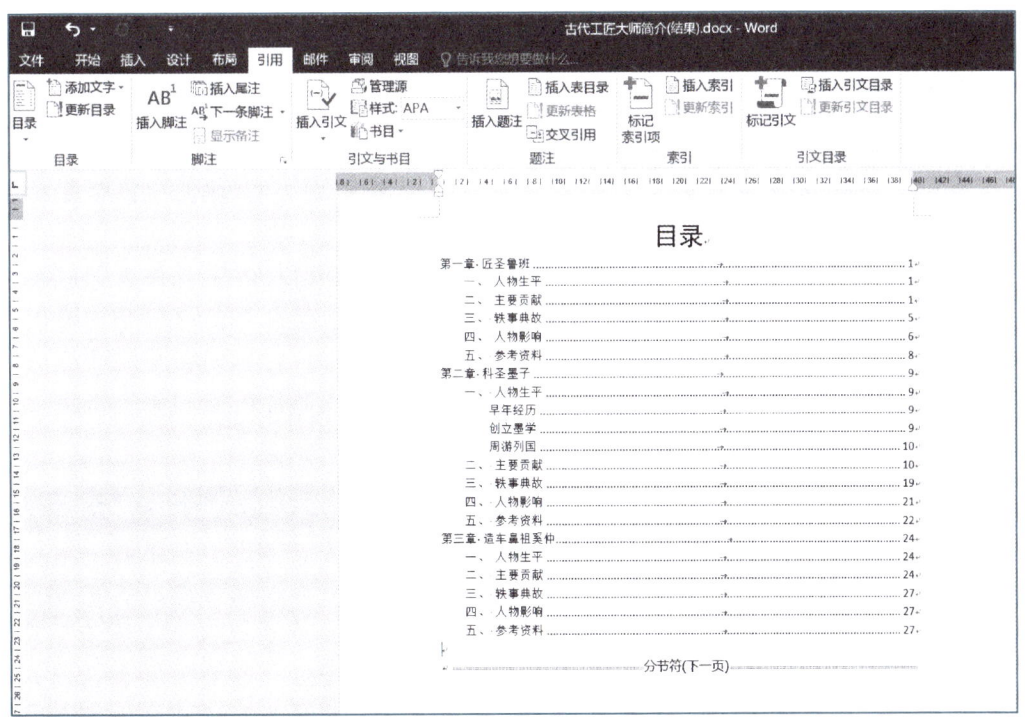

图 1-97　自动生成的目录

【课后提升】

### (一) 巩固提升

**实训任务 1-5：全国计算机等级考试二级 MS Office 高级应用模拟练习题 1**

打开名为"word.docx"的文档，按照要求完成下列操作并仍以"word.docx"文件名保存文件。

1）调整文档版面，设置上、下、左、右页边距都为 3 厘米；页面纸张为 A4；设置文字水印页面背景，文字为"空气环境"，水印版式为斜式。
2）添加页眉，页眉内容需包含文字"空气环境"。
3）调整文档标题格式，设置标题文字的字体、字号、加粗、文字颜色、对齐方式。
4）调整标题与正文之间的段间距。
5）设置文字"化学污染主要来源于……"和"诱发……"为正文，并设置首行缩进 2 个字符。

### (二) 拓展提升

**实训任务 1-6：全国计算机等级考试二级 MS Office 高级应用模拟练习题 2**

为了更好地介绍公司的服务与市场战略，市场部助理小王需要协助制作完成公司战略规划文档，并调整文档的外观与格式。请按照需求，在名为"word.docx"的文档中完成制作。

1）调整文档纸张大小为 A4，纸张方向为纵向；设置上、下页边距为 2.5 厘米，左、右页边距为 3.2 厘米。
2）打开"Word_样式标准.docx"文件，将其文档样式库中的"标题 1，标题样式一"和"标题 2，标题样式二"复制到"word.docx"的文档样式库中。
3）将"word.docx"文档中的所有红颜色文字应用为"标题 1，标题样式一"样式。
4）将"word.docx"文档中的所有绿颜色文字应用为"标题 2，标题样式二"样式。
5）将文档中出现的全部手动换行符更改为段落标记。
6）修改文档样式库中的"正文"样式，使得文档中所有正文段落首行缩进 2 个字符。
7）添加页眉，将当前页中样式为"标题 1，标题样式一"的文字自动显示在页眉区域中。
8）在文档的第 4 段后(标题为"目标"的段落之前)插入一个空段落，并按照表 1-1 的数据方式在此空段落中插入一个折线图图表，将图表的标题命名为"公司业务指标"。

表 1-1　公司业务指标　　　　　　　　　　　　　　　　　　(万元)

| 年 | 销售额 | 成本 | 利润 |
| --- | --- | --- | --- |
| 2010 | 4.3 | 2.4 | 1.9 |
| 2011 | 6.3 | 5.1 | 1.2 |
| 2012 | 5.9 | 3.6 | 2.3 |
| 2013 | 7.8 | 3.2 | 4.6 |

# 单元 2　Excel 2016 电子表格处理

## 项目 2-1　数据快速录入及计算

### 【学习目标】

**1. 知识目标**

1）了解 Excel 2016 的功能和窗口组成。
2）掌握相对引用、绝对引用、混合引用和三维引用的概念和用法。
3）熟练掌握自动填充的方法。
4）熟练掌握等差数列和等比数列的操作方法。
5）掌握公式中运算符的类型及用法。
6）掌握数据清单中输入和编辑函数的方法。

**2. 能力目标**

1）能够使用 Excel 2016 快速录入数据。
2）能够熟练使用 Excel 2016 输入和编辑公式。

**3. 素质目标**

1）树立不怕困难、吃苦耐劳的精神，能够攻坚克难完成实训任务。
2）培养熟能生巧的意识。
3）通过各类型数据自动填充任务练习，培养脚踏实地、力戒虚荣的意识。
4）通过快速录入实训培养一丝不苟、精益求精的工匠精神。

### 【课前自学】

#### （一）Excel 2016 快速录入

**1. Excel 2016 简介**

Excel 2016 是微软公司发布的办公软件套装 Office 2016 中的主要应用程序之一，其是一个功能非常丰富的电子表格应用软件，具有强大的数据计算与分析处理功能，可以把数据用表格、统计图、透视图等形式表现出来，制作出的报表图文并茂，信息表达更为清晰。

项目 2-1
数据快速录入及计算

笔　记

Excel 2016 不但可以用于个人的日常事务处理,而且被广泛应用于金融、经济、财会、审计和统计等领域的办公事务处理。因此,作为信息社会的高素质技术技能人才,应当熟练掌握 Excel 2016 的相关知识与操作技能。

**2. 工作簿、工作表和单元格基本概念**

Excel 2016 文件又称为工作簿,在工作簿中可以进行存储数据、数据运算、插入公式以及数据格式化等操作。用户在 Excel 2016 中处理的各种数据最终都是以工作簿的文件形式存储在磁盘上,其默认的扩展名是 .xlsx。

每个工作簿由多张工作表组成,每张工作表是一个二维表格,也称作电子表格,用于组织和分析数据。每张工作表都可以存入某类数据或者图形。工作表不能单独存储在磁盘上,只有工作簿才能以文件的形式存储在磁盘上。

单元格是工作表中行和列交叉的部分,是工作表的最基本的数据单元,也是电子表格软件处理数据的最小单位。单元格按所在的行列位置来命名,列标在前,行号在后。例如,第 3 行第 2 列的单元格的名字是 B3,第 5 行第 3 列的单元格的名字是 C5。

**3. Excel 2016 的工作环境**

启动 Excel 2016,如图 2-1 所示。窗口中元素包括快速访问工具栏、标题栏、选项卡、编辑栏、工作表编辑区、工作表标签、状态栏等。

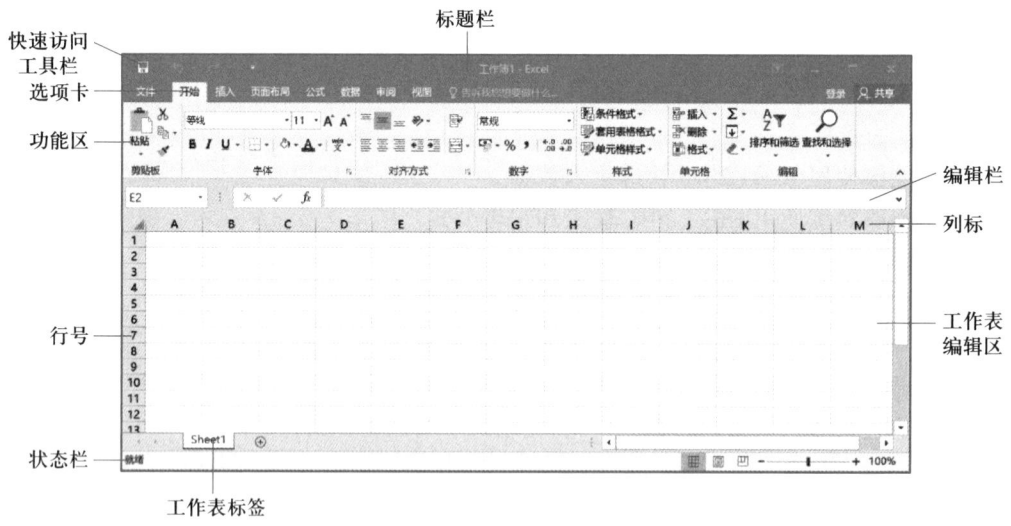

图 2-1　Excel 2016 的工作环境

**4. 在多个单元格中输入相同的内容**

启动 Excel 2016,选择空白工作簿,重命名为"快速录入例子.xlsx"。在工作表 Sheet1 中按 Ctrl 键并单击多个不同的单元格,松开 Ctrl 键,切换为英文输入法,先输入英文的单引号"'",再输入"2021010101",按住 Ctrl 键并按回车键,最后松开 Ctrl 键,如图 2-2 所示。

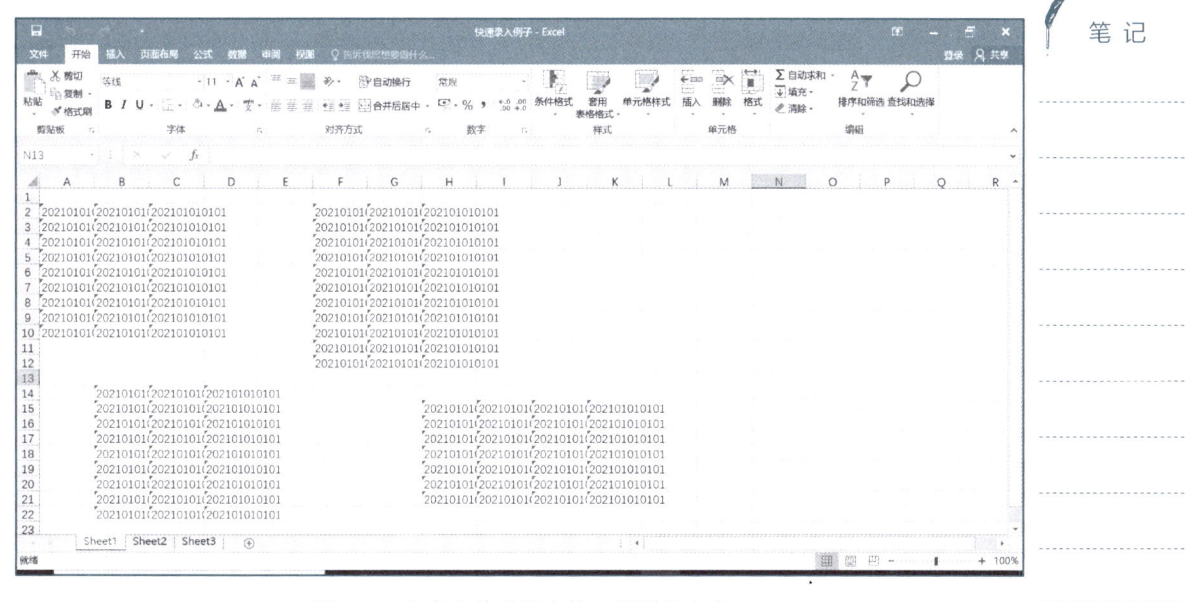

图 2-2 在多个单元格中输入相同的内容

**5. 自动填充**

（1）快速录入性别

打开"快速录入例子.xlsx"文件，单击 Sheet1 右侧"+"按钮增加工作表 Sheet2。在 Sheet2 工作表 B2 单元格中输入文字"女"，将鼠标移到 B2 单元格的右下角，当鼠标指针变成十字（称为填充柄）时向下拖动鼠标，下方单元格中便输入了相同的文字"女"。

（2）自动填充数字

在 Sheet2 工作表 C2 单元格中输入数字"1"，将鼠标移到 C2 单元格的右下角，当鼠标指针变成十字时向下拖动鼠标，则下方单元格中便输入了相同的数字"1"。

在 Sheet2 工作表 D2 单元格中输入数字"1"，将鼠标移到 D2 单元格的右下角，鼠标指针变成十字时按住 Ctrl 键并拖动鼠标，则下方单元格中便输入了数字"1,2,3,…"。

（3）自动填日期

在 Sheet2 工作表的 E2 单元格中输入日期"2021-9-26"，将鼠标移到 E2 单元格的右下角，当鼠标指针变成十字时拖动鼠标，则下方单元格中便输入了递增的日期。

在 Sheet2 工作表的 F2 单元格中输入日期"2021-9-26"，将鼠标移到 F2 单元格的右下角，当鼠标指针变成十字时按住 Ctrl 键并拖动鼠标，则下面单元格中便输入了相同的日期 2021-9-26，如图 2-3 所示。

**6. 生成等差数列和等比数列**

（1）生成等差数列

方法1：打开"快速录入例子.xlsx"文件，单击 Sheet2 右边侧"+"按钮，增加工作表 Sheet3。在工作表 Sheet3 的 B1 单元格中输入数字"1"，选中 B1:B12 单元格区域，选择

微课 2-1：
表格内容自动填充

基础篇

笔 记

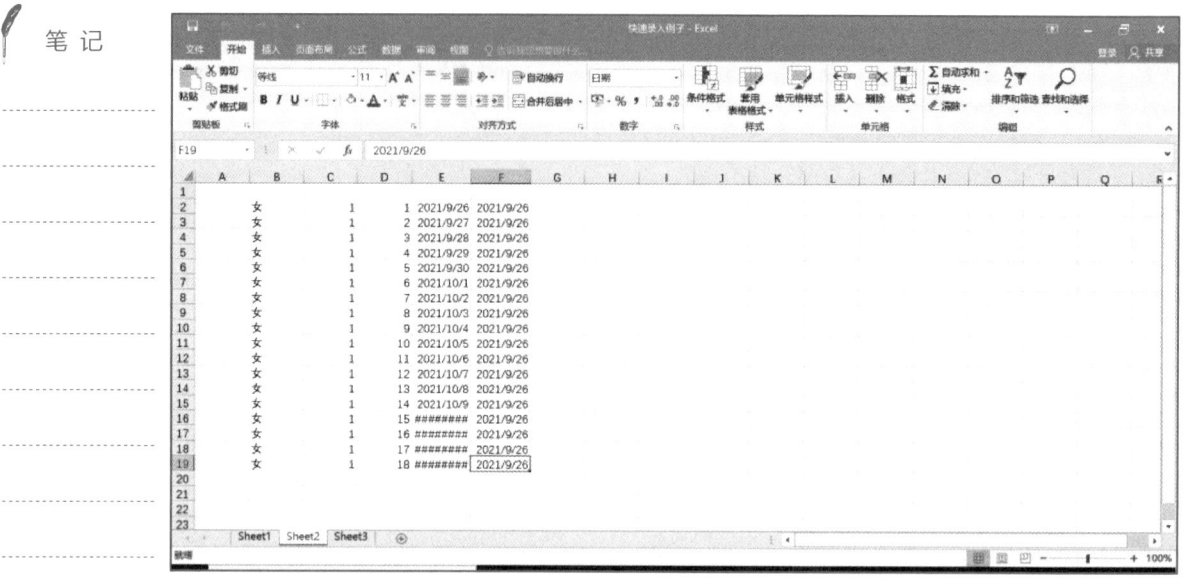

图 2-3 自动填充

"开始"选项卡,单击"填充"下拉按钮,在弹出的下拉菜单中选择"序列"命令,打开"序列"对话框,单击"等差序列"单选按钮,在"步长值"文本框中输入"2"如图 2-4 所示,再单击"确定"按钮,生成等差数列"1,3,5,…"。

方法 2:分别在工作表 Sheet3 的 A1 和 A2 单元格中输入数字"1"和"3",选中 A1 和 A2 单元格区域,将鼠标移到区域右下角,当鼠标指针变成十字时拖动鼠标,同样可以生成等差数列"1,3,5,…"。

方法 3:分别在工作表 Sheet3 的 C1 和 C2 单元格中输入数字"1"和"3",选中 C1:C2 单元格区域,将鼠标移到区域右下角,按住鼠标右键拖动,在弹出的快捷菜单中选择"快速填充"或"等差序列"命令均可生成等差数列。

图 2-4 填充序列

(2) 生成等比数列

方法 1:分别在工作表 Sheet3 的 D1 和 D2 单元格中输入数字"1"和"5"然后选中 D1:D2 单元格区域,将鼠标移到区域右下角,按住鼠标右键拖动,在弹出的快捷菜单中选择"等比序列"命令,即可生成等比数列"1,5,25,…"。

方法 2:在工作表 Sheet3 的 E1 单元格输入数字"1",选中 E1:E12 单元格区域,选择"开始"选项卡,单击"填充"下拉按钮,在弹出的下拉菜单中选择"序列"命令,打开"序列"对话框单击"等比序列"单选按钮,在"步长值"文本框中输入"5",单击"确定"按钮,生成等比数列,如图 2-5 所示。

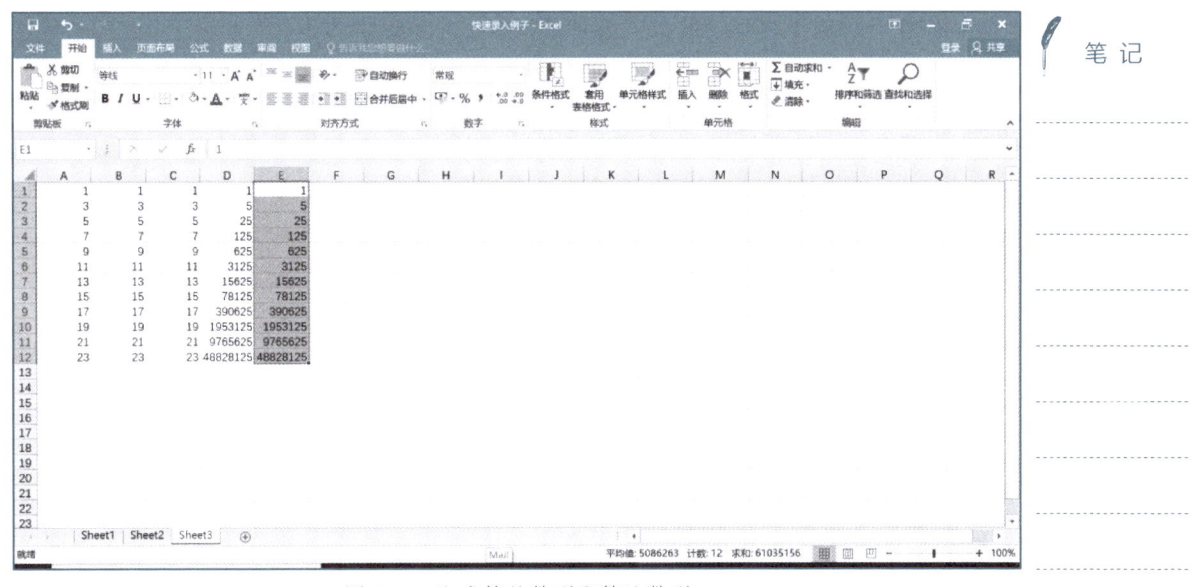

图 2-5　生成等差数列和等比数列

## (二) Excel 2016 计算公式

Excel 2016 具有强大的计算功能,公式则是 Excel 2016 的核心内容。当用户输入或者修改数据之后,公式便会自动计算,并将最新结果填充到对应单元格中。

Excel 2016 中的公式包括以下 3 部分。

1)"="符号:用以指明用户输入的内容是公式不是数据(注意输入公式必须以"="开头)。

2)运算符:用以计算公式中元素。

3)参与计算的元素(运算数):参与计算的元素可以是常量数值、单元格内数值、单元格引用或函数等。

**1. 公式中的运算符类型**

Excel 2016 包含以下 4 种类型的运算符。

1)算术运算符:+(加号)、-(减号或负号)、*(星号或乘号)、/(除号)、%(百分号)、^(乘方)。例如,在某个单元格中输入"=2+5^2",按回车键,单元格结果为 27。

2)比较运算符:=(等号)、>(大于号)、<(小于号)、>=(大于或等于号)、<=(小于或等于号)、<>(不等于)。比较运算符用于比较两个值,结果是一个逻辑值(TRUE 或 FALSE)。例如:在某个单元格中输入"=3<8",按回车键,单元格结果为 FALSE。

3)文本运算符:&。使用"&"可以连接多个字符串。例如,输入"="山东"&"商职学院""(注意文本输入时须加英文引号),按回车键,单元格结果为"山东商职学院"。

4)单元格引用运算符::(冒号)、,(逗号)和空格。

":"(冒号)是区域运算符,表示单元格区域,对两个单元格间所有单元格进行引用,如"=SUM(B2:E2)"。

","(逗号)是并集运算符,合并多个引用。例如,"=SUM(B2:C2,D2:E2)"和"=SUM(B2:E2)"结果一样。注意,Excel 2016 中的并集和数学中的并集概念不一样,

微课 2-2:
Excel 2016 计算公式

Excel 2016中并集相同的部分会计算两次。如,在 Sheet1 的 B8 单元格中输入"=SUM(B2:C6,C2:E6)",其中的 C2:C6 区域数据被计算了两次,单元格中结果为 1859。

空格是交集运算符,只处理各单元格区域中共有的单元格区域的数据。例如,在"学生成绩表.xlsx"文件 Sheet1 的 C8 单元格中输入"=SUM(B2:C6 C2:E6)",单元格结果为 410,和输入"=SUM(C2:C5)"的结果相等,如图 2-6 所示。

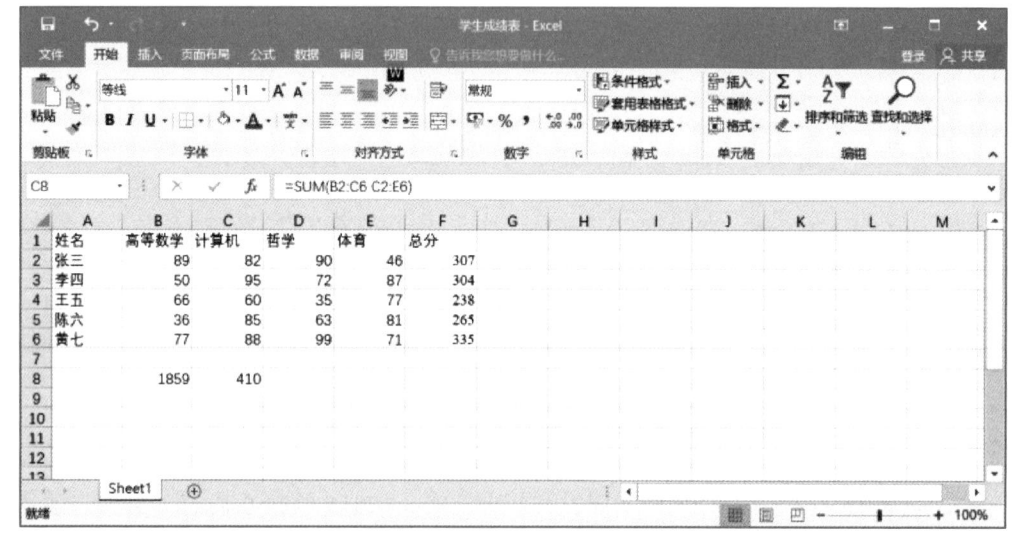

图 2-6 单元格引用运算符

**2. 数据清单中输入和编辑公式**

数据清单(二维表格)中公式运算推荐引用单元格地址,而不是直接使用数据,这样在复制或引用公式时非常方便。例如,在 F2 单元格中输入"=B2+C2+D2+E2",按回车键,单元格结果为 307,如图 2-7 所示。公式中输入单元格地址既可以直接输入(如 B2),也可以单击相应的单元格。

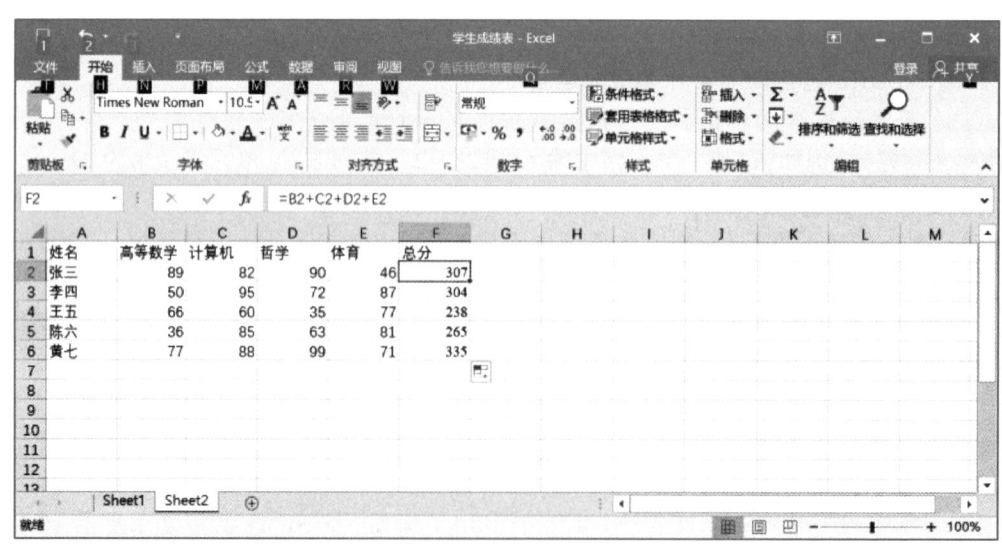

图 2-7 数据清单中输入和编辑公式

数据清单中公式输入一次,其他单元格中使用相同的公式计算有两种方式快速输入。

方法 1:使用自动填充。

方法 2:使用智能表格。

修改公式有两种方式。

方法 1:单击该公式的单元格,在编辑栏中修改。

方法 2:双击该公式的单元格,在单元格中修改。

### 3. 相对引用和绝对引用

(1) 相对引用

微课 2-3:相对引用、绝对引用、混合引用和三维引用

相对引用是指当把一个含有单元格或单元格区域地址的公式复制到新单元格时,公式中的单元格地址或单元格区域随着改变,公式的结果会依据改变后的单元格或单元格区域地址重新计算。例如,在 F2 单元格中输入"=B2+C2+D2+E2",按回车键,结果为 307。单击 F2 单元格将鼠标移到单元格右下角,拖动填充柄到 F3 单元格,则 F3 单元格中公式变为"=B3+C3+D3+E3",结果为 304。再将鼠标移到单元格右下角,拖动填充柄到 F4 单元格,则 F4 单元格中公式变为"=B4+C4+D4+E4",结果为 238。最后拖动填充柄到 F6 单元格,则 F6 单元格结果为 335。由此可见,自动填充也是相对引用,因此使用相对引用能很快地输入公式并获得结果,在实际的应用中使用较多。

(2) 绝对引用

绝对引用是指在公式中的单元格地址或单元格区域地址不随着公式位置的改变而发生改变,即不论单元格在什么位置,公式所引用的单元格地址都是固定位置。单元格绝对引用的形式是在单元格地址中每一个行标及列标前加一个"$"符号。例如,双击 F2 单元格,输入公式"=B2+C2+D2+E2"按 F4 键,公式"=B2+C2+D2+E2"变为"=$B$2+$C$2+$D$2+$E$2",按回车键后 F2 单元格结果为 307。将公式输入到 F3~F6 单元格中,结果均为 307,如图 2-8 所示。

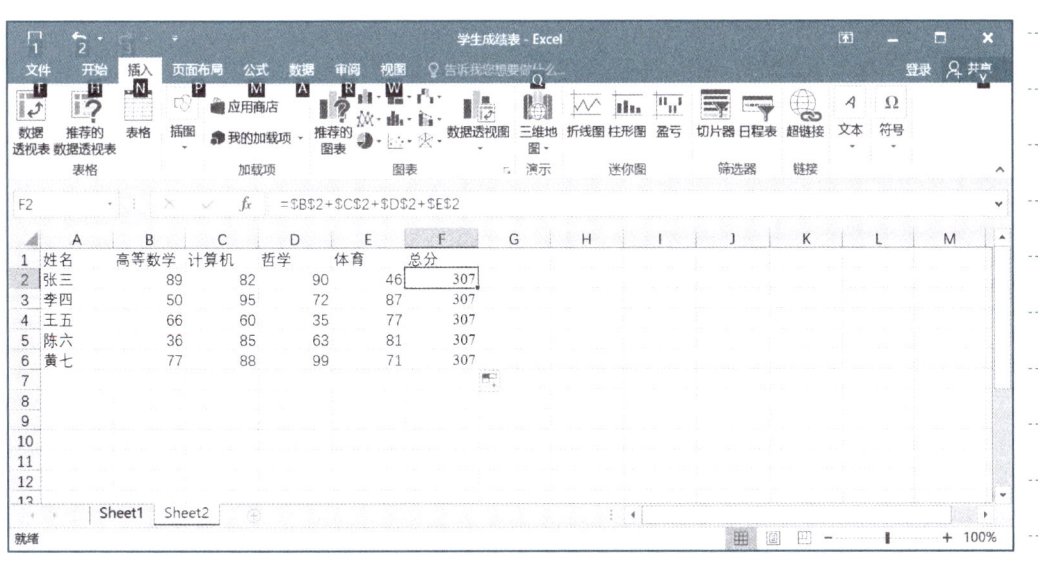

图 2-8 绝对引用

（3）混合引用

混合引用是指单元格或单元格区域地址部分为相对引用,部分为绝对引用,如 $B2 和 B$2。

（4）相对引用与绝对引用之间的切换

如果希望将公式中的相对引用更改为绝对引用,先单击单元格,在编辑栏中选中要更改的引用,再按 F4 键。按 F4 键时,引用会在以下组合中切换:绝对列与绝对行(如 $C$1)、相对列与绝对行(C$1)、绝对列与相对行($C1)和相对列与相对行(C1)。例如,在公式中选中引用 $A$1 并按 F4 键,引用将切换为 A$1;再按 F4 键,引用将切换为 $A1。

（5）三维引用

在 Excel 2016 中,不但可以引用同一工作表中的单元格,还能引用不同工作表中的单元格,引用格式为"[工作簿名]+工作表名！+单元格引用"。例如,在 Book1 中引用 Book2 的 Sheet1 的第 3 行第 5 列单元格,可表示为"[Book2]Sheet1！E3"。

在"学生成绩表.xlsx"文件 Sheet2 的 D8 单元格中输入公式"=B2+Sheet1！C4",就是三维引用。先在"学生成绩表.xlsx"文件 Sheet2 的 D8 单元格中输入"=B2+",如图 2-9 所示,单击 Sheet1,再单击 C4 单元格,按回车键,则 C4 单元格中公式为"=B2+Sheet1！C4",计算结果为 149,如图 2-10 所示。

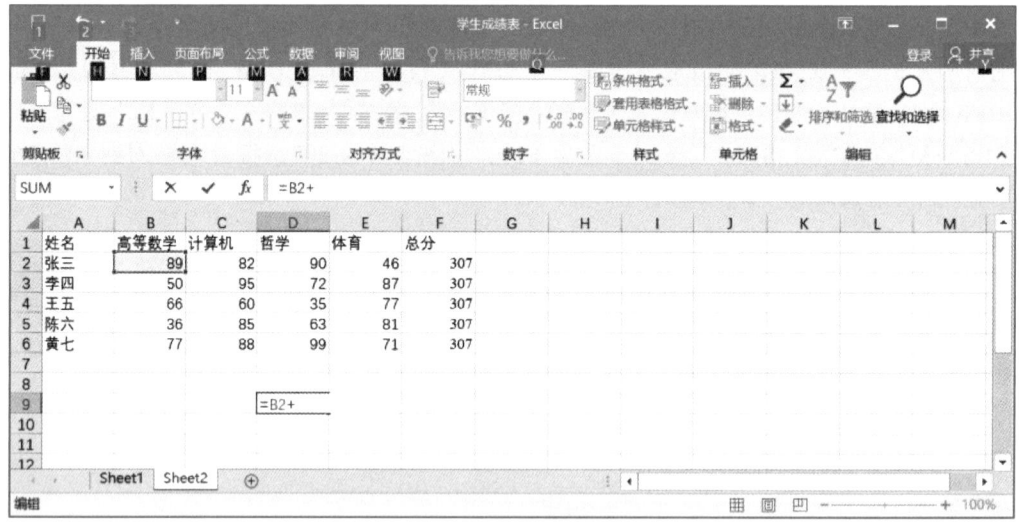

图 2-9 在本工作表中输入部分公式

**4. 数据清单中输入和编辑函数**

函数是 Excel 2016 预设的公式。Excel 2016 中有几百种函数,这些函数分为财务、日期与时间、数字与三角、统计、查找与引用、文本、逻辑信息等类别。

函数的结构以函数名称开始,后面是左圆括号,然后是以逗号分隔的参数,最后是右圆括号。如果函数以公式的形式出现,则在函数名称前面输入等号。

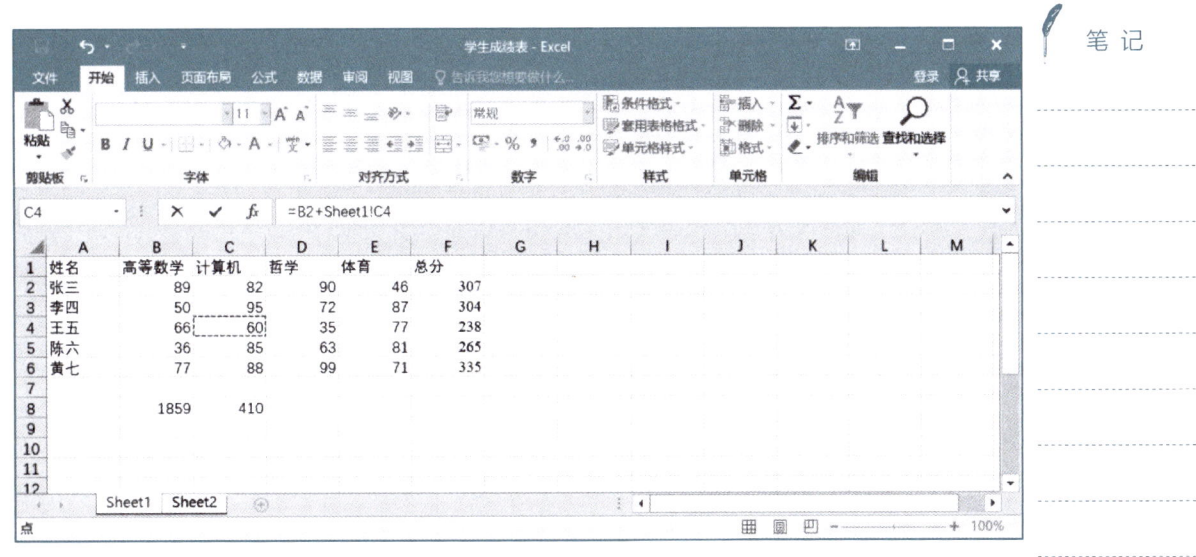

图 2-10 三维引用后的公式及结果

函数的输入有以下方法。

（1）直接输入函数公式

在"学生成绩表.xlsx"文件 Sheet3 的 F2 单元格中输入"=SUM(B2:E2)"，按回车键，结果 344，如图 2-11 所示。注意，在单元格输入公式时一定要先输入等号，且函数名不区分大小写。

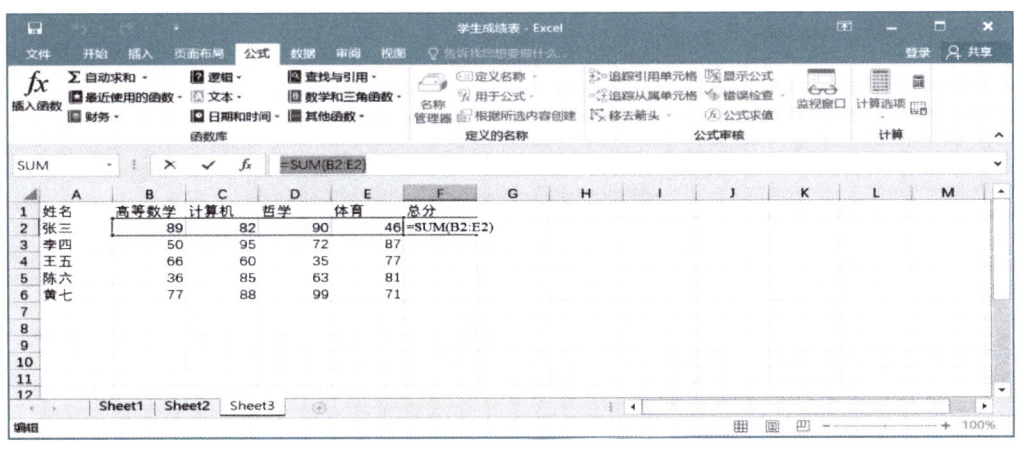

图 2-11 直接输入函数公式

（2）在"公式"选项卡中选择函数

选择"公式"选项卡，单击"数学和三角函数"下拉按钮，在弹出的下拉菜单中选择"SUM"函数，如图 2-12 所示。打开"函数参数"对话框，在"Number 1"数值框中输入"B3:E3"，如图 2-13 所示，单击"确定"按钮。

图 2-12　在"公式"选项卡中选择函数

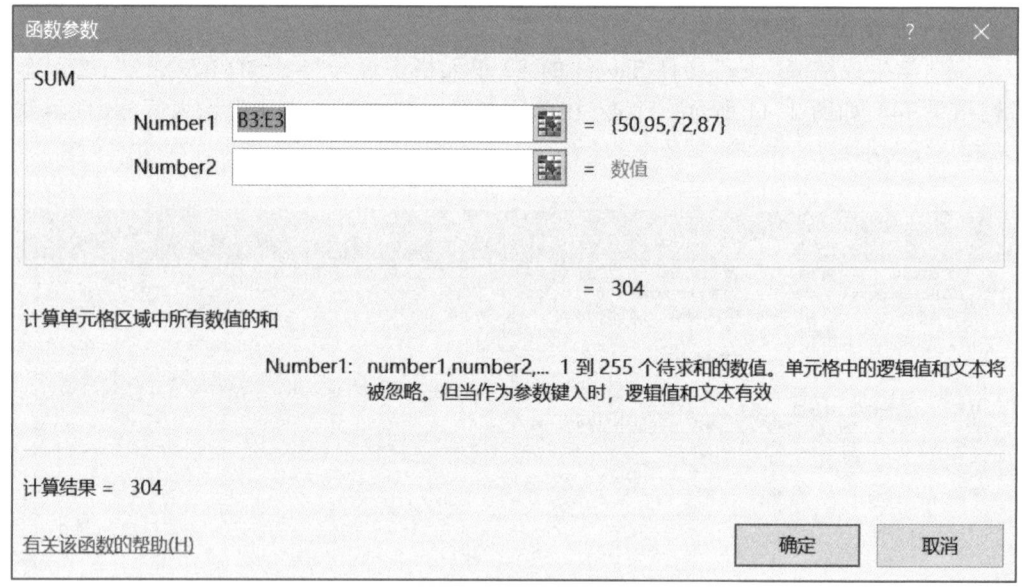

图 2-13　"函数参数"对话框

(3) 使用智能表格输入函数

在"学生成绩表.xlsx"的 Sheet4 中选中 A1:F6 单元格区域,选择"插入"选项卡,单击"表格"按钮,在"创建表"对话框中选中"表包含标题"复选框,如图 2-14 所示。

将 A1:F6 单元格区域设置为智能表格,选中 F6 单元格,选择"公式"选项卡,单击"自动求和"按钮 Σ。按回车键则数据清单中 F2:F6 区域自动求和,无须手动填充,如图 2-15 所示。

单元 2　Excel 2016 电子表格处理

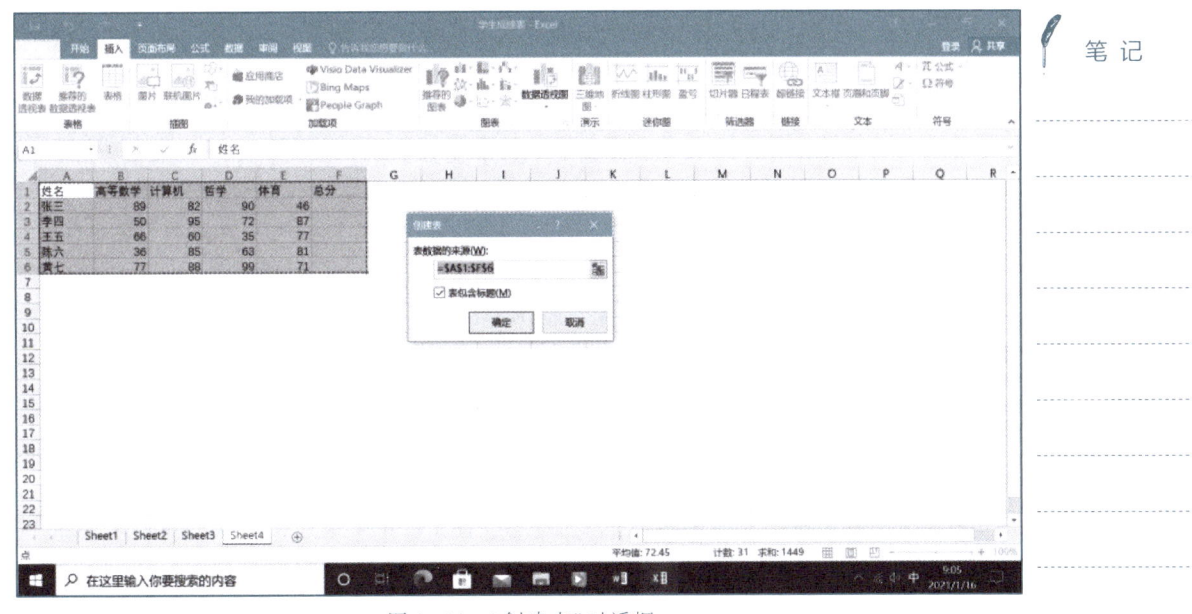

图 2-14　"创建表"对话框

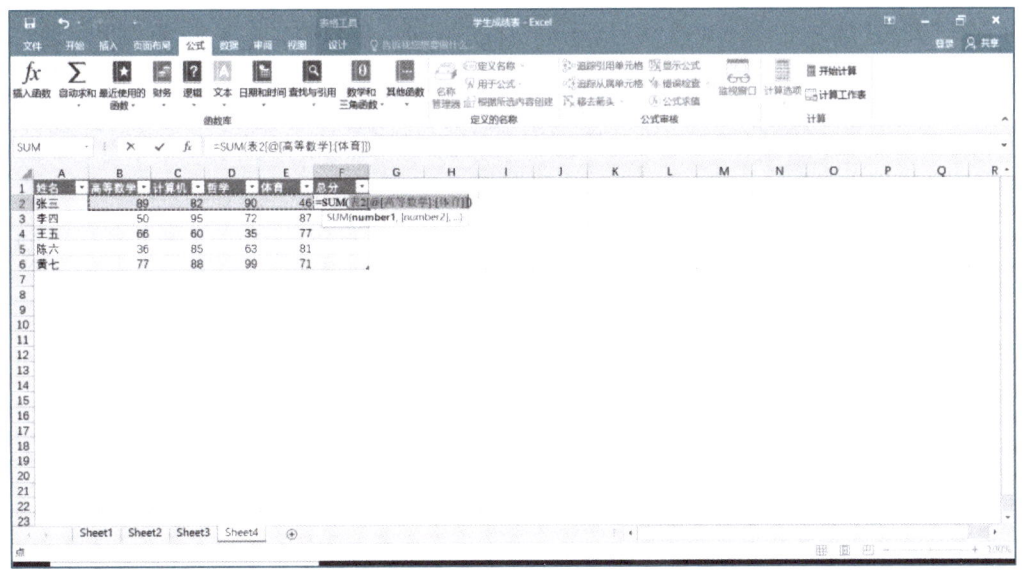

图 2-15　在智能表格输入函数

## 【课中学习】

### 任务 2-1：贷款计算

#### (一) 任务介绍

某人因创业所需于 2020 年 1 月 1 日向银行申请贷款，贷款时间为一年，贷款金额为 1000 元，年利率 3%，到期需还款 1030 元。到期，未还款，相当于又贷款 1030 元人民币。以此类推,到了 2120 年 1 月 1 日,需还款金额是多少元?

具体任务要求如下:

1) 正确输入各类型的数据。

2) 手工输入数据清单中第 1 行和第 2 行数据,其他行数据使用自动填充功能自动输入。

## (二) 任务实施

1) 新建文件并打开"各类型数据自动填充.xlsx",在 Sheet1 的 A1、A2 和 A3 单元格中分别输入"借款日期""2020/1/1"和"2021/1/1"。选中 A2 和 A3 单元格,向下拖动 A2:A3 区域右下方的填充柄,生成等差数列"2020/1/1,2021/1/1,2022/1/1,…,2120/1/1"。双击 A 列和 B 列分界线,调整 A 列的列宽。

2) 在 Sheet1 的 B1 和 B2 单元格中分别输入"间隔天数"和"365",单击 B2 单元格,向下拖动 B2 单元格右下方的填充柄复制填充,使 B2:B74 单元格区域的值均为 365。

3) 在 Sheet1 的 C1、D1、E1、F1 和 G1 单元格中分别输入"贷款金额(元)""到账金额(元)""借款日期""到期应还(元)"和"年利率",在 C2、D2、E2 和 G2 单元格中分别输入"1000""1000""365""1030"和"3%",将 G2 单元格中 3.00%设置为保留两位小数(选择"开始"选项卡,单击"数字"选项组中的"增加小数位数"按钮,设置为保留两位小数)。在 F2 单元格中输入公式"=D2*(1+G2)",如图 2-16 所示,按回车键,再单击"数字"选项组中的"减少小数位数"按钮,设置为保留两位小数。

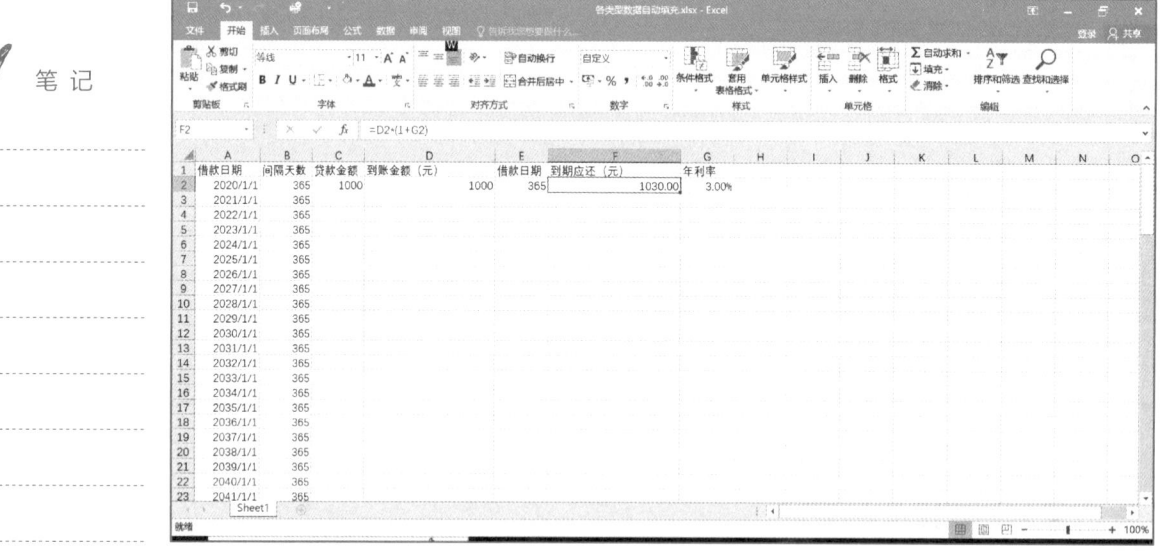

图 2-16 在 F2 单元格中输入公式

4) 选中 G2 单元格,向下拖动单元格右下方的填充柄复制填充,使 G2:G102 单元格区域的值均为 3%。

5) 选中 E2 单元格,向下拖动单元格右下方的填充柄复制填充,使 B2:B102 单元格区域的值均为 365。

6) 在 D3 单元格中输入公式"= F2",按回车键,D3 单元格中值变为 1030。选择"开始"选项卡,单击"数字"选项组中的"减少小数位数"按钮,设置为保留两位小数,如图 2-17 所示。

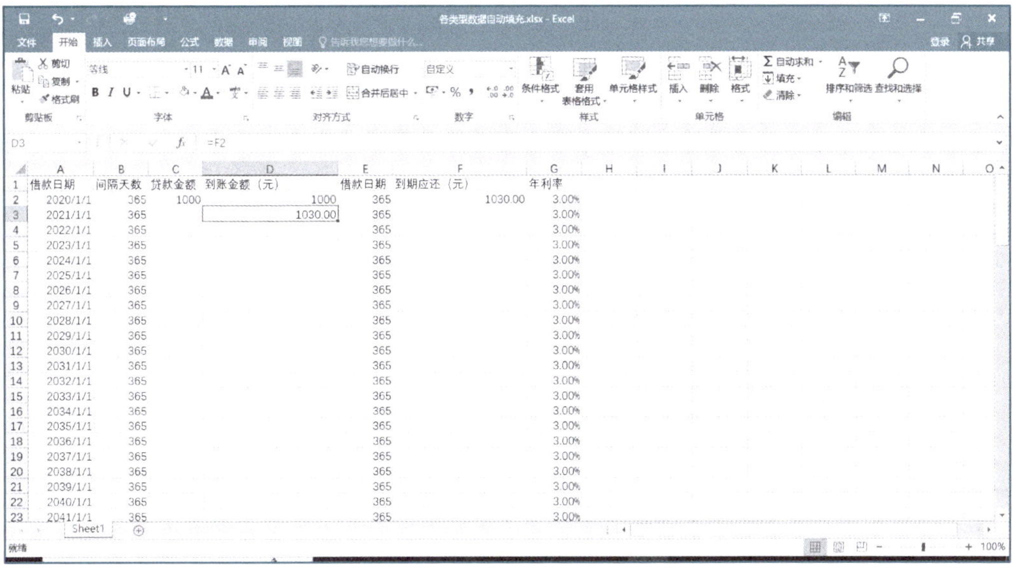

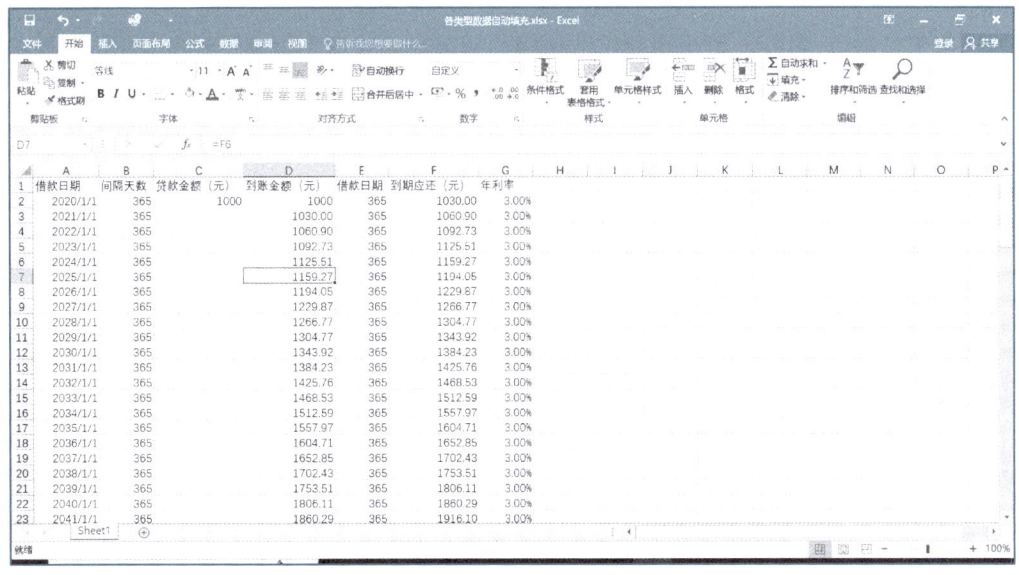

图 2-17  在 D3 单元格中输入公式

7) 选中 D3 单元格,向下拖动单元格右下方的填充柄复制填充公式,D4:D102 区域单元格的值暂时变为 0.00。选中 F2 单元格,向下拖动单元格右下方的填充柄填充公式,F3:F102 区域单元格的值变为 1060.90,1092.73,…,19795.19,D4:D74 区域单元格的值同步变为 1060.90,1092.73,…,19218.63,如图 2-18 所示。

图 2-18  自动填充 D4:D74 和 F3:F74 区域单元格

67

8）调整 D 列、F 列的列宽，如图 2-19 所示。

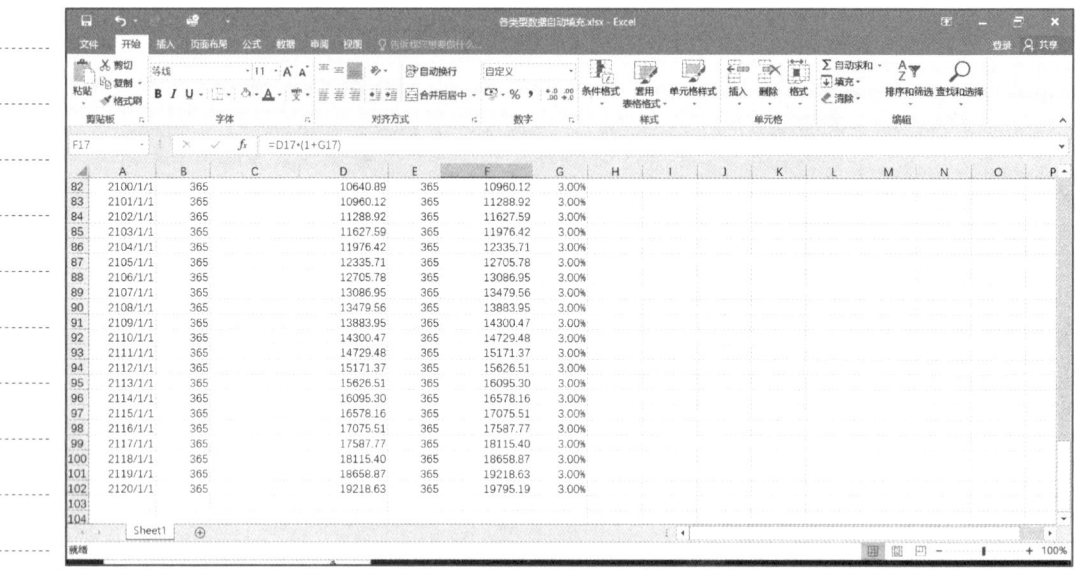

图 2-19　调整列宽

由结果可知，以 365 天为一个还款周期，从 2020 年 1 月 1 日贷款 1000 元，若到期后未还款，到 2120 年 1 月 1 日需还款 19795.19 元人民币。

## 任务 2-2：期末考试成绩计算

### （一）任务介绍

期末考试后，辅导员请小明帮忙对班级的期末成绩排名，具体任务要求如下：
1）使用公式和函数计算期末考试成绩表总分、平均分。
2）使用 RANK 函数计算期末考试成绩表名次。

### （二）任务实施

**1. 计算期末考试成绩表总分、平均分**

1）打开"期末考试成绩表（素材）.xlsx"文件，选中 F3 单元格，单击"公式"选项卡中的"自动求和"按钮，单元格中显示求和公式，按回车键，计算出总分。向下拖动 F3 单元格右下方的填充柄，计算出所有同学的总分。

2）选中 G3 单元格，单击"公式"选项卡中的"自动求和"下拉按钮，在弹出的下拉菜单中选择"平均值"，选中 C3:E3 单元格区域，计算平均分。向下拖动 G3 单元格右下方的填充柄至 G12 单元格，计算出所有同学的平均分。

**2. 计算期末考试成绩表名次**

方法 1：选中 H3 单元格，单击"公式"选项卡中的"插入函数 fx"按钮，打开"插入函数"对话框,在"或选择类别"下拉菜单列表框中选择"全部",在"选择函数"列表框中选择 RANK 函数,打开"函数参数"对话框,单击 Number 文本框,选择 F3 单元格,Number 文本框中显示输入"F3"。单击 Ref 文本框,选中 F3:F12 区域单元格,Ref 文本框中显示输入"F3:F12",在 Ref 文本框中选中"F3:F12",按 F4 键,"F3:F12"变为"$F$3:$F$12",如图 2-20 所示,单击"确定"按钮。选中 H3 单元格,向下拖动单元格右下方的填充柄,计算所有同学的名次。

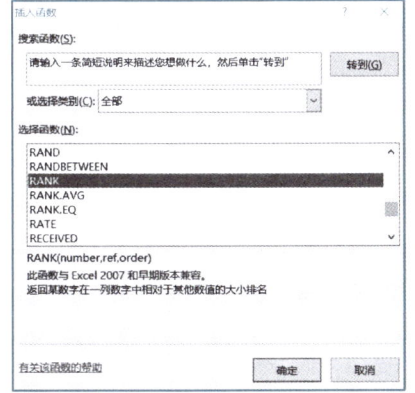 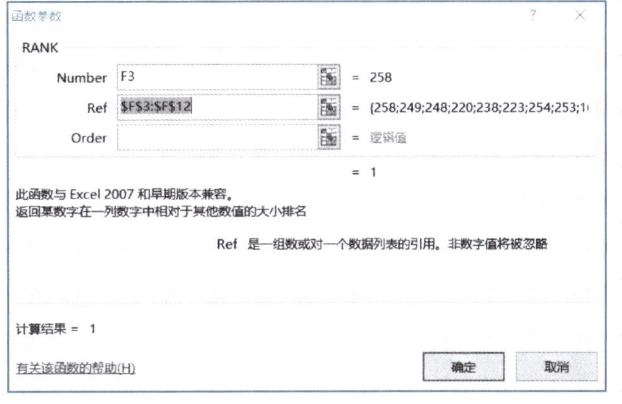

图 2-20 "插入函数"对话框和"函数参数"对话框

方法 2:选择 I3 单元格,输入"=RANK(F3,$F$3:$F$12)",按回车键,计算名次。选中 I3 单元格,向下拖动单元格右下方的填充柄,计算所有同学的名次。

注意,错误计算方法:选择 J3 单元格,输入"=RANK(F3,F3:F12)",按回车键,计算名次。再选中 J3 单元格,向下拖动单元格右下方的填充柄,计算所有同学的名次。可以看到表中 4 个不同总分的同学都排名第一。错误原因是"=RANK(F3,F3:F12)"中 F3:F12 区域没有使用绝对引用。

**3. 计算期末考试成绩最高分、最低分和不及格数量**

1)选择 C13 单元格,单击"公式"选项卡中的"自动求和"下拉按钮,在弹出的下拉菜单中选择"最大值"命令,C13 单元格自动输入"=MAX()",按回车键,计算出语文的最高分。再选择 C13 单元格,向右拖动单元格右下方的填充柄,计算出各科的最高分。

2)选择 C14 单元格,单击"公式"选项卡中的"自动求和"下拉按钮,在弹出的下拉菜单中选择"最小值"命令,C14 单元格自动输入"=Min(C3:C13)",选中 C3:C12 单元格区域,按回车键,计算出语文的最低分。再选择 C14 单元格,向右拖动单元格右下方的填充柄,计算出各科的最低分。

3)选择 C15 单元格,在单元格中输入"=COUNTIF(C3:E12,"<60")",按回车键,计算出不及格的人数。将工作簿另存为"期末考试成绩表(结果).xlsx",如图 2-21 所示。

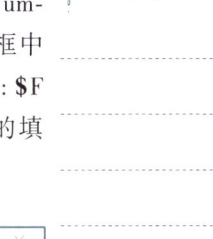

微课 2-7:
名次的计算

微课 2-8：
最高分、最低分和不及格数量计算

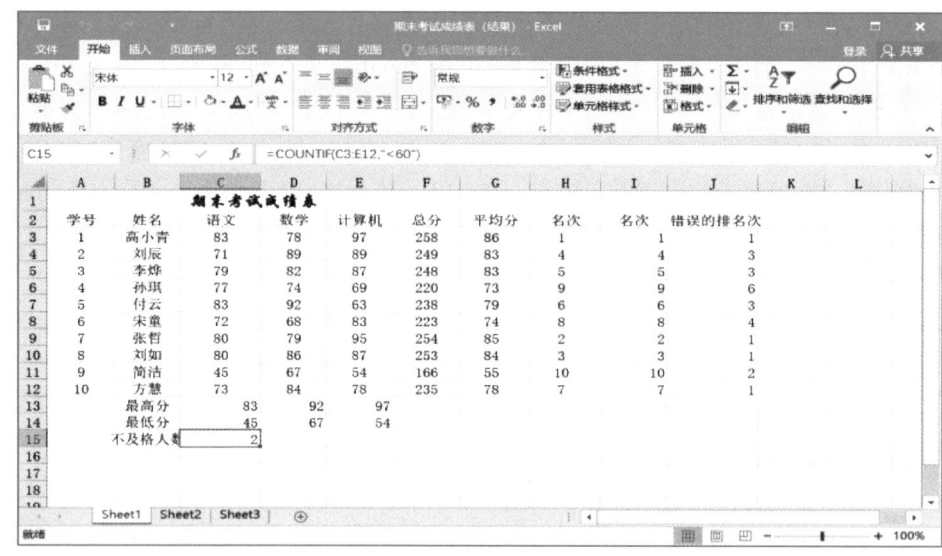

图 2-21　期末考试成绩表(结果)

【课后提升】

（一）巩固提升

实训任务 2-1：图文店绩效考核信息计算

人力资源部马经理需要了解图文店绩效考核信息，他进行了简单计算。

1）用 MAX 函数计算考核最高分。

2）用 MIN 函数计算考核最低分。

3）用 AVERAGE 函数计算考核平均分。

4）用 COUNT 函数计算合格人数。

5）用 COUNT 函数计算不合格人数。

微课 2-9：
图文店考核信息计算

（二）拓展提升

实训任务 2-2：学号输入

小明加入学生会输入学号时，发现自己的学号不能自动填充。他请教了学长小马，小马对他进行了指导。

1）练习输入短学号和自动填充。

2）练习输入长学号和自动填充。

## 项目 2-2　函数的使用

【学习目标】

微课 2-10：
班级学号的输入

**1．知识目标**

1）了解 Excel 2016 常用函数的种类。

2）掌握常用函数的使用方法。
3）掌握嵌套函数的计算方法。
4）掌握在智能表格中进行函数输入和编辑的操作方法。
5）掌握删除重复项的操作方法。
6）掌握函数的录入方法。

**2. 能力目标**

1）能够使用 Excel 2016 常用函数进行计算。
2）能够使用 Excel 2016 函数进行考核和业务数据计算。

**3. 素质目标**

1）树立不怕困难、吃苦耐劳的精神,能够攻坚克难完成实训任务。
2）培养脚踏实地、熟能生巧的意识。
3）通过 Excel 2016 函数计算中培养一丝不苟、精益求精的工匠精神。

项目 2-2 函数的使用

## 【课前自学】

### Excel 2016 常用函数

**1. 数学函数**

Excel 2016 中的常用数学函数见表 2-1。

微课 2-11：Excel 2016 常用函数

表 2-1 数 学 函 数

| 函数 | 功能 | 应用示例 | 结果 |
| --- | --- | --- | --- |
| INT(number) | 向下取整 | =INT(6.5) | 6 |
| MOD(number,divisor) | 求 number 除以 divisor 的余数 | =MOD(13,2) | 1 |
| ROUND(number,n) | 求按 n 指定小数位数四舍五入后的值 | =ROUND(34.23,1) | 34.2 |
| SQRT(number) | 求 number 的平方根值 | =SQRT(25) | 5 |
| SUM(number1,number2,…) | 求若干数值的和 | =SUM(2,4,5) | 11 |
| SUMIF(Range,Criteria,Sum_range) | 按单个条件求和。Range:条件的单元格区域 Criteria:需要满足的条件 Sum_range:需要求和的实际单元格区域 | | |
| SUMIFS(Sum_range,Range1,criteria1,Range2,criteria2) | 按多个条件求和。Sum_range:需要求和的实际单元格区域 Range1:条件 1 的单元格区域 Criteria1:需要满足的条件 1 Range2:条件 2 的单元格区域 Criteria2:需要满足的条件 2 | | |

笔记

**2. 统计函数**

Excel 2016 中的常用统计函数见表 2-2。

表 2-2 统 计 函 数

| 函数 | 功能 | 应用示例 | 结果 |
| --- | --- | --- | --- |
| AVERAGE（number1，number2，…） | 求若干数值的平均值 | =AVERAGE(4,6) | 5 |
| COUNT( ) | 统计若干数值中数字的个数 | =COUNT(4,6)，<br>=COUNT("张三",6) | 2，1 |
| COUNTA( ) | 统计若干数值中非空数据的个数 | =COUNTA("张三",6) | 2 |
| COUNTIF(Range，criteria) | 按单个条件计数。<br>Range：条件的单元格区域<br>Criteria：需要满足的条件 | | |
| COUNTIF(Range1，criteria1，Range2，criteria2) | 多条件计数。<br>Range1：条件 1 的单元格区域<br>Criteria1：条件 1<br>Range2：条件 2 的单元格区域<br>Criteria2：条件 2 | | |
| MAX(number1,number2,…) | 求参数中数值的最大值 | =MAX(4,6) | 6 |
| MIN(number1,number2,…) | 求参数中数值的最小值 | =MIN(4,6) | 4 |

**3. 文本函数**

Excel 2016 中的常用文本函数见表 2-3。

表 2-3 文 本 函 数

| 函数 | 功能 | 应用示例 | 结果 |
| --- | --- | --- | --- |
| LEFT(text,n) | 取 text 左边 n 个字符 | =LEFT("ABCD",3) | ABC |
| LEN(text) | 求 text 的字符个数 | =LEN("ABCD") | 4 |
| MID(text,n,p) | 取 text 中第 n 个字符开始的连续 p 个字符 | =MID("ABCD",3,1) | C |
| RIGHT(text,n) | 取 text 右边 n 个字符 | =RIGHT("ABCD",3) | BCD |

**4. 日期和时间函数**

Excel 2016 中的常用日期和时间函数见表 2-4。

表 2-4 日期和时间函数

| 函数 | 功能 | 应用示例 | 结果 |
| --- | --- | --- | --- |
| DATE(year,month,day) | 生成日期 | =DATE(2007,1,2) | 2007-1-2 |
| DAY(date) | 取日期的天数 | =DAY(date(2007,1,2)) | 2 |
| Year(date) | 取日期的年 | =YEAR(date(2007,1,2)) | 2007 |
| MONTH(date) | 取日期的月份 | =MONTH(date(2007,1,2)) | 1 |
| NOW() | 取现在的年月日时间 | =NOW() | |

### 5. 逻辑函数

Excel 2016 中的常用逻辑函数见表 2-5。

表 2-5 逻 辑 函 数

| 函数 | 功能 | 应用示例 | 结果 |
| --- | --- | --- | --- |
| AND(logical1,logical2,logical3,…) | 判断各逻辑表达式是否成立。都成立,结果为 TRUE;有一个不成立,结果为 FALSE | =AND(5>8,7<9) | FALSE |
| OR(logical1,logical2,logical3,…) | 判断各逻辑表达式是否成立。有一个成立,结果为 TRUE;都不成立,结果为 FALSE | =OR(5>8,7<9) | TRUE |
| IF(条件表达式,value1,value2) | 当条件表达式成立时,返回值 1,否则返回值 2 | | |

### 6. 查找和引用函数

Excel 2016 中的常用查找和引用函数见表 2-6。

表 2-6 查找和引用函数

| 函数 | 功能 | 应用示例 | 结果 |
| --- | --- | --- | --- |
| ROW() | 返回所在行的行号 | =ROW() | 12 |
| COLUMN() | 返回所在列的列号 | =COLUMN() | 4 |

【课中学习】

### 任务 2-3:"山东道克图文公司员工考核表"数据处理

#### (一) 任务介绍

人力资源部马经理需要处理山东道克图文公司员工考核数据,打开"山东道克图文公司员工考核表(素材).xlsx"文件,另存为山东道克图文公司员工考核表(结果).xlsx,并使用 Excel 进行如下操作。

1)根据身份证号计算年龄。
2)根据工号前四位计算入店年份。
3)根据代号计算员工所在道克图文店。
4)考核是否优秀和等级的计算。
5)员工奖金及其他信息的计算。
6)图文店业务各项收入统计计算。

(二)任务实施

**1. 计算职员基本信息**

本任务要求根据身份证信息计算年龄,根据工号计算入店年份。工号第 5 位和第 6 位为图文店代号,根据代号与店名对应表查表计算所在图文店名。

(1)计算年龄

打开"山东道克图文公司员工考核表(素材).xlsx"文件,另存为"山东道克图文公司员工考核表(结果).xlsx"。在"职员基本信息"工作表中选择 A1:F11 单元格区域,单击"插入"选项卡中的"表格"按钮,在打开的"创建表"对话框中选中"表包含标题"复选框,如图 2-22 所示,单击"确定"按钮。在"职员基本信息表"工作表中的 D2 单元格中输入"=YEAR(NOW())-MID([@身份证号],7,4)",公式中"[@身份证号]"可单击 C2 单元格,如图 2-23 所示。

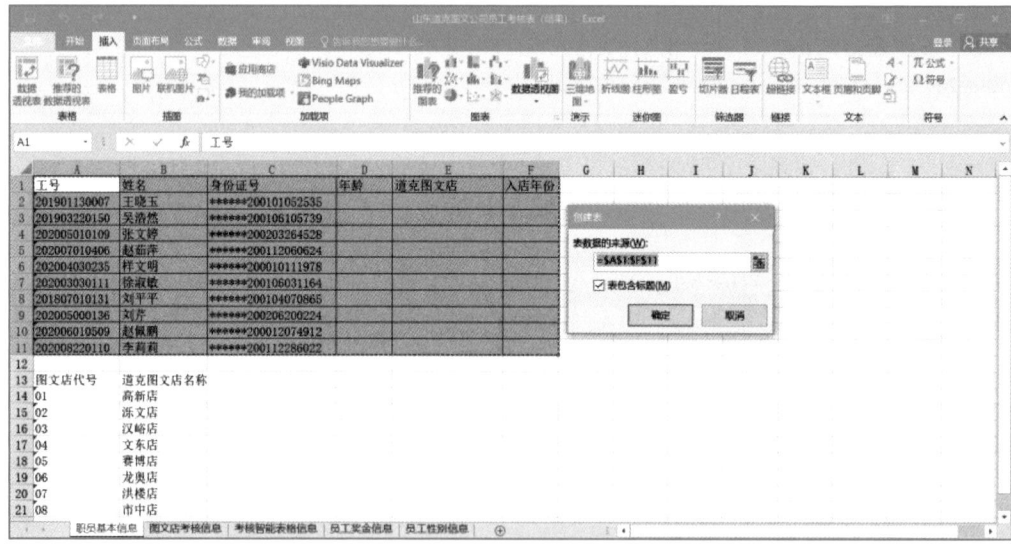

微课 2-12:
计算年龄

图 2-22 将 A1:F11 单元格区域变成智能表格

(2)计算入店年份

在"职员基本信息"工作表中的 E2 单元格中输入"=LEFT([@工号],4)",公式中"[@工号]"可单击 A2 单元格,如图 2-24 所示。

单元 2　Excel 2016 电子表格处理

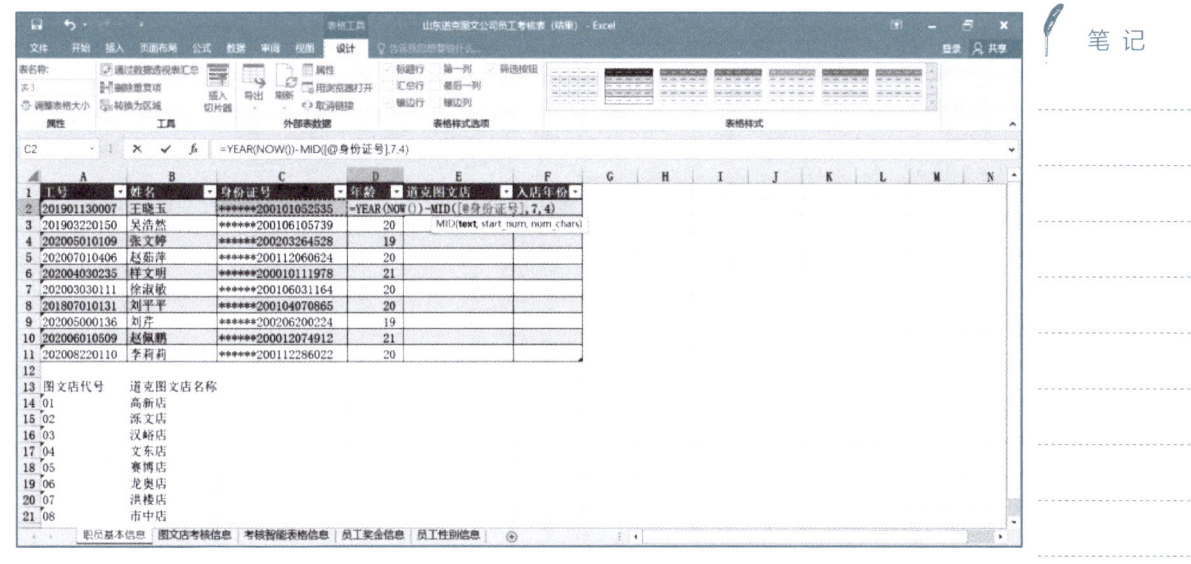

图 2-23　计算年龄

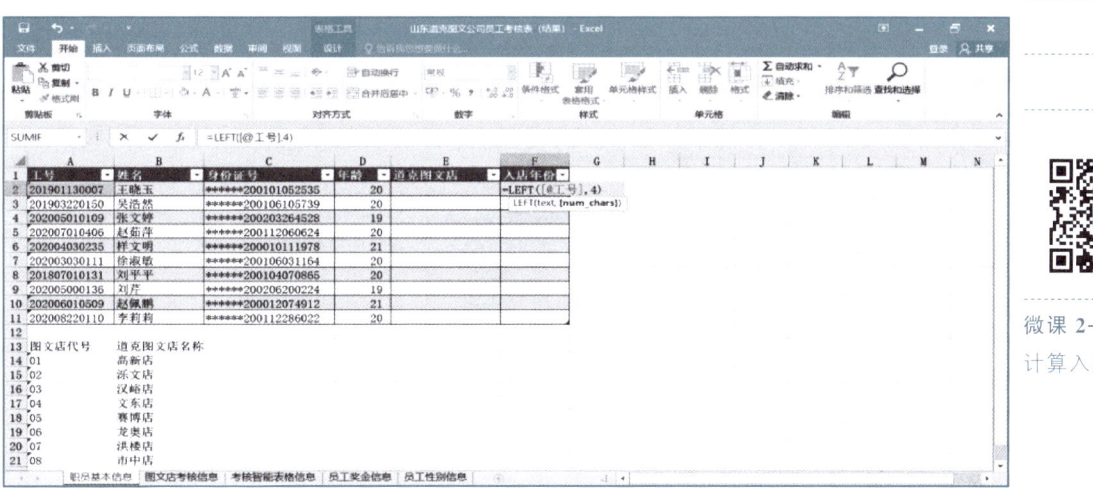

图 2-24　计算入店年份

（3）计算员工所在道克图文店

1）在"职员基本信息"工作表中选中 A13:B21 单元格区域，单击"插入"选项卡中的"表格"按钮，弹出"创建表"对话框，在打开的"创建表"对话框中选中"表包含标题"复选框，如图 2-25 所示。将创建的智能表命名为"代号与店名对应表"。

2）在"职员基本信息"工作表的 E2 单元格中输入"=VLOOKUP(mid([@工号],5,2),代号与店名对应表[#全部],2,FALSE)"，公式中"代号与店名对应表[#全部]"可拖动选中 A13:B21 单元格区域，如图 2-26 所示。

**2. 计算图文店考核信息**

是否优秀：考核分数在 600 分及 600 分以上为"是"，600 分以下为"否"，请批量计算是否考核优秀。

75

基础篇

笔记

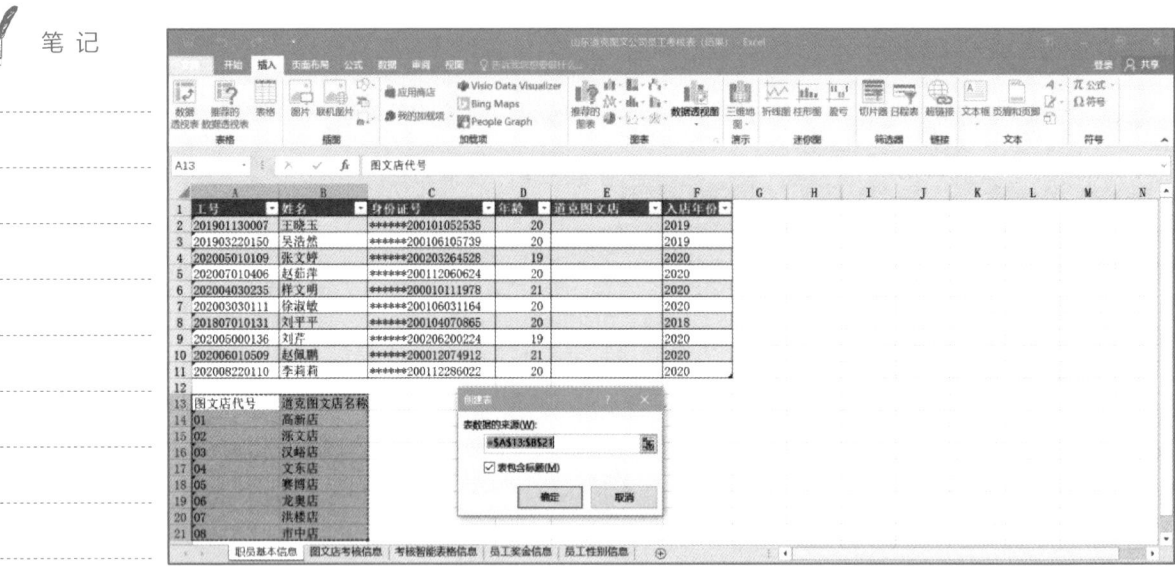

图 2-25 将 A13:B21 单元格区域变成智能表格

微课 2-14：
计算员工信息

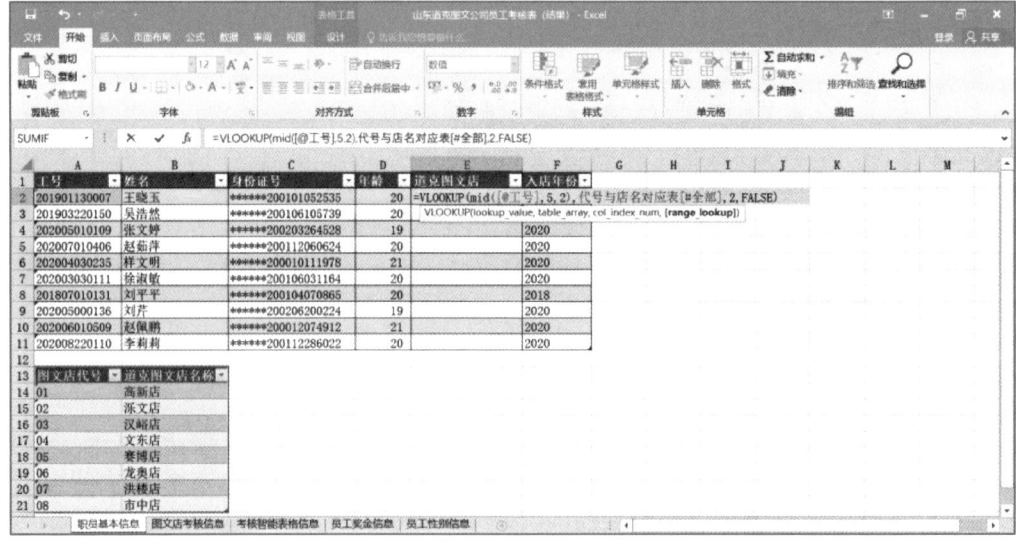

图 2-26 使用 VLOOKUP 函数计算职员所在图文店

考核等级：考核分数在 600 分（含）以上为"优秀"；在 580 分以上 600 分以下，为"良好"；在 500 分以上 580 分以下，为"中等"；在 500 分以下，为"及格"。请根据以上规定批量计算考核等级。

计算考核分数最高分、最低分、平均分和考核人数并填入相应单元格。

（1）计算考核是否优秀

打开"山东道克图文公司员工考核表（结果）.xlsx"文件，在"图文店考核信息"工作表中选择 A1:F11 单元格区域，创建智能表格（方法同上），并命名为"考核表"。在

"图文店考核信息"工作表中的 E2 单元格中输入"=IF([@考核分数]>=600,"是","否")",公式中"[@考核分数]"可单击 D2 单元格,如图 2-27 所示。

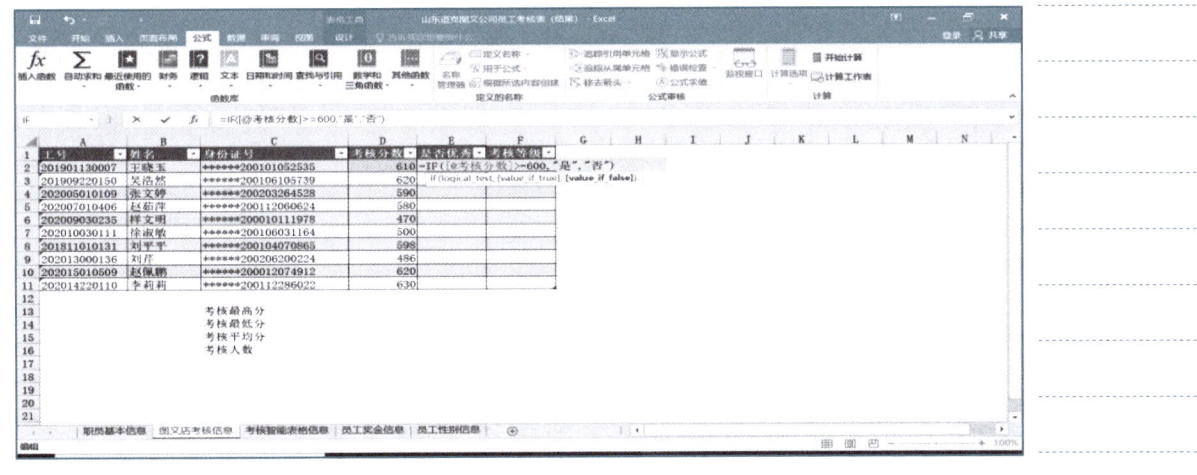

图 2-27　计算考核是否优秀

(2) 计算考核等级

方法 1:打开"山东道克图文公司员工考核表(结果). xlsx"文件,在"图文店考核信息"工作表中选择 F2 单元格,单击"公式"选项卡中的"逻辑"下拉按钮,在弹出的下拉菜单中选择 IF 函数,打开"函数参数"对话框,单击 Logical_test 文本框,单击 D2 单元格,在 Logical_test 文本框中输入">=600",在 Value_if_true 文本框中输入""优秀""(注意双引号为英文半角),如图 2-28 所示。单击 Value_if_false 文本框,在编辑栏右侧下拉菜单中选择 IF。

微课 2-15:
计算考核是否优秀

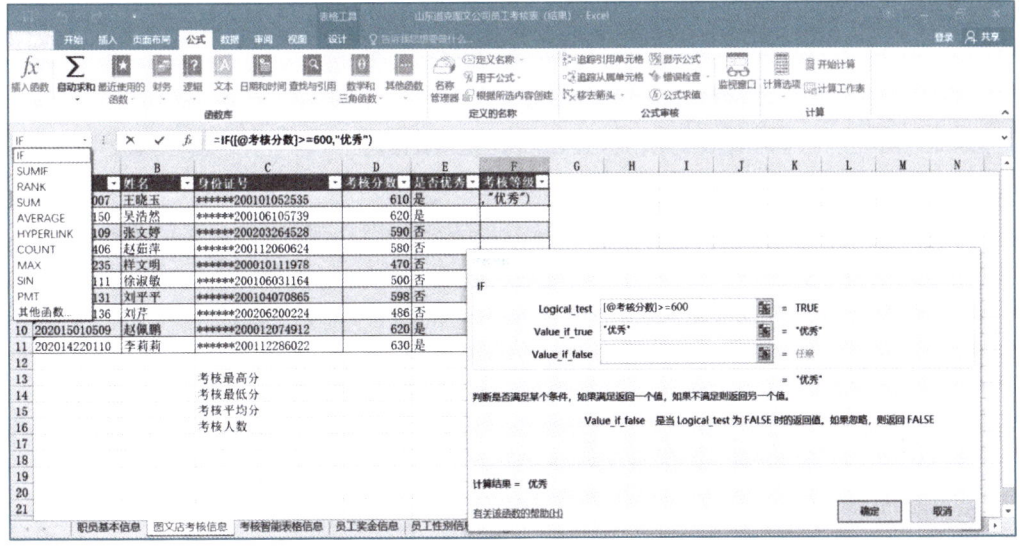

图 2-28　第 1 个"函数参数"对话框

再打开第 2 个"函数参数"对话框,重复上述步骤,并将 Logical_test 文本框中 600 改为 580、Value_if_true 文本框中""优秀""改为""良好"",如图 2-29 所示。

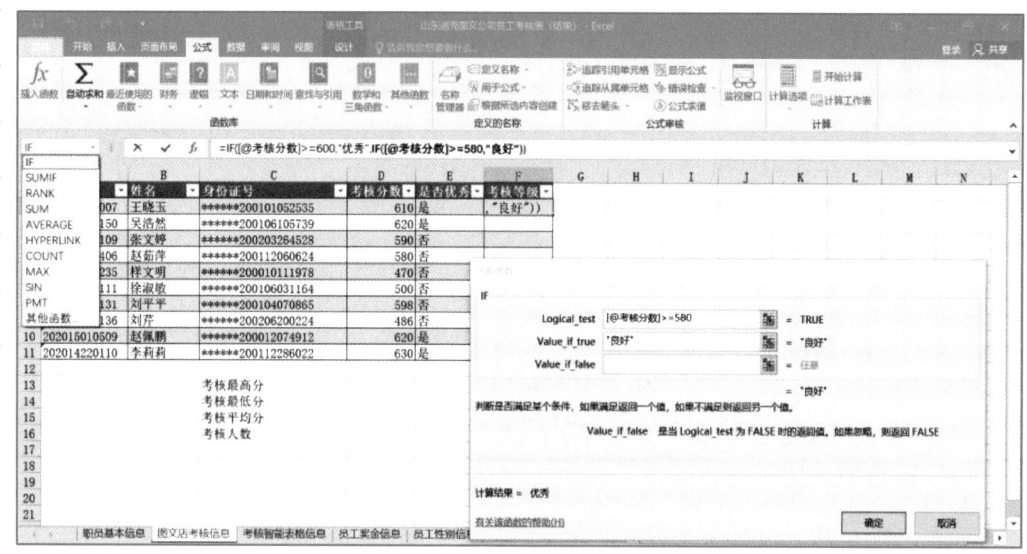

图 2-29　第 2 个"函数参数"对话框

打开第 3 个"函数参数"对话框,重复上述步骤,并将 Logical_test 文本框中 580 改为 500、Value_if_true 文本框中""良好""改为""中等"",在 Value_if_false 文本框中输入""及格"",如图 2-30 所示,单击"确定"按钮。

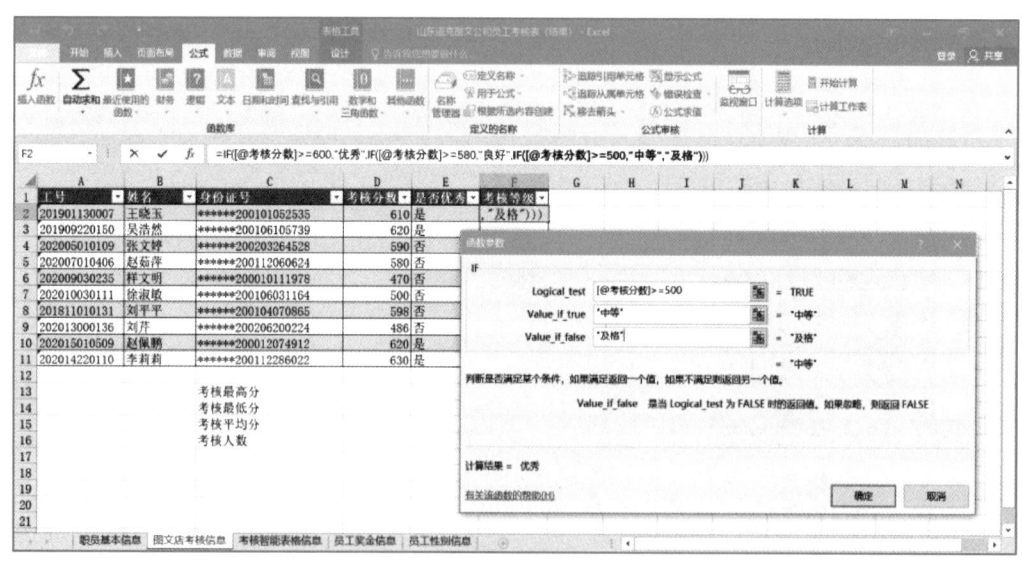

图 2-30　第 3 个"函数参数"对话框

方法 2:选择 G2 单元格,在英文状态下输入: = IF( [ @ 考核分数 ] > = 600,"优秀",

IF([@考核分数]>=580,"良好",IF([@考核分数]>=500,"中等","及格"))),如图 2-31 所示。

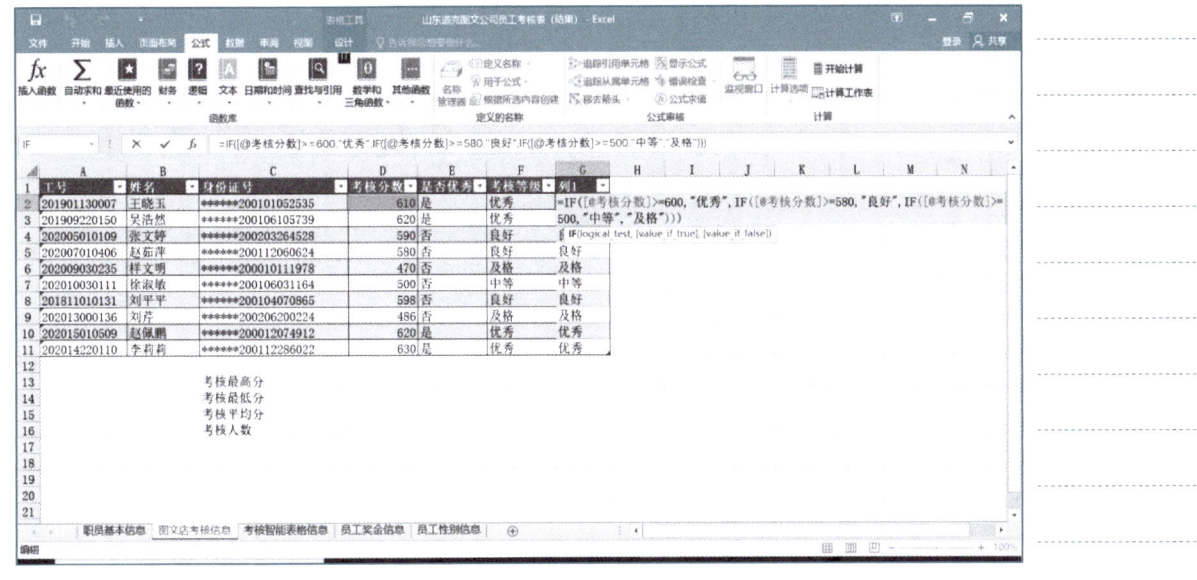

图 2-31 直接输入 IF 函数

(3) 计算员工奖金信息

在工作表"员工奖金信息"中,奖金等级分一等和二等,业绩考核也分优秀和良好两类。

奖金发放标准如下:

奖金等级为一等而且业绩考核为优秀的,奖金为 20000 元;

奖金等级为一等而且业绩考核为良好的,奖金为 15000 元;其余员工奖金为 10000 元。

下面使用 IF 和 AND 函数计算每个员工的奖金。

1) 使用 AND 和 OR 函数。

在工作表 Sheet1 中选择 D5 单元格,输入"=AND(7>1,8<9)";选择 D6 单元格,输入"=AND(7>1,8>9)";选择 D7 单元格,输入"=AND(7>1,8>9,5>6)";选择 D8 单元格,输入"=AND(7>1,8<9,5<6)"。查看各单元格的结果。

在工作表 Sheet1 中选择 E5 单元格,输入"=OR(7>1,8<9)";选择 E6 单元格,输入"=OR(7<1,8>9)";选择 E7 单元格,输入"=OR(7>1,8>9,5>6)";选择 E8 单元格,输入"=OR(7>1,8<9,5<6)"。查看各单元格的结果。

2) 使用 IF 和 AND 函数简单计算每个员工的奖金。

在"员工奖金信息"工作表中,选择 G2 单元格,输入"=AND(E2="一等",F2="优秀")"。

在"员工基本信息"工作表中,选择 G2 单元格,更改"=AND(E2="一等",F2="优秀")"为"=IF(AND(E2="一等",F2="优秀"),20000,15000)"。

3）使用 IF 和 AND 函数计算每个员工的奖金。

在"员工奖金信息"工作表中，选择 G2 单元格，更改"＝IF（AND（E2＝"一等"，F2＝"优秀"），20000，15000）"为"＝IF（AND（E2＝"一等"，F2＝"优秀"），20000，IF（E2＝"一等"，15000，10000））"，向下填充，计算出所有员工的奖金，如图 2-32 所示。

图 2-32　员工奖金计算结果

4）计算"员工奖金信息"工作表中其他数据。

在"员工奖金信息"工作表中，选择 B13 单元格，输入"＝COUNTIF（D2：D11，"男"）"。再选择 B14 单元格，输入"＝COUNTIF（D2：D11，"女"）"，如图 2-33 所示。

微课 2-17：
IF 函数与 AND、OR 函数的使用

图 2-33　计算职工男女人数

单元 2　Excel 2016 电子表格处理

在"员工奖金信息"工作表中,选择 E13 单元格,单击"公式"选项卡中的"其他函数"下拉按钮,在弹出的下拉菜单中选择"统计"→"COUNTIF"函数,如图 2-34 所示。打开"函数参数"对话框,在 Range 文本框中输入"G2:G11",在 Criteria 文本框中输入"" 20000"",如图 2-35 所示,单击"确定"按钮。

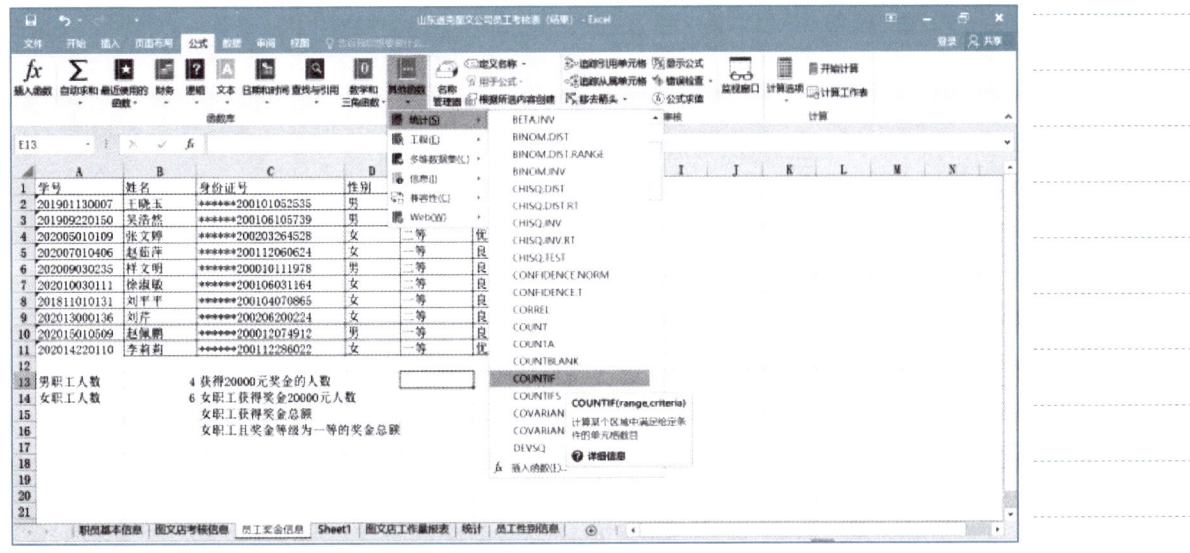

图 2-34　选择 COUNTIF 函数

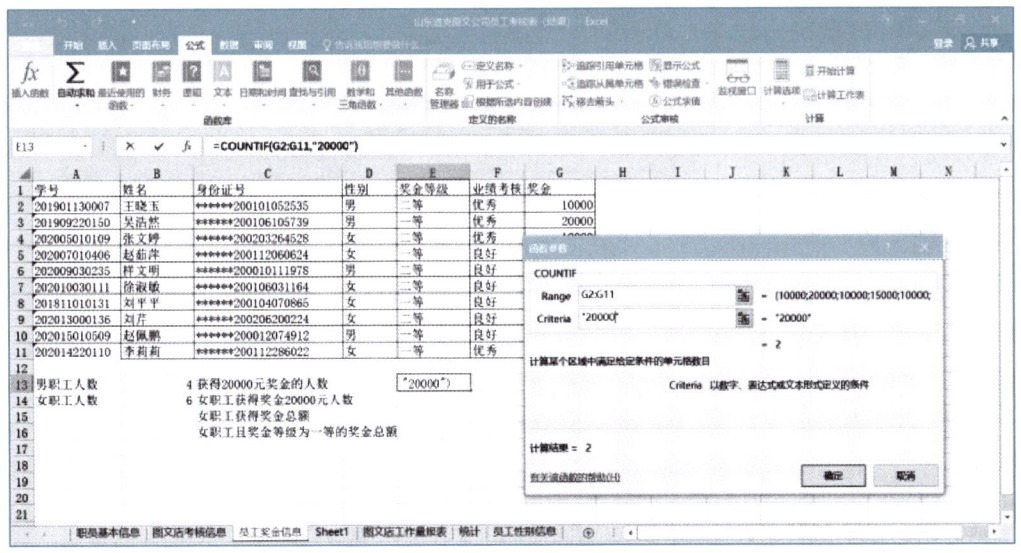

图 2-35　COUNTIF 函数参数设置

在"员工奖金信息"工作表中,选择 E14 单元格,单击"公式"选项卡中的"其他函数"下拉按钮,在弹出的下拉菜单中选择"统计"→"COUNTIFS"函数,如图 2-36 所示。

打开"函数参数"对话框,在 Criteria_range1 文本框中输入"D2:D11",在 Criteria1 文本框中输入""女"",在 Criteria_range2 文本框中输入"G2:G11",在 Criteria2 文本框中输入"20000"(注意不加英文双引号),如图 2-37 所示。

图 2-36 选择 COUNTIFS 函数

图 2-37 COUNTIFS 函数参数设置

在"员工奖金信息"工作表中,选择 E15 单元格,单击"公式"选项卡中的"其他函数"下拉按钮,在弹出的下拉菜单中选择"统计"→"SUMIF"函数,如图 2-38 所示。打开"函数参数"对话框,在 Range 文本框中输入"D2:D11",在 Criteria 文本框中输入

""女"",在 Sum_range 文本框中输入"G2:G11",如图2-39所示。

笔 记

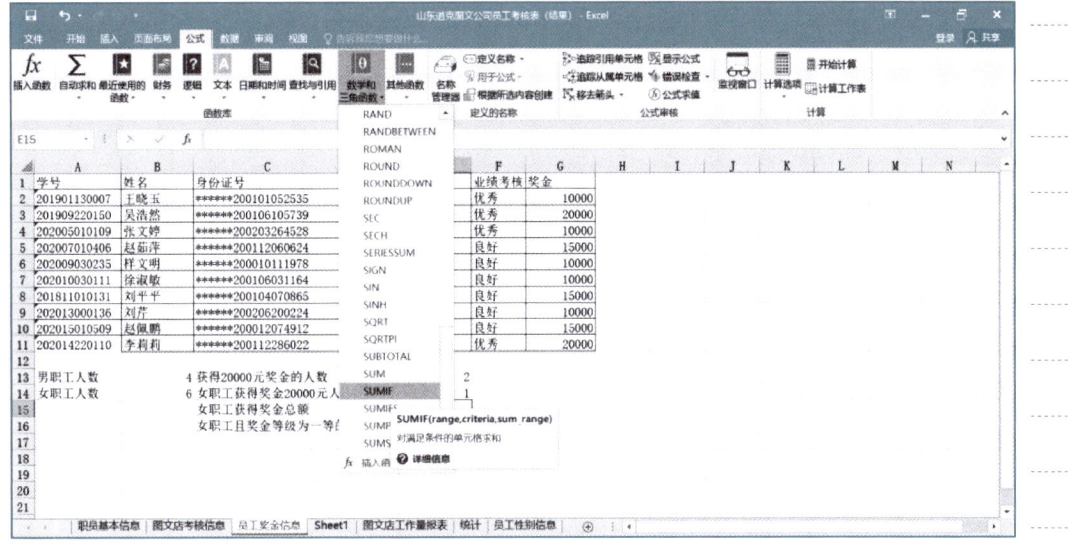

图 2-38 选择 SUMIF 函数

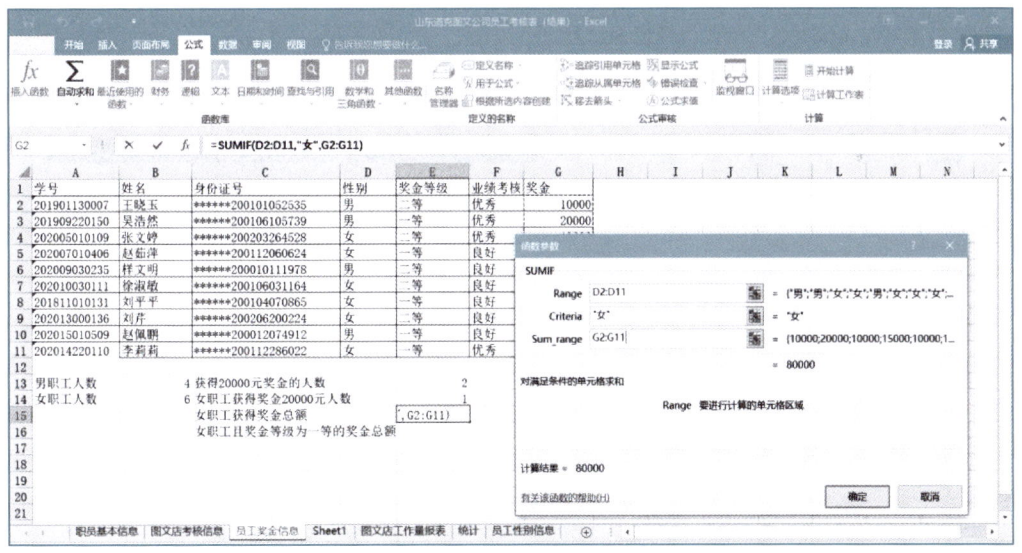

图 2-39 SUMIF 函数参数设置

在"员工奖金信息"工作表中,选择 E16 单元格,单击"公式"选项卡中的"其他函数"下拉按钮,在弹出的下拉菜单中选择"统计"→"SUMIFS"函数,如图2-40所示。打开"函数参数"对话框,在 Sum_range 文本框中输入"G2:G11",在 Criteria_range1 文本框中输入"D2:D11",在 Criteria1 文本框中输入""女"",在 Criteria_range2 文本框中输入"E2:E11",在 Criteria 2 文本框中输入""一等"",如图2-41所示。

基础篇

图 2-40 选择 SUMIFS 函数

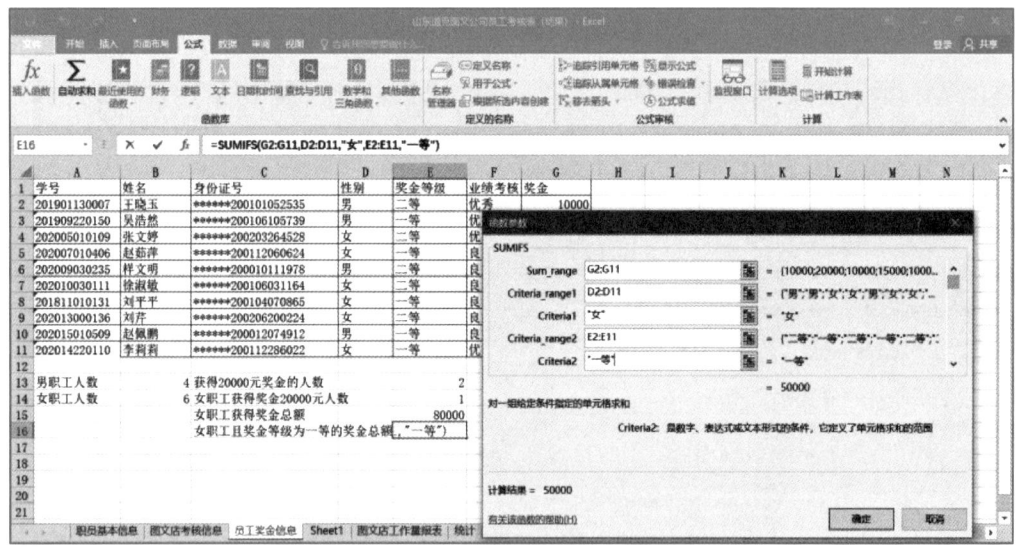

图 2-41 SUMIFS 函数参数设置

微课 2-18：
计算其他数据

员工奖金信息计算结果如图 2-42 所示。

**3. 统计图文店业务子项收入**

本任务使用函数，根据"图文店工作量报表"工作表中的数据，在"统计"工作表中统计计算各图文店业务子项收入，如图 2-43 所示。

（1）统计业务数量

将"图文店工作量报表"工作表中的"图文店"列的不重复值输入到"统计"工作表中。

单元 2　Excel 2016 电子表格处理

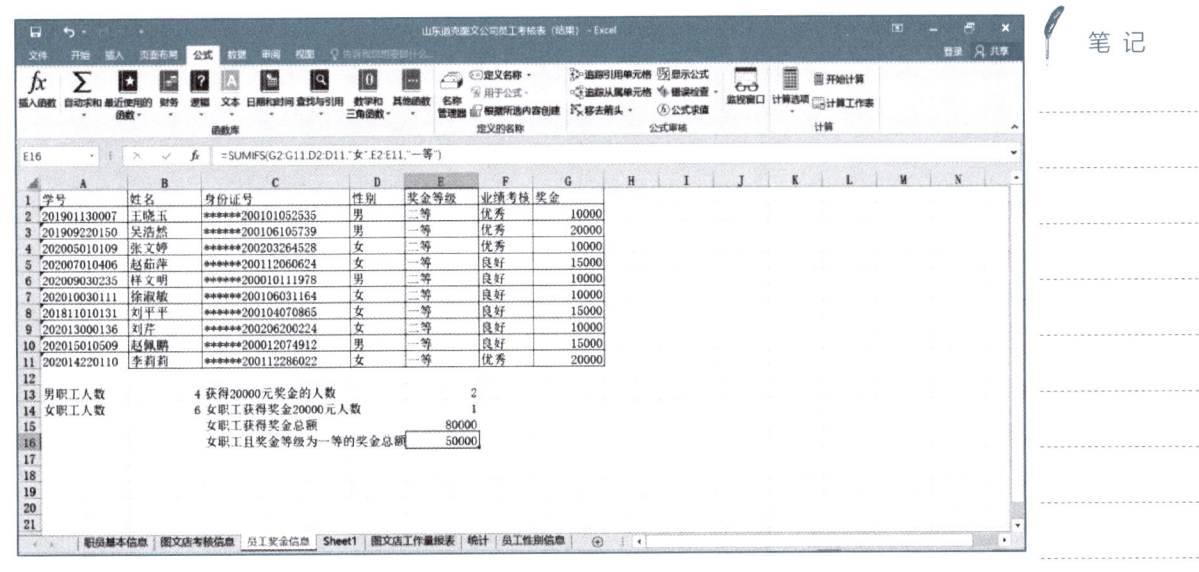

图 2-42　员工奖金信息计算结果

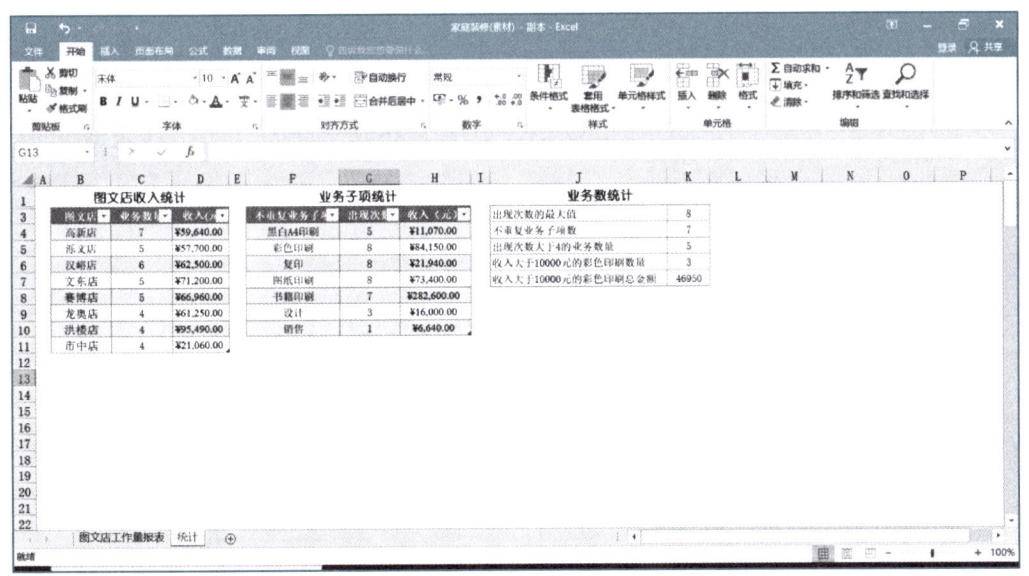

图 2-43　各图文店业务子项收入统计结果

1）在"图文店工作量报表"工作表中，将数据区定义为表格。将表名称命名为"工作量报表"。

2）选中表格的"图文店"列数据（不选择 A2 单元格），选择"开始"选项卡，单击"剪贴板"选项组中的"复制"按钮。右击"统计"工作表中 B4 单元格，在弹出的快捷菜单中选择"选择性粘贴"→"数值"命令。

3）删除"统计"工作表中的"项目"列的重复项，如图 2-44 所示。

85

基础篇

笔记

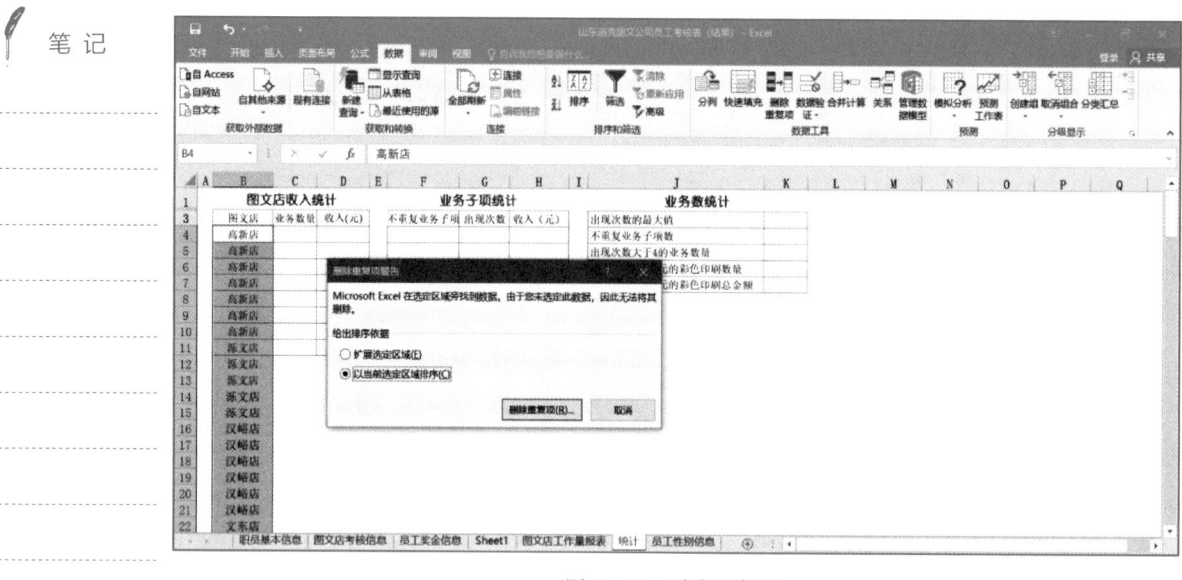

图 2-44 删除重复项

选中 B4:B43 单元格区域，选择"数据"选项卡，单击"数据工具"选项组中的"删除重复项"，打开"删除重复项警告"对话框。单击"以当前选定区域排序"单选按钮，单击"删除重复项"按钮，打开"删除重复项"对话框，如图 2-45 所示。

单击"确定"按钮，打开删除操作提示框，如图 2-46 所示，单击"确定"按钮即可。

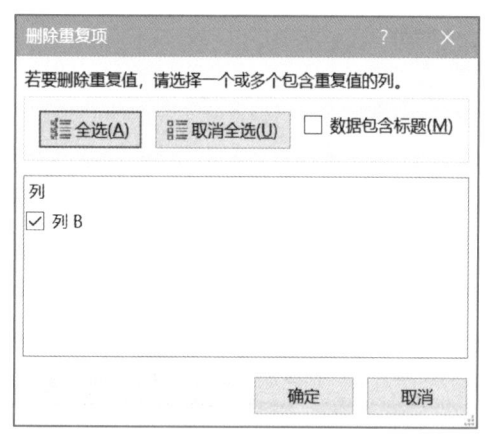

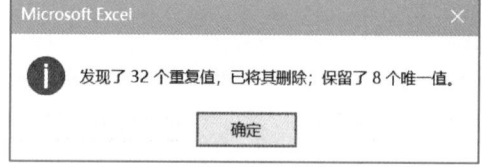

图 2-45 "删除重复项"对话框　　　　图 2-46 Microsoft Excel 对话框

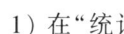

微课 2-19：
删除重复项

（2）将"业务"列的不重复值填写到"统计"工作表中

复制"图文店工作量报表"表格中的"业务"列，在"统计"工作表的 F4 单元格位置粘贴，在数据的"删除重复项"对话框中删除重复项，"删除重复项"对话框设置如图 2-47 所示。

（3）用 COUNTIF 统计各图文店包含的业务子项数

1）在"统计"工作表中，将 B3:D11 单元格区域定义为表格。将表名称命名为"业务统计"。

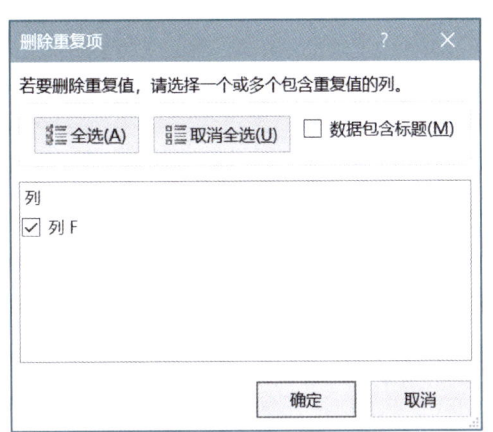

图 2-47 "删除重复项"对话框

2）选择 C4 单元格，选择"公式"选项卡，单击"函数库"选项组中的"其他函数"下拉按钮，在弹出的下拉菜单中"统计"→"COUNTIF"函数，打开"函数参数"对话框。

单击 Range 文本框，选择"图文店工作量报表"工作表，再选中"图文店"列，注意不包括 A3 单元格。单击 Criteria 文本框，选择 B4 单元格。最后单击"确定"按钮，如图 2-48 所示。

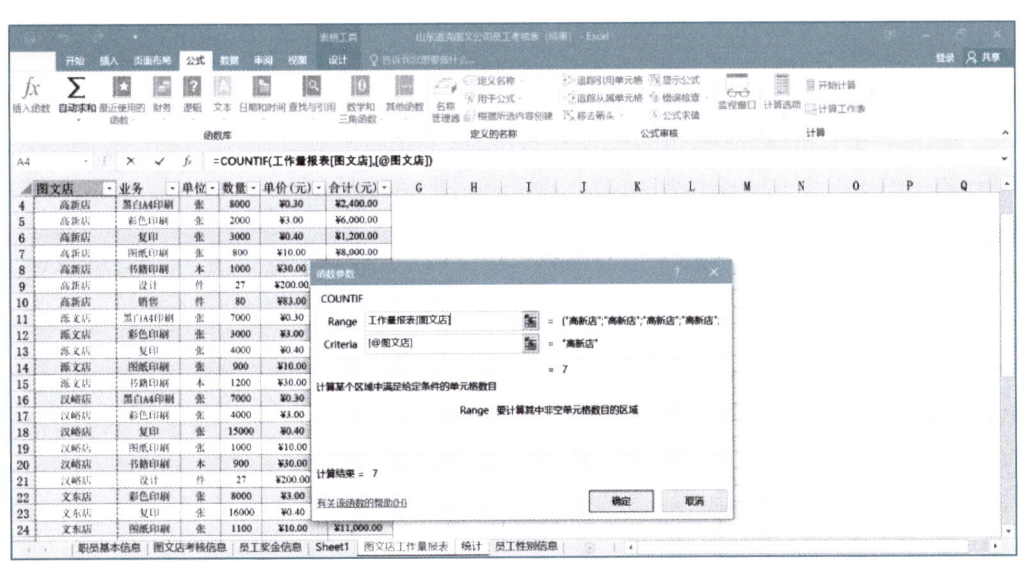

图 2-48 COUNTIF 函数参数设置

（4）用 COUNTIF 函数统计各子项目出现的次数

将 F3:H18 单元格区域定义为表格，将表名称命名为"业务统计"。选中"工作量报表"表格的"业务"列，用 COUNTIF 函数统计"子项目统计"表格的各"不重复业务子项"出现的次数。

（5）业务数统计

使用 MAX 函数、COUNTA 函数和 COUNTIF 函数进行统计，如图 2-49 所示。

基础篇

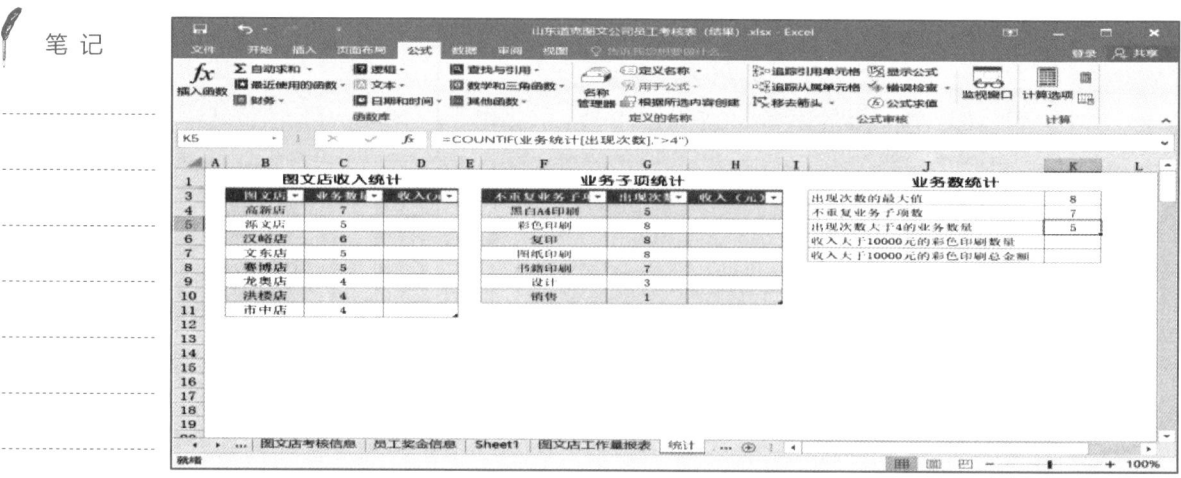

图 2-49 用函数统计子项目数

单击"统计"工作表，选择 K3 单元格，输入"=MAX(业务统计[出现次数])"，按回车键后，单元格结果为 8。

选择 K4 单元格，输入"=COUNTA(业务统计[不重复业务子项])"，按回车键后，单元格结果为 7。

选择 K5 单元格，输入"=COUNTIF(业务统计[出现次数],">4")"，按回车键后，单元格结果为 5。

（6）图文店收入、业务统计

使用 SUMIF 函数，根据"图文店工作量报表"工作表中的数据，在"统计"工作表中统计各个图文店和不重复子项目的收入金额，如图 2-50 所示。

微课 2-20：
子项目数统计

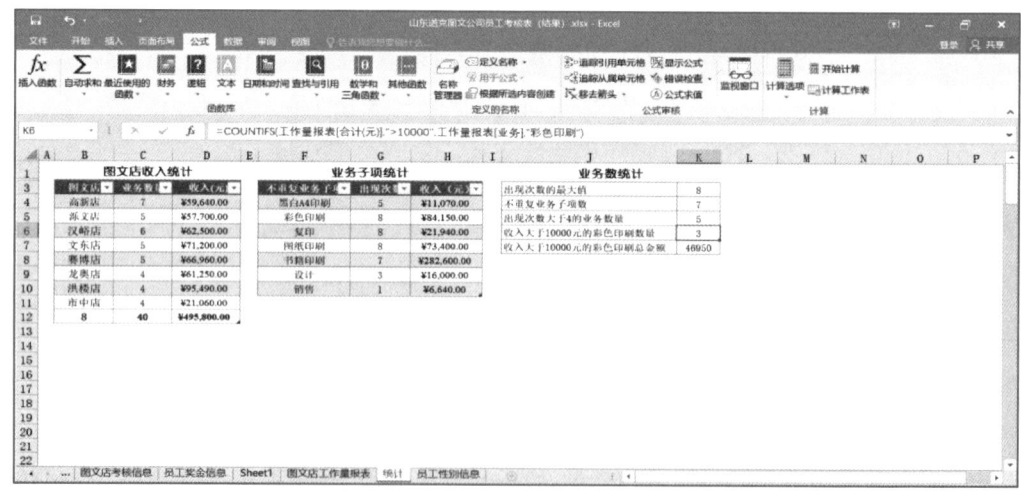

图 2-50 工程各项统计

1）用 SUMIF 函数统计各个图文店收入金额。

根据"工作量报表"表格中的数据，在"统计"工作表的"收入统计"表格中，用

SUMIF 函数统计各"图文店"的收入金额,如图 2-51 所示。

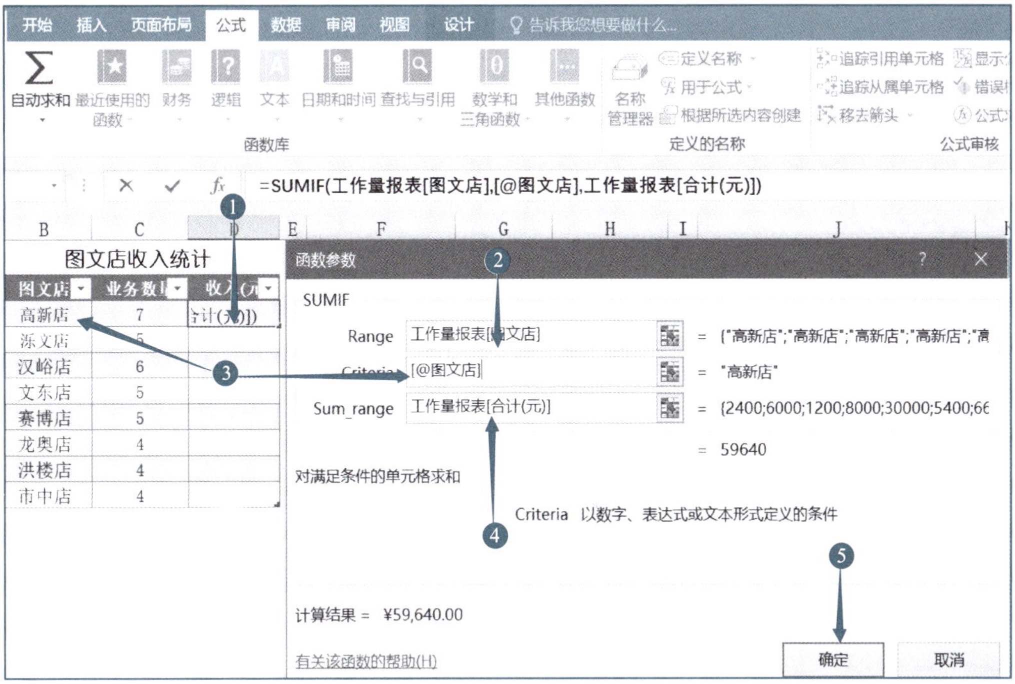

图 2-51 用 SUMIF 函数统计各个图文店的收入金额

选择 D4 单元格,选择"公式"选项卡,单击"函数库"选项组中的"数学和三角函数"下拉按钮,在弹出的下拉菜单中选择"SUMIF"函数,打开"函数参数"对话框。单击 Range 文本框,选中"工作量报表"表的"图文店"列。单击 Criteria 文本框,选择 B4 单元格。单击 Sum_range 文本框,选中"工作量报表"表的"合计"列。最后单击"确定"按钮。

2)用 SUMIF 函数统计各个不重复子项目的预算金额。

单击"统计"工作表中的"业务统计"表格,在 H4 单元格中输入"=SUMIF(工作量报表[业务],[@不重复业务子项],工作量报表[合计(元)])",按回车键后,单元格结果为¥11,070.00。

3)利用汇总行"统计项目总数、子项目总数和预算总金额。

单击"图文店收入统计"表格中任意单元格,选择"设计"选项卡,选中"汇总行"复选框,在 D12 单元格中自动计算出"收入"统计结果为¥495,800.00。单击 B12 单元格右侧的下拉按钮,在弹出的下拉菜单中选择"计数",如图 2-52 所示,B12 单元格自动计算出"图文店"总数为 8。单击 C12 单元格右侧的下拉按钮,在弹出的下拉菜单中选择"求和",在 C12 单元格计算出"业务数量"总数为 40。

4)统计收入大于 10000 元的彩色印刷总金额。

选择"统计"工作表的 K7 单元格,用 SUMIFS 函数(与 SUMIF 函数相对应的 SUM-IFS 函数,功能是多条件统计求和)统计收入大于 10000 元的彩色印刷总金额。在"函数参数"对话框中单击 Criteria_range1 文本框,选中"工作量报表"表格的"合计"列。单

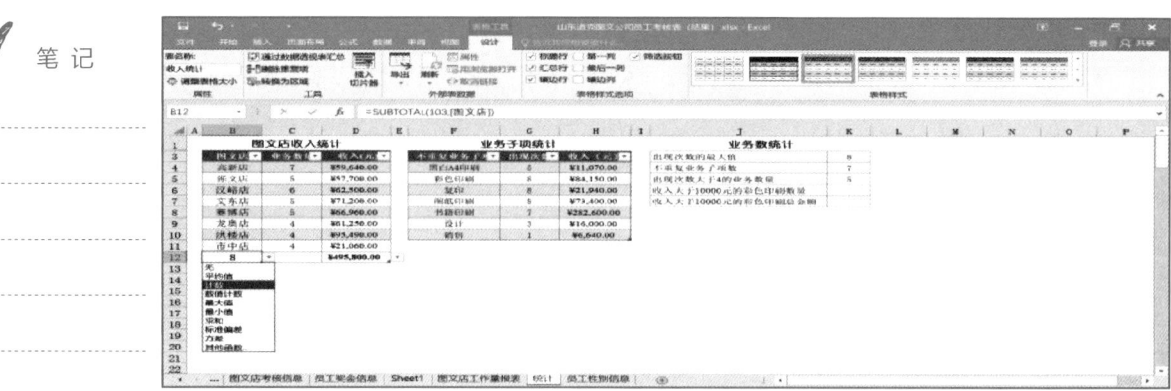

图 2-52　使用"汇总行"统计各个图文店的数量、收入合计金额

击 Criteria1 文本框,输入">10000"。单击 Sum_range 文本框,选中"工作量报表"表格的"合计"列。单击 Criteria_range2 文本框,选中"工作量报表"表格的"业务"列。单击 Criteria2 文本框,输入"彩色印刷",如图 2-53 所示。

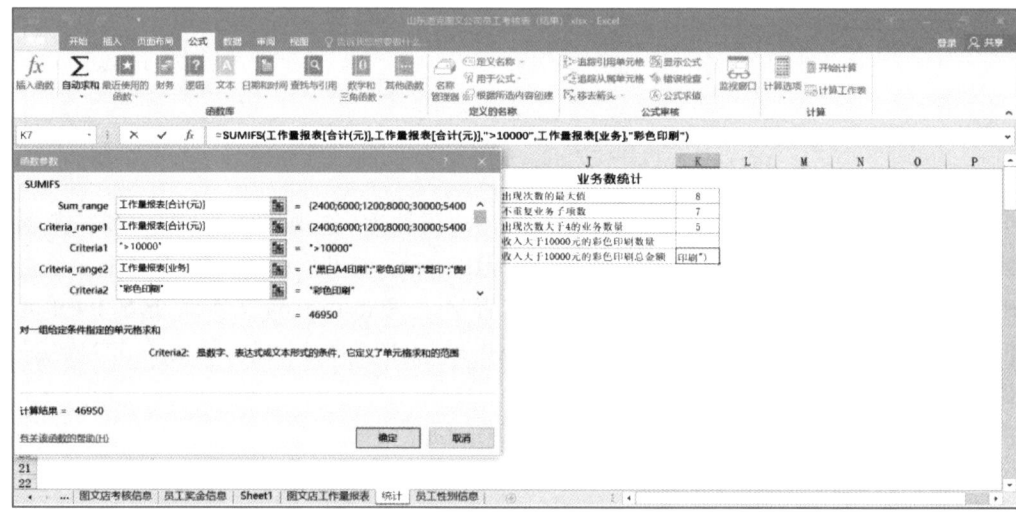

图 2-53　用 SUMIFS 函数统计大于 10000 元的彩色印刷金额

或直接在 K7 单元格中输入"=SUMIFS(工作量报表[合计(元)],工作量报表[合计(元)],">10000",工作量报表[业务],"彩色印刷")",按回车键后,单元格结果为 46950。

5)统计收入大于 10000 元的彩色印刷数量。

选择 K6 单元格,用 COUNTIFS 函数(与 COUNTIF 函数相对应的 COUNTIFS 函数,功能是多条件统计数量)统计"工作量报表"表格中"合计"列大于 10000 元的彩色印刷数量。在"函数参数"对话框中单击 Criteria_range1 文本框,选中"工作量报表"表格的"合计"列。单击 Criteria1 文本框,输入">10000"。单击 Criteria_range2 文本框,选中"工作量报表"表格的"业务"列。单击 Criteria2 文本框,输入"彩色印刷"。如图 2-54 所示。

或直接在 K6 单元格中输入"=COUNTIFS(工作量报表[合计(元)],">10000",工作量报表[业务],"彩色印刷")",按回车键后,单元格结果为 3。

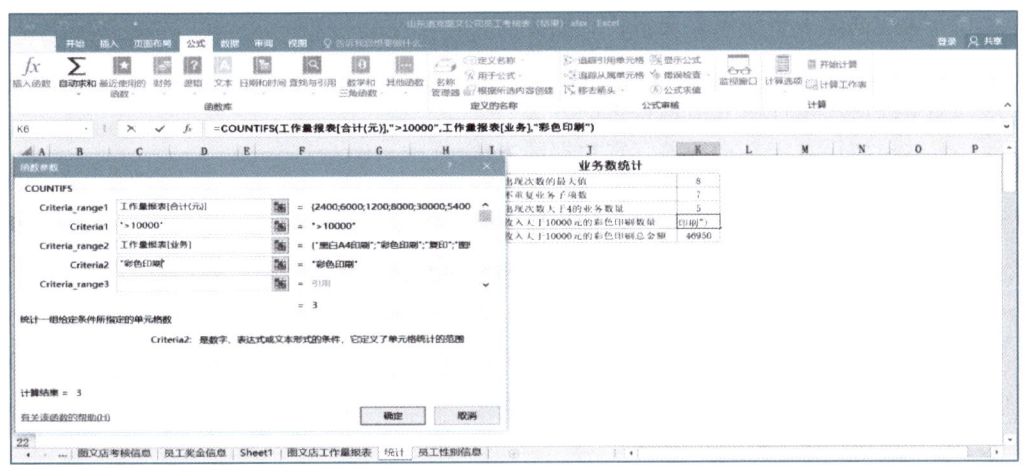

图 2-54　用 COUNTIFS 函数统计大于 10000 元的彩色印刷数量

## 【课后提升】

### (一) 巩固提升

**实训任务 2-3：员工性别信息的计算**

小明刚到人力资源部工作，他不熟悉在 Excel 2016 中根据身份证号计算性别的方法。马经理打开"山东道克图文公司员工考核表(结果).xlsx"文件，告诉小明身份证号码第 17 位表示性别，奇数为男，偶数为女。在 Excel 2016 中可以使用 IF、MOD、MID 函数计算性别。

1) 使用 MID 函数提取身份证号第 17 位数字。
2) 使用 MOD 函数判断身份证号码第 17 位的奇偶。
3) 使用 IF、MOD 和 MID 函数计算性别。

微课 2-21：收入统计

### (二) 拓展提升

**实训任务 2-4：对考核表进行隔行填色**

小明制作完成"山东道克图文公司员工考核表"后，还需要对其进行简单的美化处理。

1) 使用 ROW 函数计算行号。
2) 使用 MOD 和 ROW 函数计算奇数行。
3) 使用"条件格式"设置奇数行用红色填充。

微课 2-22：隔行填色

## 项目 2-3　对表格进行数据处理及图表的应用

### 【学习目标】

**1. 知识目标**

1) 掌握设置单元格边框、行高、列宽和对齐方式的方法。

2）掌握创建表格和设置表格样式的方法。
3）掌握数据验证的原理和操作方法。
4）掌握使用条件格式筛选数据的方法。
5）掌握使用自定义多条件筛选数据的方法。
6）掌握使用多关键字排序的方法。
7）掌握数据透视表的作用和操作方法。
8）掌握图表的常用类型和选取数据创建图表的操作方法。

**2．能力目标**

1）能够熟练对工作表格式进行美化。
2）能够根据需要选取相应数据制作报表。

**3．素质目标**

1）通过对实际问题的解决，培养学生的信息素养。
2）提高自主学习能力。
3）具备协调沟通的团队精神。

## 【课前自学】

### （一）格式化表格

Excel 2016 提供了丰富的格式化功能，利用这些功能，可以对工作表内的数据及外观进行修饰，制作出方便又美观的表格。单元格或单元格区域的格式化设置主要包含6部分：数字、对齐、字体、边框、图案和保护，对应着"设置单元格格式"对话框中的6个选项卡，如图 2-55 所示。

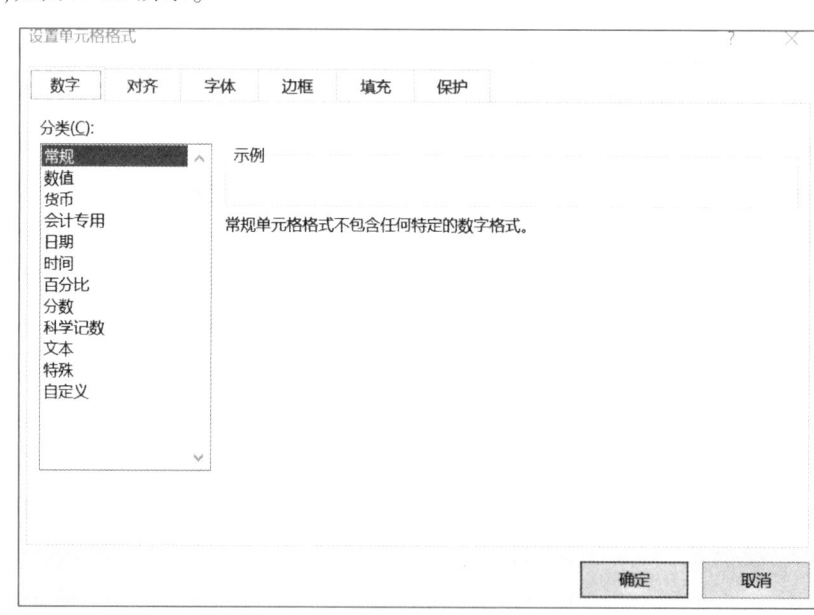

图 2-55 "设置单元格格式"对话框

## (二) 数据处理

### 1. 数据验证

数据验证是 Excel 2016 中用于检验数据有效性的功能。为了避免在输入数据时出现错误,可以通过在单元格中设置数据有效性来防止输入无效数据,或者在输入无效数据时自动警告,从而保证数据输入的准确性,提高工作效率。

微课 2-23: 数据验证

学生成绩的有效值为 0~100。例如,将 90 误输入为 900,若已经为学生成绩列设置了数据验证,此时会警告并提示,保证数据有效性。数据验证可在"数据"选项卡下的"数据工具"选项组中设置,如图 2-56 所示。

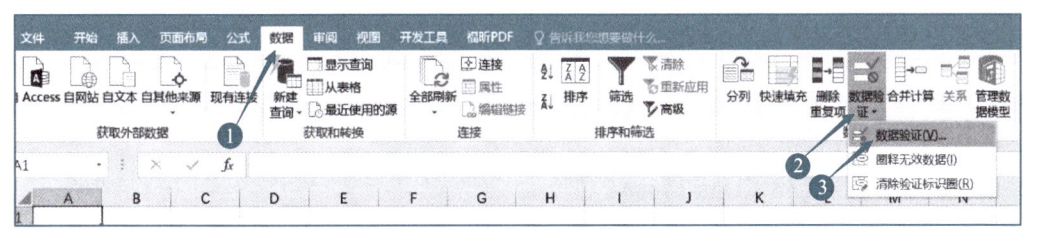

图 2-56 设置数据验证

注意:验证功能只在输入数据时有效,在已有数据的单元格设置数据验证功能没有作用。数据验证会在单元格值发生变化时触发,如果原有的值不符合标准,同时该值没有发生变化,也不会触发数据验证功能。所以,如果使用数据验证功能,最好在单元格无数据时就提前设置,而不是在单元格有数据后再设置。

### 2. 条件格式

Excel 2016 的条件格式功能可以迅速为满足某些条件的单元格或单元格区域设置格式,条件格式会基于设置的条件来自动更新单元格区域的外观,突出显示所关注的单元格或单元格区域,强调异常值,使用数据条、色阶和图标集直观地显示数据,如图 2-57 所示。

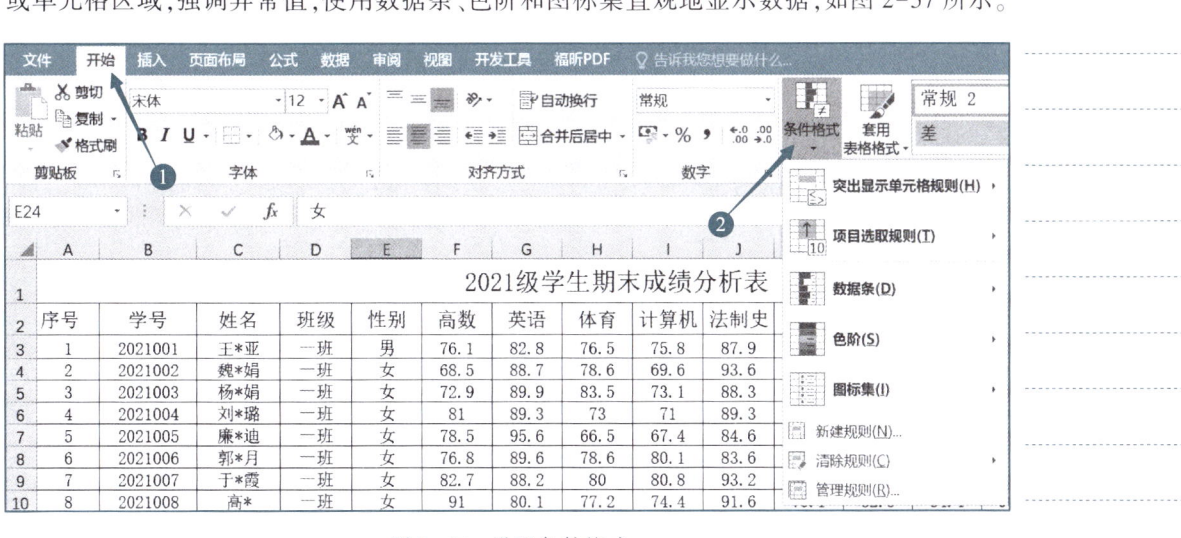

图 2-57 设置条件格式

(1) 突出显示单元格规则

使用比较运算符设置数据范围,对该数据范围的单元格设置格式,规则选项有大于、小于、介于、等于、文本包含、发生日期、重复值和其他规则。例如,设置高数成绩大于 85 的单元格为浅红填充色、深红色文本,如图 2-58 所示。

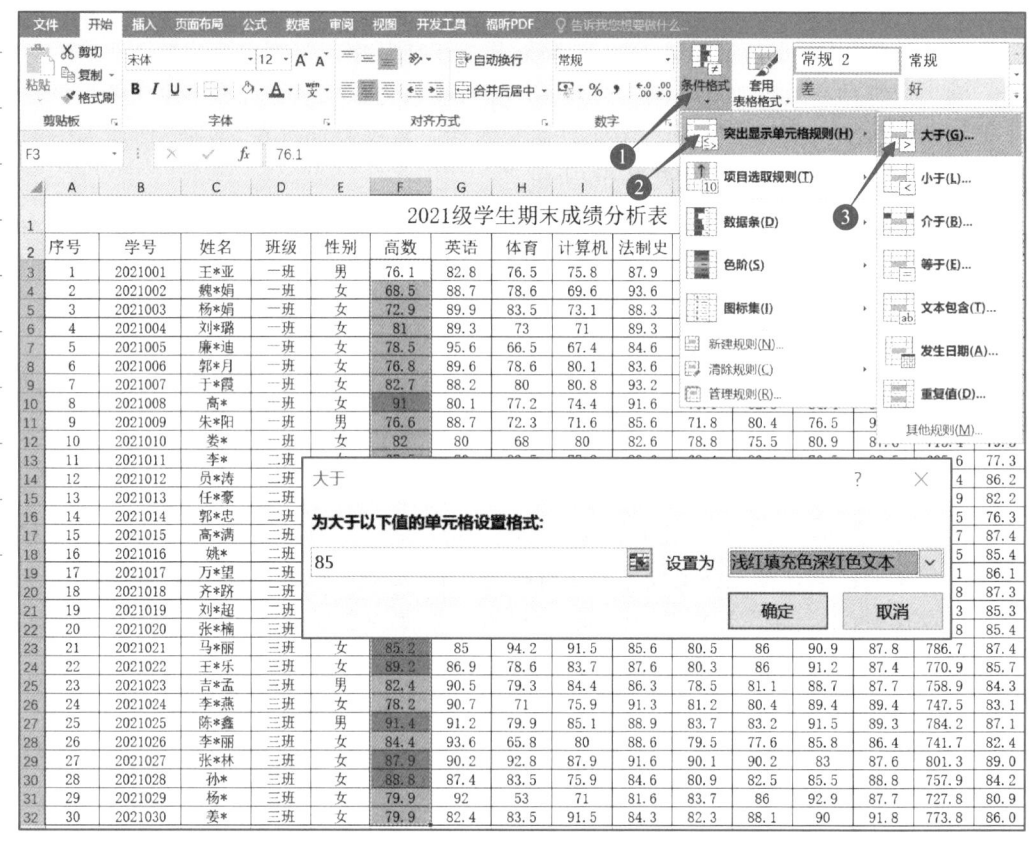

图 2-58 设置突出显示单元格规则

(2) 项目选取规则

设置如前 10 项、前 10%、最后 10 项、最后 10%、高于平均值、低于平均值的单元格区域格式。例如,设置高数成绩前 10 名的单元格为浅红填充色、深红色文本,如图 2-59 所示。

(3) 数据条

数据条的长度代表单元格中的值的大小。数据条越长,值越大;数据条越短,值越小。最常用的数据条有两种样式:渐变填充和实心填充。例如,设置高数成绩为渐变填充效果,设置体育科目成绩为实心填充效果,如图 2-60 所示。

(4) 色阶

使用两种或者三种颜色的渐变效果直观地比较单元格区域中数据大小,常用于显示数据的变化。一般情况下,颜色的深浅表示值的大小。例如,用色阶表示高数成绩高低,成绩越高,颜色越深,成绩越低,颜色越浅,如图 2-61 所示。

单元 2　Excel 2016 电子表格处理

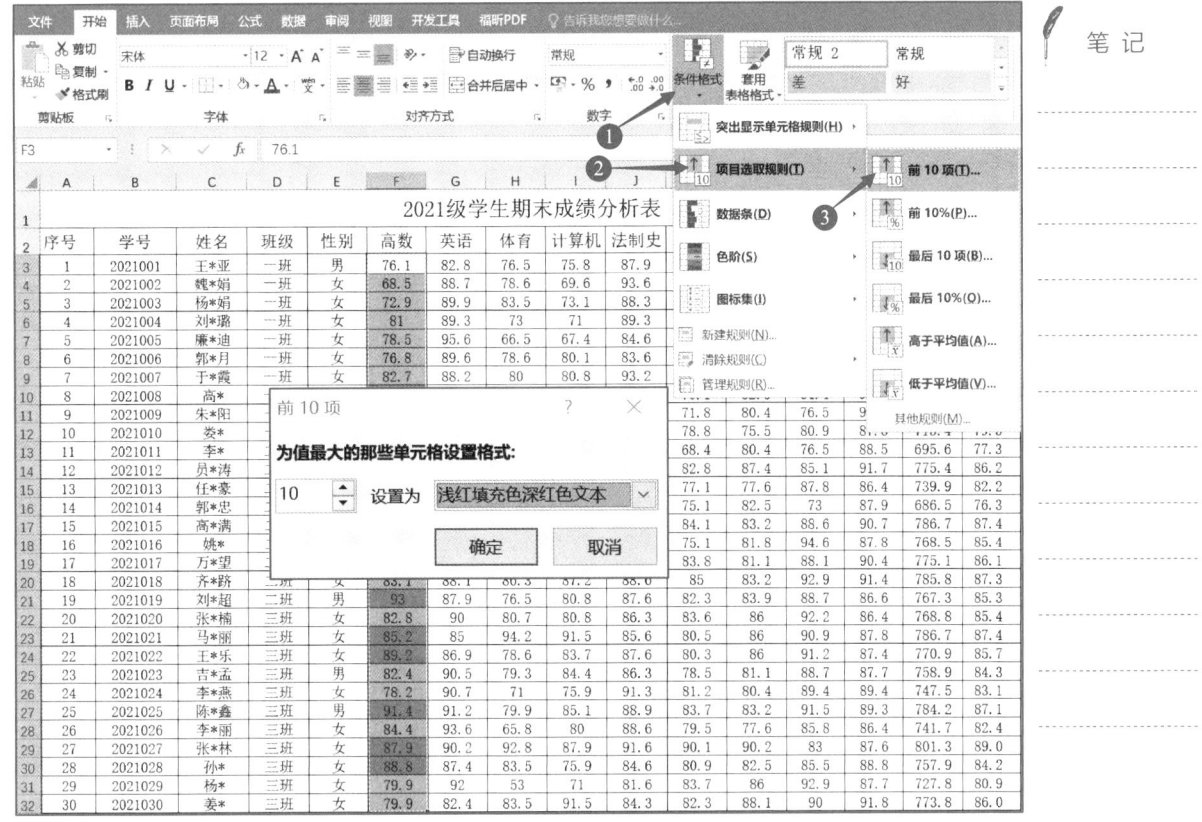

图 2-59　设置项目选取规则

图 2-60　设置数据条

基础篇

笔记

![Excel截图]

图 2-61 设置色阶

（5）图标集

使用图标集对数据进行标注，每种图标代表值的一段范围。Excel 2016 中预设了方向、形状、标记、等级四种图标集。例如，用不同颜色的圆形图标来表示高数科目的成绩，如图 2-62 所示。

**3. 排序**

排序有助于快速直观地组织和查找所需数据，可以对一列或多列中的文本、数值、日期和时间按升序或降序排序，还可以按照自定义序列、格式（包括单元格颜色、字体颜色等）排序。

微课 2-24：
排序与筛选

（1）单一条件排序

单击"总分"数据列中的任意单元格，选择"数据"选项卡，单击"排序和筛选"选项组中的"升序"按钮，按总分成绩从小到大排序；若单击"降序"按钮，则按总分成绩从大到小排序，如图 2-63 所示。

（2）多条件排序

单击"高数"列中的任意单元格，选择"数据"选项卡，单击"排序和筛选"选项组中的"排序"按钮，在打开的"排序"对话框中的"主要关键字"下拉列表框中选择"高数"，在"排序依据"下拉列表框中选择"数值"，在"次序"下拉列表框中选择"升序"。单击"添加条件"按钮，在第二行的"次要关键字"下拉列表框中选择"英语"，在"排序依据"下拉列表框中选择"数值"，在"次序"下拉列表框中选择"降序"，最后单击"确定"按钮，如图 2-64 所示。

96

单元 2　Excel 2016 电子表格处理

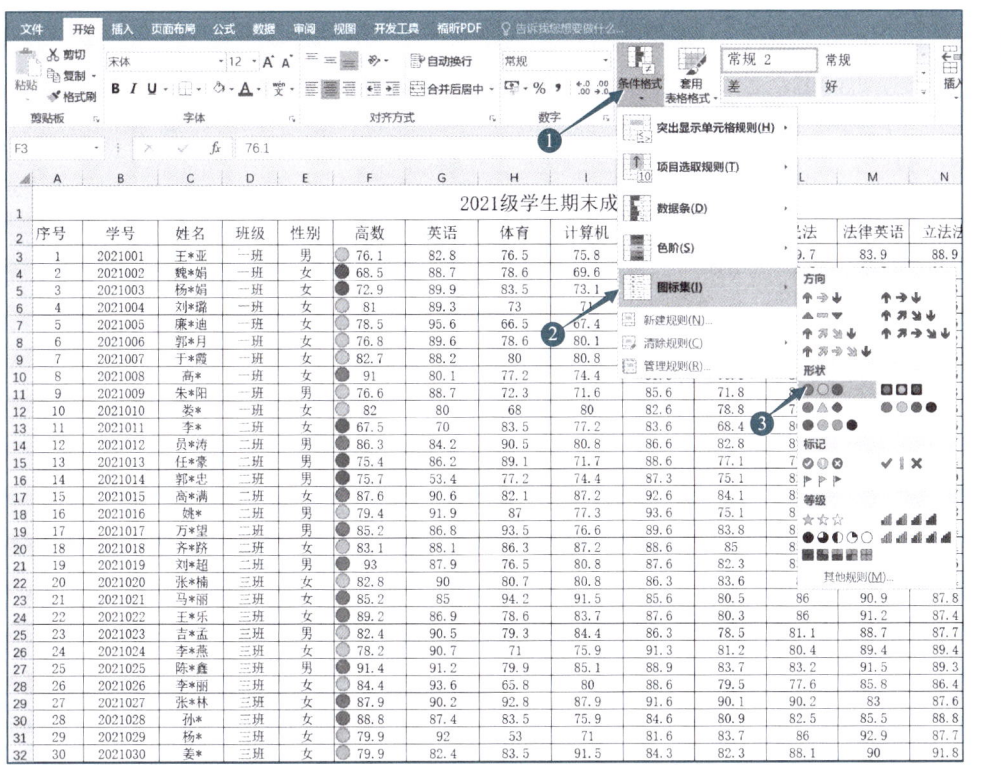

图 2-62　设置图标集

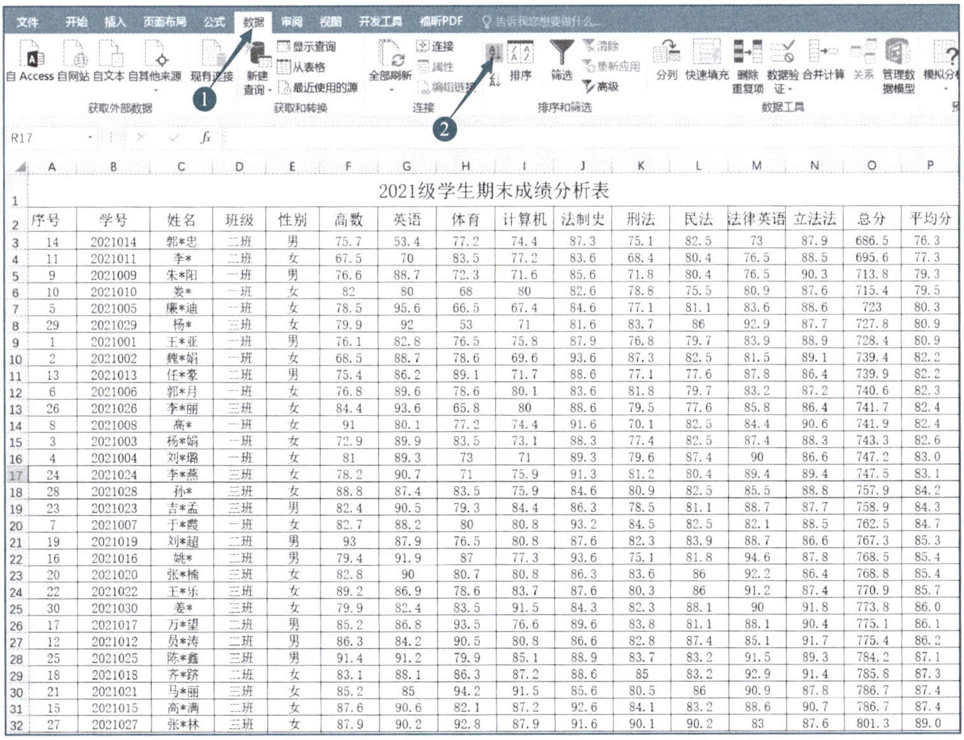

图 2-63　排序

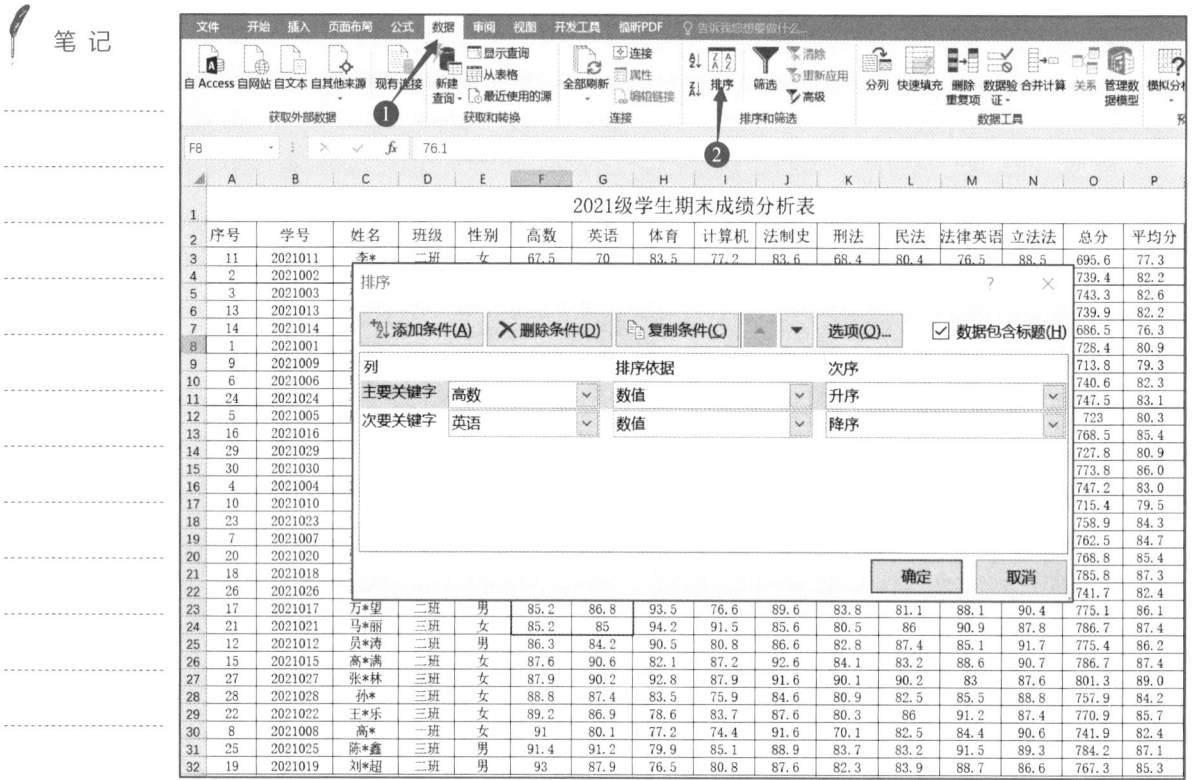

图 2-64 多条件排序

如果要添加更多排序关键字,在"排序"对话框中单击"添加条件"按钮,进行相应设置。在 Excel 2016 中,排序条件最多可以添加 64 个关键字。若要删除关键字,则选中要删除的条件,单击"删除条件"按钮。

(3) 按照字体颜色排序

将"高数"成绩相同的行,字体颜色设置为红色,并将其所在行设置在数据表的顶端。

单击"高数"列任意单元格,选择"数据"选项卡,单击"排序和筛选"选项组中的"排序"按钮,在打开的"排序"对话框的"主要关键字"下拉列表框中选择"高数",在"排序依据"下拉列表框中选择"字体颜色",在"次序"下拉列表框中选择"红色",在"次序"右侧下拉列表框中选择"在顶端",最后单击"确定"按钮,如图 2-65 所示。

4. 筛选

通过筛选功能可以快速地从数据列表中筛选符合条件的数据或者排除不符合条件的数据。对数据列表中的数据进行筛选后,仅显示满足指定条件的行,不满足条件的行就会被隐藏,更方便用户查看数据。

单击表中单元格,选择"数据"选项卡,在"排序和筛选"选项组中单击"筛选"按钮,字段名右侧出现一个下拉按钮。单击筛选字段的下拉按钮,设置筛选条件或自定义自动筛选方式。

例如,筛选"计算机"成绩大于 85 的数据行,如图 2-66 和图 2-67 所示。

笔 记

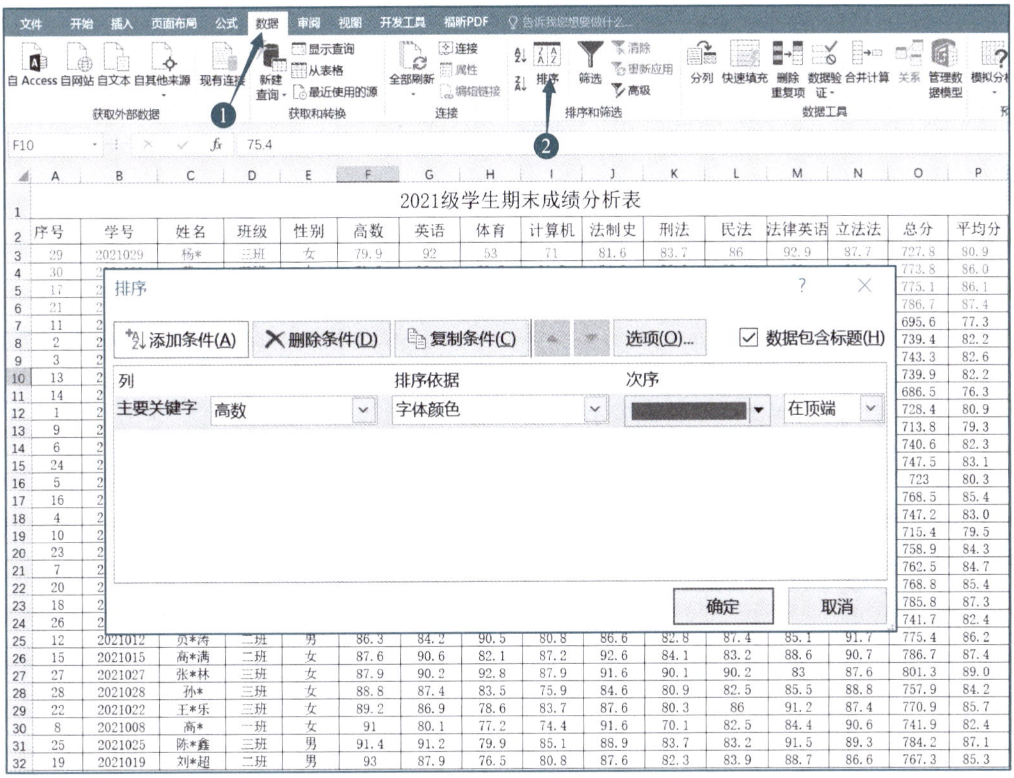

图 2-65 按照字体颜色排序

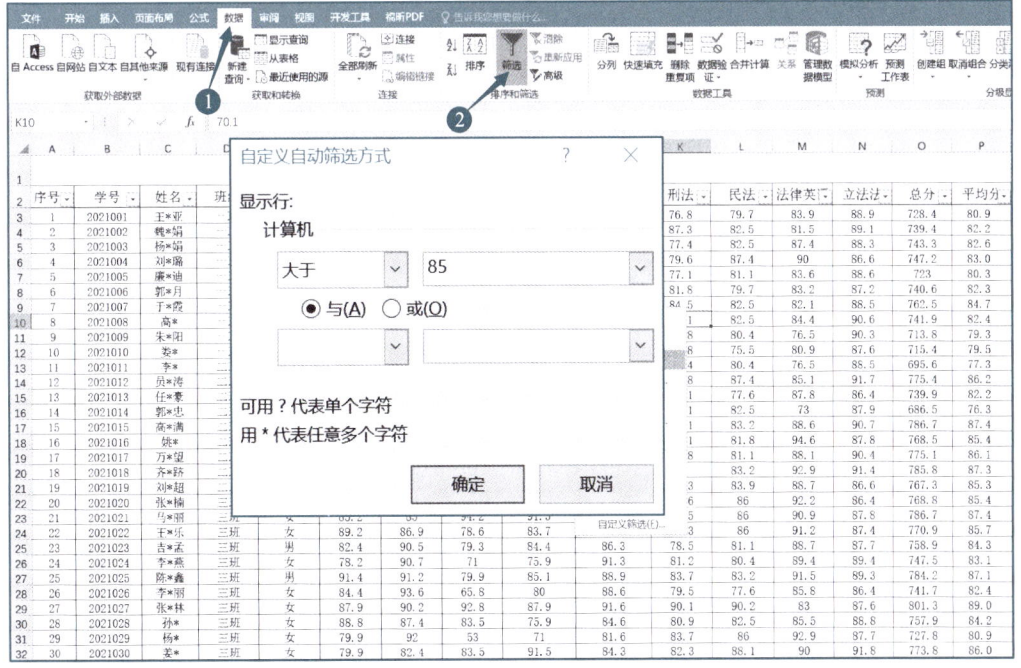

图 2-66 自动筛选

| 序号 | 学号 | 姓名 | 班级 | 性别 | 高数 | 英语 | 体育 | 计算机 | 法制史 | 刑法 | 民法 | 法律英汇 | 立法法 | 总分 | 平均分 |
|---|---|---|---|---|---|---|---|---|---|---|---|---|---|---|---|
| 15 | 2021015 | 高*满 | 二班 | 女 | 87.6 | 90.6 | 82.1 | 87.2 | 92.6 | 84.1 | 83.2 | 88.6 | 90.7 | 786.7 | 87.4 |
| 18 | 2021018 | 齐*跻 | 二班 | 女 | 83.1 | 88.1 | 86.3 | 87.2 | 88.6 | 85 | 83.2 | 92.9 | 91.4 | 785.8 | 87.3 |
| 21 | 2021021 | 马*丽 | 二班 | 女 | 85.2 | 85 | 94.2 | 91.5 | 85.6 | 80.5 | 86 | 90.9 | 87.8 | 786.7 | 87.4 |
| 25 | 2021025 | 陈*鑫 | 三班 | 男 | 91.4 | 91.2 | 79.9 | 85.1 | 88.3 | 83.7 | 83.2 | 91.5 | 89.3 | 784.2 | 87.1 |
| 27 | 2021027 | 张*林 | 三班 | 女 | 87.9 | 90.2 | 92.8 | 87.9 | 91.6 | 90.1 | 90.2 | 83 | 87.6 | 801.3 | 89.0 |
| 30 | 2021030 | 姜* | 三班 | 女 | 79.9 | 82.4 | 83.5 | 91.5 | 84.3 | 82.3 | 88.1 | 90 | 91.8 | 773.8 | 86.0 |

图 2-67 筛选结果

如果需要取消筛选,单击"筛选"按钮取消即可。

**5. 数据透视表**

微课 2-25：
数据透视表

数据透视表是一种快速汇总大量数据和建立交叉列表的交互式动态表格,能帮助用户分析、组织数据。建立数据透视表后,可以对其中的字段重新安排,以便从不同维度查看数据。数据透视表能够将筛选、排序、分类汇总等操作统一完成,并生成汇总报表。生成数据透视表的步骤如图 2-68 所示。

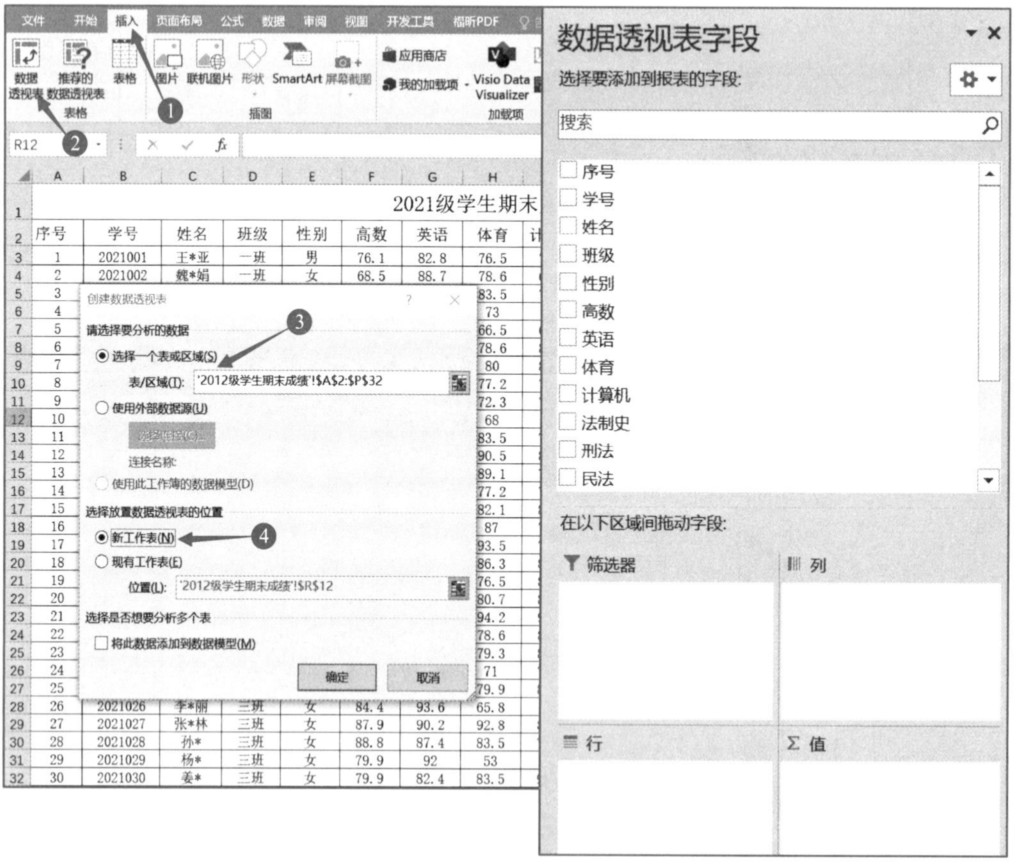

图 2-68 生成数据透视表的步骤

选中"性别""班级""姓名"和"总分"复选框,生成数据透视表,如图 2-69 所示。

将"性别"筛选改为"男",列标签改为"班级",行标签改为"姓名",结果如图 2-70 所示。

图 2-69 数据透视表

图 2-70 筛选效果

### 6. 迷你图

迷你图是放入单个单元格中的小型图,每个迷你图代表所选内容中的一行数据。

单击 Q3 单元格,选择"插入"选项卡,在"迷你图"选项组中单击"折线图"按钮,在"创建迷你图"对话框的"数据范围"文本框中输入"F3: N3",在"位置范围"文本框中输入"$Q$3",单击"确定"按钮,如图 2-71 所示。

拖动 Q3 右下角的填充柄,可以将迷你图填充到最后。

迷你图的颜色、高点、低点、首点、尾点等设置,在"迷你图工具|设计"选项卡中设置。

# 基础篇

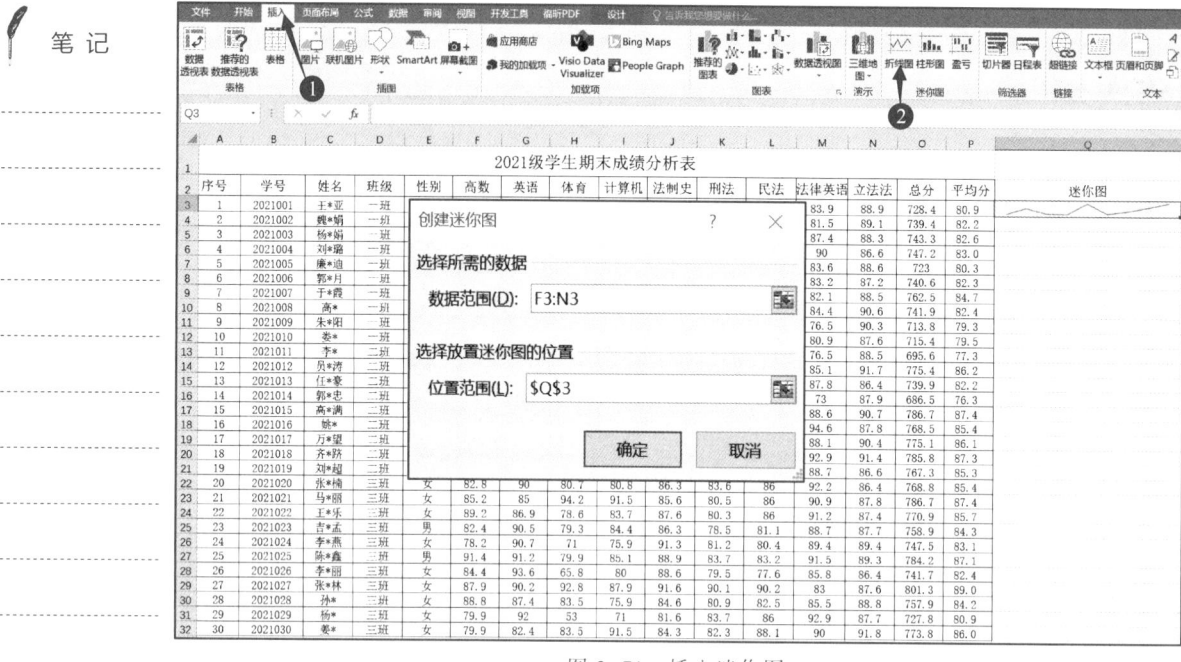

图 2-71　插入迷你图

### 7. 图表

相对于迷你图,图表作为表格中嵌入的对象,类型更丰富、创建更灵活、功能更全面、作用更强大。

图表对工作表数据进行图形化表示。通过图表,数据信息变得直观,更加详细地表示数据的大小、变化、走向、趋势及数据间的差异等,更方便进行数据的比较和分析。在 Excel 2016 中,图表由多个部分组成,这些组成部分被称为图表元素。

最常用的图表类型有柱形图、折线图、饼图、条形图和面积图等。

图表的基本组成有图表区、绘图区、横坐标轴、纵坐标轴、图例、图表标题、坐标轴标题和数据标签等。

【课中学习】

## 任务 2-4:"开支明细表"整理与分析

### (一) 任务介绍

小张参加工作不久,平时习惯使用 Excel 2016 来记录每月的开支情况。他每个月将各类支出的明细数据录入了名为"开支明细表.xlsx"的工作簿文档中。请根据下列要求帮助小赵进行整理和分析开支明细表。

1) 在"小张的美好生活"工作表的第一行添加表标题"小张 2021 年开支明细表",并通过合并单元格的操作,放于整个表的上端、居中。

2) 应用一种主题,适当加大行高、列宽和字号,设置居中对齐方式。除表标题"小张 2021 年开支明细表"外,为工作表增加恰当的边框和底纹使工作表更加美观。

3)将每月各类支出及总支出对应的单元格数据类型设为"货币"类型,不设小数,设置人民币符号。

4)通过函数计算每个月的总支出、各个类别月均支出、每月平均总支出,并按每个月总支出升序对工作表进行排序。

5)用"条件格式"将月单项开支金额中大于 1000 元的数据的单元格以不同的字体颜色与填充颜色突出显示。将月总支出额中大于月均总支出 110% 的单元格以另一种颜色显示,所用颜色深浅不能遮挡数据。

6)在"年月"与"服装服饰"列之间插入新列"季度",数据根据月份由函数生成。例如,1~3 月对应"1 季度",4~6 月对应"2 季度"。

7)复制工作表"小张的美好生活",将副本放置到原表右侧。改变该副本表标签的颜色,并重命名为"按季度汇总"。删除"月均开销"对应行。

8)通过分类汇总功能,按季度升序求出每个季度各类开支的月均支出金额。

9)在"按季度汇总"工作表后新建名为"折线图"的工作表,在该工作表中以分类汇总结果为基础,创建一个带数据标记的折线图,水平轴标签为各类开支,对各类开支的季度平均支出进行比较,给每类开支的最高季度月均支出值添加数据标签。

## (二)任务实施

1)在"小张的美好生活"工作表中,选中 A1:M1 单元格区域,选择"开始"选项卡,单击"对齐方式"选项组中的"合并后居中"按钮,添加表标题"小张 2021 年开支明细表"。

2)选择"页面布局"选项卡,单击"主题"选项组中的"主题"下拉按钮,在弹出的下拉菜单中选择一种主题,如图 2-72 所示。

3)选择表格,在"字体"选项组单击"增大字号"按钮。选择"开始"选项卡,单击"单元格"选项组中的"格式"下拉按钮,在弹出的下拉菜单中设置加大行高和列宽。

4)选中 A2:M15 单元格区域,打开"设置单元格格式"对话框,选择"对齐"选项卡,设置"水平居中"和"垂直居中"。选择"边框"选项卡,设置边框。选择"填充"选项卡,设置底纹,如图 2-73 所示。

5)选择 B3:M15 单元格区域,选择"开始"选项卡,单击"数字"选项组中的对话框启动器按钮,在打开的"设置单元格格式"对话框中选择"数字"选项卡,在"分类"列表框中选择"货币",在"小数位数"文本框中输入"0",在"货币符号"下拉列表框中选择"人民币",如图 2-74 所示。

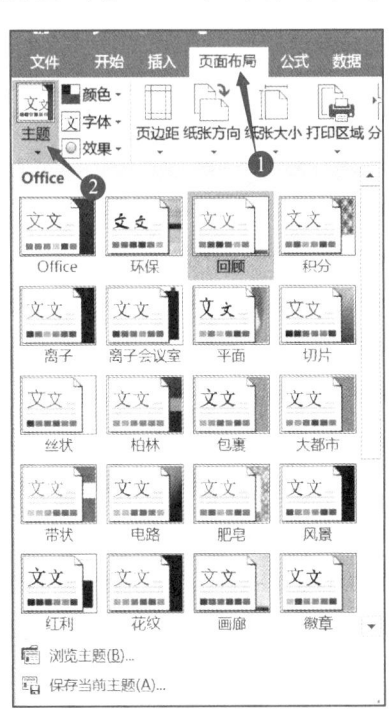

图 2-72 设置主题

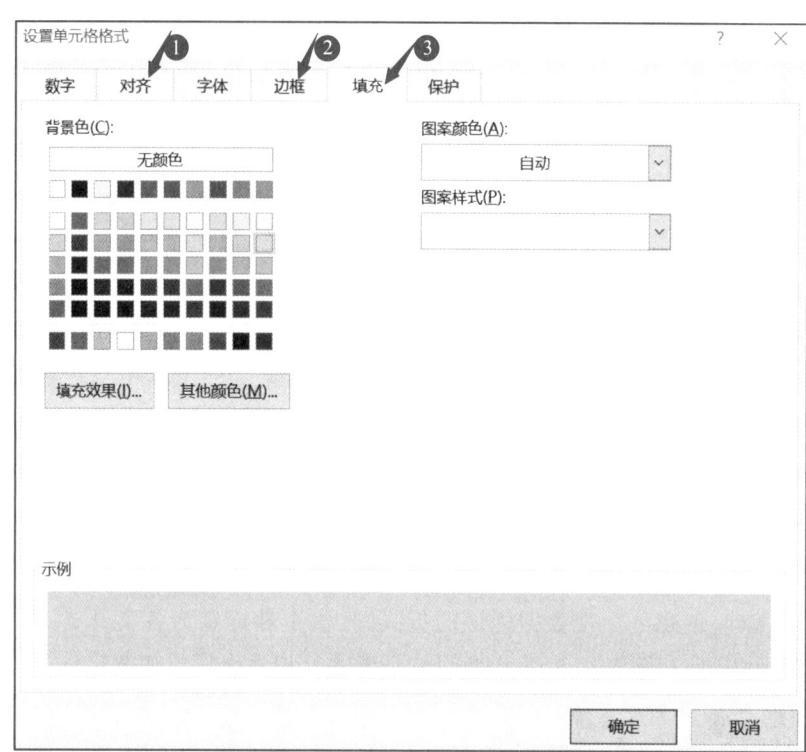

图 2-73 设置单元格格式

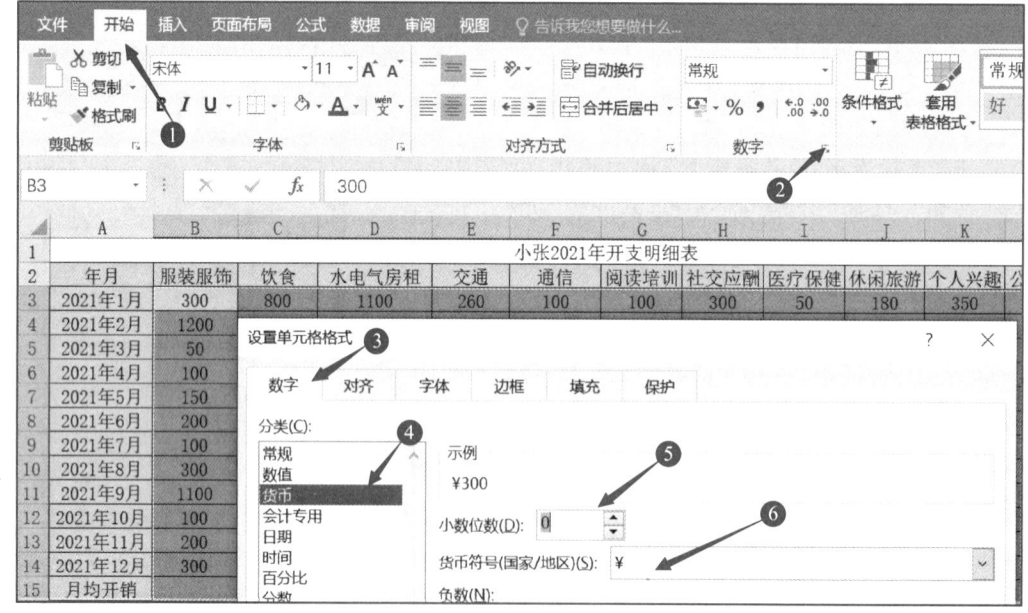

图 2-74 设置数字格式

6)选择 M3 单元格,输入函数"=SUM(B3:L3)"。向下拖动 M3 单元格右侧的填充柄,对 M4:M14 单元格区域求和。

7) 选择 B15 单元格,输入函数"=AVERAGE(B3:B14)"。向下拖动 B15 单元格右侧的填充柄,对 C15:M15 单元格区域求平均值。

8) 选中 A2:M14 单元格区域,选择"数据"选项卡,单击"排序"按钮,在"排序"对话框进行设置,如图 2-75 所示。

微课 2-27：
合计与平均值计算

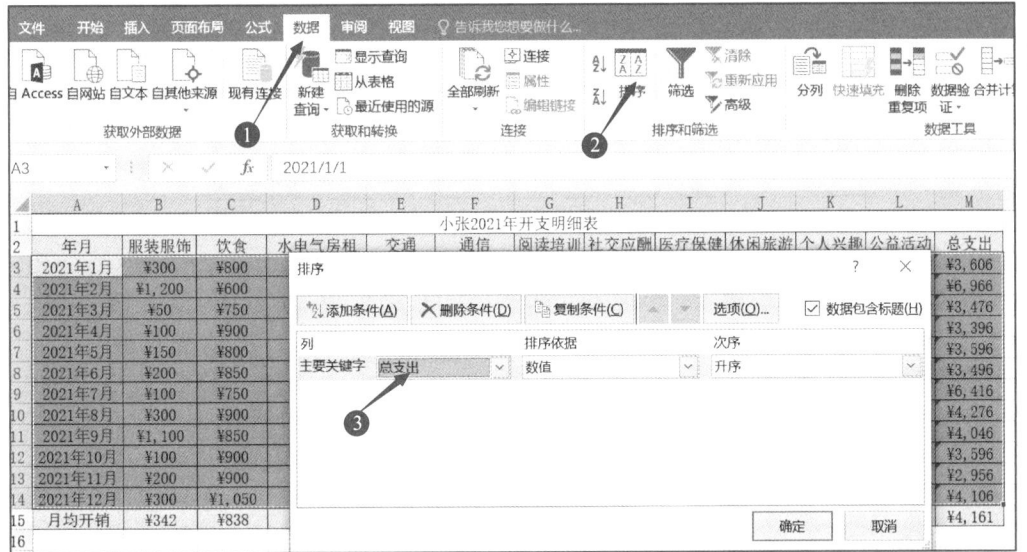

图 2-75　设置总支出升序排序

9) 选中 B3:L14 单元格区域,选择"开始"选项卡,单击"样式"选项组中的"条件格式"下拉按钮,在弹出的下拉菜单中选择"突出显示单元格规则"→"大于"命令,打开"大于"对话框,在"为大于以下值的单元格设置格式"文本框中输入"1000",在"设置为"下拉列表框中选择"浅红填充色深红色文本",如图 2-76 所示。

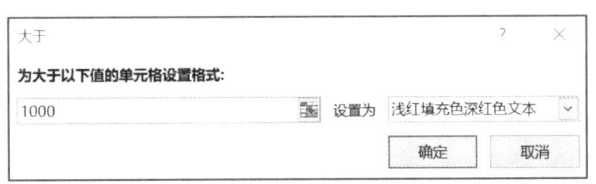

图 2-76　设置条件格式(1)

10) 选中 M3:M14 单元格区域,选择"开始"选项卡,单击"样式"选项组中的"条件格式"下拉按钮,在弹出的下拉菜单中选择"突出显示单元格规则"→"大于"命令,打开"大于"对话框,在"为大于以下值的单元格设置格式"文本框中输入"=$M$15*1.1",在"设置为"下拉列表框中选择"自定义格式",单击"确定"按钮,在"填充"对话框中选择另一种填充颜色,如图 2-77 所示。

微课 2-28：
设置条件格式

11) 选中 B 列,右击,在弹出的快捷菜单中选择"插入"命令,插入新列,输入"季度"。

12) 选择 B3 单元格,选择"公式"选项卡,单击"插入函数"按钮,打开"插入函数"对话框,选择 LOOKUP 函数,在打开的"函数参数"对话框中设置参数,如图 2-78 所示。

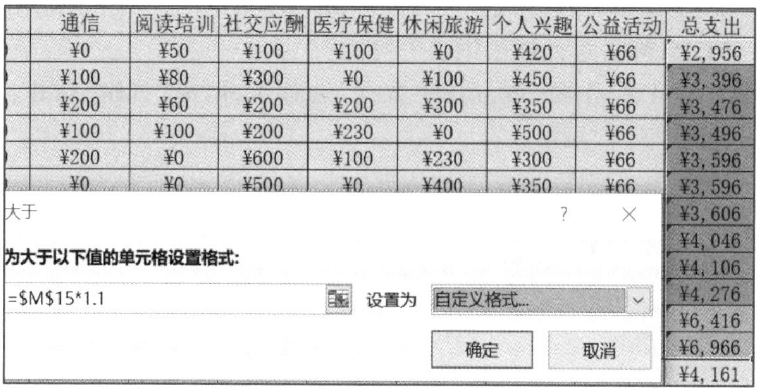

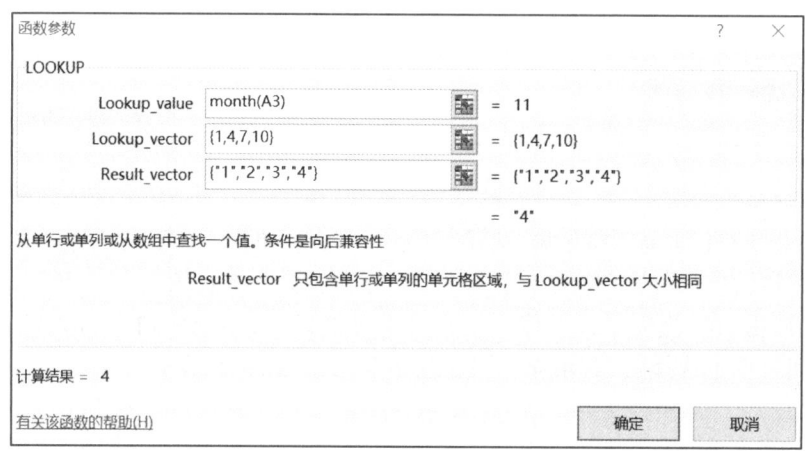

图 2-77 设置条件格式(2)

或直接在 B3 单元格中输入"=LOOKUP(MONTH(A3),{1,4,7,10;"1","2","3","4"})&"季度""或"=LOOKUP(MONTH(A3),{1,4,7,10},{"1","2","3","4"})&"季度""。

图 2-78 LOOKUP 函数

13)向下拖动 B3 单元格右侧的填充柄,完成 B4:B14 单元格区域的季度计算,如图 2-79 所示。

图 2-79 季度的计算

微课 2-29：
季度计算

笔记

14）右击"小张的美好生活"工作表标签，在弹出的快捷菜单中选择"移动或复制工作表"命令，打开"移动或复制工作表"对话框，在"下列选定工作表之前"列表框中选择"（移至最后）"，选中"建立副本"复选框，如图2-80所示。

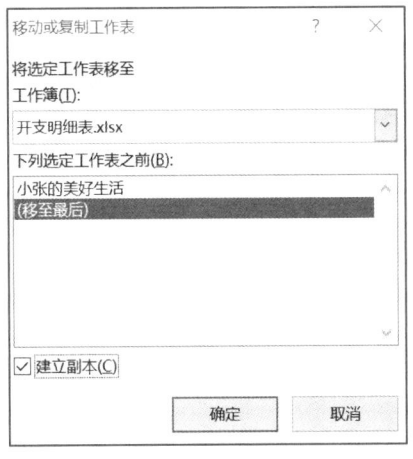

图2-80　复制工作表

15）右击"小张的美好生活（2）"工作表标签，在弹出的快捷菜单中选择"工作表标签颜色"命令，设置该副本的标签颜色，再选择"重命名"命令，输入"按季度汇总"。在复制的工作表中，右击"月均开销"行，在弹出的快捷菜单中选择"删除"命令。

16）选中B列任意单元格，选择"数据"选项卡，单击"排序和筛选"选项组中的"升序"按钮，按班级进行数据排序。

17）选择"数据"选项卡，单击"分级显示"选项组中的"分类汇总"按钮，打开"分类汇总"对话框，在"分类字段"下拉列表框中选择"季度"，在"汇总方式"下拉列表框中选择"平均值"，在"选定汇总项"列表框中选中各类开支的复选框，如图2-81所示。

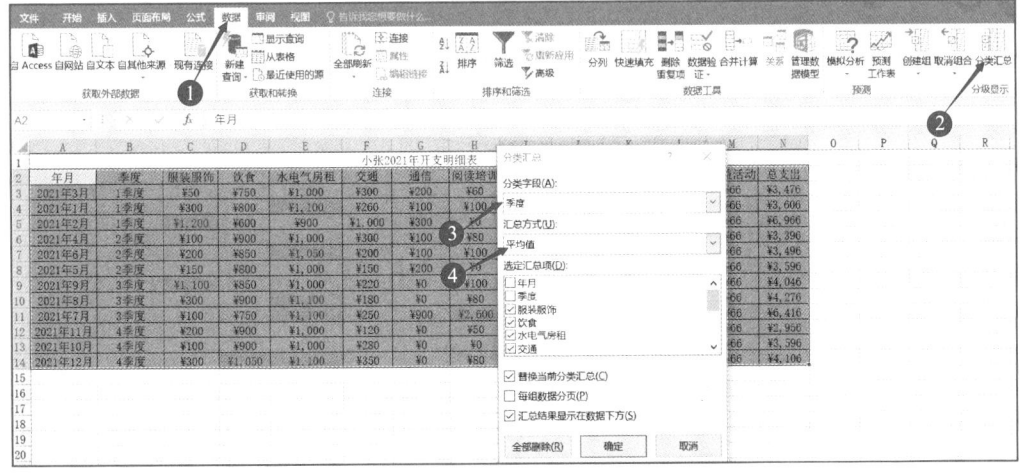

图2-81　分类汇总

18）分类汇总结果如图 2-82 所示。

| | A | B | C | D | E | F | G | H | I | J | K | L | M | N |
|---|---|---|---|---|---|---|---|---|---|---|---|---|---|---|
| 1 | | | | | | 小张2021年开支明细表 | | | | | | | | |
| 2 | 年月 | 季度 | 服装服饰 | 饮食 | 水电气房租 | 交通 | 通信 | 阅读培训 | 社交应酬 | 医疗保健 | 休闲旅游 | 个人兴趣 | 公益活动 | 总支出 |
| 3 | 2021年3月 | 1季度 | ¥50 | ¥750 | ¥1,000 | ¥300 | ¥200 | ¥60 | ¥200 | ¥0 | ¥300 | ¥350 | ¥66 | ¥3,476 |
| 4 | 2021年1月 | 1季度 | ¥300 | ¥800 | ¥1,100 | ¥260 | ¥100 | ¥100 | ¥300 | ¥50 | ¥180 | ¥350 | ¥66 | ¥3,606 |
| 5 | 2021年2月 | 1季度 | ¥1,200 | ¥600 | ¥900 | ¥1,000 | ¥300 | ¥0 | ¥2,000 | ¥0 | ¥500 | ¥400 | ¥66 | ¥6,966 |
| 6 | | 1季度 平均值 | ¥517 | ¥717 | ¥1,000 | ¥520 | ¥200 | ¥53 | ¥833 | ¥83 | ¥327 | ¥367 | ¥66 | |
| 7 | 2021年4月 | 2季度 | ¥100 | ¥900 | ¥1,000 | ¥300 | ¥100 | ¥80 | ¥300 | ¥0 | ¥100 | ¥450 | ¥66 | ¥3,396 |
| 8 | 2021年6月 | 2季度 | ¥200 | ¥850 | ¥1,050 | ¥200 | ¥100 | ¥100 | ¥200 | ¥230 | ¥0 | ¥500 | ¥66 | ¥3,496 |
| 9 | 2021年5月 | 2季度 | ¥150 | ¥800 | ¥1,000 | ¥150 | ¥200 | ¥0 | ¥600 | ¥100 | ¥230 | ¥300 | ¥66 | ¥3,596 |
| 10 | | 2季度 平均值 | ¥150 | ¥850 | ¥1,017 | ¥217 | ¥133 | ¥60 | ¥367 | ¥110 | ¥110 | ¥417 | ¥66 | |
| 11 | 2021年9月 | 3季度 | ¥1,200 | ¥800 | ¥1,000 | ¥220 | ¥0 | ¥100 | ¥200 | ¥130 | ¥80 | ¥300 | ¥66 | ¥4,046 |
| 12 | 2021年8月 | 3季度 | ¥300 | ¥900 | ¥1,100 | ¥180 | ¥0 | ¥80 | ¥300 | ¥50 | ¥100 | ¥1,200 | ¥66 | ¥4,276 |
| 13 | 2021年7月 | 3季度 | ¥100 | ¥750 | ¥1,100 | ¥250 | ¥900 | ¥2,600 | ¥200 | ¥100 | ¥0 | ¥350 | ¥66 | ¥6,416 |
| 14 | | 3季度 平均值 | ¥500 | ¥833 | ¥1,067 | ¥217 | ¥300 | ¥927 | ¥233 | ¥93 | ¥60 | ¥617 | ¥66 | |
| 15 | 2021年11月 | 4季度 | ¥200 | ¥900 | ¥1,000 | ¥120 | ¥0 | ¥50 | ¥100 | ¥100 | ¥0 | ¥420 | ¥66 | ¥2,956 |
| 16 | 2021年10月 | 4季度 | ¥100 | ¥900 | ¥1,000 | ¥280 | ¥0 | ¥0 | ¥500 | ¥0 | ¥400 | ¥350 | ¥66 | ¥3,596 |
| 17 | 2021年12月 | 4季度 | ¥300 | ¥1,050 | ¥1,100 | ¥350 | ¥0 | ¥80 | ¥500 | ¥60 | ¥200 | ¥400 | ¥66 | ¥4,106 |
| 18 | | 4季度 平均值 | ¥200 | ¥950 | ¥1,033 | ¥250 | ¥0 | ¥43 | ¥367 | ¥53 | ¥200 | ¥390 | ¥66 | |
| 19 | | 总计平均值 | ¥342 | ¥838 | ¥1,029 | ¥301 | ¥158 | ¥271 | ¥450 | ¥85 | ¥174 | ¥448 | ¥66 | |

图 2-82 分类汇总结果

19）单击单元格左侧分级显示按钮，显示保留 1 级和 2 级，如图 2-83 所示。

| | A | B | C | D | E | F | G | H | I | J | K | L | M | N |
|---|---|---|---|---|---|---|---|---|---|---|---|---|---|---|
| 1 | | | | | | 小张2021年开支明细表 | | | | | | | | |
| 2 | 年月 | 季度 | 服装服饰 | 饮食 | 水电气房租 | 交通 | 通信 | 阅读培训 | 社交应酬 | 医疗保健 | 休闲旅游 | 个人兴趣 | 公益活动 | 总支出 |
| 6 | | 1季度 平均值 | ¥517 | ¥717 | ¥1,000 | ¥520 | ¥200 | ¥53 | ¥833 | ¥83 | ¥327 | ¥367 | ¥66 | |
| 10 | | 2季度 平均值 | ¥150 | ¥850 | ¥1,017 | ¥217 | ¥133 | ¥60 | ¥367 | ¥110 | ¥110 | ¥417 | ¥66 | |
| 14 | | 3季度 平均值 | ¥500 | ¥833 | ¥1,067 | ¥217 | ¥300 | ¥927 | ¥233 | ¥93 | ¥60 | ¥617 | ¥66 | |
| 18 | | 4季度 平均值 | ¥200 | ¥950 | ¥1,033 | ¥250 | ¥0 | ¥43 | ¥367 | ¥53 | ¥200 | ¥390 | ¥66 | |
| 19 | | 总计平均值 | ¥342 | ¥838 | ¥1,029 | ¥301 | ¥158 | ¥271 | ¥450 | ¥85 | ¥174 | ¥448 | ¥66 | |

图 2-83 分级显示

20）选中 B2：M18 单元格区域，选择"插入"选项卡，单击"图表"选项组中的"折线图"下拉按钮，在弹出的下拉菜单中选择"带数据标记的折线图"，如图 2-84 所示。

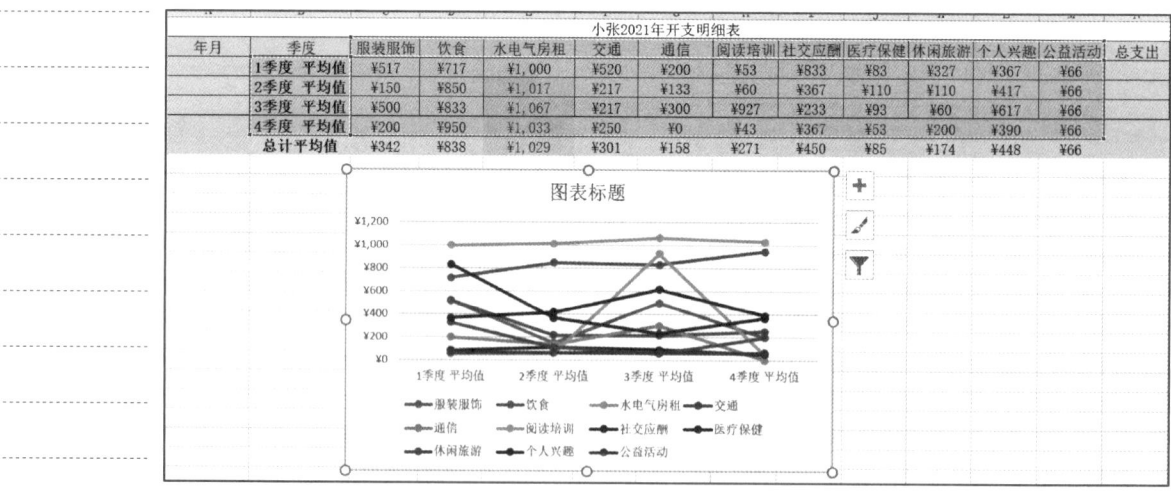

图 2-84 带数据标记的折线图

21）选择"图表工具|设计"选项卡，单击"切换行/列"按钮，互换图表中的行和列，如图 2-85 所示。

单元 2　Excel 2016 电子表格处理

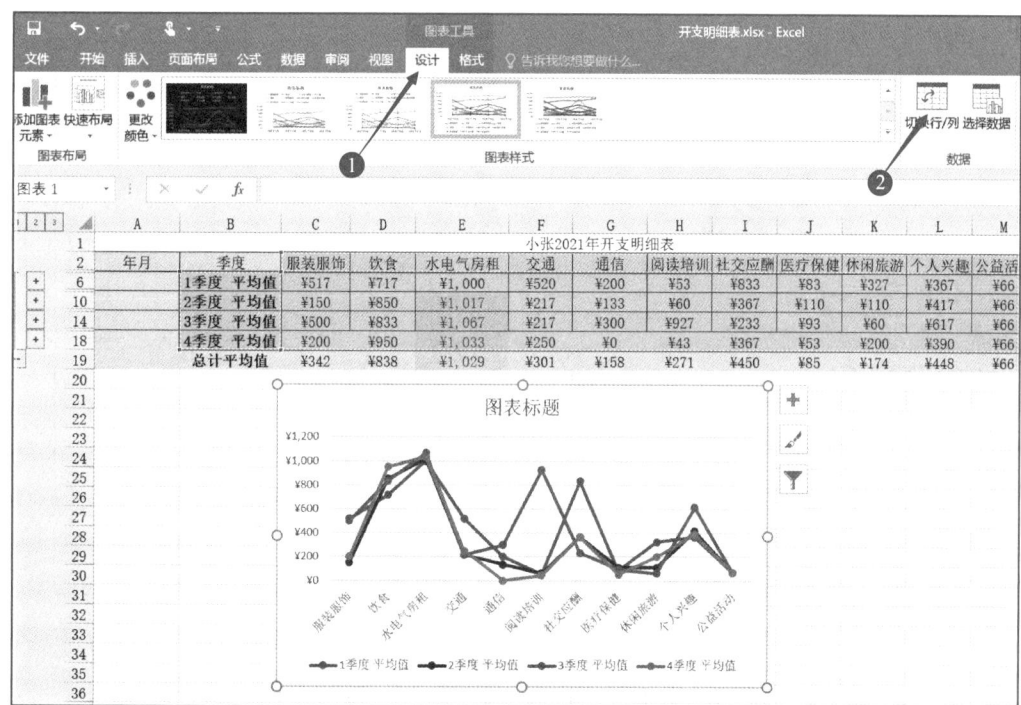

图 2-85　行列互换

22) 右击图表,在弹出的快捷菜单中选择"移动图表"命令,在打开的"移动图表"对话框中设置,如图 2-86 所示。拖动"折线图"工作表至"按季度汇总"工作表的右侧。

23) 依次单击各类折线图中最高点,选择"图表工具|布局"选项卡,单击"添加图表元素"下拉按钮,在弹出的下拉菜单中选择"数据标签",选择合适的位置显示数据标签,如图 2-87 所示。

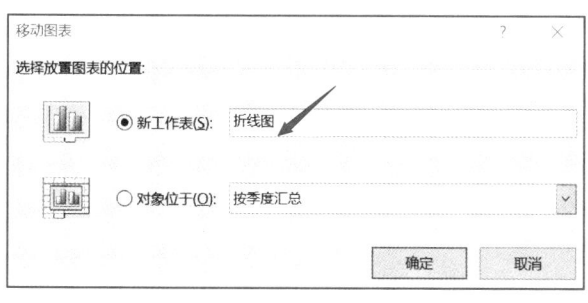

图 2-86　"移动图表"对话框

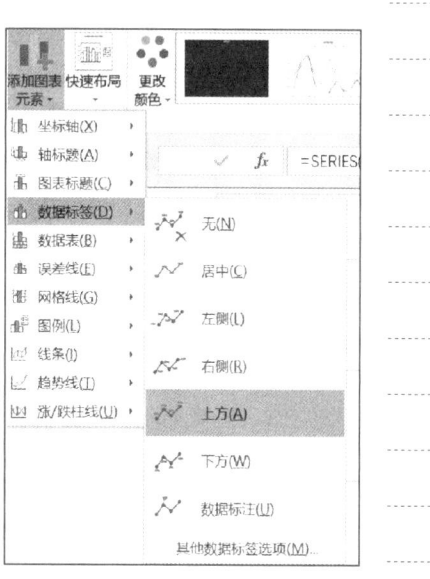

图 2-87　设置数据标签

微课 2-31：图表制作

109

添加数据标签后的效果如图 2-88 所示。

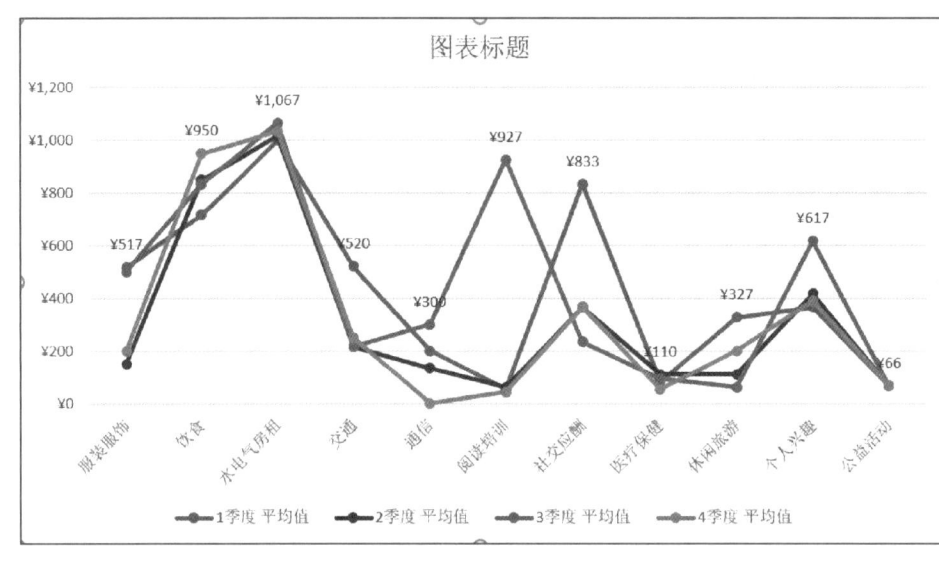

图 2-88　效果图

### 【课后提升】

#### （一）巩固提升

实训任务 2-5："股票走势数据表"处理

小张就职于一家金融公司，需要对股票走势进行分析计算。打开"股票走势.xlsx"文件，对"股票走势"数据表按以下要求操作。

1）设置标题样式，字体为黑体、字号为 20 磅、加粗，合并 A1:N1 单元格区域并居中，设置行高为 30。

2）在 J3 单元格中，使用 MIN 函数计算该股票今日最低价，并将该公式向下填充 J4:J7 单元格区域。在 K3 单元格中，使用 MAX 函数中计算该股票今日最高价，并将该公式向下填充 K4:K7 单元格区域。在 L3 单元格中，使用公式计算股票今日涨跌，公式为"今日涨跌=最高价-最低价"。将该公式向下填充 L4:L7 区域。在 M3 单元格中，使用公式计算股票今日涨幅，公式为"今日涨幅=今日涨跌/昨收盘"。将该公式向下填充 M4:M7 单元格区域。对今日涨幅列数据进行降序排序。

3）在 K9 单元格中，使用 AVERAGE 函数求今日平均涨幅。

4）设置 A2:N7 单元格区域中的行高为 30，并设置该表格显示所有框线。在 N3 单元格中插入迷你折线图，并向下填充 N4:N7 单元格区域。

5）设置 A2:N7 单元格区域的对齐方式为水平方向居中、垂直方向居中。

6）以 B2:C7 和 I2:I7 单元格区域中的数据为数据源，生成一个二维簇状柱形图。图表设计布局为"布局 1"，图表标题为"股票价格变化图"，为图表添加图表元素"数据标签"。

最终效果如图 2-89 所示。

图 2-89 股票走势效果

## (二) 拓展提升

实训任务 2-6:"产品销售表"统计分析

销售部助理小王需要统计分析 2012 年和 2013 年的图书产品销售数据,以便制订新一年的销售计划并安排工作任务。请按照如下需求,在文档"产品销售表.xlsx"中完成以下工作并保存。

微课 2-32:
股票走势数据表

1)在"销售订单"工作表的"图书编号"列中,使用 VLOOKUP 函数填充对应"图书名称"的"图书编号","图书名称"和"图书编号"的对照关系请参考"图书编目表"工作表。

2)将"销售订单"工作表的"订单编号"列升序排序,并将所有重复订单编号数值设置为紫色(标准色)字体,并将其排列在销售订单列表区域的顶端。

3)在"2013 年图书销售分析"工作表中,统计 2013 年各类图书在每月的销售量,并将统计结果填充在所对应的单元格中。为该表添加汇总行,在汇总行单元格中分别计算每月图书的总销量。

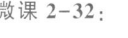
文本:案例素材

4)在"2013 年图书销售分析"工作表中的 N4:N11 单元格区域中,插入用于统计销售趋势的迷你折线图,各迷你折线图的数据范围为对应图书 1~12 月销售数据。并为各迷你折线图标记销量的最高点和最低点。

5)根据"销售订单"工作表的数据创建数据透视表,并将数据透视表放置在新工作表中,以 A1 单元格为数据透视表的起点位置。将工作表重命名为"2012 年书店图书销量"。

6)在"2012 年书店图书销量"工作表的数据透视表中,设置"日期"字段为列标签,"书店名称"字段为行标签,"销量(本)"字段为求和汇总项。在数据透视表中显示2012 年期间各书店每季度的图书销量情况。

# 单元 3　PowerPoint 2016 演示文稿制作

## 项目 3-1　主题演示文稿的策划与制作

### 【学习目标】

**1. 知识目标**

1) 了解幻灯片视图,掌握撤销与恢复、查找和替换等基本操作。
2) 掌握版式、母版、占位符的概念和操作方法。
3) 掌握幻灯片的基本编辑和操作方法。
4) 掌握从大纲导入的操作要点和应用方法。
5) 熟练掌握使用版式进行幻灯片的设置和编辑。
6) 掌握母版制作的操作要点和应用方法。

**2. 能力目标**

1) 能够使用 PowerPoint 2016 制作演示文稿。
2) 能够使用 PowerPoint 2016 编辑制作幻灯片模板。

**3. 素质目标**

1) 能够养成灵活变通、独立思考的主动学习意识。
2) 具有团队精神,能够和团队成员协商,共同完成实训任务。
3) 熟悉中华五岳,了解祖国大好河山,培养爱国主义情怀。
4) 通过实训操作、任务完成,培养学生的实践动手能力和责任感。

### 【课前自学】

#### (一) PowerPoint 2016 简介

PowerPoint 2016 是 Office 2016 套装中的演示文稿工具,从静态、动态两个方面让展示的内容更美观生动,增强视觉感受。本项目通过"壮美五岳"幻灯片案例的设计编排操作,介绍母版设计、文档美化、艺术动画设计等相关知识和操作技巧。

#### (二) 幻灯片的主界面

演示文稿中,标题幻灯片是默认的第一张幻灯片,相当于一本书的封面,使观众对演示文稿产生第一印象。标题幻灯片预设了两个文本框,分别为主标题区和副标题区,在相应的文本框中单击即可直接输入文字。PowerPoint 2016 主界面由大纲区、工作区、备注区 3 部分组成,如图 3-1 所示。

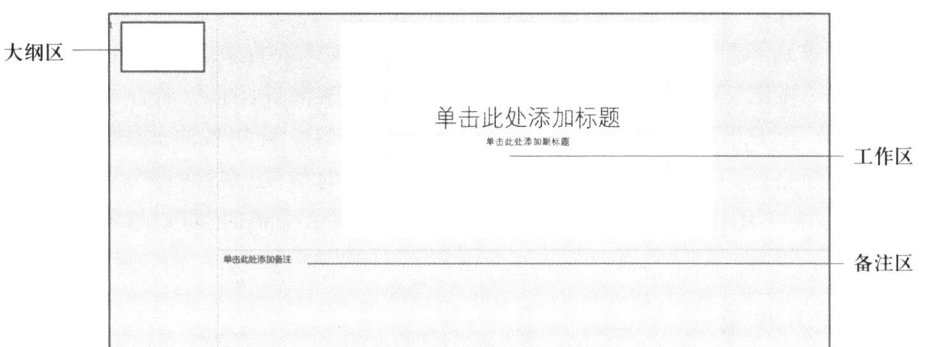

图 3-1　PowerPoint 2016 主界面

1)大纲区:列出了幻灯片的编号和缩略图,可快速查看整个演示文稿或快速选中任意一张幻灯片。

2)工作区:编辑每页幻灯片的内容。

3)备注区:编辑每页幻灯片的一些备注文本,对演讲者起到提示作用,在放映时对观众不可见。

## (三)幻灯片视图

PowerPoint 2016 提供了普通视图、幻灯片浏览视图、阅读视图和幻灯片放映视图共 4 种工作视图,主界面右下角的 4 个视图按钮分别与 4 种视图对应,如图 3-2 所示。

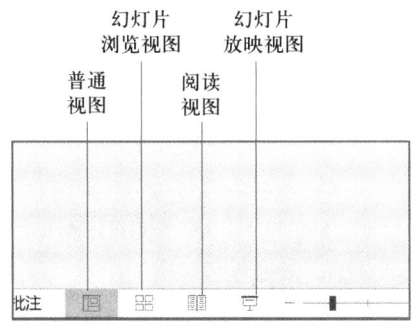

图 3-2　幻灯片视图

1)普通视图:PowerPoint 2016 中最常用的视图,将幻灯片工作区、大纲区和备注区集成到一个视图中,既可以输入、编辑和排版工作区文本,也可以在备注区输入备注信息。

2)幻灯片浏览视图:以缩略图的形式展示演示文稿中的所有幻灯片,可以进行调整幻灯片顺序、幻灯片动画设计、幻灯片放映设置和幻灯片切换等设置。

3)阅读视图:可将演示文稿作为适应窗口大小的幻灯片放映查看。

4)幻灯片放映视图:占据整个屏幕放映幻灯片,可以看到图形、时间、影片、动画元素以及实际切换效果。

单击"视图"选项卡中的"大纲视图"按钮,可以切换到大纲视图,其含有大纲区、缩略图区和备注区。大纲区中显示演示文稿的文本内容和组织结构,不显示图形、图像、图表等对象。使用大纲视图编辑演示文稿,可以调整各页幻灯片的前后顺序,可以调整标题的层次级别和前后次序,也可以复制某幻灯片的文本粘贴到其他幻灯片中。

5) 单击"视图"选项卡中的"备注页"按钮,可以编辑备注页。备注页分为两个部分,上半部分是幻灯片的缩略图,下半部分是备注文本区。使用备注页视图可以一边观看幻灯片的缩略图,一边在备注文本区内输入幻灯片的备注。备注部分可以设置独立的配色方案,与演示文稿的配色方案彼此独立,打印演示文稿时,可以选择只打印备注部分。

## (四)幻灯片母版

**1. 幻灯片母版和版式**

创建个性化的演示文稿模板,最好的方法是先创建幻灯片母版,在母版中设置幻灯片背景、图标以及文本属性等。幻灯片版式是建立幻灯片母版的前提。设置幻灯片版式如图3-3所示。

微课 3-2:
幻灯片母版

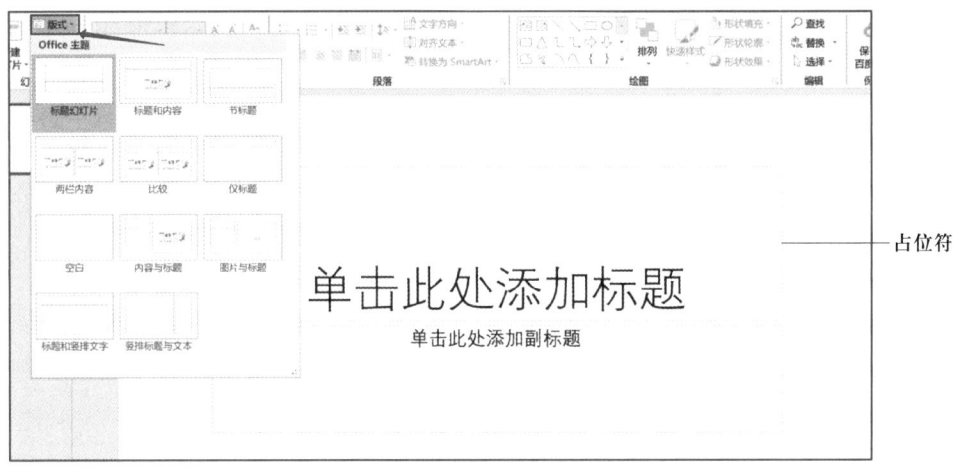

图 3-3 幻灯片版式和占位符

幻灯片版式包含幻灯片上显示的所有内容的格式、位置和占位符。占位符是幻灯片版式上的虚线框,其中包含标题、正文文本、表格、图表、SmartArt 图形、图片、剪贴画、视频和声音等。幻灯片版式还包含幻灯片的主题,其中包括颜色、字体、效果和背景。使用幻灯片版式可直接在预设位置输入内容。

在幻灯片母版视图中可以更改和管理幻灯片版式。每个主题都有多个幻灯片版式,在使用时选择与幻灯片内容最匹配的版式。如要统一更改幻灯片中某元素的设置,只需更改幻灯片母版设置。例如,为演示文稿中的所有幻灯片统一插入同一的对象,若逐一进行设置,需要做大量重复性的操作,如果通过设置幻灯片母版的方法则可以快速完成设置。

**2. 编辑幻灯片母版**

单击"视图"选项卡"母版视图"选项组中的"幻灯片母版"按钮,即可进入幻灯片母版视图的编辑,如图3-4所示。

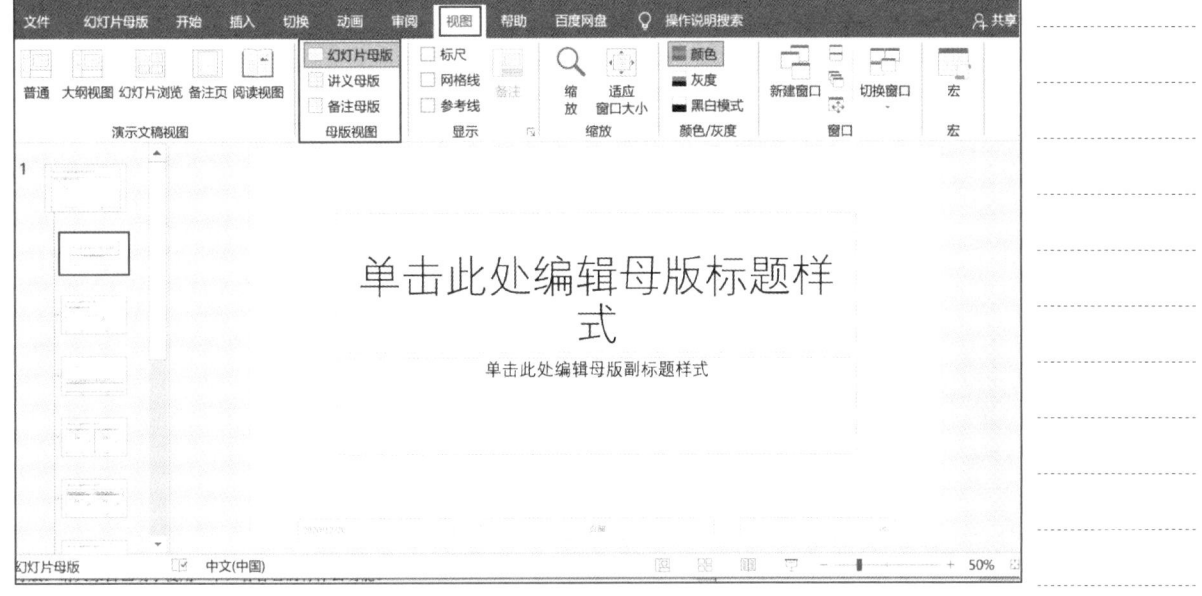

图3-4 幻灯片母版视图

在幻灯片母版视图中,可以创建多个主题母版,每个主题下又可以有多个版式。

在"幻灯片母版"选项卡中,可以插入新的幻灯片母版,也可以创建新的版式,或在母版中插入占位符等,如图3-5所示。在后续案例中会进行具体操作演示。在"背景"选项卡中,可以设置母版的背景样式和颜色,并应用到所有母版的幻灯片上。

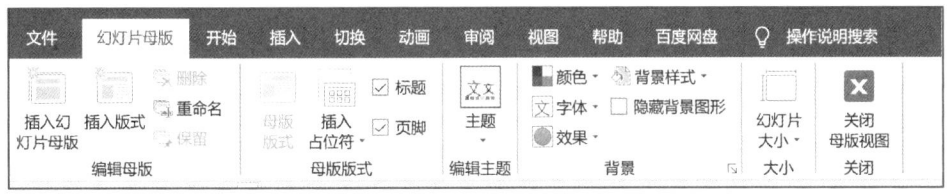

图3-5 "幻灯片母版"选项卡

## (五)演示文稿的组织结构

演示文稿可以把静态文件制作成动态效果,使之更加生动,给人留下更为深刻的印象。完整的演示文稿文件一般包含片头动画、PPT封面、目录、过渡页、图表页、图片页、文字页、封底、致谢页等部分。

创建演示文稿时,首先应明确主题。内容应有核心主题,也要求该幻灯片的颜色、布局等设置需协调一致。明确主题后,就需要设计幻灯片的基本框架。基本框架可以让演示文稿的结构更加清晰,更富逻辑性,也更利于观众理解和掌握内容。演示文稿常用框架如图3-6所示。

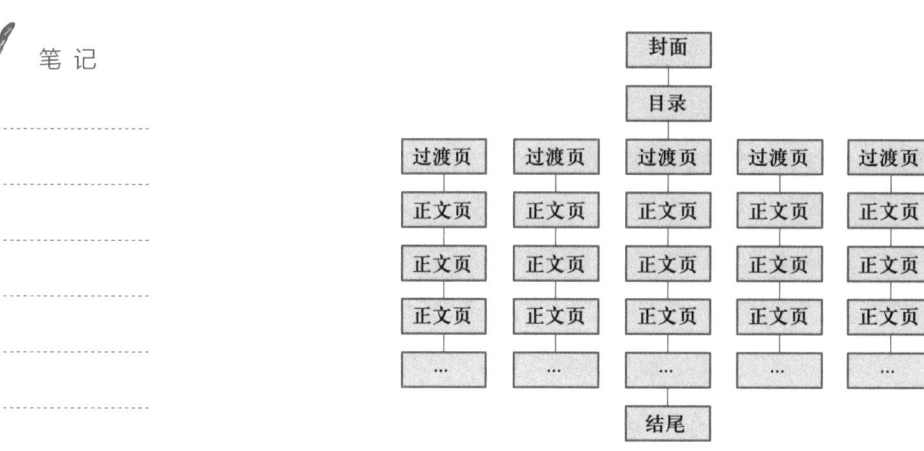

图 3-6 演示文稿的框架

## 【课中学习】

### 任务 3-1:"壮美五岳.pptx"展示幻灯片制作

#### (一) 任务介绍

学校组织美丽中国主题宣传周活动,小明想制作一个演示文稿向同学展示祖国大好河山。具体任务要求如下:

1) 打开素材文档,在 Word 2016 中排版整理素材。
2) 将文档导入演示文稿中,进行编辑。
3) 设计幻灯片的封面页和目录页。
4) 设计制作幻灯片母版。

#### (二) 任务实施

**1. 整理文档**

将 Word 2016 文档的素材制作成演示文稿时,如果将文字逐段复制并粘贴到演示文稿中,操作过于烦琐。要将 Word 文档快速转换成演示文稿,可以在 Word 文档中设置大纲级别。先将 Word 中的内容段落标题的大纲级别设置为 1 级,将标题下方的内容的大纲级别设置为 2 级。

打开文档"壮美五岳.docx",选中标题,应用"标题 1"样式;再选中文本内容,应用"内容"样式,如图 3-7 所示。设置"标题 1"样式中大纲级别为 1 级,"内容"样式中大纲级别为 2 级。

**2. 编辑文字内容**

(1) 创建标题幻灯片

新建演示文稿文档→在幻灯片首页标题占位符内输入文字"壮美五岳",在副标题占位符内输入文字"姓名××",如图 3-8 所示。

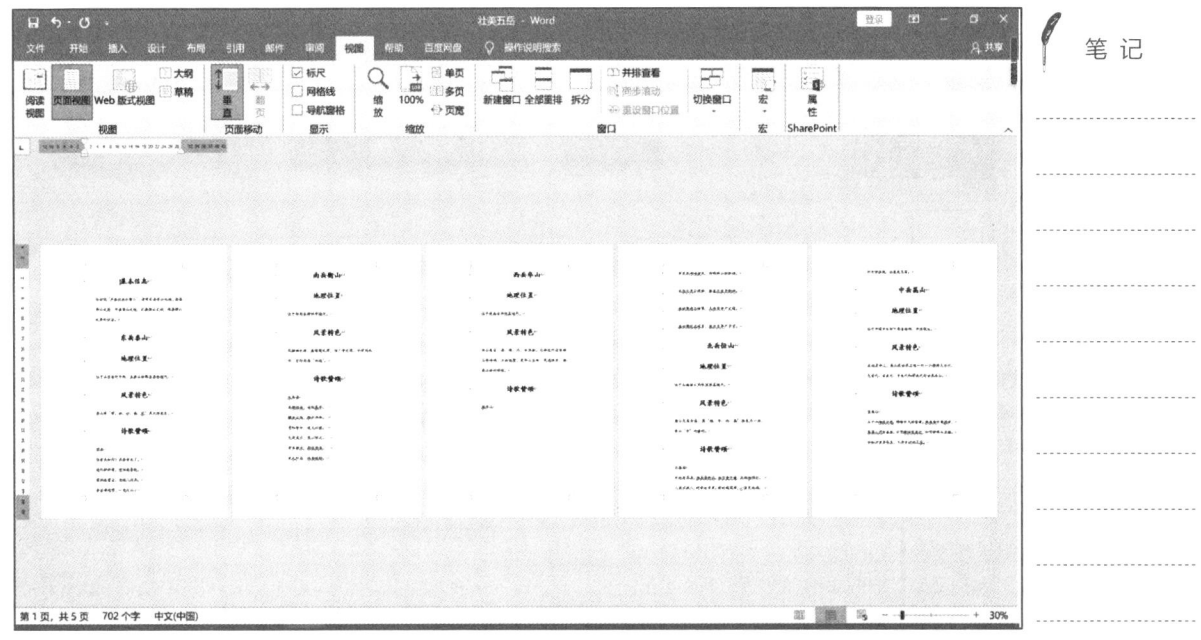

图 3-7 文档排版

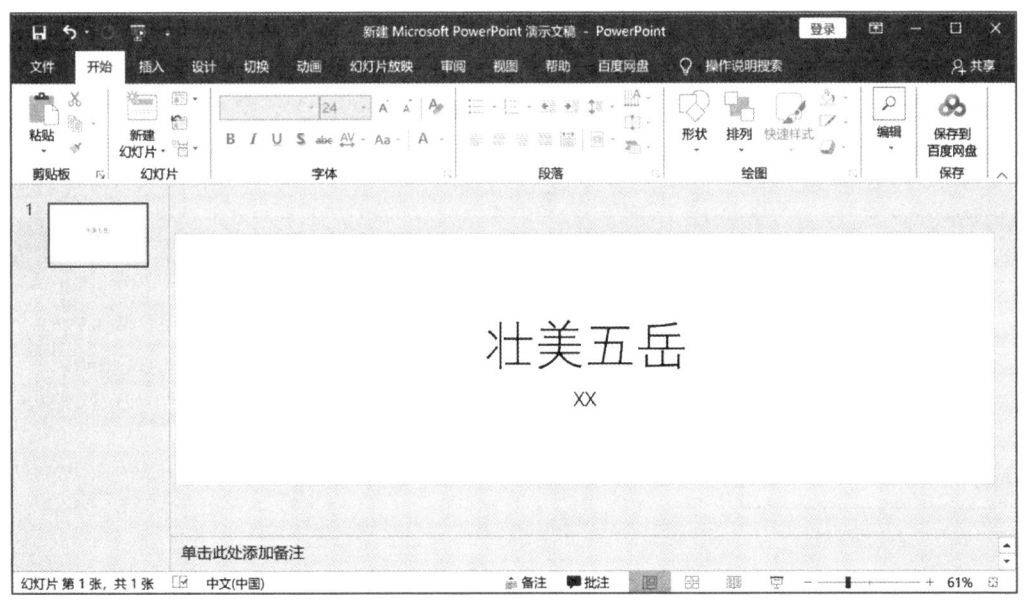

图 3-8 创建幻灯片

（2）添加文字内容

选择"开始"选项卡，单击"幻灯片"选项组中的"新建幻灯片"下拉按钮，在弹出的菜单中选择"幻灯片（从大纲）"命令，导入素材文档"壮美五岳文字素材.docx"，如图 3-9 所示。导入后演示文稿文档应用的是"标题和文本"版式，Word 文档中大纲级别 1 的文字自动生成幻灯片的标题，大纲级别 2 的文字自动导入到"文本"占位符中，如图 3-10 所示。

笔 记

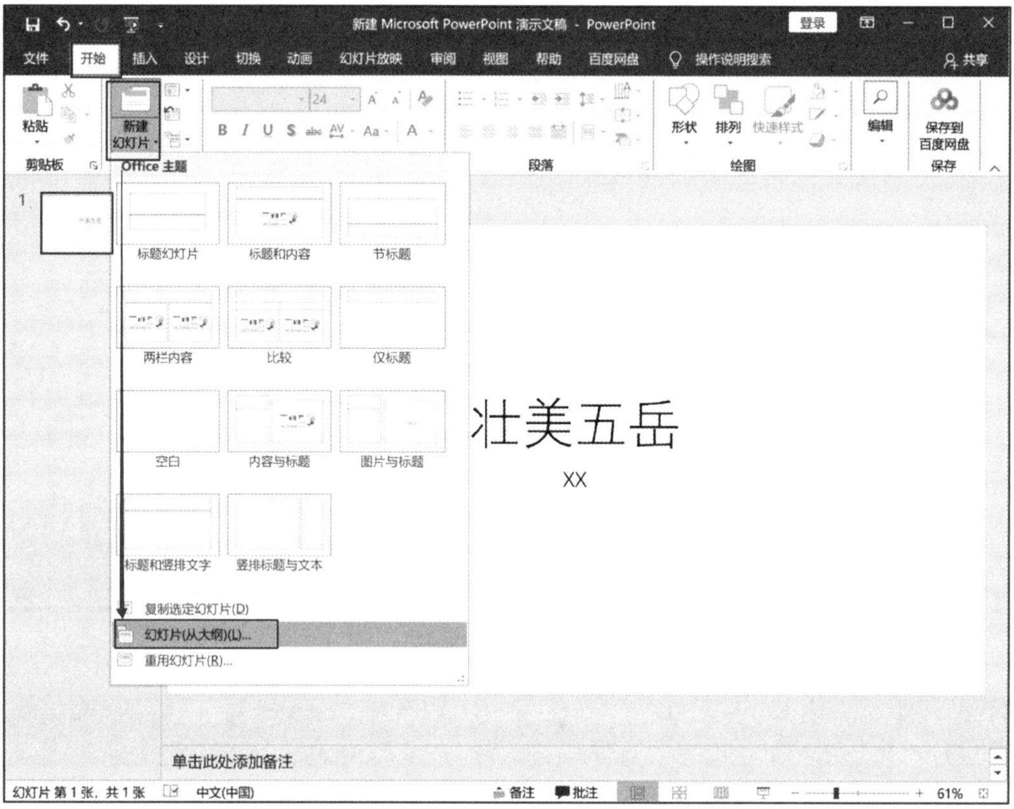

图 3-9　从大纲导入幻灯片

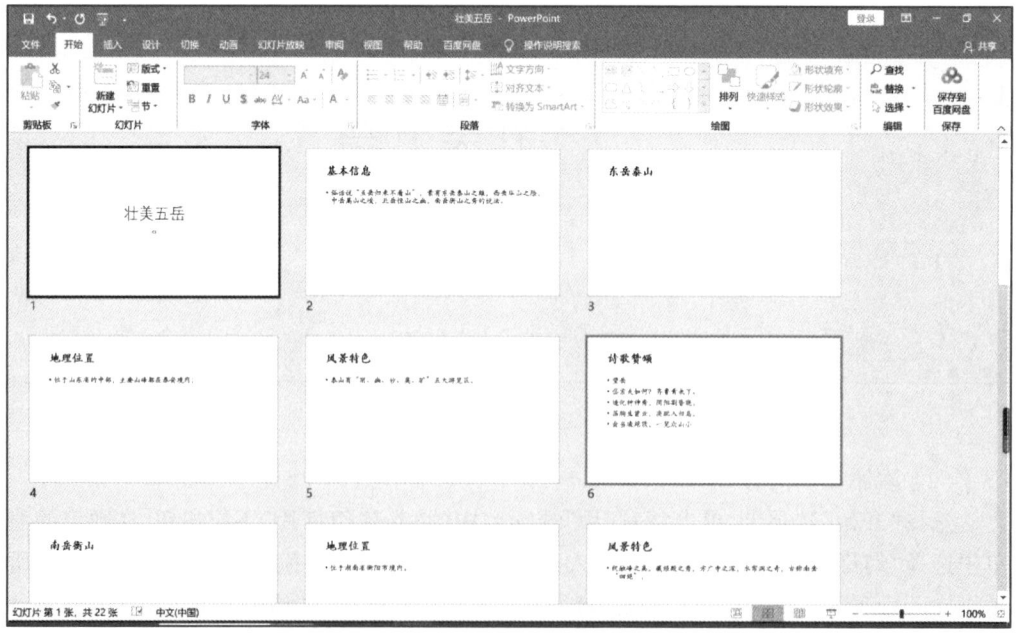

图 3-10　导入幻灯片效果

(3)优化幻灯片

由 Word 2016 文档导入内容默认采用原文档中设置的格式,可通过"重置"对幻灯片的格式和版式进行重新设置。

按 Ctrl+A 组合键,选中所有的幻灯片,单击"幻灯片"选项组中"重置"按钮,如图 3-11 所示。

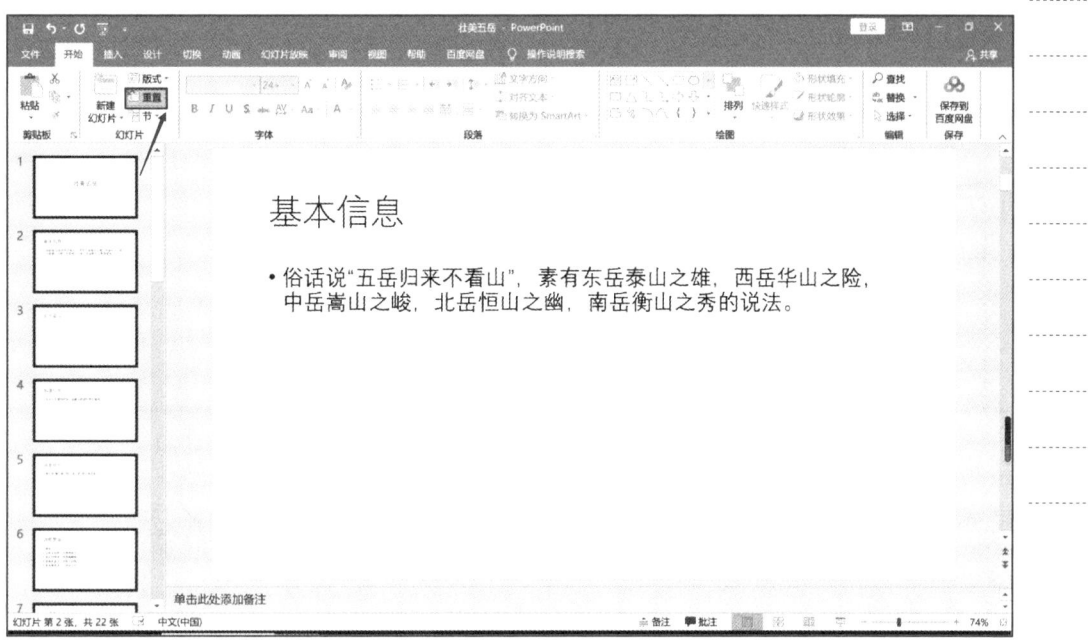

图 3-11　重置幻灯片操作及效果

对于复杂文档,尤其是包含页数较多的文档,可以将页面按照不同内容进行分节,方便后续的管理。在本文档中,可以按照各山的名称进行分节,选择"开始"选项卡,单击"幻灯片"选项组中的"节"按钮,在打开的"重命名节"对话框中输入各节的名称,如图 3-12 所示,其分节效果如图 3-13 所示。

**3. 设计幻灯片**

经过文字内容的编辑,演示文稿的内容架构已经基本搭建完成,但如果只有文字内容,演示文稿还不够丰富。接下来将从形式表现的设置,提高演示文稿的观赏性和艺术性。

(1)设计封面幻灯片

幻灯片需要保持前后统一的色调。"壮美五岳"这类主题的幻灯片,旨在展现祖国的大好河山,因此采用蓝色作为整个演示文稿的主色调。封面幻灯片是演示文稿的门面,需要重点设计封面幻灯片文字和背景,格式化设置封面幻灯片中的图片和文字。

1)单击标题占位符,设置字体为华文楷体、字号为 80、加粗,调整为宽松的字符间距,启用文字阴影。单击副标题占位符,设置字体为微软雅黑、字号为 32,调整为宽松的字符间距,如图 3-14 所示。

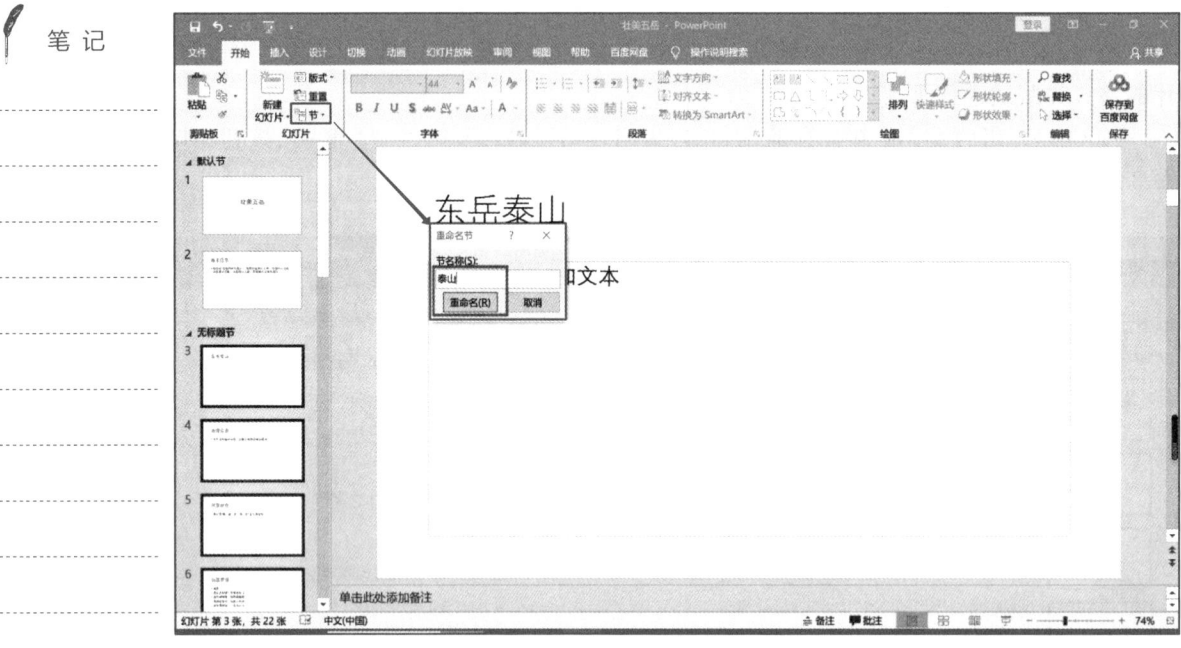

图 3-12　幻灯片的分节

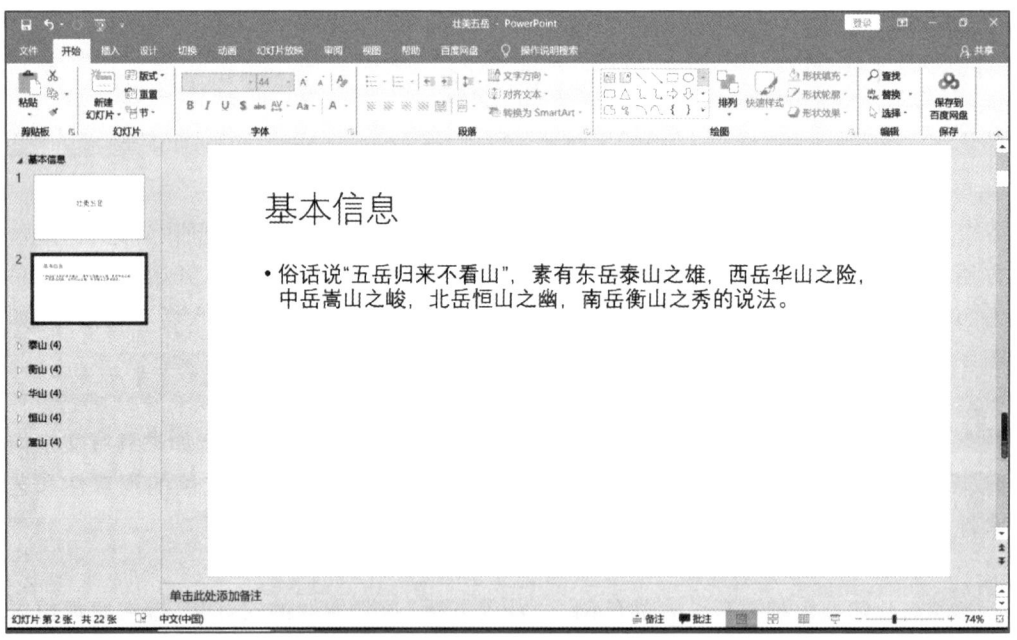

图 3-13　幻灯片分节效果

2) 选择"设计"选项卡,单击"设置背景格式"按钮,打开"设置背景格式"任务窗格,设置"封面背景.png"作为背景图片,如图 3-15 所示。再插入"柳枝.png"和"飞鸟.png"到封面幻灯片的相应位置,如图 3-16 所示。

字符间距
文字阴影

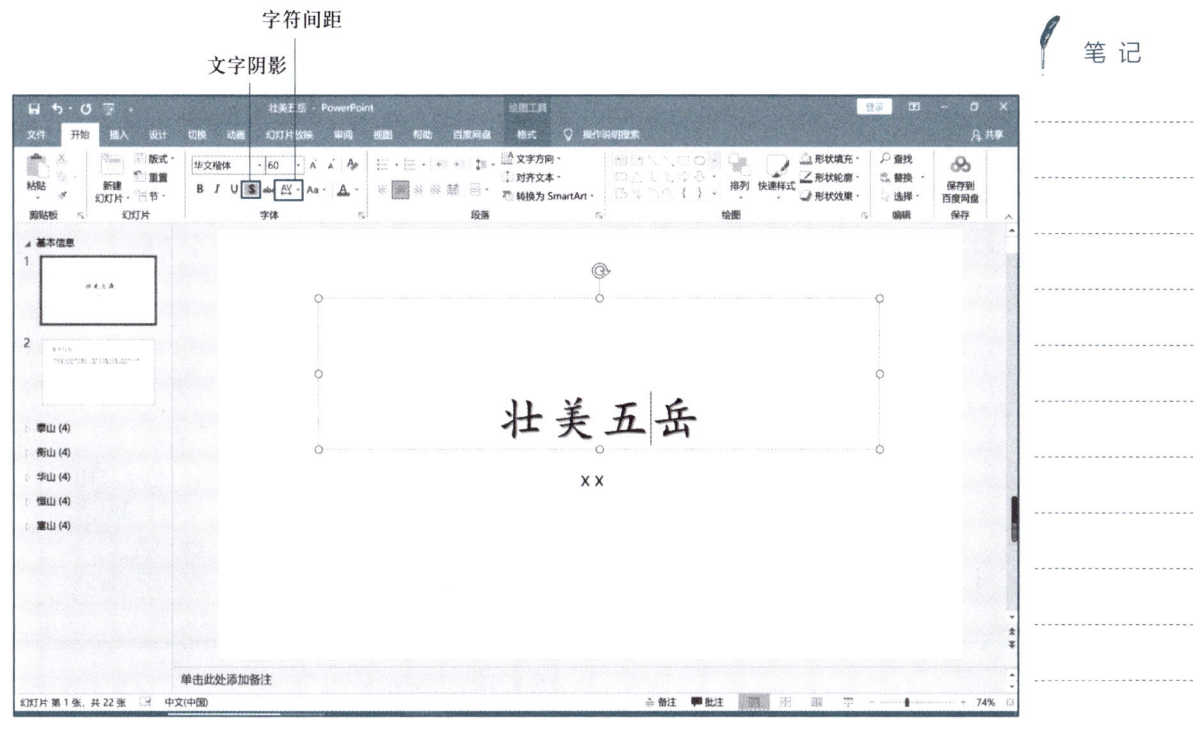

图 3-14 设置文字效果

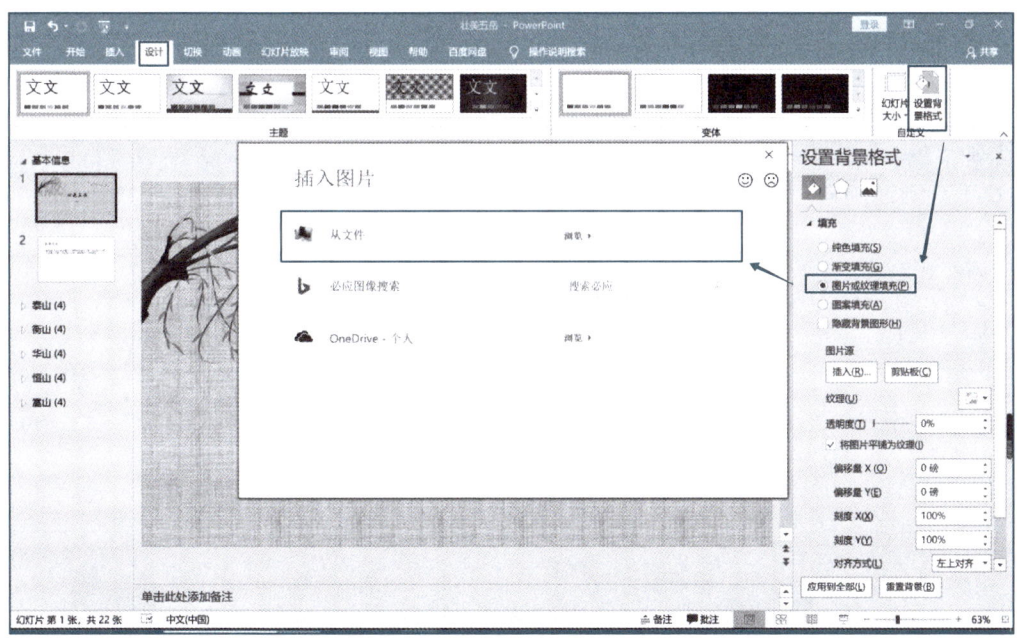

图 3-15 背景图片设置

（2）设计目录页

目录页能让读者方便快速地了解幻灯片的大概内容，也能让使用者快速定位到某

图 3-16 封面幻灯片效果

个页面,可以使演讲更具条理性,因此目录页的制作也非常重要。

1) 右击封面幻灯片,在弹出的快捷菜单中选择"复制幻灯片"命令,选择第 2 张幻灯片,删除柳叶图片,删除副标题占位符,再单击标题占位符,设置"文字方向"为"竖排",输入文本"目录",如图 3-17 所示。

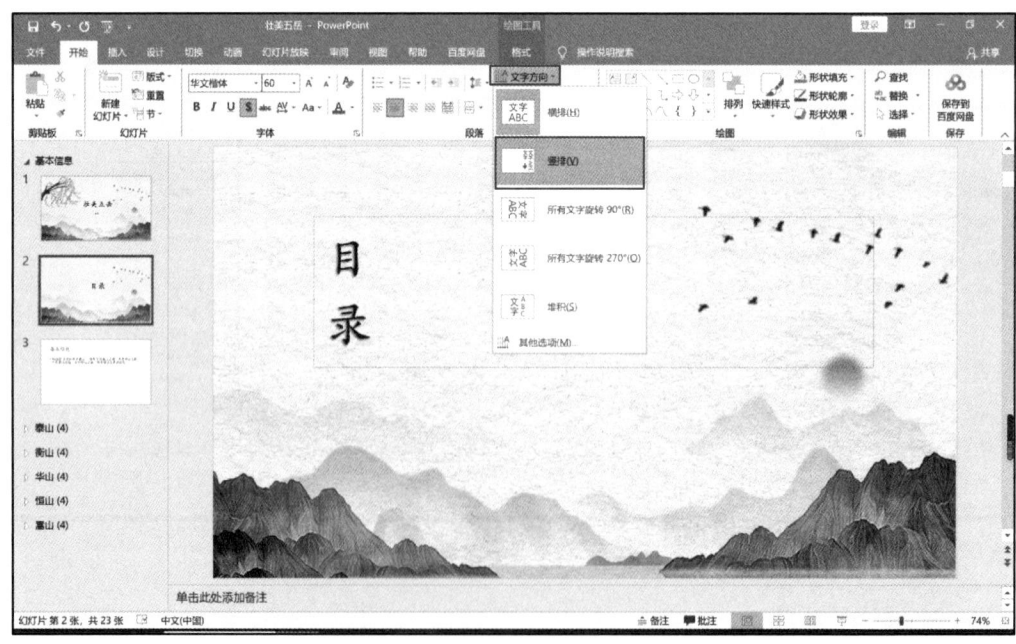

图 3-17 目录页设置

2)选择"插入"选项卡,单击"插图"选项组中的"SmartArt"按钮,在打开的"选择 SmartArt 图形"对话框中选择"垂直曲形列表",单击"确定"按钮,如图 3-18 所示。重复添加该列表,如图 3-19 所示,并在文本窗格内输入文字内容,效果如图 3-20 所示。

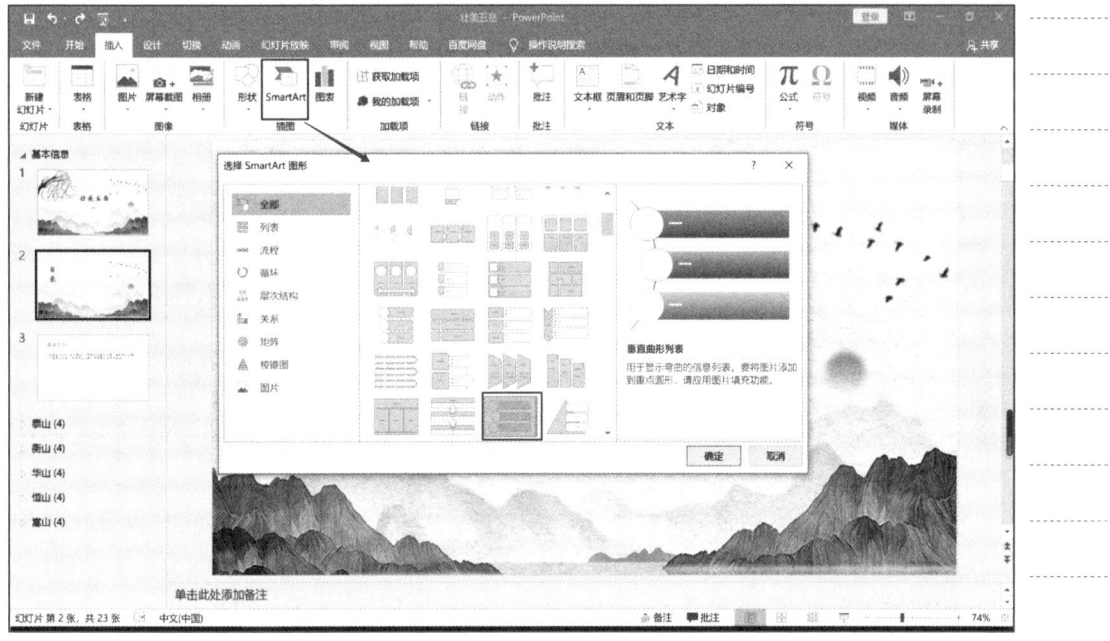

图 3-18　选择 SmartArt 图形

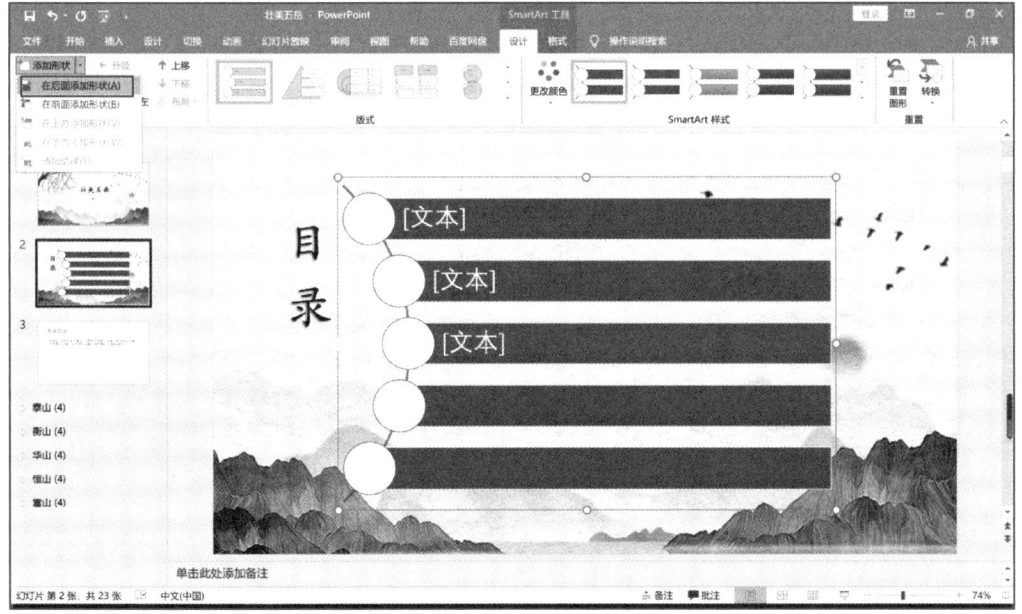

图 3-19　添加 SmartArt 图形

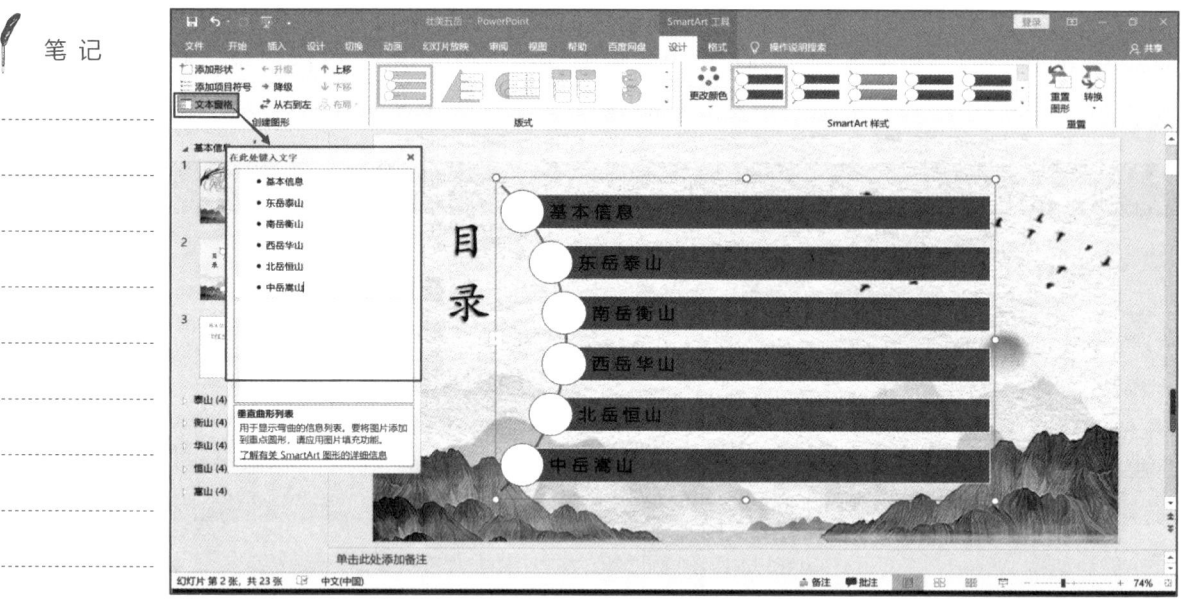

图 3-20　在 SmartArt 图形中输入文本

3）选择 SmartArt 图形，单击"设计"选项卡中的"更改颜色"下拉按钮，在弹出的下拉菜单中选择"渐变循环-个性色 3"，如图 3-21 所示。选择 SmartArt 图形左侧的圆形，对其依次插入图片，并设置该 SmartArt 图形置于图层顶层，如图 3-22 所示。

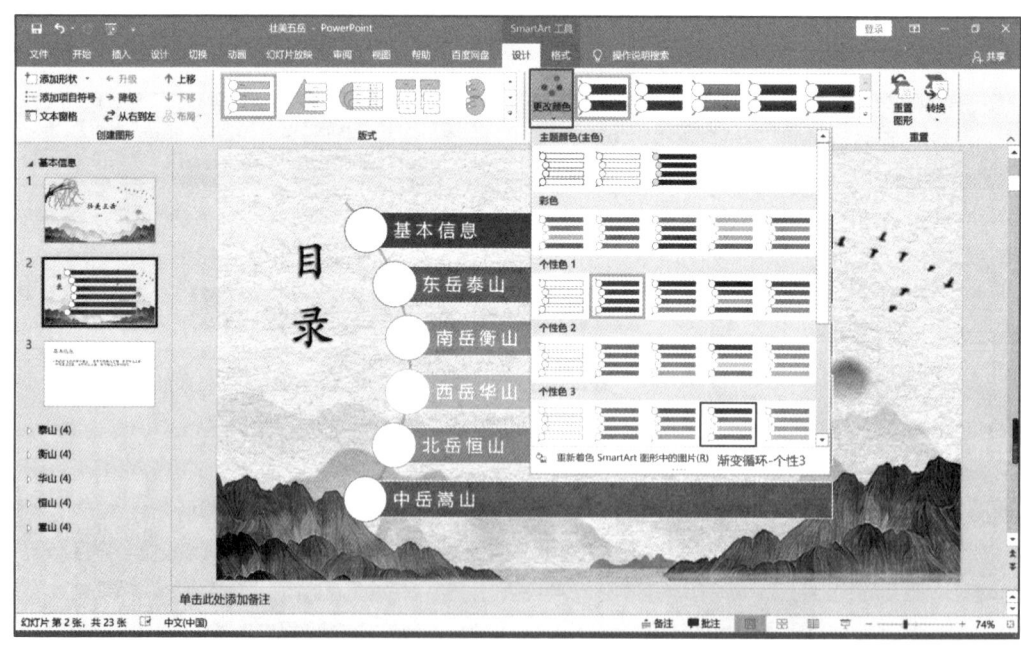

图 3-21　调整 SmartArt 图形颜色

4. 幻灯片的母版设计

设计统一的母版可以提高效率、统一幻灯片的风格，方便对演示文稿中的多张幻灯

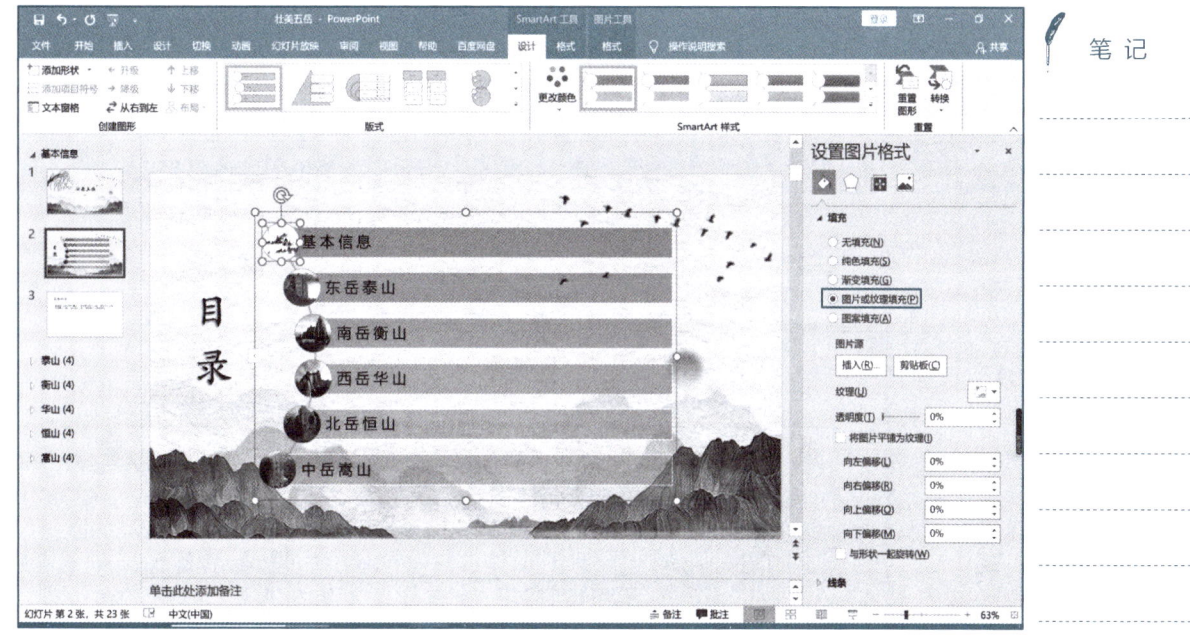

图 3-22 填充图片

片进行统一的样式更改。

（1）过渡页的设计

1）选择"视图"选项卡,单击"幻灯片母版"按钮,进入幻灯片母版视图。单击"插入版式"按钮,选择版式并右击,在弹出的快捷菜单中选择"重命名版式"命令,将该版式重命名为"过渡页",如图 3-23 所示。

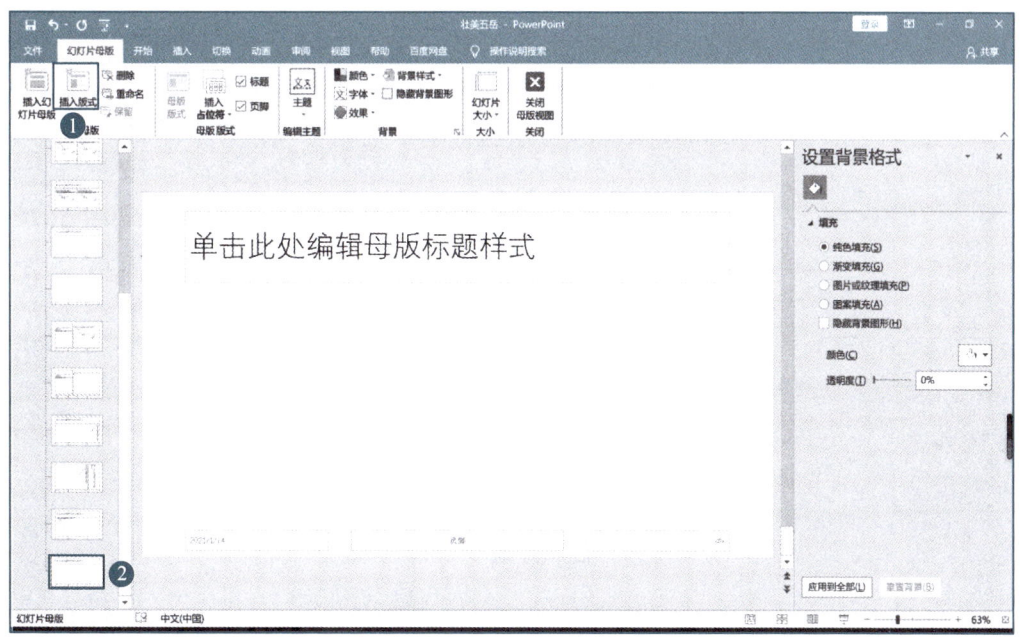

图 3-23 设置幻灯片母版

基础篇

2）选择"幻灯片母版"选项卡，在"背景"选项组中单击"背景样式"按钮，在"设置背景格式"任务窗格中设置背景格式为"图片或纹理填充"，插入"过渡页背景.png"，设置"透明度"为 20%。设置标题占位符字体为华文行楷、字号为 60、居中对齐，如图 3-24 所示。

图 3-24　母版设计

3）退出幻灯片母版视图，选中所有的过渡页幻灯片，选择"开始"选项卡，在"幻灯片"选项组中单击"幻灯片版式"按钮，单击应用"过渡页"版式，效果如图 3-25 所示。

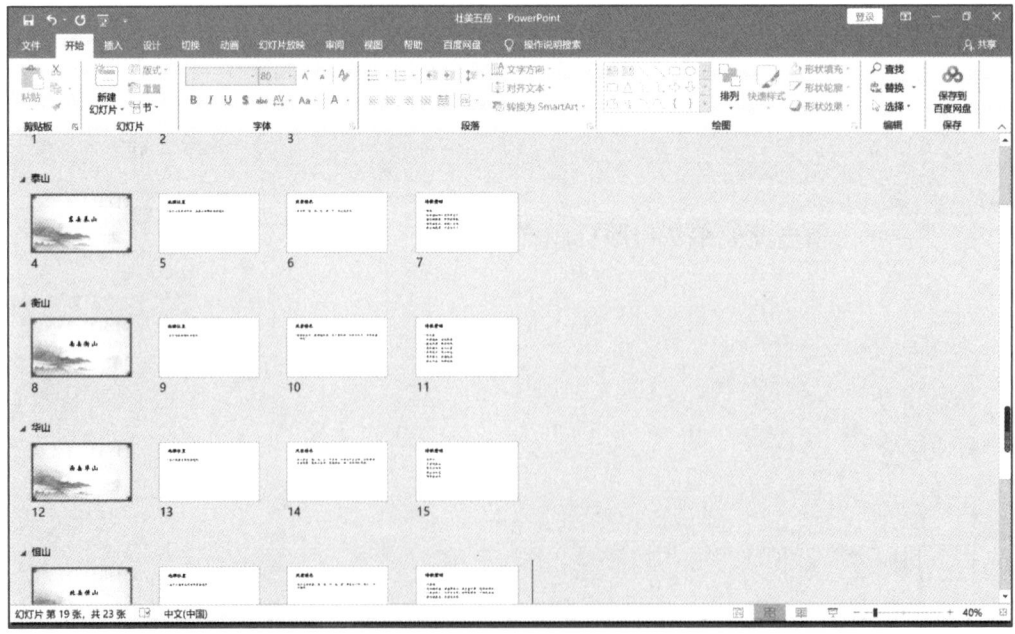

图 3-25　应用效果

(2)"地理位置"母版的创建

1)与创建"过渡页"版式相同,进入幻灯片母版视图,单击"插入版式"按钮,选择版式并右击,在弹出的快捷菜单中选择"重命名版式"命令,将新创建的版式重命名为"地理位置"。在"背景"选项组中单击"背景样式"下拉按钮,在弹出的下拉菜单中设置背景格式为"图片或纹理填充",插入"母版背景1.png"作为图片源,设置标题占位符字体为华文楷体、字号为36,调整位置。单击"插入占位符"下拉按钮,在弹出的下拉菜单中选择"文本",设置字体为华文楷体、字号为28,调整位置。右击文本占位符,在弹出的快捷菜单中选择"设置形状格式"命令,设置占位符大小,如图3-26所示。

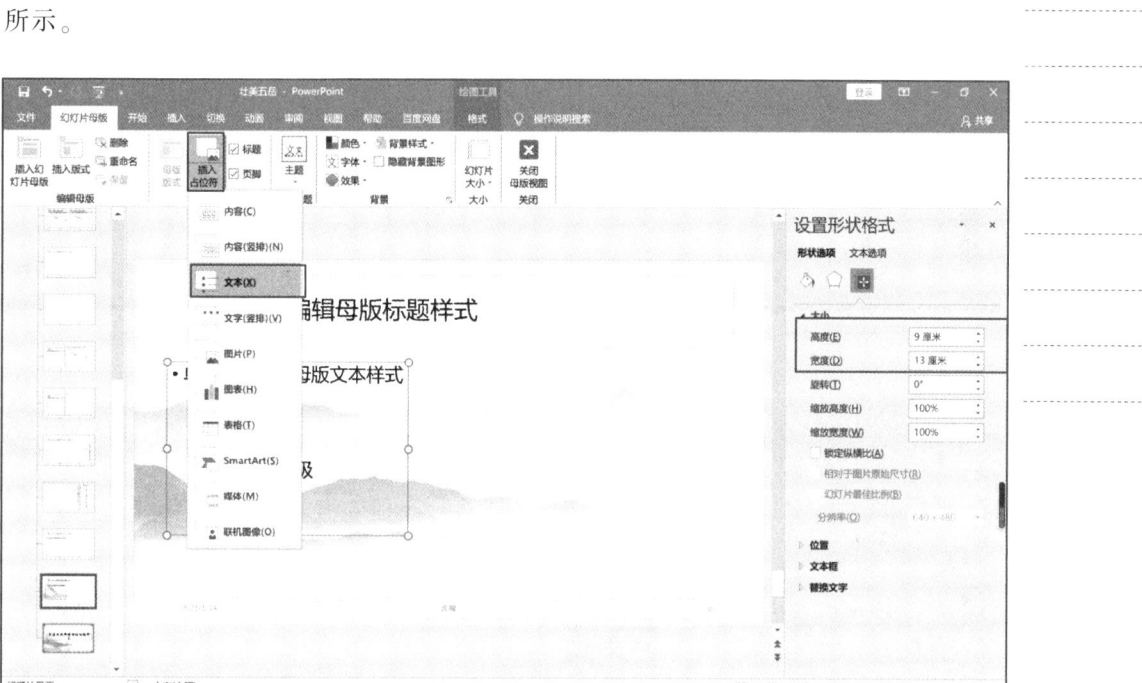

图3-26 插入文本占位符

2)按照同样的方法,插入图片占位符,设置高度为12厘米、宽度为16厘米,如图3-27所示。

3)退出幻灯片母版视图,选中基本信息幻灯片(第3张幻灯片)和所有标题为地理位置的幻灯片,选择"开始"选项卡,单击"幻灯片"选项组中的"版式"下拉按钮,在弹出的下拉菜单中选择应用"地理位置"版式,在每页幻灯片中,单击图片占位符,插入对应图片,效果如图3-28所示。

(3)"诗词赞颂"母版的制作

1)进入幻灯片母版视图,创建新"版式"并命名为"诗词赞颂"。单击"背景"选项组中的"背景样式"下拉按钮,在弹出的下拉菜单中设置背景格式为"图片或纹理填充",插入"母版背景2.png"作为图片源,设置标题占位符字体为华文楷体、字号为36,调整位置。单击"插入占位符"下拉按钮,在弹出的下拉菜单中选择"竖排文本",调

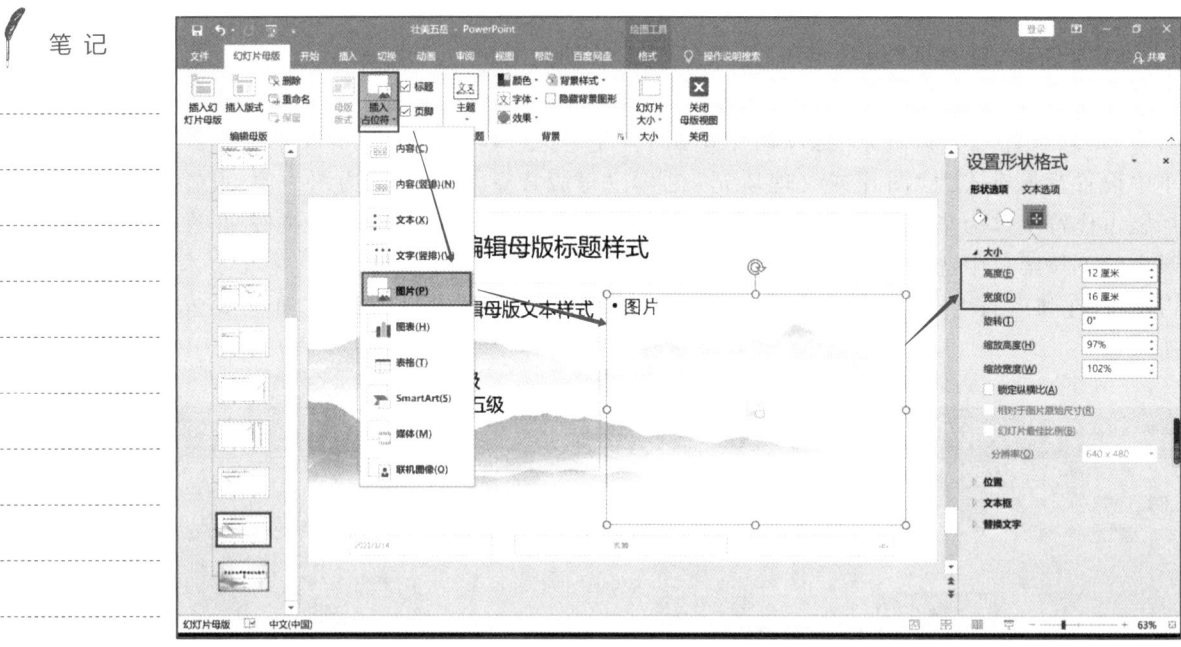

图 3-27 插入图片占位符

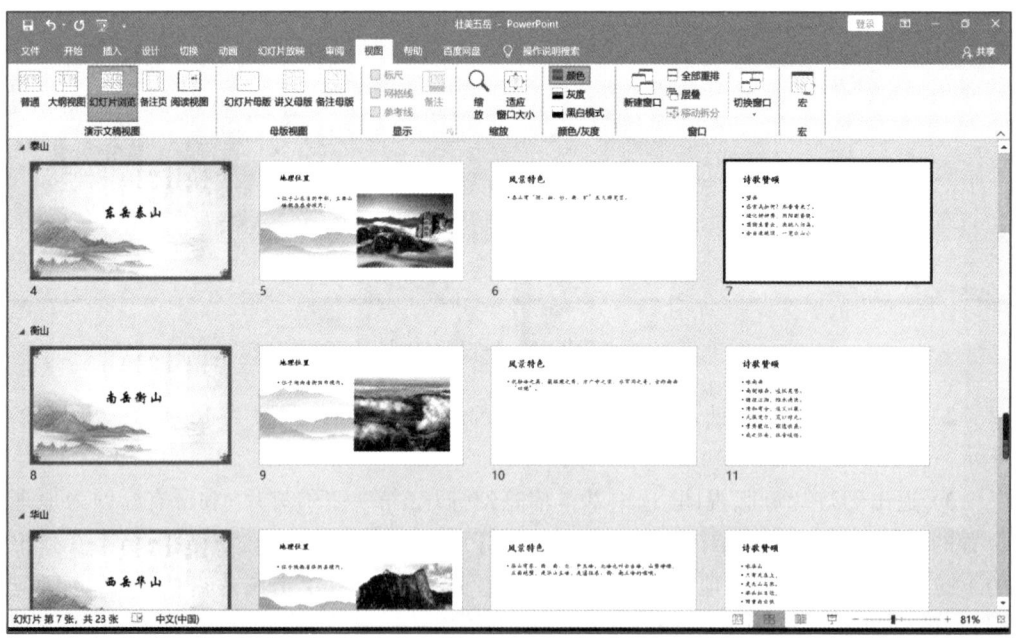

图 3-28 "地理位置"版式应用效果

整位置。单击文本占位符,设置字体为华文行楷、字号为 28、居中对齐。选择"插入"选项卡,插入"山水画.png",调整图片宽为 7.5 厘米、高为 7.5 厘米,效果如图 3-29 所示。

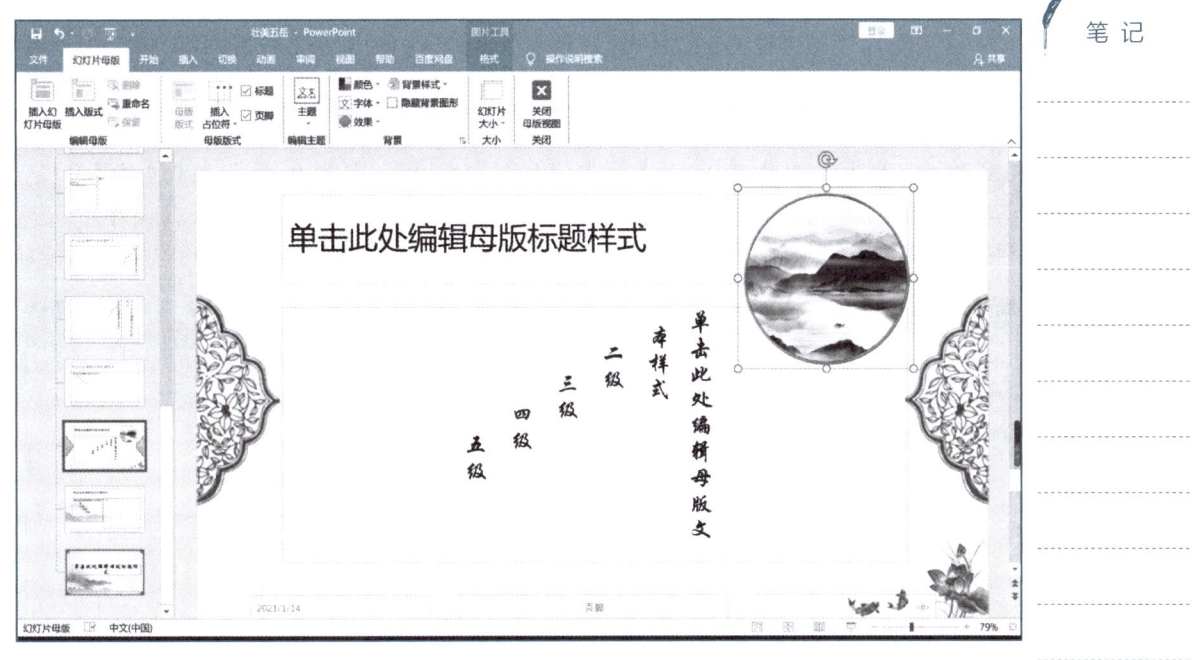

图 3-29 调整"诗词赞颂"版式

2)对所有标题为"诗词歌赋"的幻灯片应用"诗词颂歌"版式,调整文本内容,效果如图 3-30 所示。

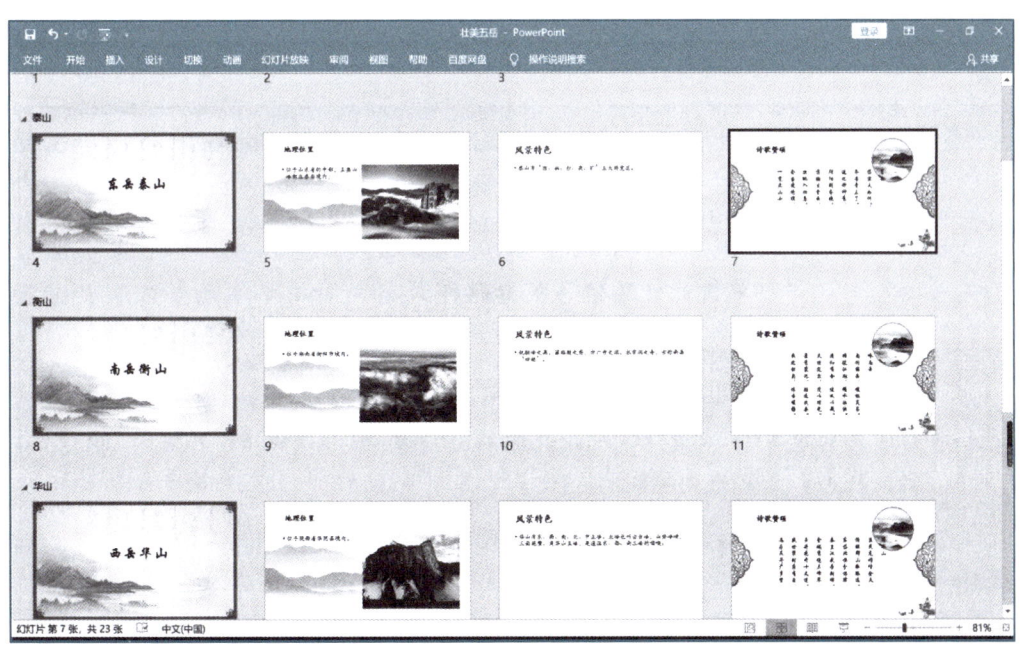

图 3-30 应用"诗词颂歌"版式

### （4）"风景特色"母版的制作

进入幻灯片母版视图,右击"地理位置"版式,在弹出的快捷菜单中选择"复制版式"命令,选择名称为"1-地理位置"副本,重命名为"风景特色"。单击文本占位符,取消项目符号,删除图片占位符,将文本占位符拉长。单击插入图片占位符,设置文本占位符宽为12厘米、高为9厘米,图片占位符宽为6厘米、高为9厘米,使用"对齐"工具调整位置。选择"格式"选项卡单击"形状效果"下拉按钮,在弹出的下拉菜单中选择"棱台"选项组中的第一个图案,如图3-31所示。退出幻灯片母版视图,对所有标题为

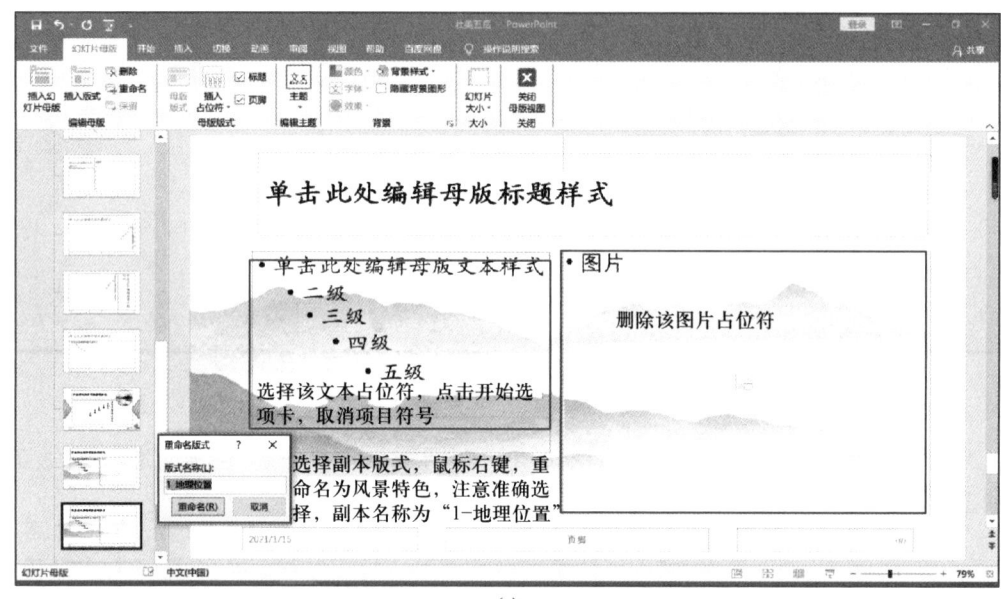

(a)

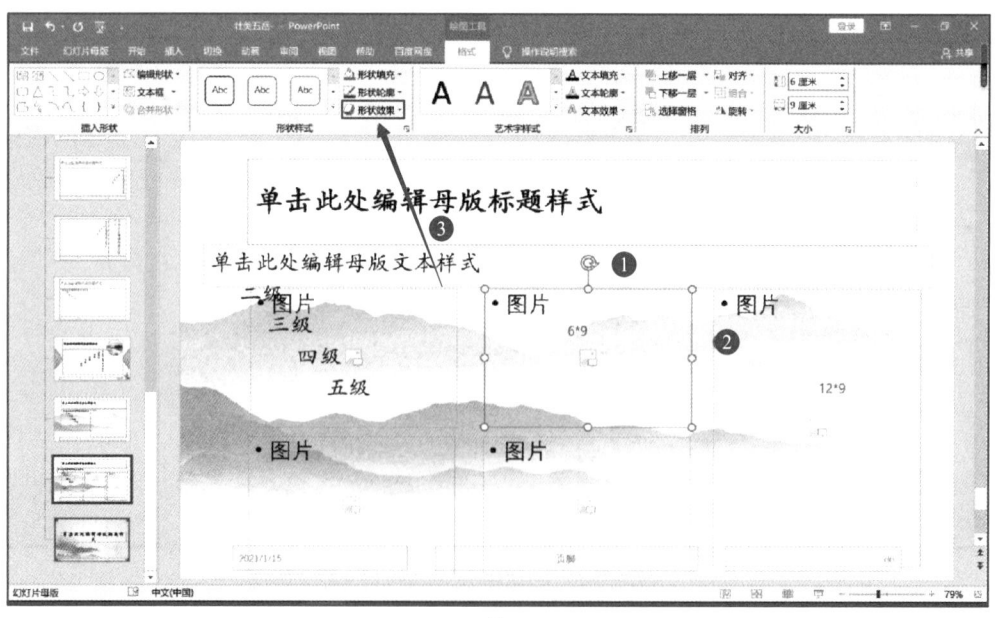

(b)

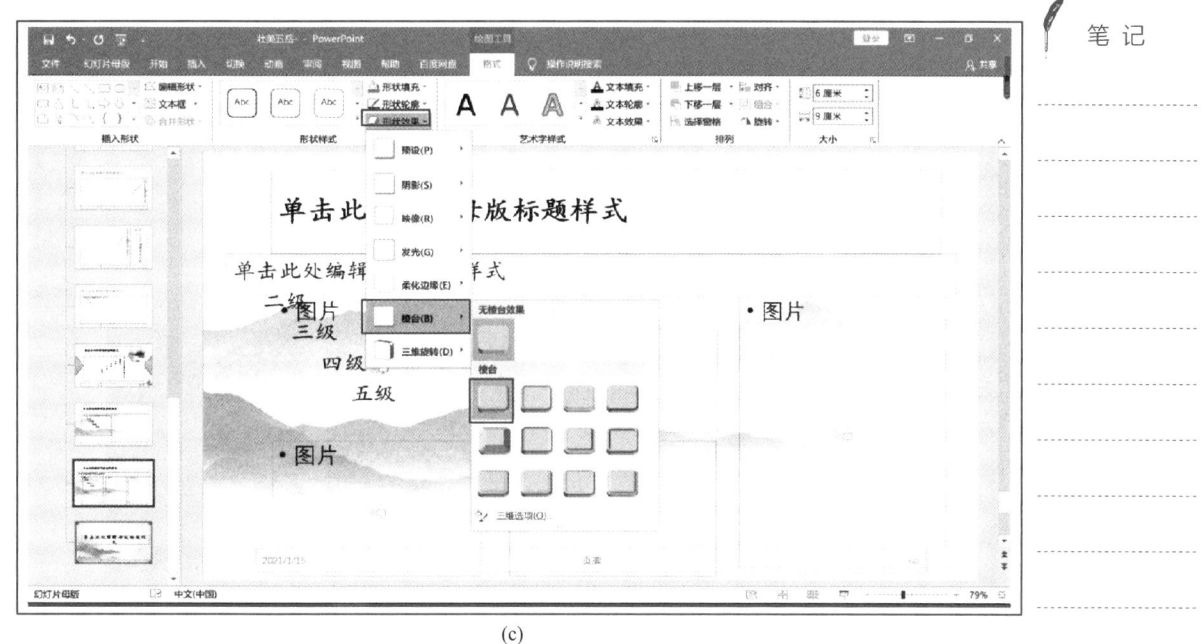

(c)

图 3-31 调整"风景特色"版式

"风景特色"幻灯片应用"风景特色"版式,如图 3-32 所示。单击图标添加相应图片,效果如图 3-33 所示。

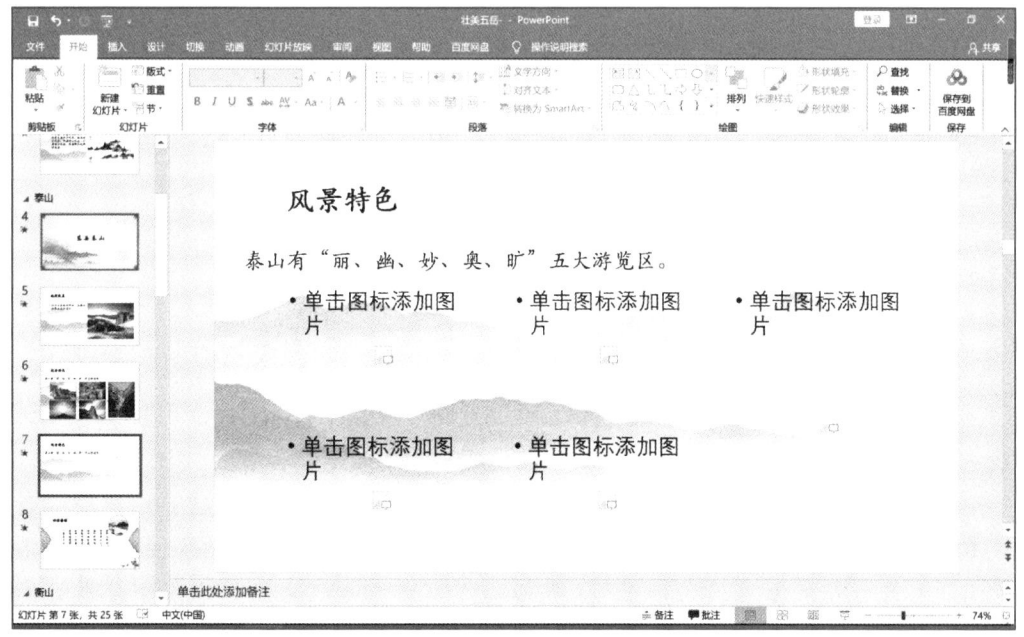

图 3-32 应用"风景特色"版式(1)

图 3-33 应用"风景特色"版式(2)

### 【课后提升】

#### (一) 巩固提升

实训任务 3-1:"我和我的家乡"幻灯片制作

同学们已经入学一段时间,学院将组织一次演讲比赛,主题是"我和我的家乡",请同学们根据要求制作一份个人和家乡的展示幻灯片。具体要求如下:

1) 查找相关素材,整理成 Word 2016 文档。
2) 将文档内容导入幻灯片中,同时设计幻灯片的色调。
3) 查找相关素材文件,装饰、美化幻灯片。
4) 设置幻灯片封面页和目录页。
5) 对正文内容应用母版样式。

#### (二) 拓展提升

实训任务 3-2:"天河二号超级计算机"演示文稿制作

学校举办科技周宣传活动。小明对计算机很感兴趣,"天河二号"是由国防科学技术大学研制的超级计算机系统,因此他准备制作演示文稿来介绍"天河二号"。请按照如下要求并根据素材文件夹中"天河二号素材.docx"文档及相关图片素材来制作。

1) 创建一个名为"PPT.pptx"的演示文稿,并应用一个色彩合理、美观大方的设计主题,后续操作均基于此文件,否则不得分。

2) 第 1 页幻灯片为标题幻灯片,标题为"天河二号超级计算机",副标题为"——2014 年再登世界超算榜首"。

3) 第 2 页幻灯片应用"两栏内容"版式,左栏为文字,右栏为图片,图片为素材文件"Image1.jpg"。

4) 第 3~7 页幻灯片应用"标题和内容"版式,"PPT 素材.docx"文件中的黄底文字为相应幻灯片的标题文字。在第 4 页幻灯片插入"垂直块列表"SmartArt 图像,"PPT 素材.docx"文件中红色文字为 SmartArt 图像的一级内容,蓝色文字为 SmartArt 图像的二级内容。为该 SmartArt 图像设置组合图形"逐个"播放动画效果,并将动画的开始时间设置为"上一动画之后"。

5) 使用相册功能为素材文件夹下的"Image2.jpg"~"Image9.jpg"这 8 张图片创建相册幻灯片。每页幻灯片放置 4 张图片,将相框的形状设置为"居中矩形阴影",相册标题为"六、图片欣赏"。复制该相册中的所有幻灯片粘贴到"PPT.pptx"文档的第 8~10 页。

6) 将演示文稿分为 4 节,节名依次为"标题"(该节包含第 1 张幻灯片)、"概况"(该节包含第 2~3 张幻灯片)、"特点、参数等"(该节包含第 4~7 张幻灯片)、"图片欣赏"(该节包含第 8~10 张幻灯片)。每节内的幻灯片均设置为同一种切换方式,节与节的幻灯片切换方式不同。

7) 除标题幻灯片外,其他幻灯片均包含页脚且显示幻灯片编号。所有幻灯片中除了标题和副标题,其他文字字体均设置为"微软雅黑"。

8) 设置该演示文档循环放映,如若不单击鼠标,则每页幻灯片放映 10 秒后自动切换至下一页。

## 项目 3-2　主题演示文稿的动画制作与美化

### 【学习目标】

**1. 知识目标**

1) 掌握幻灯片动画的常见类型和操作方法。
2) 掌握幻灯片切换的操作方法。
3) 掌握演示文稿基本布局和美化设计的操作方法。

**2. 能力目标**

1) 能够使用 PowerPoint 2016 制作动画。
2) 能够合理美化演示文稿。

**3. 素质目标**

1) 能够养成灵活变通、独立思考的主动学习意识。
2) 培养学生基本的总结归纳能力和思维能力。
3) 熟悉中华五岳,了解祖国大好河山,培养家国情怀。
4) 提升美育认知水平,培养美的心灵。

微课 3-4：
PowerPoint 动画设置

 【课前自学】

通过项目 3-1 的学习，已经了解了制作演示文稿的基本思路，熟悉了 PowerPoint 2016 的基本操作界面，掌握了幻灯片的基本文字编辑方法。但是，这样制作出来的幻灯片还不够生动，好的版面设计搭配上合适的动画效果，可以起到画龙点睛的作用。

### (一) 幻灯片的动画窗口

演示文稿中，幻灯片动画分为进入、退出、强调以及路径几类，如图 3-34 所示。在幻灯片中，可以为不同的元素添加动画，也可以为同一个元素添加多种动画。为元素添加动画后，可以通过"效果选项"按钮对动画的实现方式进行编辑。单击"动画窗格"按钮，在弹出的"动画窗格"任务窗格中显示该页幻灯片中的所有动画，在"计时"选项组中编辑动画的开始方式以及持续时间，如图 3-35 所示。

图 3-34　幻灯片动画窗口

为一个元素添加多个动画时，直接单击动画会把原来的动画覆盖，是因为添加更多的动画时需要在"添加动画"下拉菜单中选择叠加动画类型，如图 3-36 所示。

### (二) 幻灯片的切换窗口

就像可以为幻灯片内部元素设置动画一样，每页幻灯片也可以设置动画。幻灯片可以设置演示期间从一页幻灯片切换到另一页幻灯片的动画效果，这种动画效果可以在"切换"选项卡中设置，如图 3-37 所示。在"计时"选项卡中可以设置切换过程中的声音、持续时间以及切换幻灯片的方式，再单击"应用到全部"按钮可将所有幻灯片应用统一的切换效果。

单元 3　PowerPoint 2016 演示文稿制作

图 3-35　幻灯片动画的基本编辑操作

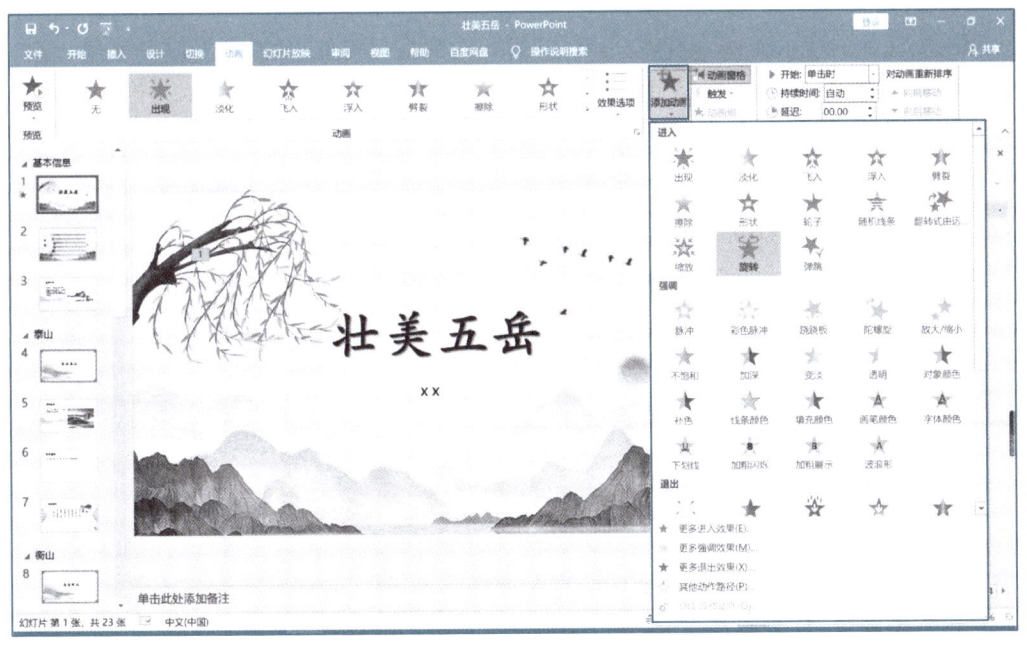

图 3-36　幻灯片的多动画添加

## (三) 幻灯片的制作技巧

制作演示文稿需要有一个明确的主题和清晰的框架,但这距离一个优秀演示文稿还很遥远,想让演示文稿更漂亮,还需要注意以下几点。

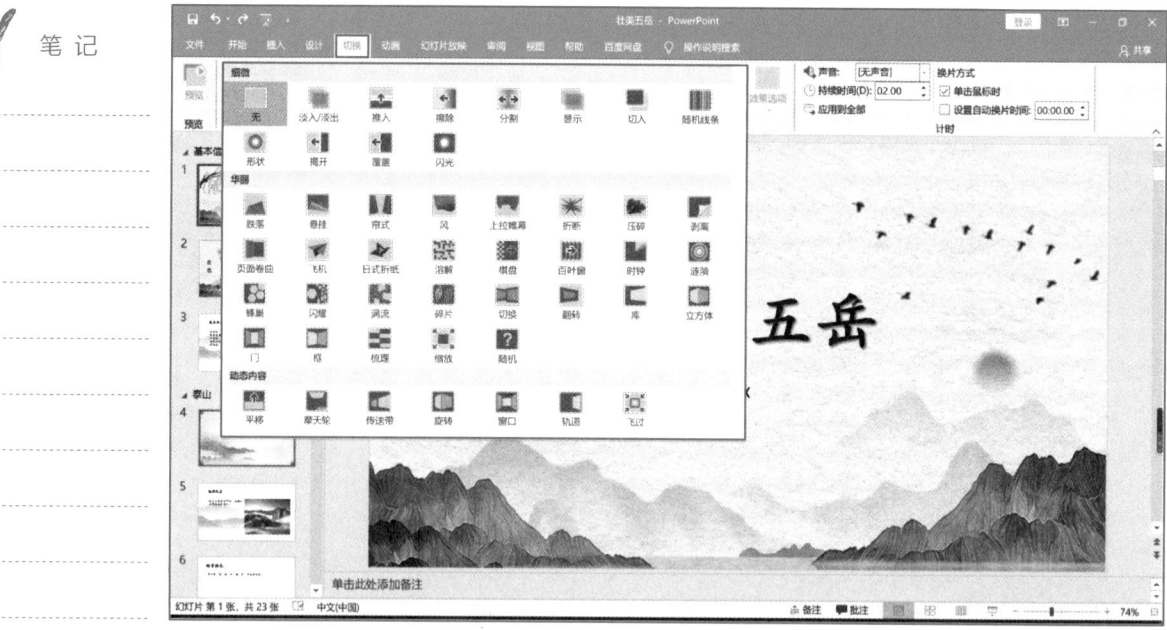

图 3-37 "切换"选项卡

**1. 精简**

一个优秀的演示文稿,内容应尽可能简洁,时间应尽可能可控,节奏应尽可能合理。演讲应控制在 20 分钟以内,宣传片应控制在 5 分钟以内。这就要求演示文稿中的文字尽可能地精简,如图 3-38 所示。

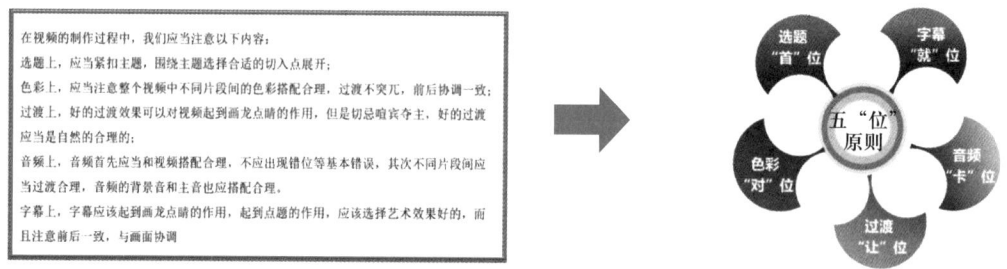

图 3-38 精简后的幻灯片的效果对比

**2. 画面统一**

画面统一所包含的范围比较广,不仅包含幻灯片中选用元素的颜色应尽可能接近,也包括使用幻灯片模板时,还应将内容尽可能融入模板中,让画面看起来浑然一体。将内容融入模板中,页面会看起来更协调、更美观,如图 3-39 所示。

当幻灯片需要呈现的元素较多时,幻灯片应尽可能保证画面布局均衡,不能出现一页幻灯片的局部内容非常多,导致整个画面分布不均的现象。画面统一的作用如图 3-40 和图 3-41 所示。

**3. 形象**

将文字转化为图表后,不仅可以使演示文稿内容更加精简,还能使幻灯片内容更加形象。图表一方面能更加清晰直观地展示内容,另一方面也使幻灯片更加美观。所以

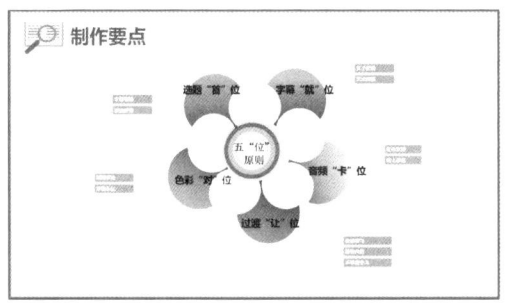 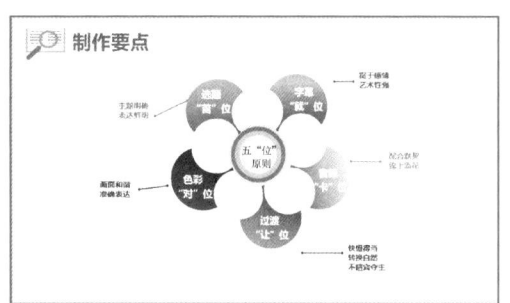

图 3-39　画面统一的效果对比

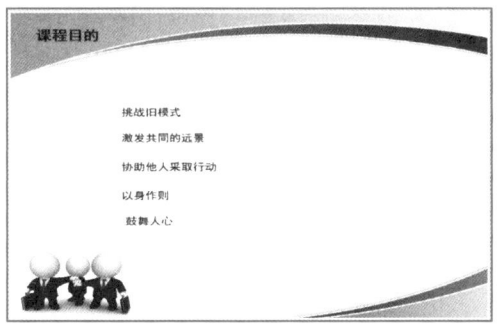 

图 3-40　画面统一的效果对比(1)

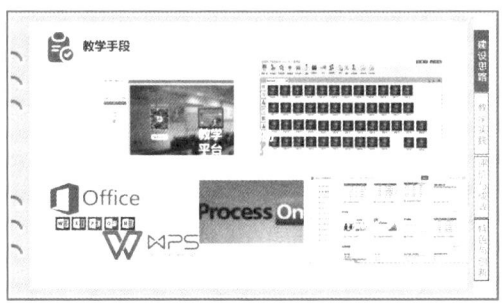 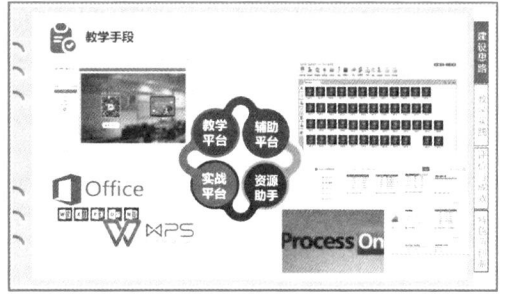

图 3-41　画面统一的效果对比(2)

在幻灯片制作中,将文字转换为更直观的图片或者图表的操作非常普遍。

4. 动感

想让观众在观看演讲时更加专心,就需要花些功夫让演示文稿更吸引人。一方面需要不断优化内容,另一方面需要让幻灯片播放时更加生动,可以使用动画功能制作片头动画、逻辑动画(当处理幻灯片中复杂的逻辑关系时,推荐使用动画配合讲解)、强调动画、形象动画、片尾动画等动画内容,配合演讲。但是在动画制作的过程中也要注意与内容统一。

5. 案例

制作优秀的演示文稿,除了掌握基本的操作技能以外,还应当学习借鉴优秀的案例。三人行必有我师,掌握技巧的同时还要多看、多学、多练。图 3-42 所示为一些优秀的幻灯片案例。

拓展阅读 3-1:
优秀案例展示

基础篇

笔记

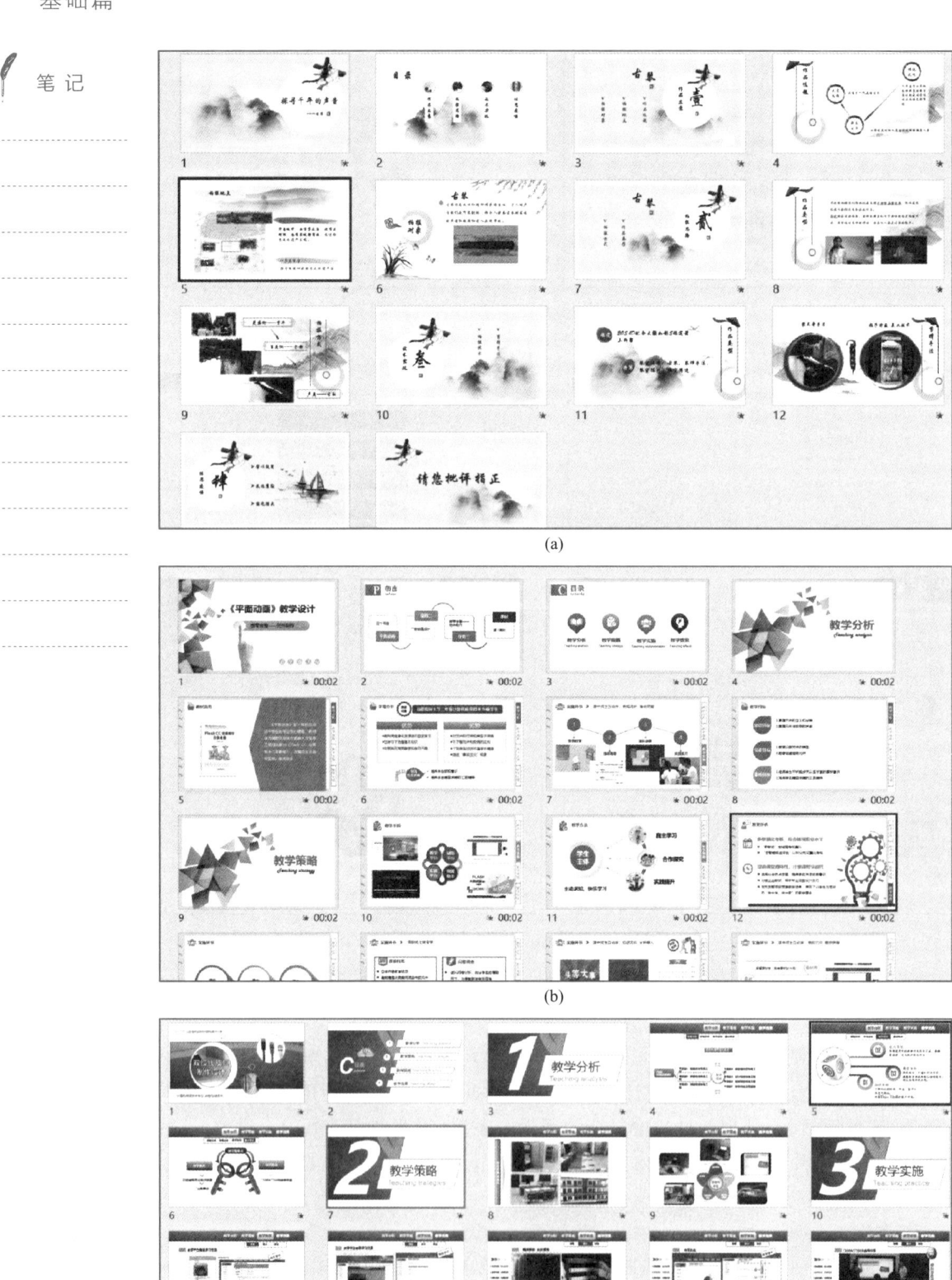

单元 3　PowerPoint 2016 演示文稿制作

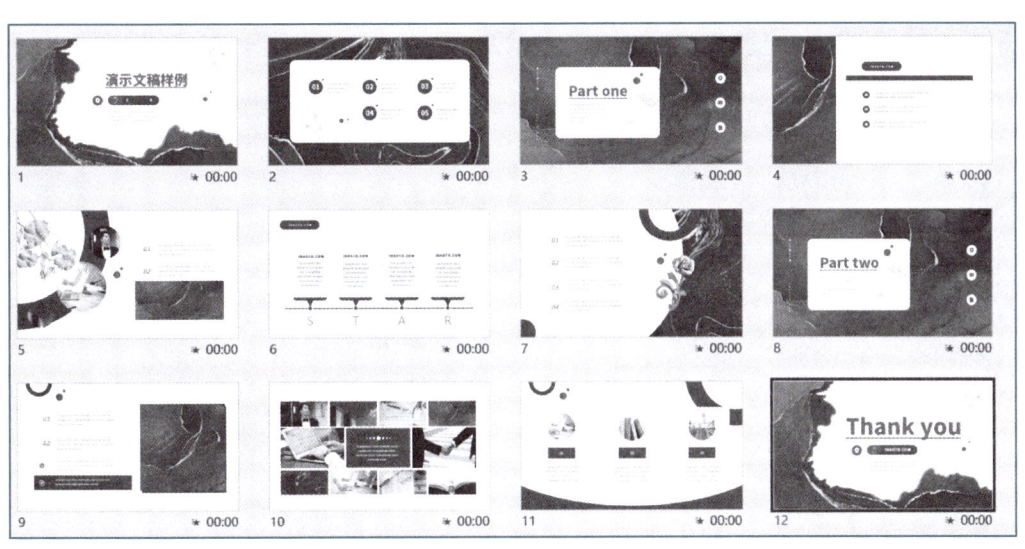

(d)

图 3-42　优秀幻灯片案例

## 【课中学习】

### 任务 3-2:"壮美五岳.pptx"展示幻灯片制作

#### (一) 任务介绍

本任务将进一步完善实训任务 3-1 中的"壮美五岳.pptx"展示幻灯片,使幻灯片的效果更动态、生动。具体要求如下:

1)制作幻灯片动画,使幻灯片更生动,动画与幻灯片匹配。

2)制作幻灯片切换动画,使幻灯片的切换更加自然生动。

3)制作超链接,使演讲者可以在演示文稿的播放中可打开相关链接,可实现自然、动态的页面跳转。

#### (二) 任务实施

**1. 动画制作**

(1) 制作片头动画

选择封面幻灯片,添加雁群从幻灯片右外侧飞入画面以及强调显示标题文字的动画效果。

1)缩小幻灯片的显示比例,将封面幻灯片的雁群移出幻灯片的可显示区域。选择"动画"选项卡,单击"动画"下拉按钮,在弹出的下拉菜单中选择"动作路径"选项组中的"弧形",如图 3-43 所示。

文本:案例素材

微课 3-5:
"壮美五岳.pptx"
展示幻灯片制作

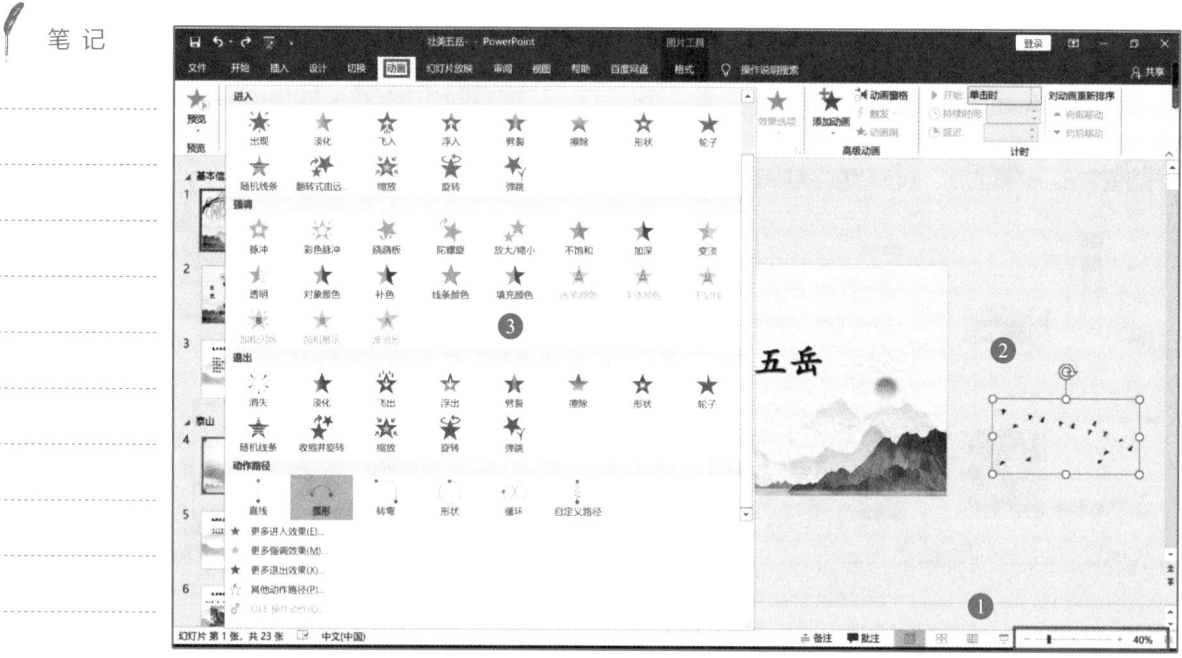

图 3-43　添加动画

2）单击"效果选项"下拉按钮，在弹出的下拉菜单中选择"反转路径方向"，通过"编辑顶点"调整动作路径的方向和路线，如图 3-44 和图 3-45 所示。

图 3-44　添加效果选项

图 3-45 调整动作路径的方向和路线

3）单击标题占位符，选择"放大/缩小"动画，在"计时"选项组中将"开始"设置为"与上一动画同时"，如图 3-46 所示。

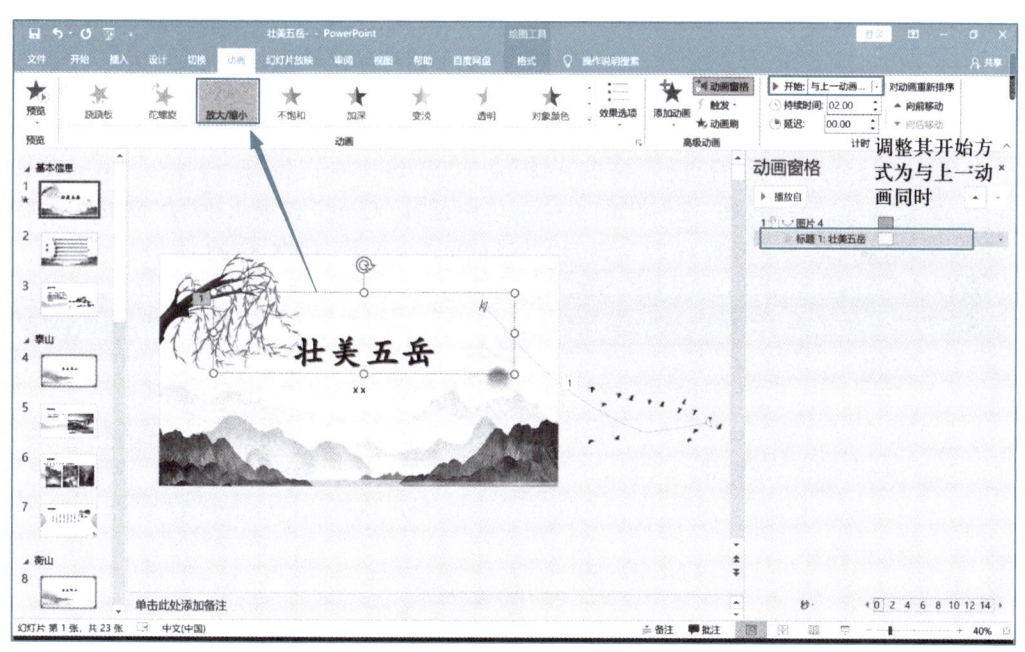

图 3-46 添加强调动画

（2）制作图片动画

有较多图片的页，可以设置逐一出现的动画效果，使整个幻灯片放映时更有层次。为了简化操作，可以在幻灯片母版视图中设置动画。依次选择"动画窗格"中的图片占位符，逐个添加"淡化"动画效果，调整图片进场的先后次序，修改后面 4 个动画"开始"为"上一动画之后"，如图 3-47 所示。

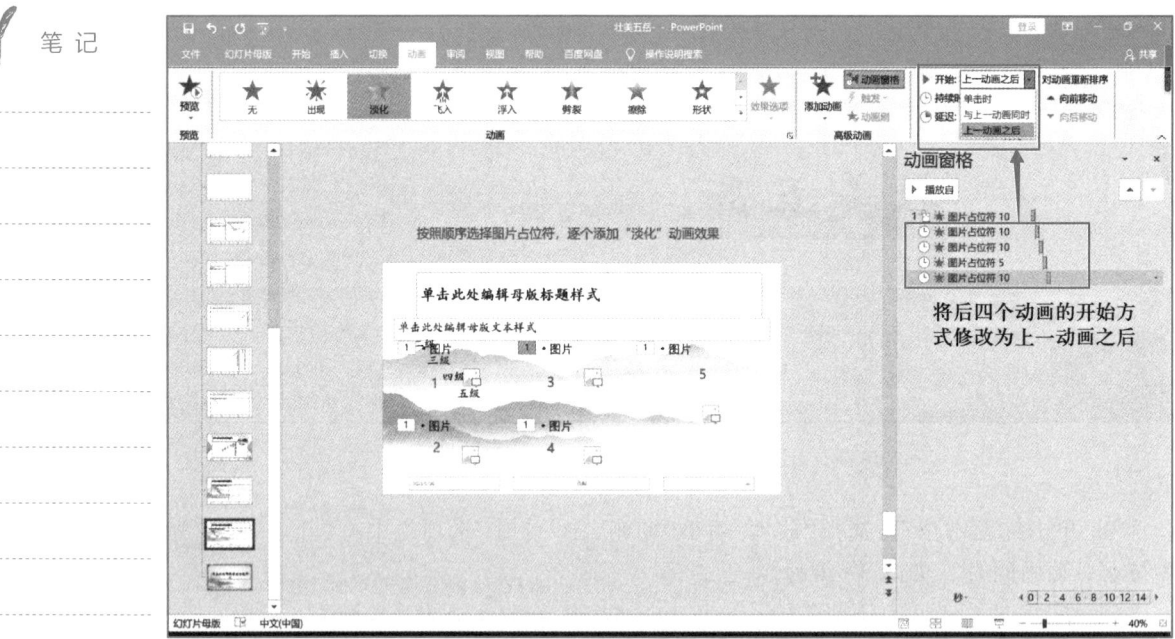

图 3-47　添加逐一出现的动画效果

(3) 制作文字动画

进入幻灯片母版视图,选择"诗歌赞颂"版式,单击文本占位符,选择"浮入"动画,单击"效果选项"下拉按钮,在弹出的下拉菜单中选择"序列"选项组中的"按段落",将"开始"设置为"从上一动画之后",设置"持续时间"为 1 秒,如图 3-48 所示。

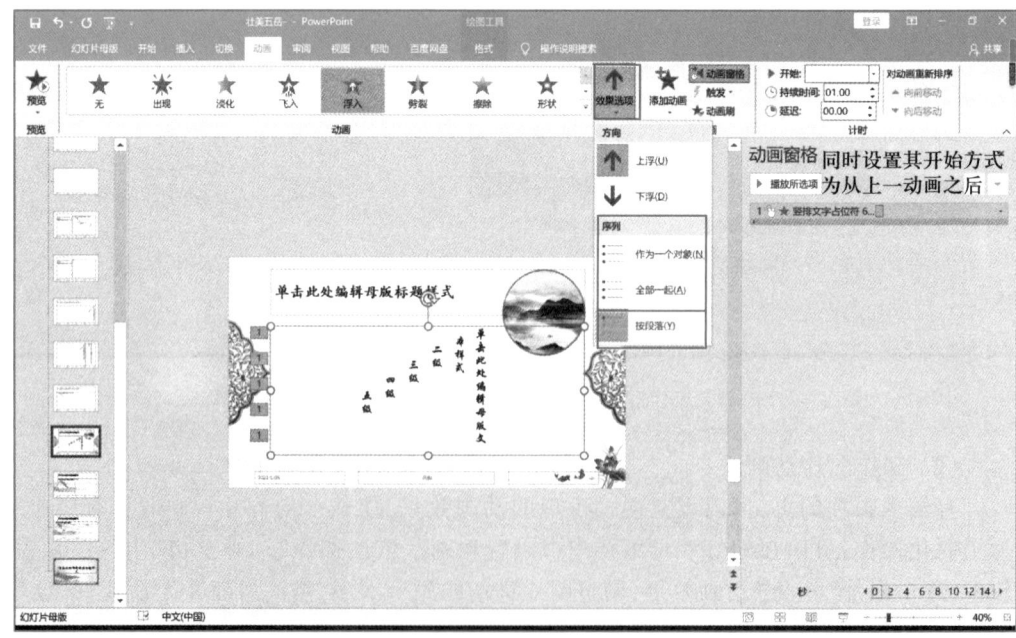

图 3-48　制作文字动画

## 2. 添加切换动画

和幻灯片内部元素可以设置动画一样,幻灯片在切换时也可以设置切换动画,在"切换"选项卡中可以选择不同的幻灯片切换方式,在"计时"选项卡中可以设置切换过程的持续时间、声音、效果等。"换片方式"可以设置为单击鼠标时触发,或设置自动换片时间。

单击"目录页"幻灯片,选择"切换"选项卡,单击"揭开"效果,单击"效果选项"下拉按钮,在弹出的下拉菜单选择"自右侧",单击"应用到全部"按钮,将效果应用到所有的幻灯片,使整个演示文稿采用统一切换效果,如图 3-49 所示。

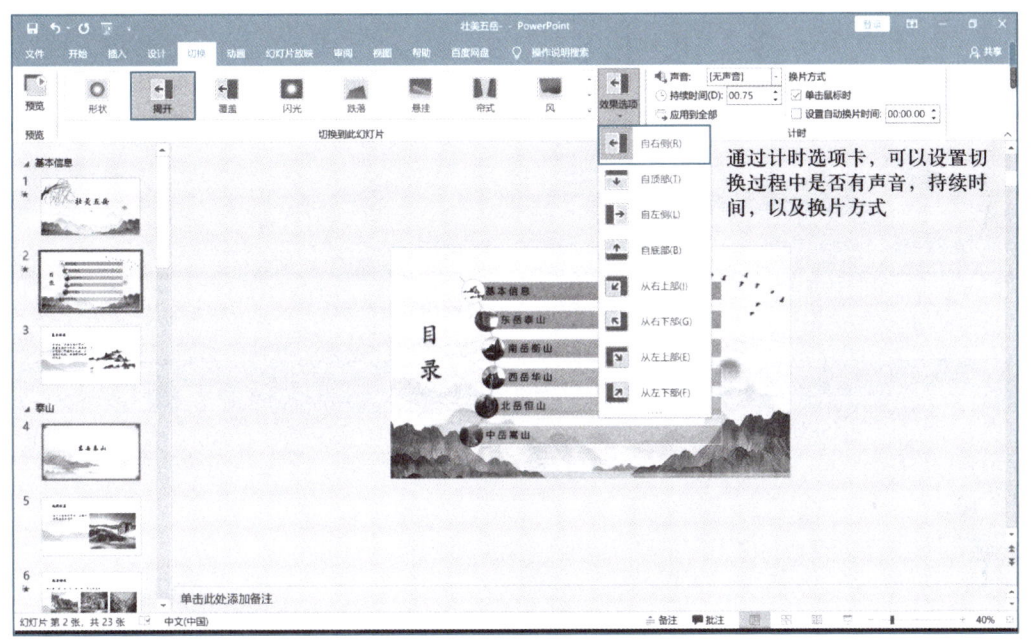

图 3-49 添加切换动画

## 3. 制作超链接

在制作演示文稿时,需要在幻灯片之间进行跳转。目录页和相关的内容建立跳转关系需要使用超链接。

进入目录页幻灯片,依次选择不同的文本框,选择"插入"选项卡,在"链接"选项组中单击"链接"按钮,在打开的"插入超链接"对话框的"链接到"下拉列表框中选择"本文档中的位置",选择对应页,完成创建超链接,如图 3-50 所示。播放幻灯片,测试超链接是否有效。

## 4. 放映与发布演示文稿

演示文稿还需制作致谢页。定位到演示文稿的最后,选择"开始"选项卡,单击"新建幻灯片"下拉按钮,在弹出的下拉菜单中选择"过渡页"版式,创建致谢页,输入文字"感谢聆听",如图 3-51 和图 3-52 所示。

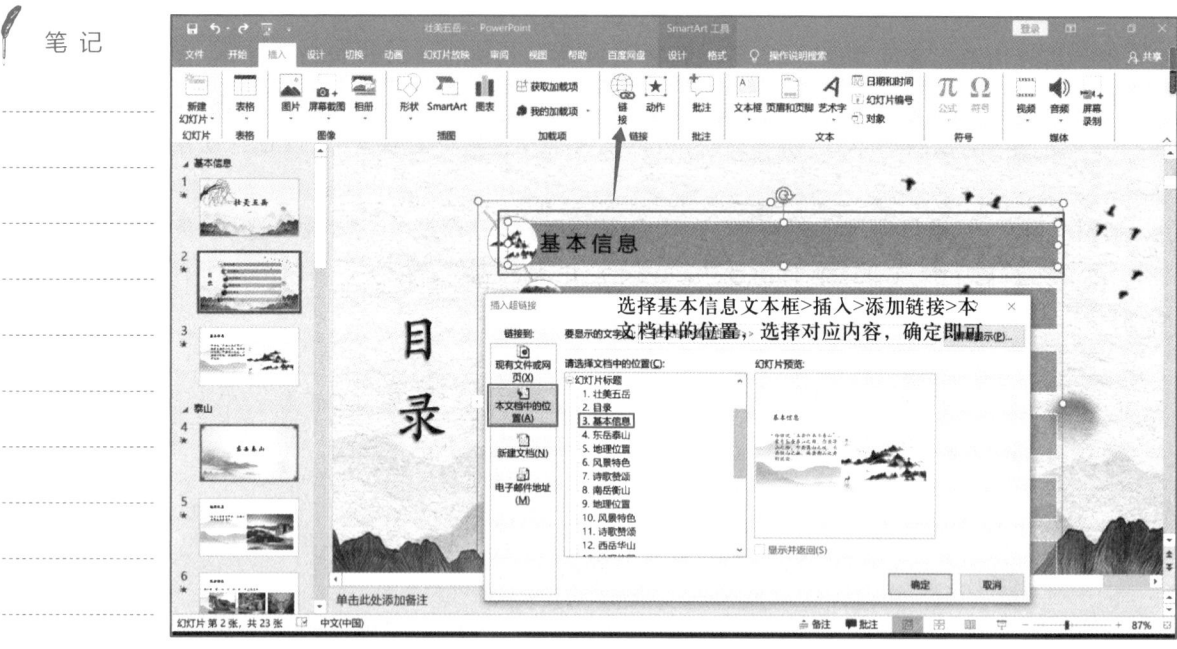

图 3-50 制作超链接

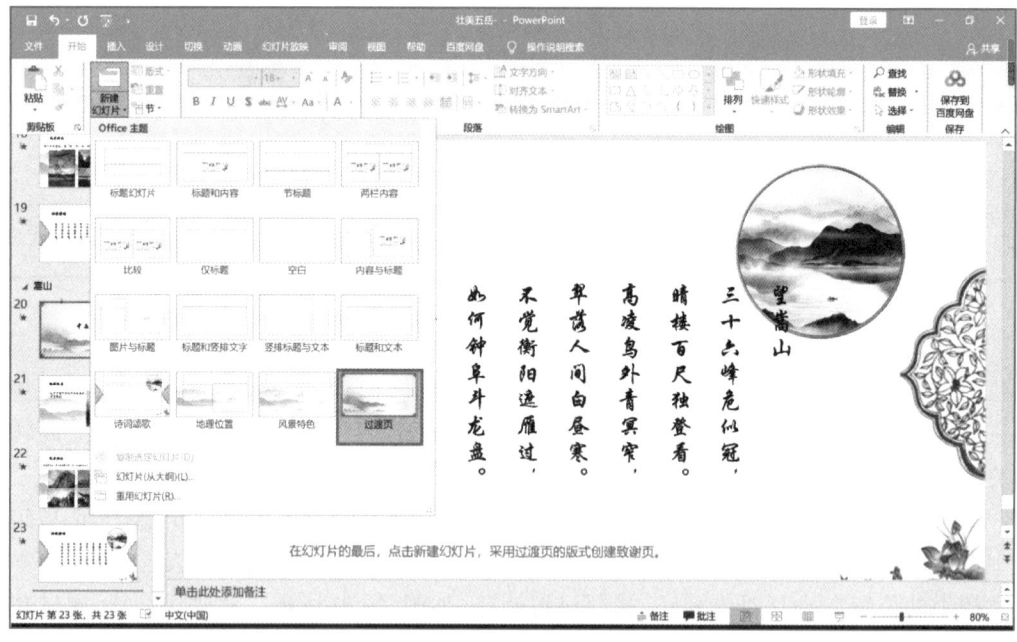

图 3-51 制作致谢页面

至此,演示文稿已经基本制作完成。在演讲前需要考虑幻灯片的播放时长和播放视图。

选择"幻灯片放映"选项卡,通过"开始放映幻灯片"选项组的 4 个按钮可以播放幻灯片,单击"排练计时"按钮,可以记录演讲者在每张幻灯片上所用的时间。选中"使用演示

图 3-52　致谢页面效果

者视图"复选框,可为演讲者提供了更为便利的提示功能,可以在电脑中显示演示文稿中的备注信息,但在投影上仅显示幻灯片内容,不显示备注信息,如图 3-53 所示。

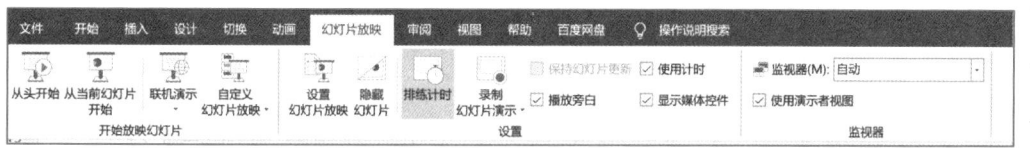

图 3-53　"幻灯片放映"选项卡

**5. 提高与改进幻灯片**

优秀的幻灯片应具有精简、画面统一、形象、动感等基本特点。在本任务的制作过程中不难发现,要想制作出整齐清晰的幻灯片,除了进行宏观结构的把控,还应重视布局、动画等细节。例如,调整不同图片和元素的位置时,可以使用对齐工具快捷地调整位置,也能让整个页面更加规整。

恰当、精彩的叠加动画也能为演讲时带来意想不到的助推力,让人眼前一亮。建议可以多学习一些优秀案例,模仿案例中动画的制作。在动画的制作过程中,要注意添加有效、自然、流畅的动画,不能随意添加动画,更不能让观众产生刻意为之的感觉,应该让观众留下"本该如此"的印象。

随着当今人们学习、工作节奏的加快,为了节省时间可以将所做演示文稿保存成模板文件。之后在使用中,可以快速地套用模板,从而节省时间。此外,也可以购买专业的模板文件。注意模板要通过正规渠道购买或下载模板,避免侵权;在使用时模板的选择要契合主题,不可盲目套用。

模板中通常会具备多种元素,有图片元素设计的幻灯片、图表元素设计的幻灯片、表达逻辑关系设计的幻灯片,如图 3-54 所示。使用时要结合想表达的内容选择不同的模板,制作时也要根据自身内容的需求添加或删减幻灯片,但在这一过程要注意调整整体布局。

如在模板中存在水印或 Logo,可在母版视图中修改。也可以自定义添加自定义的水印或 Logo。

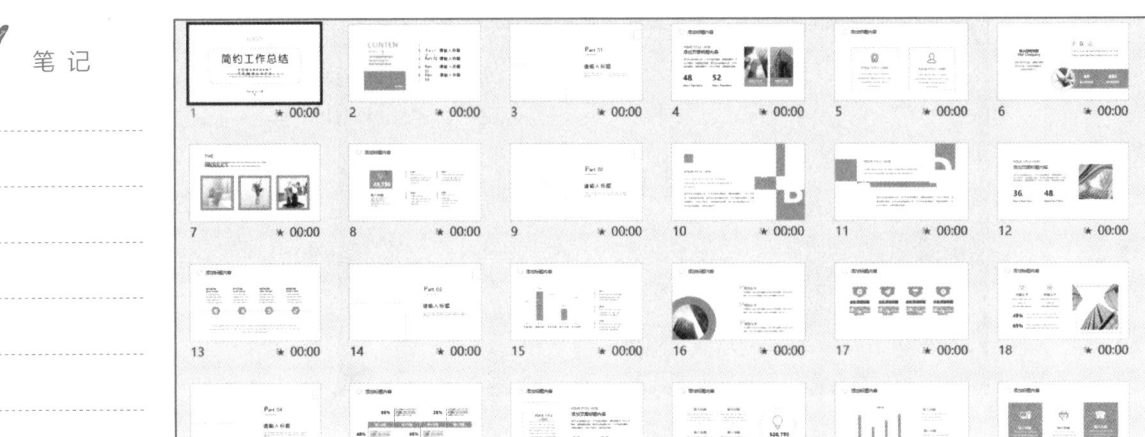

图 3-54 模板素材展示

模板中通常涉及复杂的动画,在进行元素的修改后,要测试播放并查看动画是否合理。新添加的元素可以使用"动画刷"按钮快速添加动画,如图 3-55 所示。

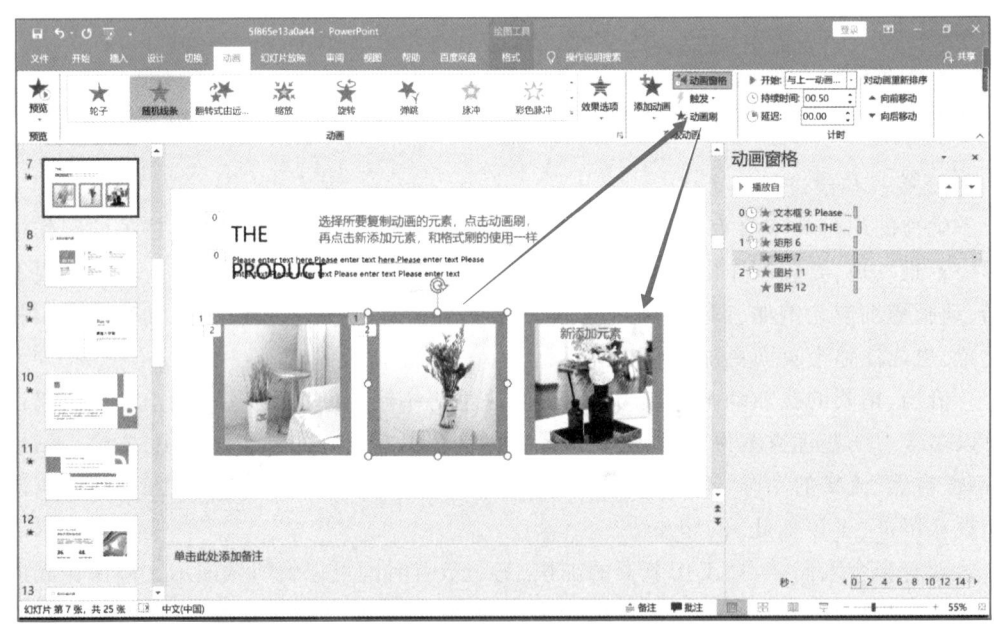

图 3-55 "动画刷"按钮使用

## 【课后提升】

### (一) 巩固提升

实训任务 3-3:"我和我的家乡"幻灯片细节展示

同学们已经入学一段时间了,学院将组织主题为"我和我的家乡"的演讲比赛,请同学们根据要求制作一份展示家乡的幻灯片。具体要求如下:

1)制作幻灯片。
2)制作片头动画。
3)添加数据页,展现家乡的发展,并添加动画。
4)进行演讲和展示。

## (二)拓展提升

实训任务 3-4:"产品信息"展示幻灯片制作

公司计划在某展会的展示区大屏幕投影上自动播放并展示产品信息,因此需要市场部助理小王完善产品宣传演示文稿。请按照如下需求,在 PowerPoint 2016 中完成制作:

1)在素材文件夹下,打开素材文件"PPT 素材.pptx",另存为"PPT.pptx"。后续所有的操作均在"PPT.pptx"文件中进行,否则不得分。

2)将演示文稿中的所有中文字体设置为"微软雅黑"。

3)为了布局美观,将第 2 页幻灯片中的内容区域文字转换为"基本维恩图"的 SmartArt 图像,更改 SmartArt 图像颜色,并设置样式为"强烈效果"。

4)为上述 SmartArt 图像设置由幻灯片中心"缩放"的进入动画效果,并设置逐个自动地展示 SmartArt 图像中的 3 段文字。

5)为演示文稿中的所有幻灯片设置不同的切换效果。

6)设置素材文件夹中的声音文件 BackMusic.mid 为该演示文稿播放时的背景音乐,并要求在幻灯片放映时开始播放,至演示结束后停止。

7)为演示文稿最后一页幻灯片右下角的图形添加跳转到公司网址的超链接。

8)在演示文稿中创建 3 个节,"开始"节中包含第 1 张幻灯片,"更多信息"节中包含最后 1 张幻灯片,其余幻灯片均包含在"产品特性"节中。

9)在展台自动放映幻灯片,每张幻灯片的自动放映时间为 10 秒。

# 单元4 信息检索

## 项目4-1 了解信息检索

### 【学习目标】

**1. 知识目标**

1）了解搜索引擎的检索功能。
2）了解发布权威信息的网站,如政府信息网。
3）了解实用学习资源的网站,如爱课程网。

**2. 能力目标**

1）能够使用信息检索技术查找信息。
2）能够使用信息检索技术查找学习资料。

**3. 素质目标**

1）充分利用网络知识资源和学习工具,获取课程学习和科学研究的辅助信息,提升自学能力,拓宽知识面。
2）能够借助互联网搜集权威信息和实用信息。
3）具有团队精神,能够和团队成员协商,共同完成实训任务。
4）补充相关法律法规知识,了解最新政策,增强民族自豪感,坚定文化自信。
5）具有独立思考的能力,不信谣、不传谣。

### 【课前自学】

#### （一）信息与信息资源

**1. 信息的概念**

信息一词最早出自拉丁语,意思是通知、报道和消息。南唐诗人李中在《暮春怀故人》中写道:"梦断美人沉信息,目穿长路倚楼台。"唐代诗人杜牧在《寄远》中写道:"塞外音书无信息,道傍车马起尘埃。"

狭义的信息指音讯、消息、通信系统传输和处理的对象,广义的信息则指人类社会传播的内容。通过识别自然界和社会的不同信息,人们可以区分不同事物,进而认识并改造世界。

信息可以是新闻报道、商品广告,可以是把人们从睡梦中叫醒的闹钟铃声,可以是听的课、看的书、读的报、听的广播,可以是点头、摆手、说、唱等动作。人们的一举一动都在传递信息。

**2. 知识、文献与信息**

知识是人类在认识和改造世界的社会实践中获得的对客观事物本质和运动规律的认识。文献是记录知识的载体,知识包含的信息可以通过文献作为载体进行存储和传递。

**3. 信息资源**

信息普遍存在,但并非所有的信息都可以称为信息资源。信息经过人的加工处理变得有使用价值后被称为信息资源。信息资源的概念是随着现代信息技术发展逐渐普及。

从信息资源所描述的对象来看,信息资源由自然信息资源、机器信息资源和社会信息资源组成;从载体和存储方式来看,信息资源由天然型信息资源、智力型信息资源、实物型信息资源和文献型信息资源组成;从信息资源的内容来看,信息资源由政治信息资源、法律信息资源、军事信息资源、经济信息资源、管理信息资源以及科技信息资源等组成;从信息资源的反映面来看,信息资源由宏观信息资源和微观信息资源组成;从信息资源的开发程度来看,信息来源由未开发的信息资源和已开发的信息资源组成。

信息时代注重信息的收集、整理、加工和使用。信息通过文字符号、声音或图像等形式存储在各种载体,将这些载体集合在一起就成了信息资源。信息资源是一种可再生、可重复使用的资源,是经过人类选取、组织、优化的有使用价值的信息的集合。

(1) 体载信息资源

体载信息资源指以人为载体并可识别的信息资源,按表达方式又可分为口语信息资源和体语信息资源。口语信息资源是人类以语言表达的信息资源,如谈话、授课、讲演和讨论等;体语信息资源是以肢体语言表达的信息资源,如表情、手势、姿态和舞蹈等。

(2) 文献信息资源

文献信息资源是以文献为载体的信息资源,可按文献载体的形式、出版类型、内容等划分。

(3) 网络信息资源

网络信息资源是指在网络上可查找的信息资源。网络上可利用的信息资源多种多样,从网络信息资源的管理和使用角度出发,人们对网络中的信息资源进行了类型化和系统化研究,并从不同的角度进行了分类。

1) 按信息内容,可将网络信息资源分为新闻信息、学术信息、教育信息、休闲娱乐信息、文学艺术信息、医疗保健信息等。

2) 按表现形式,可将网络信息资源分为文字信息、图片信息、音频信息、视频信息和多媒体信息等。

3) 按是否正式出版,可将网络信息资源分为非正式出版信息、半正式出版信息和正式出版信息。

4）按信息存取方式，可将网络信息资源分为邮件型信息、电话型信息、揭示板型信息、广播型信息、图书馆型信息、书目型信息等。

## (二) 信息检索概述

微课 4-2：
信息检索概述

**1. 信息资源检索的过程**

信息资源检索是从信息资源中找出所需信息的方法。从广义上讲，信息资源检索包括以下两个过程：

1）信息资源的存储。存储是对信息进行选择、著录、标引和组织后，建立信息数据库的过程。

2）对信息资源进行检索。检索是使用信息数据库查找信息资源的过程。从狭义上讲，信息资源检索仅指信息检索。大多数信息资源检索策略采用匹配的算法机制。信息检索的匹配算法是指用户的查询语句和集合中信息的比较和选择的方法。如果查询语句与集合中某条信息的相似度较高，则该条信息就会被列为候选信息，为用户展示的结果会根据候选信息的相似度进行排序。

**2. 信息资源检索的类型**

信息资源检索可以按不同的标准进行分类，常见的有以下两种。

（1）按信息资源检索结果内容分类

1）线索信息检索：使用书目、文摘等进行检索，检索的结果只提供了信息线索。

2）全文信息检索：以查找到信息全文为目的，检索的结果是全文的信息。

3）数据信息检索：从系统存储中检索用户所需数据，如检索科技数据、金融数据、人口统计数据等信息。

4）事实信息检索：对特定的事件或事实进行检索，如检索事物的性质、定义、原理或检索事情发生的地点、时间、前因后果等信息。

（2）按信息资源检索技术分类

1）全文文本检索：也称全文数据库检索，通过将数据库中的文件、信息中的文字、公式和图像等编码成计算机可读形式，检索时将查询语句编码为计算机可读的语句，并以数据库文件中任意信息单元作为检索点，使用计算机自动进行快速匹配计算，完成检索过程。

2）多媒体检索：能够支持两种以上媒体的数据库检索，该检索技术对文字、图形、图像、动画、声音等媒体的数据进行存储管理与检索，检索时不仅匹配计算数据库中的文字描述相似度，而且能匹配计算数据库中的声音、图像和视频的相似度。

3）超文本检索：超文本的内容排列是非线性的，其按信息单元及其关系建立结构网络，如具有图形的信息又称为超媒体，而超文本检索就是通过超文本链接来实现的检索方式。超文本链接位置在网页的有下划线的文字和可跳转的图标处，用户单击这些位置便能够跳转到相关链接。超文本起信息导航作用，用户从一个页面转向另一个页面后就可以获取自己所需要的信息。

4）网络信息资源检索：网络信息资源检索是一种集合各种新型检索技术于一体，

能够对各种类型、各种媒体的信息进行跨时间、跨地理检索的大型检索系统。

【课中学习】

### 任务 4-1：在中国政府网中检索信息

微课 4-3：
登录中国政府网

#### (一) 任务介绍

中华人民共和国中央人民政府门户网站(简称"中国政府网")由国务院办公厅主办，是政府面向社会的窗口，也是公众与政府互动的渠道，对于促进政务公开、推进依法行政、接受公众监督、改进行政管理、全面履行政府职能具有重要意义。本任务将登录中国政府网并进行信息检索及查阅。

#### (二) 任务实施

**1. 打开中国政府网主页**

打开浏览器，在地址栏输入中国政府网网址，或在百度等搜索引擎搜索文本框中输入"中国政府网"，如图 4-1 所示。打开中国政府网主页，如图 4-2 所示。

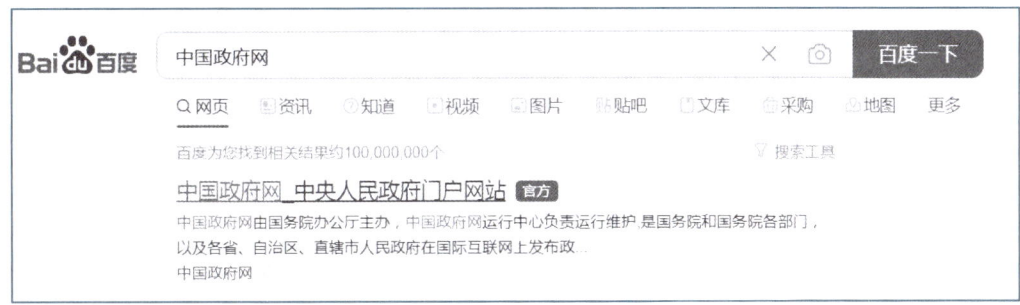

图 4-1 搜索"中国政府网"

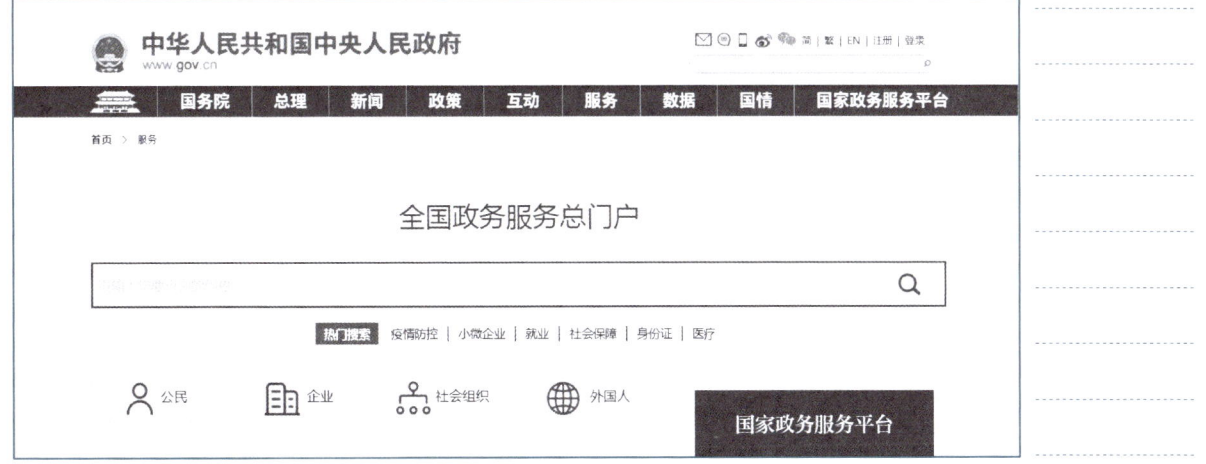

图 4-2 中华人民共和国中央人民政府网主页

**2. 在检索文本框中输入查找信息**

检索文本框位于主页右上方,在检索文本框中输入关键字可以查询中国政府网发布过的信息,如图 4-3 所示。

图 4-3 检索文本框

例如,在检索文中框中输入文字"高等教育",单击"检索"按钮或按 Enter 键,检索结果如图 4-4 所示。

图 4-4 "高等教育"检索结果

单击"高级搜索"按钮,可进一步优化检索结果。例如,在"包含以下任意一个关键词"文本框中输入"山东 高等教育",在"时间段选择"设置从 2021 年 1 月到 2022 年 8 月,单击"检索"按钮,如图 4-5 所示。

**3. 使用标题栏中的检索功能**

中国政府网标题栏设置了国务院、总理、新闻、政策、互动、服务、数据、国情、国家政务服务平台等栏目,其中在政策、服务、国家政务服务平台页面中可在搜索文本框中输

图 4-5 高级检索

入文字检索信息,并提供"搜索"和"高级搜索"等检索功能,如图 4-6~图 4-8 所示。

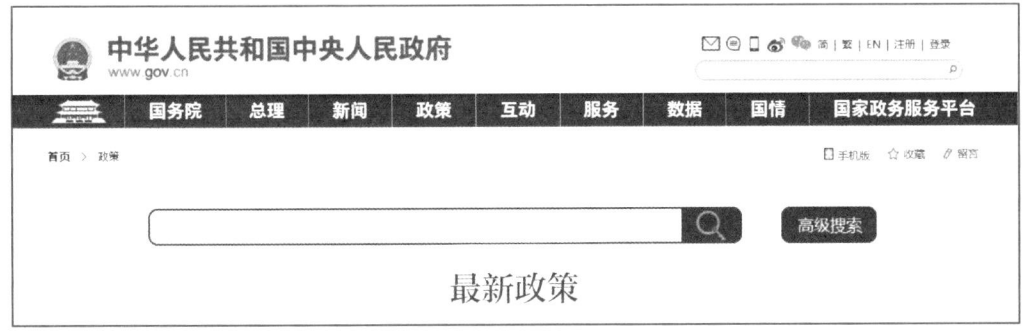

图 4-6 "最新政策"搜索文本框

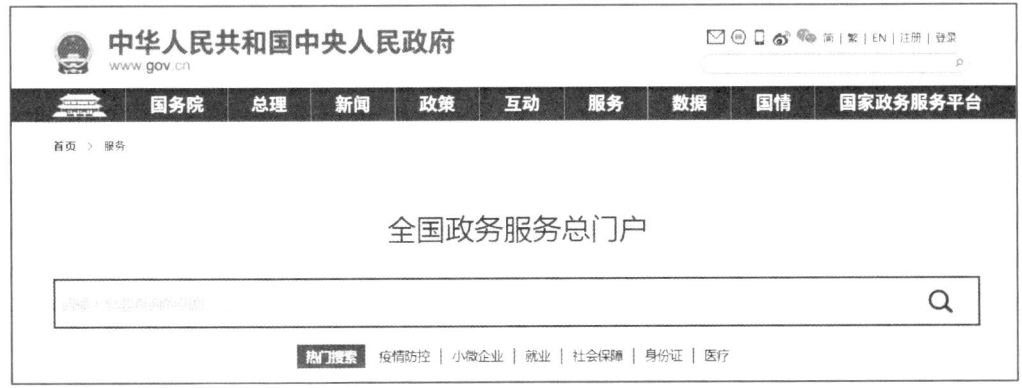

图 4-7 "全国政务服务总门户"搜索文本框

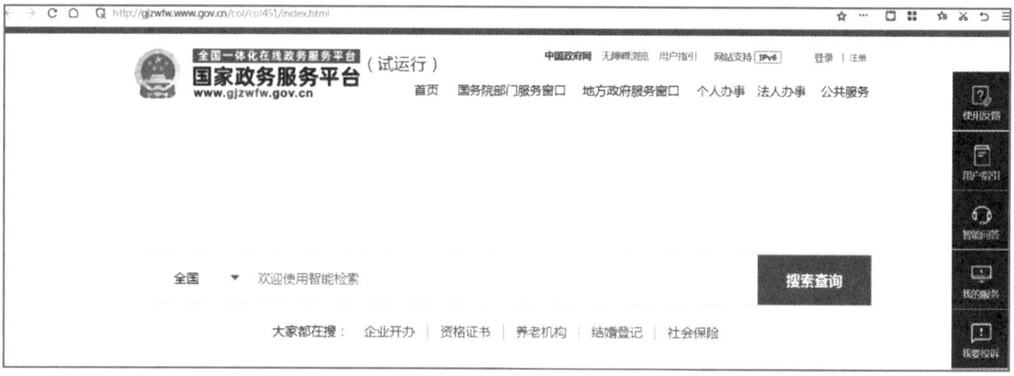

图 4-8 国家政务服务平台

例如,在国家政务服务平台的搜索文本框中输入"护照",单击"搜索查询"按钮或者按回车键,查看检索结果如图 4-9 所示。

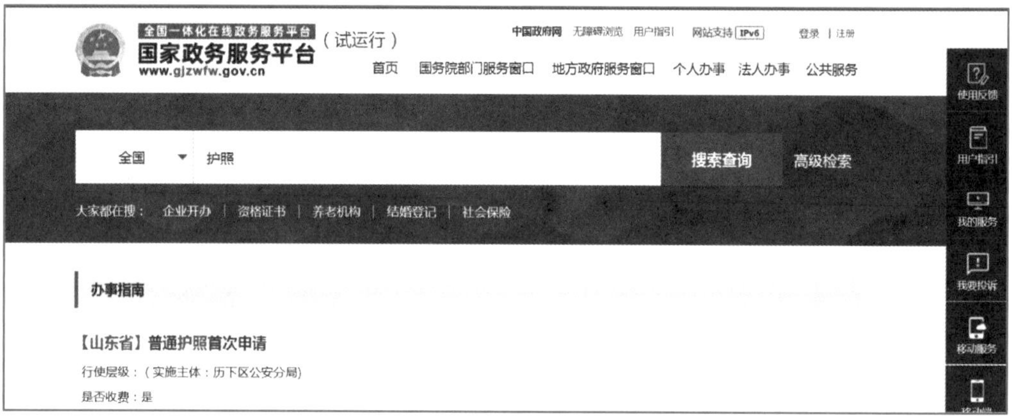

图 4-9 检索护照信息

## 任务 4-2:登录爱课程网

### (一) 任务介绍

微课 4-4:
登录爱课程网

爱课程网站是教育部、财政部"十二五"期间启动实施的"高等学校本科教学质量与教学改革工程"支持建设的高等教育课程资源共享平台,承担国家精品开放课程的建设、应用与管理工作,旨在利用现代信息技术和网络技术,推动高校教育教学改革,提高高等教育质量,以公益性为本,构建可持续发展机制,为高校、师生和社会学习者提供优质教育资源共享和个性化教学服务。爱课程网站主页如图 4-10 所示。本任务将在爱课程网站上注册新用户并搜索课程进行学习。

图 4-10 爱课程网站主页

## (二) 任务实施

### 1. 注册用户

爱课程网主页标题栏包括在线开放课程、视频公开课、资源共享课、学校云等栏目。用户可以通过单击主页右上角的"注册"按钮取得网站账号,输入手机号或者邮箱号完成注册,再回到主页并单击"登录"按钮,即可进入爱课程网站学习。

### 2. 搜索课程并报名学习

爱课程网站各栏目都设有搜索文本框,用户可以在不同类型的课程资源中检索需要的课程。在选择课程时,可以先阅读课程的学习目标,再根据需要进行课程注册并学习。爱课程网站支持有选择性地进行学习,但是只有全部学完课程才能获得认证证书,如图 4-11 所示。

图 4-11 在线开放课程

例如,打开爱课程网站主页,在搜索文本框中输入"中华商业文化"并按 Enter 键,查看检索结果,如图 4-12 所示。

图4-12 搜索"中华商业文化"课程结果

单击进入课程页面,浏览课程详情介绍及授课教师信息。单击"立即参加"按钮,即可报名并开始学习,如图4-13所示。

图4-13 报名加入学习

【课后提升】

实训任务4-1:使用搜索引擎搜索并登录教育部官网

教育部是国务院的教育行政部门,主管教育事业和语言文字工作的政府工作部门,主要职责包括拟订教育改革与发展的方针、政策和规划,起草有关法律法规草案并监督实施,负责各级各类教育的统筹规划和协调管理,会同有关部门制订各级各类学校的设置标准,以及指导各级各类学校的教育教学改革等工作。本任务要求使用常用搜索引擎搜索并登录教育部官网,阅读政策文件。

拓展阅读4-1:
信息检索实训指导1

## 项目4-2 信息检索应用

### 【学习目标】

**1. 知识目标**

1）了解常用的搜索引擎。

2）掌握搜索技巧。

**2. 能力目标**

1）能够使用搜索引擎查找学术资料。

2）能够使用搜索引擎查找就业信息。

**3. 素质目标**

1）能够利用搜索技巧快速有效获取相关知识,提升自学能力,扩大知识面。

2）具有团队精神,能够和团队成员协商,共同完成实训任务。

3）获取学术文献资料和业内专家的研究信息,不断提升科研能力。

### 【课前自学】

#### （一）信息检索的原理

信息检索通过对大量的、分散无序的文献信息进行收集、加工、组织和存储,建立数据存储系统,并通过一定的方法和技术使存储与检索过程中所采用的特征标识一致,以便快捷、准确地检索和使用信息源。

#### （二）信息检索的类型

按照不同的标准,信息检索可分成不同的类型。

**1. 人工检索**

人工检索(简称"人检")指通过人工的方式来存储和检索信息,其使用的检索工具主要是书本式、卡片式的信息系统,如目录、索引、文摘和各类工具书。用户根据文献标引规则查找有关文献,是人工检索方法的基本功之一。

**2. 计算机检索**

计算机检索(简称"机检")指在计算机网络或终端上用特定的检索指令、检索词和检索策略,从数据库中检索出信息的方法。该检索方法是在人机的协同下完成的。实现机检,须将大量的原始信息加工处理并存储在信息载体中。计算机会从数据库中计算出与用户的查询语句相似度较高的信息,而用户则是检索方案的设计者和操纵者。计算机检索的本质没有发生变化,发生变化的只是信息的载体形式、检索策略、存储方式和匹配方法。

微课4-5:
信息检索类型

## (三)信息检索方法及步骤

**1. 信息检索方法**

（1）普通法

普通法是使用书目、文摘、索引等检索工具进行文献资料查找的方法。使用这种方法的关键在于熟悉各种检索工具的性质、特点和查找过程,可以实现不同角度查找。

普通法又可分为顺检法和倒检法。顺检法是按时间顺序检索,费用多、效率低;倒检法是按时间逆序检索,费用低、效率高。

（2）追溯法

追溯法是使用已有文献所附的参考文献不断追踪查找的方法,在没有检索工具或检索工具不全时,此法可获得针对性很强的资料,查询准确率较高,查询命中率较低。

（3）分段法

分段法是追溯法和普通法的综合,它将两种方法分期、分段交替使用,直至查到所有需要资料为止。

**2. 文献信息检索的步骤**

1）分析文献研究课题。

2）选择检索工具。

3）选择检索方法。

4）选择检索途径和检索策略。

5）实施检索并调整检索策略。

6）查看结果文献。

## (四)信息检索的技巧

信息检索的实质是"匹配计算"。用户将需求组织成计算机可识别和处理的查询语句并输入,由计算机对数据库中文档的特征与查询语句的特征进行扫描并匹配计算。常见的搜索技巧主要包括布尔逻辑检索、截词检索、检索词优化、计算换算功能以及翻译功能等。

**1. 布尔逻辑检索**

使用布尔逻辑运算符将检索词或代码组织成查询语句,计算机将根据查询语句与数据库中的数据进行匹配计算,当两者相似度较高时输出该条数据。常用的布尔逻辑运算符有3种,分别是逻辑与(AND)、逻辑或(OR)、逻辑非(NOT),见表4-1。

表4-1 布尔逻辑运算符

| 名称 | 表达形式 | 检索式 | 图示 | 作用 |
| --- | --- | --- | --- | --- |
| 逻辑与 | AND、*、与、并且、并含 | A AND B | (A∩B 图) | 有效缩小检索范围 |

续表

| 名称 | 表达形式 | 检索式 | 图示 | 作用 |
|---|---|---|---|---|
| 逻辑或 | OR、+、或者、或含 | A OR B | | 有效扩大检索范围 |
| 逻辑非 | NOT、-、非、不含 | B NOT A | | 有效缩小检索范围 |

如果一个检索式中含有多个逻辑运算符,则它们的执行优先级为 NOT>AND>OR。但是,可以用括号提高某个逻辑运算符的优先级。例如,A OR(B AND C)表示先执行"B AND C"语句,再执行 OR 运算。

**2. 截词检索**

截词检索是一种预防漏检、提高命中率的常用检索技术,其中的"截词"是指在检索词的特定位置插入截词符组成新的检索语句,这样既可节省输入的字符数目,又可提高命中率。

截断按照位置可以分为前截断、后截断、中间截断、前后截断等;按照截断字符的数量,则可以分为有限截断和无限截断。

常用的通配符"?"表示截断一个字符,"*"表示截断多个字符。例如以 *ology 作为查询语句,可以检索出含有 physiology、pathology、biology 等词的结果,以 child* 作为查询语句,可以检索出含有 child、children、childhood 等词的结果。

**3. 检索词优化**

最常用的检索方式是输入单个检索词,但如果想要快速获取准备信息,需要注意以下 3 点:

1) 选用专用词汇,减少使用普通词汇。
2) 选用通用词汇,减少使用方言等词汇。
3) 选用完整词汇,减少使用缩略词汇。

需要用到多个检索词时,可以使用布尔逻辑运算规章有效缩小或扩大检索范围。如果需要查询生僻字,可以拆分后检索。例如,查询"胖"字,可以输入"月八十",即可显示文字读音及解析,如图 4-14 所示。

图 4-14 检索"胖"

如果希望检索内容在结果中完整出现,可以在两端加上双引号("")以便进行精确匹配。

**4. 计算换算功能**

搜索引擎具有检索计算公式答案的功能,例如,在搜索文本框中输入查询语句"456 * 23 = ?",按回车键显示运算结果,如图 4-15 所示。

图 4-15　检索计算公式答案功能

搜索引擎还具有检索单位的换算结果的功能。例如,检索人民币兑换马币的实时汇率,在搜索文本框中输入"人民币马币",按回车键显示结果,如图 4-16 所示。

图 4-16　人民币兑马币的实时汇率

**5. 翻译功能**

很多搜索引擎的翻译功能可以提供免费的在线翻译服务,包括中文、英文、德文等一百多种语言的互译,以及中文简体繁体之间的转换功能,还可以翻译网页。例如,在百度搜索文本框中输入"神舟十四号",按回车键显示结果,如图 4-17 所示。复制网址,在百度翻译的文本框中粘贴该网址,设置"目标语言"为英文,单击"翻译"按钮,显示翻译后的页面如图 4-18 所示。

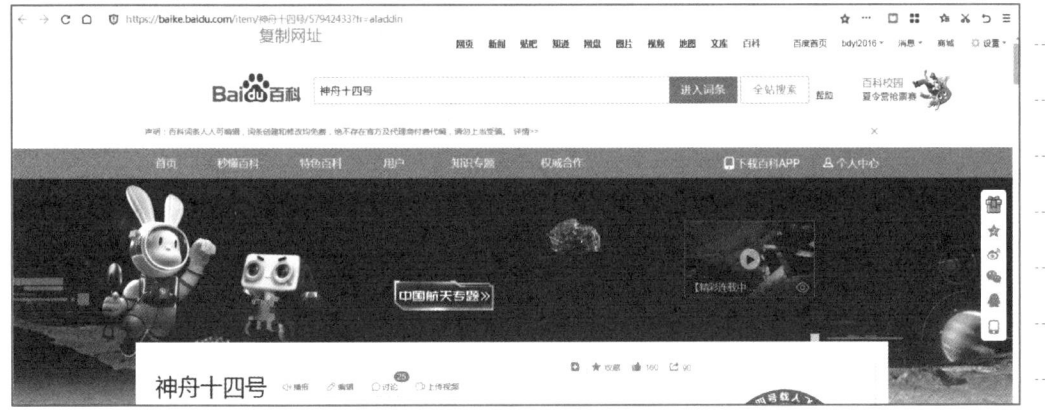

图 4-17 搜索"神舟十四号"

图 4-18 翻译后的内容

## 【课中学习】

### 任务 4-3:使用百度搜索引擎检索就业信息

#### (一) 任务介绍

互联网上的搜索引擎基本上可分为两大类:一类是综合搜索引擎,包括通用搜索引

微课 4-8:
使用百度搜索引擎进行就业信息检索

擎(如百度、搜狗等)和科学搜索引擎(如知网、Scrius等);另一类是针对某个专业领域的搜索引擎,如化学专业搜索引擎(ChemIndustry、ChemEngine、ChemIndex等)。

百度搜索引擎是全球最大的中文搜索引擎,2000年1月创立于北京中关村。"百度"二字源于中国宋朝词人辛弃疾的《青玉案》诗句"众里寻他千百度",象征着百度搜索引擎对中文信息检索技术的执着追求,致力于为人们提供简单可靠的信息获取方式。

百度搜索引擎自身的核心技术"超链分析"为基础,提供的搜索服务体验赢得了广大用户的喜爱。"超链分析"就是通过计算在一次搜索中网站被其他网页用超链接指向次数来评价被链接的网站质量,这保证了用户在搜索时,理论上越受用户欢迎的网页排名越靠前。该技术已为世界各大搜索引擎借鉴。

## (二) 任务实施

**1. 使用百度进行信息检索**

1)在浏览器地址栏输入百度网站地址,按回车键,显示百度主页,如图4-19所示。

图4-19 百度主页

2)在搜索文本框中输入"神舟十四号",单击"百度一下"或按回车键,显示搜索结果。在页面右上角"设置"下拉菜单中选择"高级搜索",设置检索条件,可以实现更加精准的检索效果,如图4-20所示。

图4-20 高级搜索页面

**2. 使用"百度识图"检索图片相关信息**

百度的"百度识图"服务提供以图搜图的功能,用户可以通过上传图片或者输入图片地址,即可显示关于图片的相关信息,同时也可以得到相似的图片资源。

1)单击百度主页搜索文本框中的相机图标按钮,打开"百度识图"网页,将需要检索的图片拖动到提示区域,如图4-21所示。

图4-21 百度识图

2)单击"百度一下"按钮或按回车键,可以显示图片的相关信息,如图4-22所示。

图4-22 百度识图结果

"百度识图"还提供文字识别功能,对图片中的文字进行提取、识别。手机端拍照上传提取图片中的文字后,可一键传输到电脑端进行编辑。

**3. 百度学术**

百度学术是百度旗下提供海量中英文文献检索的学术资源搜索平台,涵盖了各类学术期刊、会议论文,旨在为国内外学者提供最好的科研学术搜索体验。

百度学术可通过时间、标题、关键字、摘要、作者名、出版物、文献类型、被引用次数等筛选指标提高检索的精准性,其页面简洁大方,如图4-23所示。

基础篇

图 4-23　百度学术主页

微课 4-9：
利用知网检索期刊论文

### 任务 4-4：利用知网检索期刊论文

#### （一）任务介绍

以全面打通知识生产、传播、扩散与利用各环节信息通道，打造支持全国各行业知识创新、学习和应用的交流合作平台为总目标，中国知网启动的中国知识基础设施工程（China National Knowledge Infrastructure，CNKI）得到了全国学术界、教育界、出版界、图书情报界的大力支持和密切配合。CNKI 建设及其产业化运作机制，为全社会知识资源的高效共享提供了丰富的知识信息资源，有效的知识传播与数字化学习平台，为知识资源生产出版部门创造互联网出版发行的市场环境与商业机制，对促进教育、科技、文化、出版等事业和文化创意产业发展提供了信息网络空间。

#### （二）任务实施

本任务要求使用中国知网检索"人工智能"相关文献。

1）在浏览器地址栏输入中国知网网址，打开知网主页，如图 4-24 所示。

图 4-24　中国知网主页

2）在搜索文本框中输入"人工智能",按 Enter 键查看检索结果,如图 4-25 所示。

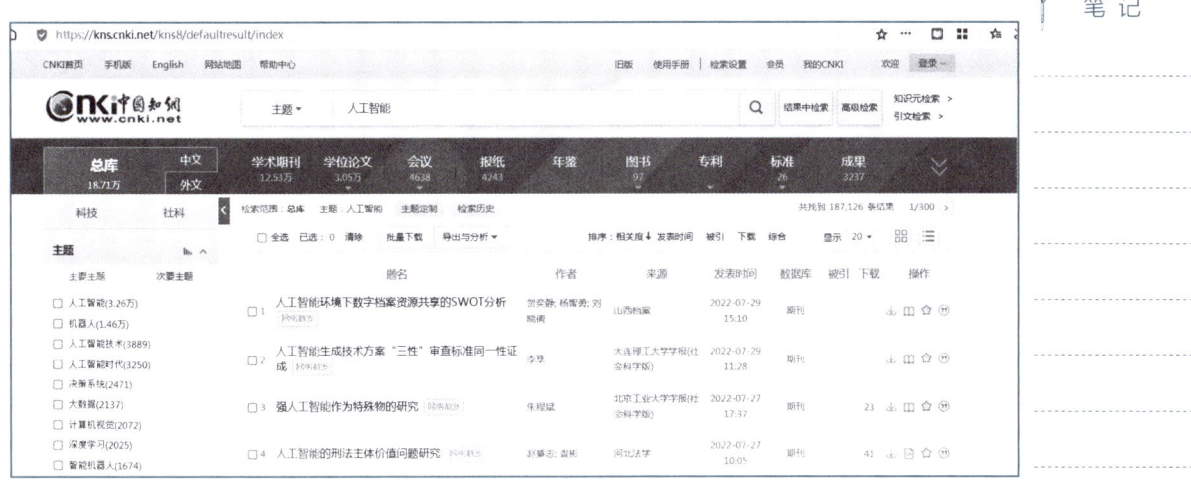

图 4-25 检索结果

3）进一步筛选检索结果,单击"学术期刊",检索结果范围将限定在期刊数据库。
4）如果需要下载期刊原文,需要进行注册并登录知网。

【课后提升】

**实训任务 4-2：使用搜索引擎搜集心仪企业的相关信息**

求职者提前深入了解企业和机构的信息,可以增加面试成功率和就业的满意度。就业检索信息见表 4-2,本任务要求使用常用的搜索引擎,搜索与自己专业相关的心仪企业的信息。

表 4-2 就业检索信息

| 检索内容 | 检索方式 | 检索信息源 |
| --- | --- | --- |
| 企业信息检索黄页 | 地域名称、行业特征 | 中国 114 黄页等 |
| 企业内部信息检索 | 公司名称、产品技术信息 | 公司主页、中华人民共和国国家知识产权局专利检索等 |
| 企业信用信息检索 | 公司名称 | 国家企业信用信息公示、企查查等 |

拓展阅读 4-2：
信息检索实训指导 2

# 单元 5 新一代信息技术

## 项目 5 认识新一代信息技术

【学习目标】

**1. 知识目标**
1) 理解新一代信息技术各主要代表技术的基本概念。
2) 了解新一代信息技术各主要代表技术的特点。
3) 了解新一代信息技术各主要代表技术的典型应用。

**2. 能力目标**
1) 能够熟练使用信息检索工具查找资料。
2) 能够归纳总结知识与技能。

**3. 素质目标**
1) 具备不怕困难、吃苦耐劳、攻坚克难的精神。
2) 具备遇到疑问时进行信息检索的能力。
3) 具备协调沟通的团队精神。

【课前自学】

•新一代信息技术概述

微课 5-1:
新一代信息技术
概述

新一代信息技术,不只是信息领域的一些分支技术的纵向升级(如集成电路、计算机、无线通信等),更主要的是指信息技术的整体平台和产业的迭代更新。20 世纪 80 年代以前,大型主机和简易的哑终端被认为是第一代信息技术平台。20 世纪 80 年代中期到 21 世纪初,个人计算机和互联网连接的分散服务器被认为是第二代信息技术平台。近 10 年来,以移动互联网、社交网络、云计算、大数据为核心的第三代信息技术架构蓬勃发展。概括来说,新一代信息技术,"新"在网络互联的移动化和泛在化、信息处理的集中化和大数据化、信息服务的智能化和个性化。

本书中所说的新一代信息技术,是以人工智能、量子信息、移动通信、物联网、区块链等为代表的新兴技术。它既是信息技术的纵向升级,也是信息技术之间及其与相关产业的横向融合。本单元中将分别对这些技术进行介绍,更为详细的相关知识内容,将在拓展篇中详细描述。

【课中学习】

### (一) 大数据

**1. 什么是大数据技术**

微课 5-2：
大数据

大数据技术是 21 世纪最具时代标志的技术之一。国务院发布的《促进大数据发展行动纲要》中提出"大数据是以容量大、类型多、存取速度快、应用价值高为主要特征的数据集合"。简单来说，大数据就是将海量碎片化的信息数据能够及时地进行筛选、分析，并最终归纳、整理出人们需要的信息。

随着社会的发展，技术不断进步，企业业务范围也逐步扩大，网络中数据、图像、声音和视频的数据量远远超过传统系统中的数据量。大量数据的积累促进了数据管理和数据分析，数据量级由小规模数据量发展到大规模数据量。

(1) 数据的基本知识

数据即包含字符、数字、文本等结构化数据，也包含声音、图片、动画和视频多媒体等非结构化数据，但都需要通过后期加工才有价值。信息就是人们为了某种需求而对原始数据加工重组后形成的有意义、有价值的数据。

在信息的基础上提炼和总结成具有普遍指导意义的内容包括共性规律、理论和模式方法等称为知识。将知识结合经验，创造性地解释现象或预测未来，就称为智慧。从数据到智慧的升级也是从认识局部到认识整体、从描述过去到预测未来的过程，如图 5-1 所示。

数据处理技术包括数据的采集、存储、处理、分析和展示等，其目的是把数据变成有价值的信息，将信息总结成知识。

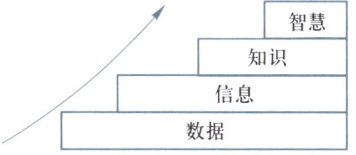

图 5-1 从数据到智慧的升级

数据、信息和知识三者既有区别又有联系。数据是信息的载体，是信息的原始记录，包括数字、语言、文字声音、图形和图像等多种形态；信息是经过加工后对某现象具有一定解释力的数据，或者说是有价值的数据；知识则是信息的进一步提升，是更加系统化、理论化的信息。

数据处理技术与信息处理技术并无本质区别，都是解决如何将数据处理加工成信息和知识的技术。如果非要加以区分，可以认为，联机在线事务处理侧重于数据处理的技术，而联机在线分析处理是侧重于信息和知识处理的技术。这种区分只能说是"侧重"，实际上并无绝对界限。数据处理是基础，如将原始的有"噪声"的数据经过数据清洗、数据降维等处理，变成可以进一步加工处理的数据。信息处理则是在此基础上的更高一层的应用，二者紧密相连，不能完全分离。

(2) 大数据的定义

一般的数据定义是基于信息技术发展早期的信息系统数据库中的数据、本地的数据或早期远程的数据库中的数据。近几年，存储技术的不断创新、网络应用的不断普及、数据管理技术的不断迭代以及物联网的出现,催生了大数据这一概念的出现,如图 5-2 所示。

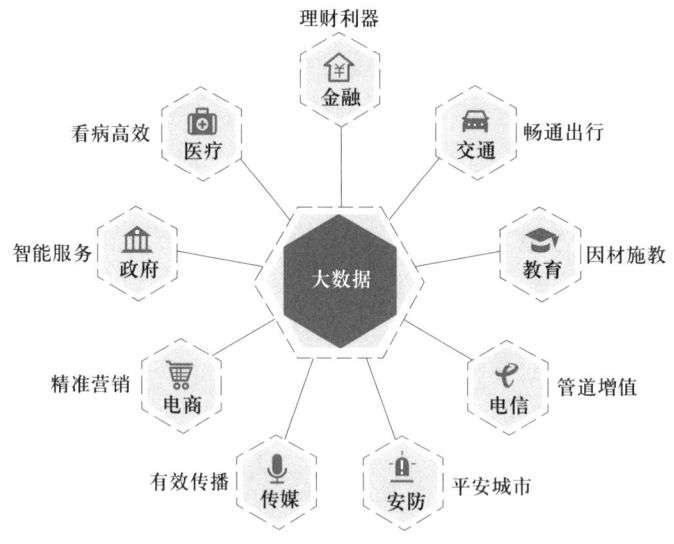

图 5-2 大数据

大数据(Big Data)又称巨量资料,是指所涉及的资料规模巨大,无法通过目前主流软件工具在合理时间内存储、管理、处理及整理。也可将大数据定义为无法在一定时间范围内用常规软件工具进行捕捉、管理和处理的数据集合。大数据因数据量巨大,包含的信息价值高、准确率高、泛化性强,所以需要新处理模式才能来激活数据的价值。

大数据无法用单台计算机进行处理,必须采用分布式架构,其特色在于对海量数据进行分布式数据存储与挖掘。大数据必须依托云计算的分布式处理、分布式存储数据库、云存储和虚拟化技术。随着互联网及其应用的发展,不断积累的数据是一类由互联网衍生而来的重要的资源;从管理角度而言,大数据是一类反映物质世界和精神世界状态和变化的资源,它具有决策可用性、功能多样性、应用协同性和可重复开采性。

大数据通常用来形容一个公司创造的大量结构化和非结构化数据。大数据分析常和云计算联系到一起,因为实时的大型数据集分析需要向数十台、数百台甚至数千台计算机发送分配的工作。每秒都可产生数以亿计的数据,云计算和云存储的应用有效地将这种资源转化为可用资源。

**2. 大数据的技术特点**

面对复杂的大数据,可以抓住其中的几个主要特征来理解。

1) 数据量巨大:每秒处理的数据量可以从 TB 级别跃升到 EB 级别(1TB = 1024GB,1PB = 1024TB,1EB = 1024PB)。

2) 数据类型繁多:例如,网络日志、视频、图片和地理位置信息等。

3) 价值密度低:以视频为例,在连续不间断的监控视频中,可能有用的数据仅仅是其中的几帧。

4) 处理速度快:由通常的离线处理变为在线处理,由在线事务处理变为在线分析处理。

数据是随时能调用和计算的,这是大数据区别于传统数据最大的特征。现在所谈到的大数据不仅仅是大,更重要的是数据变得实时在线了,这是互联网高速发展背景下的特点。

**3. 大数据的典型应用**

(1) 大数据在个人生活中的应用

在大数据时代,每个人都是数据的生产者。大数据促进了工业 4.0、人工智能、无人驾驶和智慧城市的发展,改变了人与自然、人与人、人与社会的关系。数据会在即时通信过程中产生,包括电话、短信、微信、邮件和浏览网页等操作,特别是社交自媒体每天产生大量的文本、音频及视频都是数据的主要来源。随着大数据技术与云计算、物联网的进一步融合,未来的数据将来源于大量端侧传感器。

1) 智能购物。智能购物软件通过分析特定顾客的需求,结合大数据的归类,进行针对性非常强的广告推送,如图 5-3 所示。个体用户的数据都会被积累,形成消费水平、倾向变化的统计和预测,并据此调整推送广告。

图 5-3　智能购物

2) 个人医疗。个人医疗智能系统依赖群体数据的采集和综合判断,如图 5-4 所示。个体的信息感知已经打破了空间(从宏观影像到分子基因,从医院到家庭到随时随地)和时间(从离散监测到连续监测)的限制。医学诊断正在演化为社群个体全过程的信息跟踪、预测、预防和个性化治疗。

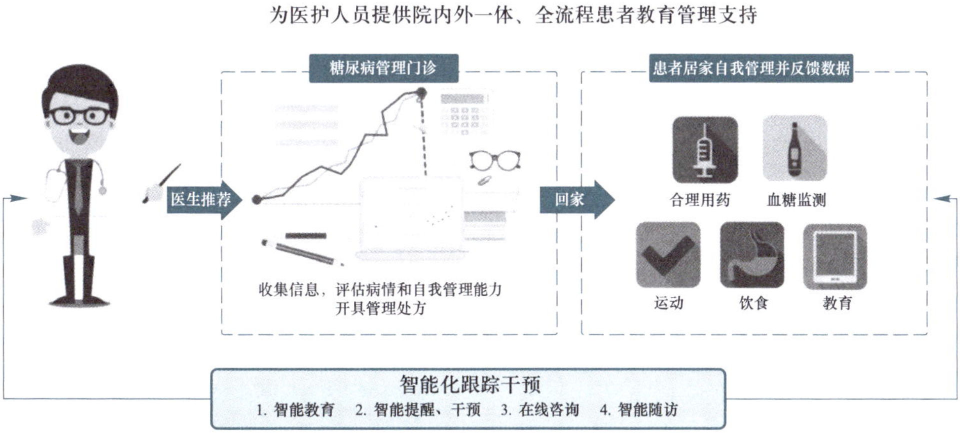

图 5-4　个人医疗智能系统

3) 教育教学。基于大数据的精确学习情况诊断、个性化学习分析和智能决策支持,提升了教育品质,也帮助老师及时掌握学生的真实信息,真正实现因材施教,如图 5-5 所示。学生在课堂中的需求与态度,经由大数据的处理变得清晰透明,这也为教研活动提供了更鲜活的素材。通过大数据进行学习分析,能够为每一位学生都量身定制学习环境和个性化的课程,还能创建一个早期预警系统以便为学生的终生学习提供一个合理的计划。

图 5-5　教学平台

（2）大数据在企业中的应用

在大数据时代,企业应用从以软件编程为主转变为以数据为中心。工业 4.0 概念本质上是通过信息物理系统实现工厂的设备传感和控制层的数据与企业信息系统融合,使得生产大数据传到云计算数据中心进行存储、分析,形成决策并指导生产。大数据可以渗透到制造业的各个环节发挥作用,如产品设计、原料采购、产品制造、仓储运输、订单处理、批发经营和终端零售等。

1）车间智能机器人。车间智能机器人可以进行自动化调度、自动化装卸可以达到无人值守的全自动化生产模式,如图 5-6 所示。

2）处理订单。大数据技术在任何行业中应用的优势是预测能力。用户利用大数据的预测能力可以精准了解市场发展趋势、用户需求及行业走向等多方面的信息,从而为用户自身企业的发展制定更合理的战略和规划,如图 5-7 所示。企业通过大数据的预测结果,便可以根据潜在订单的数量,制定产品的设计、安排制造及后续环节的资源。

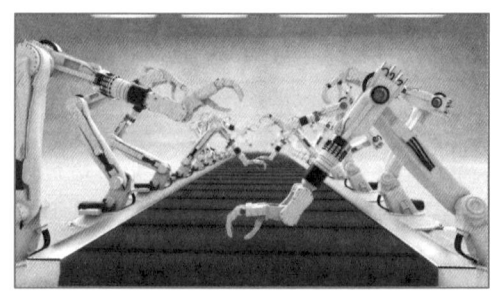

图 5-6　车间智能机器人

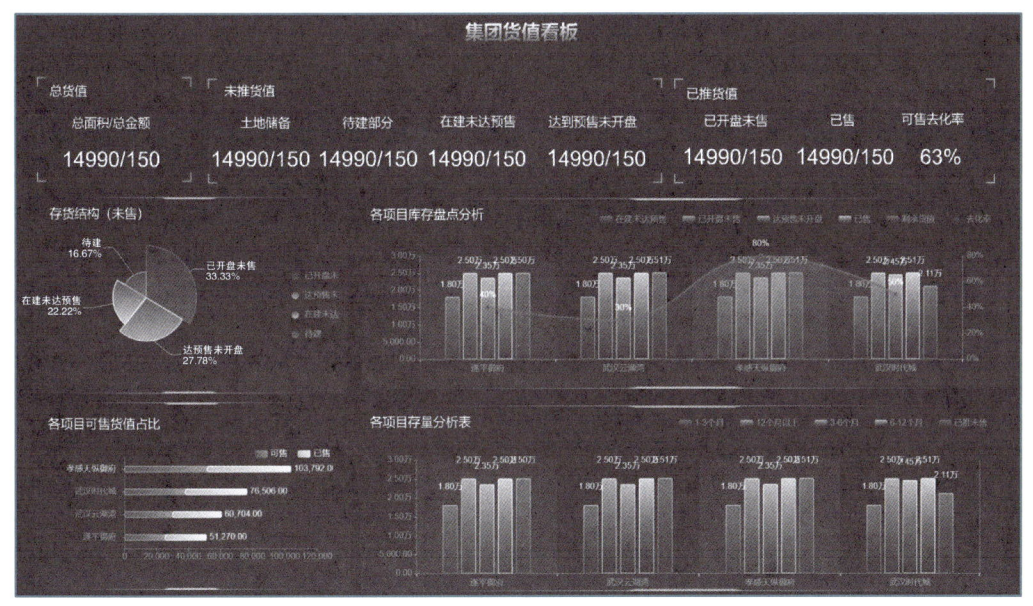

图 5-7 销售大数据分析

3）仓储运输。大数据能够精准预测出个体消费者的需求及消费者对于产品价格的期望值，理论上企业在产品设计制造后，可直接派送到离消费者最近的仓库。虽然此时潜在消费者还没有下单，但是消费者最终接受产品是一个大概率事件。这使得企业可以合理安排产能、仓储及物流。

4）工业采购。大数据技术可以从数据分析中获得知识并预测趋势，可以对企业的原料采购供求信息进行更大范围的采集和匹配预测，从而提升生产效率。大数据通过高度整合的方式，将上下游企业信息汇总，打破了原有的信息壁垒，实现了集约化管理。

用户可以根据流程中每个环节的轻重缓急来合理地安排企业的费用支出。同时，对大数据的分析还可以对采购原料的附带属性进行更加精细的描述与认证，通过标签的分析，可以更好地评估企业采购资金的支出效果。

5）产品设计。借助大数据技术，企业可以对原材料的品质进行监控，发现潜在问题立即预警，以便能及早发现并解决问题，从而保障产品品质。大数据技术也能监控并预测加工设备未来的故障，以便让工程师及时修理避免损失。大数据技术还能精准预测零件的生命周期，在需要更换时提出建议，协助制造产品并且兼顾品质与成本。

（3）大数据在政府部门中的运用

大数据可以帮助政府监控环境污染问题、疾病防御与预警、资源分配、交通拥堵和养老问题等并提供决策参考。智慧政府平台架构有助于提升政府服务和监管效率、降低政府决策成本，并为政务智能的研究和应用提供新的思路。

## （二）人工智能

### 1. 什么是人工智能

人工智能（Artificial Intelligence，AI）是一门以计算机科学为基础，由计算机、心理学、哲

微课 5-3：
人工智能

学、工学、基础数学等多学科融合的交叉学科,该领域的研究包括机器人、语言识别、图像识别、自然语言处理和专家系统等。人工智能技术也在不断发展、更新、迭代,如图 5-8 所示。

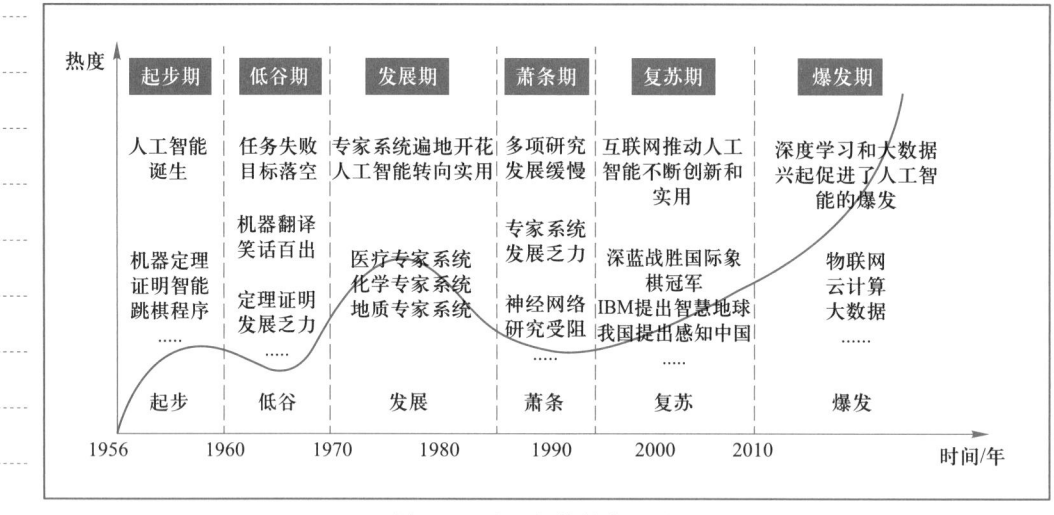

图 5-8　人工智能的发展历程

**2. 人工智能的技术特点**

1）人工智能是大数据驱动的知识学习技术。

2）人工智能是跨媒体的认知、学习、推理技术。

3）人工智能是可以人机、脑机相互协同的技术。

4）人工智能是基于互联网和大数据的群体智能技术,可以把个体的智能融合变成群体智能。

5）人工智能反应效率高、运算速度快,研究知识的采集、表示和学习,如图 5-9 所示。

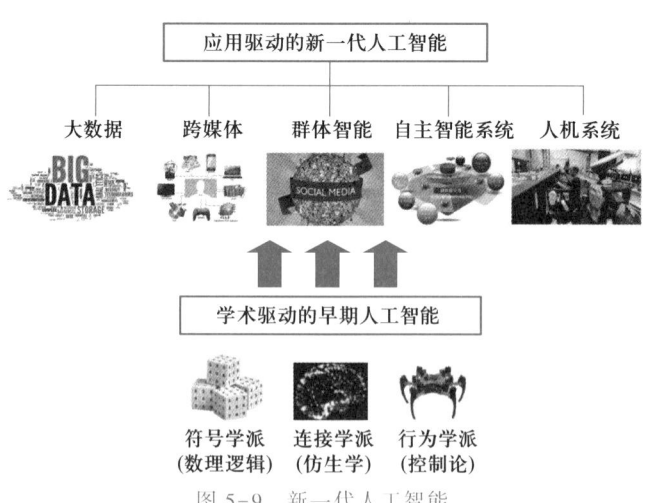

图 5-9　新一代人工智能

**3. 人工智能的典型应用**

人工智能应用的范围很广,包括计算机科学、金融贸易、医药卫生、临床诊断、重工业、物流、通信、零售、法律、游戏和音乐等方面。

（1）语音识别

语音识别就是让机器通过识别和理解，把语音信号转变为相应的文本或命令的技术，如图5-10所示。语音识别主要包括特征提取、模式匹配及模型训练等技术。语音识别所涉及的领域包括信号处理、模式识别、概率论、信息论、发声机理、听觉机理等。

图5-10　语音识别技术

（2）计算机视觉

计算机视觉是一门研究如何使机器将图片转变为知识的科学。该技术可以用计算机代替人对图片进行识别、跟踪和测量，如图5-11所示。计算机视觉包含画面重建、图片检索、目标跟踪、目标识别、图像生成、超分辨率等分支。

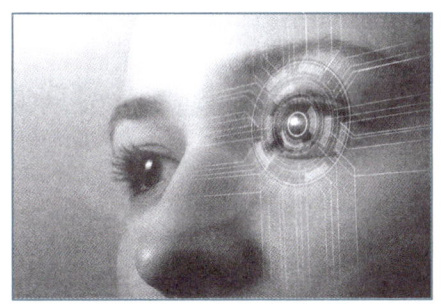

图5-11　计算机视觉

（3）智能助理

智能助理可以让计算机帮助人高效、安全地完成一些日常任务。现在生活中最常见的就是手机中的智能助理和智能音箱，如图5-12所示。各大科技公司都在不断开发具备自己特色的产品，如百度的小度机器人、华为的手机智能助理、高德地图的小德智能语音助手等。

 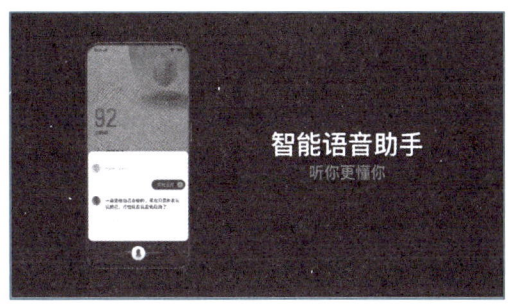

图5-12　智能助理

### （4）自动驾驶

自动驾驶系统是一个集环境感知、规划、决策和多等级辅助驾驶等功能于一体的综合系统，是一个充分考虑路况并协调规划的车辆系统，也是智能交通系统的重要组成部分。自动驾驶汽车利用传感器、信号处理、通信和计算机等技术，通过集成视觉、激光雷达、超声传感器、微波雷达、GPS等多种车载传感器识别汽车周围的环境和状态，并根据道路信息、交通信号、车辆位置和障碍物做出分析、判断及决策，控制车辆转向、油门、刹车等，从而实现自动驾驶的目标，如图5-13所示。

图 5-13　自动驾驶

### （三）云计算

#### 1. 什么是云计算

云计算是继互联网、计算机之后在信息时代的又一革新，"云"实质上就是一个网络。云计算的服务类型分为基础设施即服务（IaaS）、平台即服务（PaaS）和软件即服务（SaaS）3类，如图5-14所示。近几年来，云计算正在成为信息技术产业发展的战略重

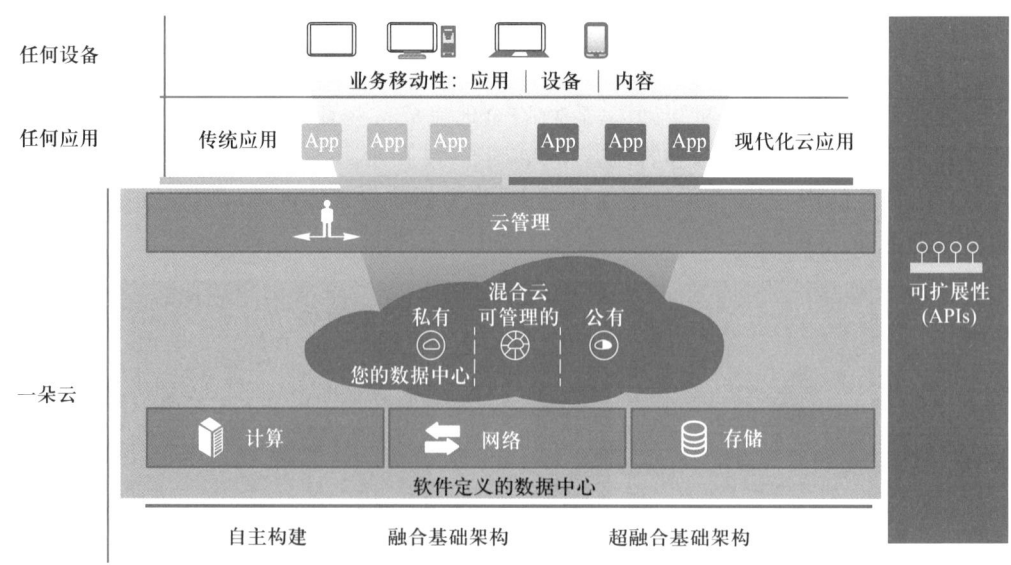

图 5-14　云计算服务

点,全球的信息技术企业都在纷纷向云计算转型。云计算这个概念首次在2006年8月的搜索引擎会议上提出,成为互联网第三次革命的重要标志之一。

狭义上的云计算是一种提供资源的网络。使用者可以按需求量随时获取"云"上的资源。"云"在理论上是可以无限扩展的,只要按使用量付费就可以。"云"就像自来水厂一样,人们可以随时接水,并且不限量,但是需按照自己家的用水量,付费给自来水厂。

广义上的云计算是与信息技术、软件、互联网相关的一种服务,这种计算资源的共享池就叫作"云"。云计算把许多计算资源集合起来,通过软件实现自动化管理,只需要很少的人参与,就能快速提供资源。也就是说,计算能力作为一种商品,可以在互联网上流通,就像水、电、煤气一样,可以方便地取用,且价格低廉。

云计算的计费模式是一种按使用量付费的模式,这种模式提供可用的、便捷的、按需的网络访问并进入可供配置的计算资源共享池(资源包括网络,服务器、存储、应用软件,服务)。

云计算不是一种全新的网络技术,而是一种全新的网络应用概念。云计算的核心就是以互联网为中心,在网站上提供快速且安全的计算服务与数据存储,让每一个使用互联网的人都可以使用网络上的庞大计算资源与数据中心。

**2. 云计算的技术特点**

云计算是一种全新的商业模式,其核心部分是数据中心,使用的硬件设备主要是成千上万的符合工业标准的服务器。其基本原理是通过使服务分布在大量的分布式计算机上,而非本地计算机或远程服务器中,从而大大提高信息的访问速度。

云计算的优势在于高灵活性、可扩展性和高性比等。与传统的网络应用模式相比,其具有如下优势与特点:

1)虚拟化技术。虚拟化技术突破了时间、空间的界限,是云计算最为显著的特点,又包括应用虚拟和资源虚拟两种。众所周知,物理平台与应用部署的环境在空间上是没有任何联系的,正是通过虚拟平台对相应终端操作完成数据备份、迁移和扩展等。

2)动态可扩展。云计算具有强大的运算能力,在原有服务器基础上增加云计算功能能够使计算速度迅速提高,最终实现动态扩展的目的。

3)按需部署。计算机包含了许多应用,不同的应用对应的数据资源库不同,所以用户运行不同的应用需要较强的计算能力对资源进行部署,而云计算平台能够根据用户的需求快速配备计算能力及相关资源。

4)灵活性高。目前市场上大多数计算机资源都支持虚拟化,比如存储网络、操作系统和开发软件等。虚拟化资源统一放在云系统资源虚拟池当中进行管理,可见云计算的兼容性非常强,不仅可以兼容低配置机器、不同厂商的硬件产品,还能够外设获得更高性能计算。

5)可靠性高。本地服务器的故障会影响计算与应用的正常运行,但云计算单点服务器出现故障,可以通过虚拟化技术将分布在不同物理服务器上面的应用进行恢复或利用动态扩展功能部署新的服务器进行计算。

6)性价比高。将资源放在虚拟资源池中统一管理,这在一定程度上优化了物理资源的使用,用户不再需要昂贵、存储空间大的主机,可以选择相对廉价的个人计算机组成云,一方面减少费用,另一方面计算性能不比大型主机差。

7) 可扩展性。用户可以快速部署已有业务以及新业务进行扩展。例如,假设云计算系统中单个设备出现了故障,对于用户来说,无论是在服务提供层面上,还是在具体使用上均不会受到阻碍。云计算供应商可以用云计算的动态扩展功能来对其他服务器开展有效扩展。这样一来就能够确保任务得以有序完成。

**3. 云计算的典型应用**

云计算的概念从提出到今天,取得了飞速发展与翻天覆地的变化。现如今,云计算被视为计算机网络领域的一次革命,因为它的出现,人们的工作方式和商业模式也在发生巨大的改变,云计算技术已经融入现今的社会生活。

(1) 云存储

云存储是在云计算技术上发展起来的一种新型存储技术,是一个以数据存储和管理为核心的云计算系统。用户可以将本地的资源上传至云端上,可以在任何地方连入互联网来获取云上的资源,如图 5-15 所示。百度、华为等公司均提供云存储的服务。云存储向用户提供了存储容器服务、备份服务、归档服务和记录管理服务等,很大程度上方便了使用者对资源的管理。

(2) 云医疗

云医疗是指在云计算、移动通信技术、多媒体、大数据以及物联网等新技术基础上,结合医疗技术,使用"云"来创建医疗健康服务云平台,实现医疗资源的共享和医疗服务范围的扩大。医院的网上预约挂号、电子病历、电子医保卡等都是云计算与医疗领域结合的成果,如图 5-16 所示。云医疗还具有数据安全、信息共享、动态扩展等优势。

图 5-15　云存储

图 5-16　云医疗

(3) 云金融

云金融是指使用云计算将信息、金融和服务等功能从分散的庞大分支机构转移到了"云"上。云金融为银行、保险和基金等金融机构提供互联网处理事务、运行服务、共享互联网资源,从而解决金融行业的现有问题并且达到高效、低成本的目标。金融与云计算的结合,使用户只需要在手机上简单操作,就可以完成银行存款、购买保险和买卖基金。很多金融企业推出了自己的云金融服务。

### （4）云教育

云教育是教育信息化的一种发展。云教育可以将所需要的教育资源虚拟化并传入互联网中，向学生和老师提供一个方便快捷的平台。现在流行的慕课（MOOC，大规模在线开放课程）就是云教育的一种应用。在国内，中国大学 MOOC、学堂在线等都是非常好的慕课学习平台，如图 5-17 所示。许多大学现已使用这些慕课平台开设相关的课程。

图 5-17　中国大学 MOOC 学习平台

## （四）量子信息

### 1. 什么是量子信息

量子信息是指以量子力学基本原理为基础，通过量子系统的各种相干特性（如量子并行、量子纠缠和量子不可克隆等），进行计算、编码和信息传输的全新信息方式，如图 5-18 所示。量子信息最常见的单位是量子比特（qubit）。

### 2. 量子信息的技术特点

信息一旦量子化，由于信息载体的微观特性，其内容及形式将更加多样化。这些微观特征主要表现在如下几方面。

图 5-18　量子信息

1）量子间会相互影响。

2）量子在特定环境下可以处于较稳定的量子纠缠状态，对其中某个子系统内进行某种操作会影响其他的子系统。

3）量子的状态可以叠加，并可以同时对这些叠加的信息做操作，这样相当于同时处理多个信息，实现真正的并行处理。

4）量子不可复制。

### 3. 量子信息的典型应用

量子特性在信息领域中有着独特的功能，在提高运算速度、确保信息安全、增大信息容量和提高检测精度等方面可以突破现有的经典信息系统的极限,现在主要应用在计算机、通信和密码学领域中。

(1) 量子计算机

量子计算机是一类遵循量子力学规律进行高速数学和逻辑运算、存储及处理量子信息的物理装置。量子计算机处理和计算的是量子信息,运行的是量子算法。量子计算机的概念源于对可逆计算机的研究,而研究可逆计算机的目的则是为了解决计算机的能耗问题,如图 5-19 所示。

(2) 量子通信

量子通信系统的基本部件包括量子态发生器、量子通道和量子测量装置,如图 5-20 所示。按其所传输的信息是经典信息还是量子信息可分为两类,前者主要用于量子密钥的传输,后者则可用于量子隐形传态和量子纠缠的分发。

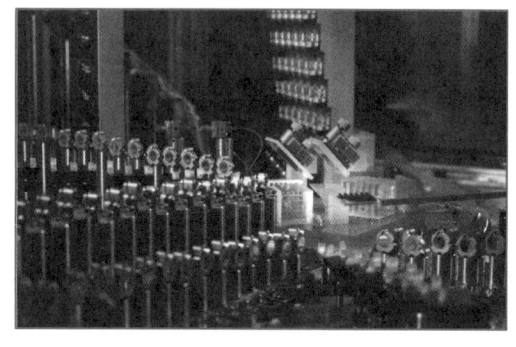

图 5-19　量子计算机

图 5-20　量子通信

(3) 量子密码

量子密码是密码学与量子力学结合的产物,它利用了系统所具有的量子性质。量子密码并不用于传输密文,而是用于建立、传输密码本,如图 5-21 所示。根据量子力学的不确定性原理以及量子不可克隆定理,任何窃听者都会被发现,从而保证密码本的绝对安全,同时也保证了加密信息的绝对安全。

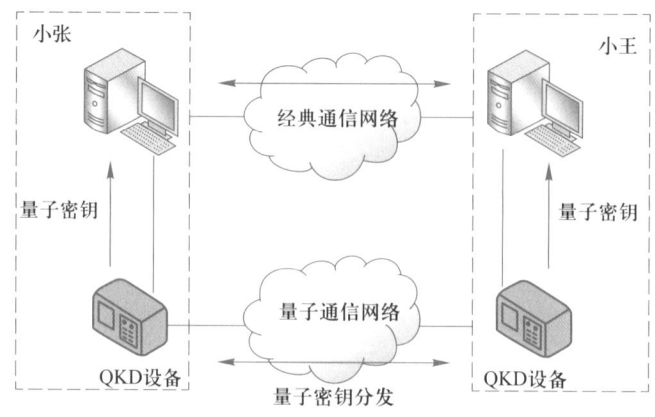

图 5-21　量子密码

## (五)移动通信

### 1. 什么是移动通信

移动通信是指移动物体之间的通信,或移动物体与固定物体之间的通信,其中的移动物体可以是人,也可以是汽车、手机等在移动状态中的物体。移动通信是进行无线通信的现代化技术,这种技术是电子计算机与移动互联网发展的重要成果之一。移动通信技术经过第一代、第二代、第三代、第四代技术的发展,目前,已经迈入了第五代发展的时代(5G移动通信技术),这也是目前深刻影响世界发展的几种主要技术之一,如图 5-22 所示。

微课 5-6:
移动通信

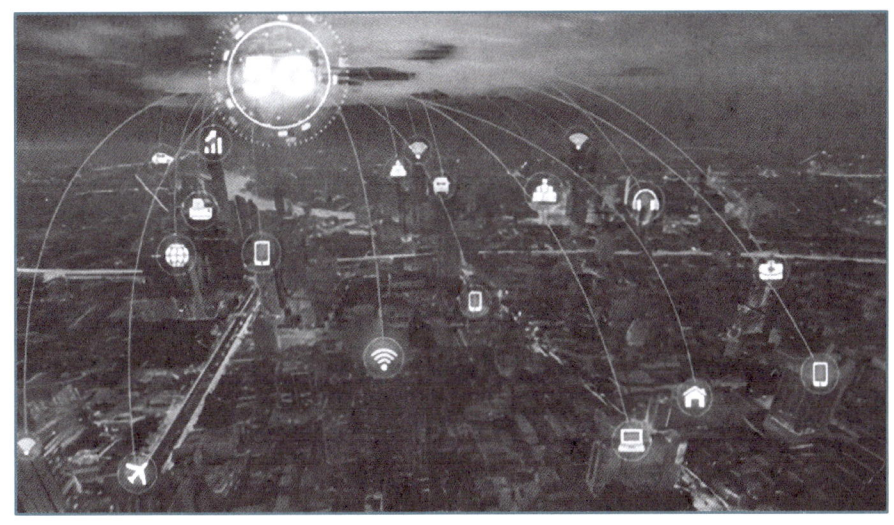

图 5-22　5G 覆盖示意图

### 2. 移动通信的技术特点

1)移动性要求高。需要保持物体在移动状态中的通信。

2)电波传播条件复杂。移动体可能在各种环境中运动,电磁波在传播时会产生反射、折射、绕射、多普勒效应等现象,会对通信产生多径干扰、信号传播延迟和展宽等挑战。

3)系统和网络结构复杂。移动通信是一个多用户通信系统和网络,必须使用户之间互不干扰,能协调一致地工作。此外,移动通信系统还应与市话网、卫星通信网、数据网等互连,整个网络结构复杂。

4)移动通信要求频带利用率高、设备性能好。

### 3. 移动通信的典型应用

(1)校园网

校园网是为学校师生提供教学、科研和综合信息服务的宽带多媒体网络,如图 5-23 所示。首先,校园网应为学校教学、科研提供先进的信息化教学环境。这就要求多媒体教学软件开发平台、多媒体演示教室、教师备课系统、电子阅览室以及教学、考试资料库等都可以在校园网上运行。如果一所学校包括多个系,也可以形成多个局域网络,并通过有线或无线方式连接起来。其次,校园网应具有教务、行政和总务管理功能。

笔记

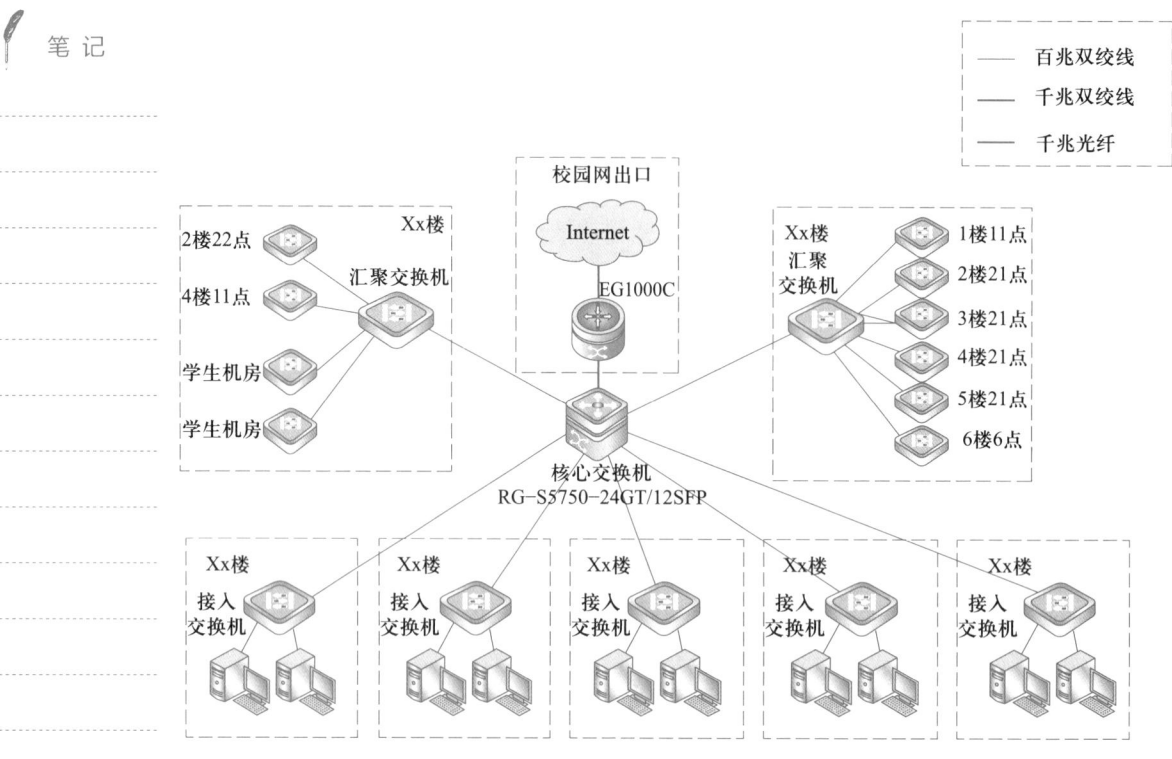

图 5-23　校园网网络结构

（2）医疗领域

在医疗领域应用移动通信技术意义重大。医疗通信应用场景目前主要有通知、远程数据采集、远程监控、交流与培训、疾病与流行病传播跟踪及诊断与治疗支持等，如图 5-24 所示。

（3）5G

第五代移动通信技术（5th Generation Mobile Communication Technology，5G）是具有高速率、低时延和大连接特点的新一代宽带移动通信技术，是实现人机物互联的网络基础设施。国际电信联盟定义了 5G 的三大类应用场景，即增强移动宽带、超高可靠低时延通信和海量机器类通信。增强移动宽带主要面向移动互联网流量爆炸式增长，为移动互联网用户提供更加极致的应用体验；超高可靠低时延通信主要面向工业控制、远程医疗、自动驾驶等对时延和可靠性具有极高要求的垂直行业应用需求；海量机器类通信主要面向智慧城市、智能家居、环境监测等以传感和数据采集为目标的应用需求，如图 5-25 所示。

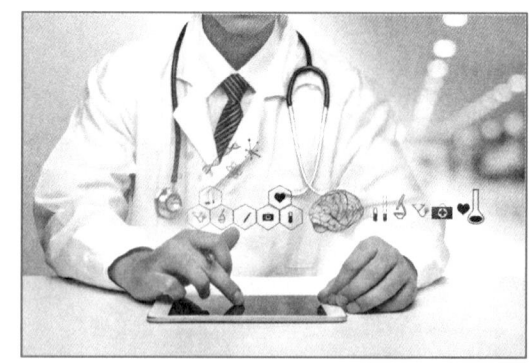

图 5-24　医疗通信示意图

图 5-25 5G 城市

伴随着移动通信技术的发展,5G 在我国普及率越来越高。5G 具有超大带宽、超高速度、超低延时等特征,可以有效地与智能制造产业相融合。高性能的 5G 网络将连接工厂内的海量传感器、机器人、虚拟现实设备和信息系统,再通过人工智能分析后将决策建议反馈至工厂。智能工厂里的生产设备将在 5G 技术的支持下实现无缝连接,全面打通设计、采购、仓储、物流等环节,构建智能制造网络,自动执行人工智能决策,并反馈执行情况。

### (六) 物联网

**1. 什么是物联网**

物联网(Internet of Things,IoT)起源于传媒领域,是推动信息科技产业的第三次革命的重要技术之一。物联网是指通过信息传感设备,按约定的协议,将物体与网络相连接,物体通过信息传播媒介进行信息交换和通信,以实现智能化识别、定位、跟踪、监管等功能,如图 5-26 所示。

**2. 物联网的技术特点**

1) 物联网的感知技术应用广泛。
2) 物联网是一种建立在互联网上的泛在网络。
3) 物联网不仅仅提供了传感器的连接,其本身也具有智能处理的能力,能够对物体实施智能控制。

**3. 物联网的典型应用**

物联网有许多广泛的用途,遍及智能交通、环境保护、政府工作、公共安全、平安家居、智能消防、工业监测、老人护理、个人健康、花卉栽培、水系监测、食品溯源、敌情侦查和情报搜集等多个领域。

微课 5-7:
物联网

## 物联网的全方位应用

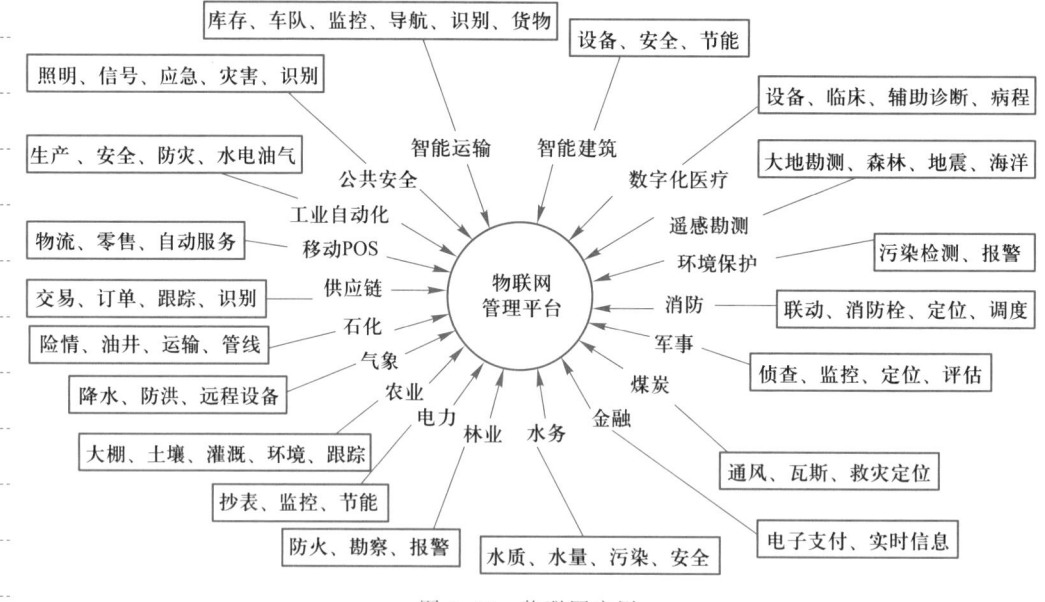

图 5-26 物联网应用

（1）智能交通系统

智能交通系统将先进数据通信技术、传感器技术、电子控制技术以及计算机应用技术等有效地综合运用于整个交通运输管理体系，从而建立起一种大范围、全方位的实时、准确、高效的综合运输和管理系统，如图 5-27 所示。

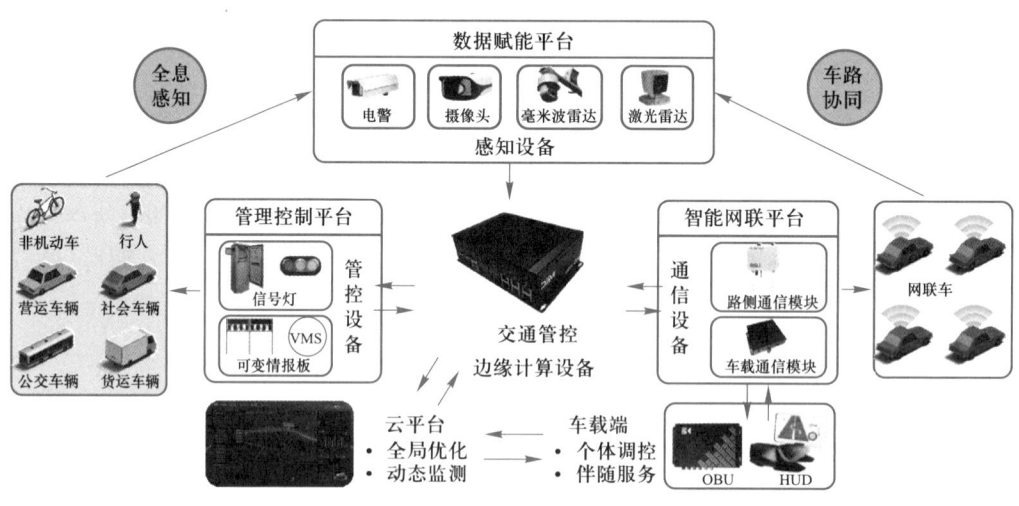

图 5-27 智慧交通系统

（2）智能家居

智能家居是以住宅为平台，利用综合布线技术、网络通信技术、安全防范技术、自动控制技术、音视频技术将家居生活有关的设施集成，构建高效的住宅设施与家庭日程事务的管理系统,提升家居安全性、便利性、舒适性、艺术性,并实现环保节能的居住环境,如图 5-28 所示。

（3）智能零售

智能零售将物联网技术应用到零售业中,通过感知消费习惯,预测消费趋势,引导生产制造,为消费者提供多样化、个性化的产品和服务。典型的落地场景如智能货柜、无人售货商店、智能补货机器人等,如图 5-29 所示。

图 5-28　智能家居

图 5-29　无人售货商店

## （七）区块链

### 1. 什么是区块链

区块链(Block Chain)是近年来信息技术领域的新热点,是分布式数据存储、点对点传输、共识机制、加密算法等计算机技术的新型应用模式,如图 5-30 所示。区块链起源于数字货币,点对点的传输意味着一个去中心化的支付系统。

微课 5-8：
区块链

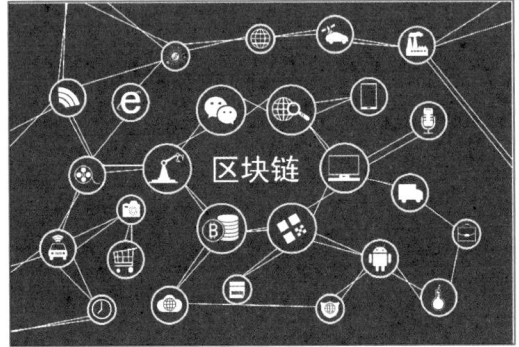

图 5-30　区块链的应用示意图

简单来说,区块链是一个分布式的共享账本或数据库,具有去中心化、不可篡改、全程留痕、可以追溯、集体维护、公开透明等特点。在区块链系统中,每个人都可以参与记账或成为数据库。

**2. 区块链的技术特点**

1) 去中心化。区块链上的每一方都可以访问整个数据库及其完整的历史记录,即没有单一方控制数据或信息。每一方都可以直接验证其交易合作伙伴的记录,而无需中间人。去中心化是区块链最突出最本质的特征。

2) 开放性。区块链技术是开源的,除了交易各方的私有信息被加密外,区块链的数据对所有人开放,任何人都可以通过公开的接口查询区块链数据和开发相关应用。

3) 独立性。基于协商一致的规范和协议,整个区块链系统不依赖其他第三方,所有节点能够在系统内自动安全地验证、交换数据。

4) 安全性。只要不掌控全部数据节点的51%,就无法肆意操控修改网络数据,这使区块链本身变得相对安全,避免了主观人为的数据变更。

5) 匿名性。除非有法律规范要求,单从技术上来讲,各区块节点的身份信息不需要公开或验证,信息传递可以匿名进行。

**3. 区块链的典型应用**

（1）金融行业

将区块链技术应用在金融行业中,能够省去第三方中介环节,实现点对点的直接传输,从而在大大降低成本的同时,快速完成交易支付。

（2）物流领域

区块链在物联网和物流领域是一个很有前景的应用方向。区块链可以降低物流成本,追溯物品的生产和运送过程,并且提高供应链管理的质量和效率。

（3）生产生活

区块链在公共管理、能源、交通等领域都与民众的生产生活息息相关。区块链提供的去中心化的服务通过网络中各个节点之间点对点的数据传输服务就能实现域名的查询和解析,可用于确保某个重要的基础设施的操作系统和固件没有被篡改,可以监控软件的状态和完整性,及时发现不良的篡改,并确保使用了物联网技术的系统所传输的数据没有经过篡改。

（4）文化产业

通过区块链技术,可以对作品进行鉴权,证明文字、视频、音频等作品的存在,保证权属的真实、唯一性。

（5）保险行业

通过智能合约的应用,既无须投保人申请,也无须保险公司批准,只要触发理赔条件,即可实现保单自动理赔。换言之,区块链在贷款合同中代替了第三方角色。

（6）公益事业

区块链上存储的数据,高可靠且不可篡改,天然适合用在社会公益场景。公益流程中的相关信息,如捐赠项目、募集明细、资金流向、受助人反馈等,均可以存放于区块链上,并且有条件地进行透明公开公示,方便社会监督。

单元 5　新一代信息技术

【课后提升】

拓展阅读 5-1：
新一代信息技术与其他产业的融合发展

**实训任务 5**：了解新一代信息技术与其他产业的融合发展

新一代信息技术发展的热点不只是信息领域各个分支技术的纵向升级，而更多聚焦在信息技术横向渗透融合中。信息技术研究的主要方向将从产品技术转向服务技术，以信息化和工业化深度融合为主要目标的"互联网+"是新一代信息技术的集中体现。

**1. 大数据与其他产业的融合发展**

随着移动互联网、物联网、云计算产业的深入发展，大数据国家战略加速落地，大数据产业体量呈现爆发式增长态势。大数据不是一个简单的产业，而是一个新的基础设施。

大数据是制造业智能化的基础，其在制造业大规模定制中的应用包括数据采集、数据管理、订单管理、智能化制造、定制平台等，核心是定制平台，如图 5-31 所示。定制数据达到一定的数量级，就可以实现大数据应用。通过对数据的挖掘，可以实现流行预测、精准匹配、时尚管理、社交应用、营销推送等更多的应用。同时，大数据能够帮助制造业企业提升营销的针对性，降低物流和库存的成本，减少生产资源投入的风险。

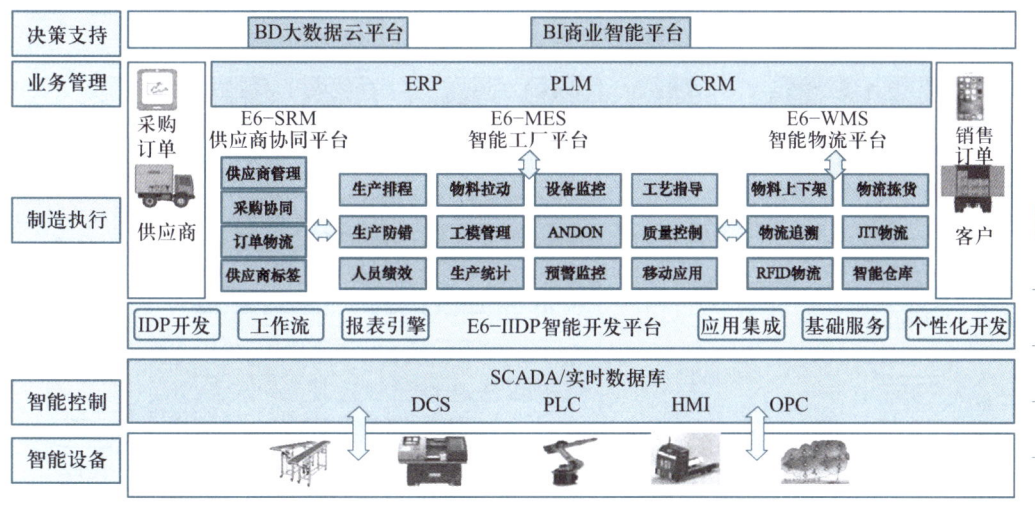

图 5-31　智能工厂

智慧农业使用大数据的技术和思维模式来处理农业从种植到销售所产生的数据，目的是获取有价值的数据信息用于监测与服务农业中从生产、经营、流通到消费的整个流程。实现农业大数据的过程与信息化密不可分，当今大数据的发展与农业相关学科结合互融，为农业科研的现代化、政府宏观的战略决策、涉农企业与世界接轨等领域提供全新的方法与模式，如图 5-32 所示。

通过对医疗数据的分析，人们能预测流行疾病的爆发趋势，从而避免感染、降低医疗成本、让患者享受到更加便利的服务。大数据支持电子医疗记录的收集，如图 5-33 所示。每一个病人都有自己的电子记录，包括个人病史、家族病史、过敏史以及所有医

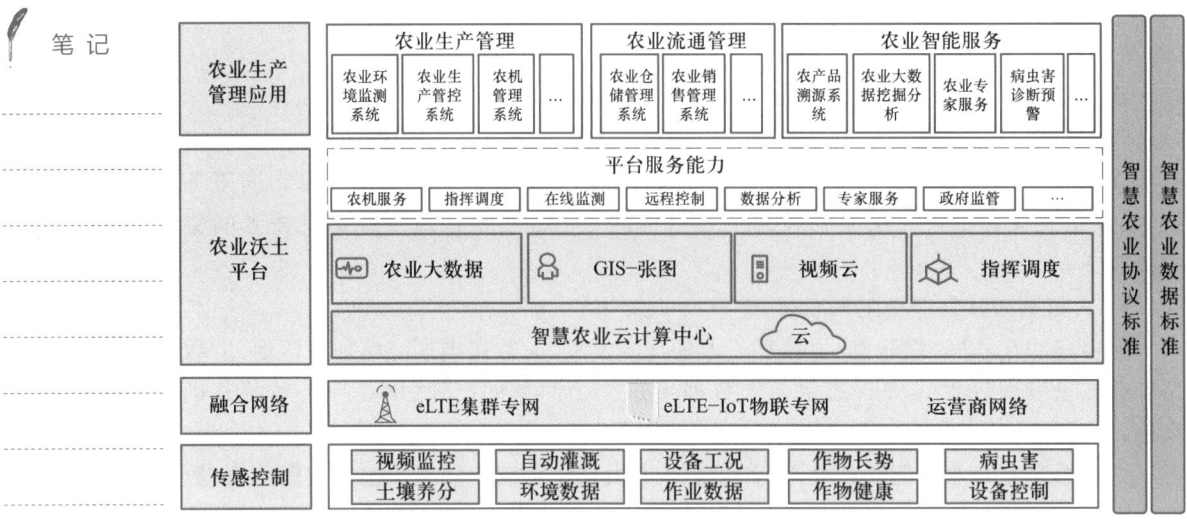

图 5-32 大数据与农业

疗检测结果等。这些记录同时也能帮助病人掌握自己的用药情况,还是医学研究的重要数据参考。信息的收集能被用于医疗研究,并根据地理位置、人口或社会经济水平的不同用于分析群体的健康状况。

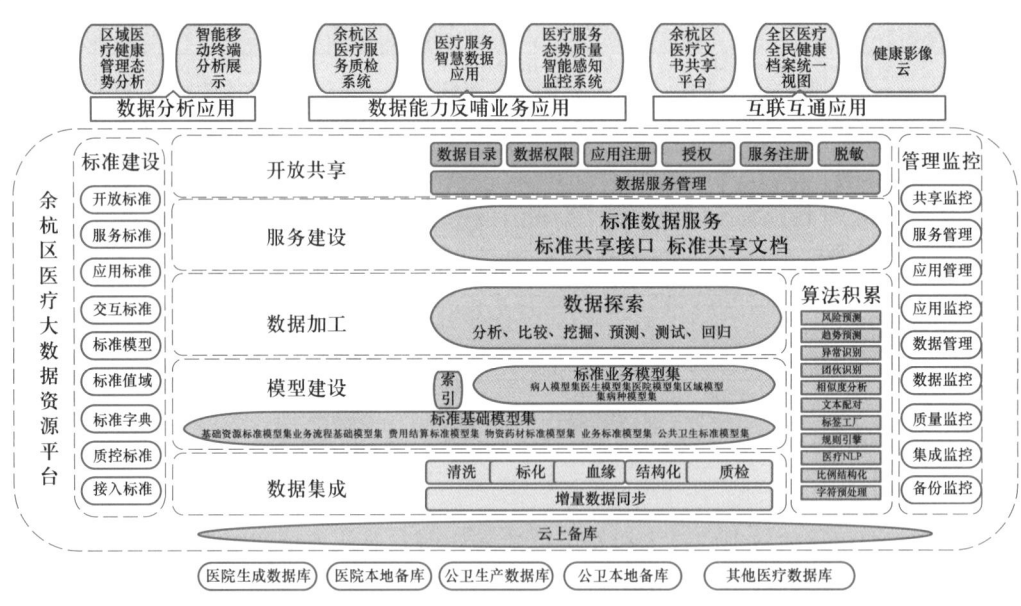

图 5-33 医疗大数据

**2. 人工智能与其他产业的融合发展**

近年来,随人工智能技术的发展,智能产品不断融入人们的生活,人与机器协作逐渐成为人类社会的常态。人工智能技术在互联网行业的应用已经较为成熟,伴随着科技的发展,其将会继续融入其他行业,协助相关产业加速发展,如图 5-34 所示。

人工智能技术在制造业中取代了一些传统的设备,也使得生产线的各类设备由自动化向智能化、高效化转变。人工智能技术应用在制造业,可以提高生产制造效率,降低劳动力密度,同时可以严格把控产品质量,实现全面监控。

人工智能技术在多种农业场景中得到广泛应用,可以改变农业生产方式,推进农业供求改革。例如,耕作、播种和采摘等智

图 5-34　机器人流水线

能机器人,土壤分析、种子分析、病虫害分析等智能识别系统,以及禽畜的智能识别产品等。这些应用能有效提升农业牧业的产出及效率,同时控制农药和化肥的使用。

人工智能在教育领域的一系列创新应用,优化了教学方式,开启智慧教育新模式。人工智能在教学方法、教学形式等方面全方位助力现代教育改革。借助人机交互方法,教学情景变得更生动鲜活。教师不是面向所有学生开展"标准化教学",而是根据人工智能和大数据系统提供的学生情况发展报告,对学生开展个性化指导,补足薄弱环节,发展自身优势。

### 3. 云计算与其他产业的融合发展

近年来,我国云计算产业快速发展,已成为推动经济增长、加速产业转型的重要力量。云计算服务已经变成新型的信息基础设施,并与很多行业融合,如图 5-35 所示。

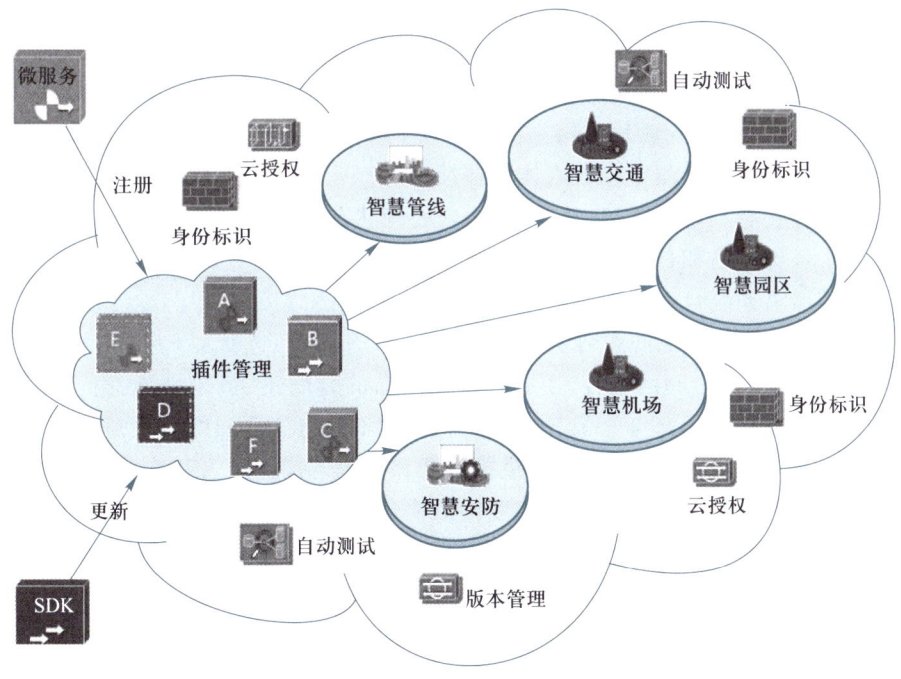

图 5-35　云计算服务平台

云计算协助生产制造过程智能化,并助力商业模式转变。云计算满足制造业的定

制化趋势,将先进自动化技术、传感技术、控制技术、数字制造技术以及物联网、大数据、云计算等新一代信息技术相结合,实现工厂和企业内部、产品全生命周期的实时管理和优化的新型制造系统,推动生产方式向定制化、柔性化转变。云计算还可以助力制造业的海外战略部署。随着国内云计算服务商在全球化云计算基础设施的布局,中国企业可以使用本国云服务来支撑全球业务发展。

随着科技的发展,云计算技术被应用到农业发展中,尤其是在现代农业中更是有着广泛的应用。在云计算的基础上对农作物的基因组进行测序,可以从质上改变农作物的质量。通过改变农作物的基因,科学家们可以培育出高营养的农作物。

以云计算为代表的新兴技术,让教育和学习方式发生了翻天覆地的变化。教师可以通过云计算来创新课堂结构和课堂形式,如混合或翻转教室,都可以通过云计算来进行优化。学生可以使用云技术便利地获取课程和上传作业。云计算还提供了前所未有的可靠性——当设备出现故障时,信息不会总是丢失,因为用户可以在云中备份数据。借助云,教师和管理员可以轻松共享课程计划,并可以在任何地方或任何时间制订课程计划。学生能访问在线教科书,不仅节约了印刷成本,也能确保学生使用最新版本的教科书,同时云计算还可以减少纸张使用量和复印成本。

云医疗是云计算技术在医疗领域的实际应用,它缓解了海量数据难于存储、信息数据孤岛这两大难题。通过云计算整合医疗信息化改革过程中遇到的难题,可以从根本上缓解并解决区域内的"就医难"问题。

**4. 量子信息与其他产业的融合发展**

量子信息技术结合机器学习,将在包括制造业在内的多个领域产生重大影响。对制造业的影响包括通过加快计算速度,使制造商超越传统计算的速度限制,从而使生产线动态执行优化。此外,量子计算还可以分析更为复杂的软件系统。

量子技术在健康医疗领域应用主要包括以下4个方面:

1)准确探知、查找、测定存在人体潜在性疾病。
2)健康普查和疑难病筛选,情绪、压力与心理状态的量化和评估。
3)鉴定各类药物和食物的成分及功效,筛选有效药物。
4)人体器官系统自动频率改善。

**5. 物联网与其他产业的融合发展**

制造业与物联网之间的融合,主要体现在产品的智能化、智能物流、生产过程的监控和管理、售后服务的管理4个具体方面。物联网不仅将工业网络扩展到设备级架构,还包括将安全、机器对机器智能、自动维护资源和企业连接性融入制造业中。从资源管理到智能机器设备再到预测和运维,物联网的快速发展,为制造自动化带来了非常积极的影响。

传统农业中农民全凭经验浇水、施肥、打药,而农业物联网则通过各种仪器仪表实时显示或作为自动控制的参变量参与到自动控制中的物联网,可以为温室精准调控提供科学依据,达到增产、改善品质、调节生长周期、提高经济效益的目的。

人工智能和物联网的融合,衍生出人工智能物联网(AIoT)。通过物联网收集海量的数据存储于边缘端或云端,再通过大数据分析与人工智能预测,实现万物数据化、万物智联化。物联网+人工智能追求的是一个智能化的生态体系,从而使物联网更广泛地应用在智慧工业、智慧农业、智慧城市、智慧医疗中。

#### 6. 区块链与其他产业的融合发展

区块链作为一项颠覆性技术正在引领全球新一轮技术变革和产业变革。区块链具有防伪造、防篡改、可追溯的技术特性,有利于解决制造业中的设备管理、数据共享、多方信任协作、安全保障等问题,对于提升工业生产效率、降低成本、提升供应链协同水平和效率、促进管理创新和业务创新具有重要作用。

区块链在物联网农业、农产品溯源、农村金融等领域的运用推动着农业的发展。物联网和区块链的结合将使这些设备实现自我管理和维护,降低互联网设备的后期维护成本,有助于提升农业物联网的智能化和规模化水平。基于区块链技术的农产品追溯系统,所有的数据一旦记录到区块链账本上将不能被改动,依靠不对称加密和算法的先进科技从根本上消除了人为篡改的可能,使得信息更加透明,如图 5-36 所示。区块链在农业安全生产和电子商务、农业大数据、农村金融和保险、农产品供应链等方向都具有非常大的应用潜力。

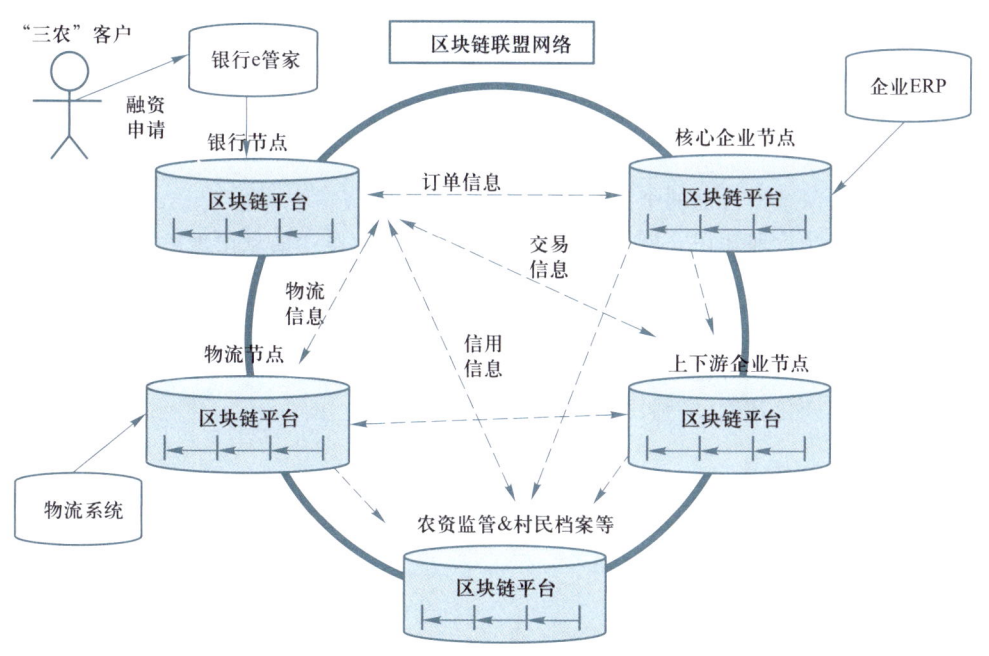

图 5-36 区块链网络

# 单元6 信息素养与社会责任

## 项目6 了解信息素养与社会责任

### 【学习目标】

**1. 知识目标**

1)理解信息安全的含义。

2)了解信息伦理的概念。

3)了解社会责任的概念和基本要求。

**2. 能力目标**

1)掌握如何维护自己的个人信息安全的方法。

2)掌握信息伦理知识并能有效辨别虚假信息,自觉遵守信息伦理的相关规则。

**3. 素质目标**

1)树立正确的职业理念。

2)具备信息安全防护的意识。

3)了解国产化替代,增强民族自信心和使命感。

### 【课前自学】

(一)信息素养

**1. 信息素养的概念**

信息素养最早的定义是利用大量的信息工具及信息源使问题得到解答的技能。该概念一经提出,便得到广泛传播和使用。之后,有学者将信息素养概括为了解提供信息的系统并能鉴别信息价值、选择获取信息的最佳渠道、掌握获取和存储信息的基本技能。

一个具有信息素养的人,应能够认识到精确的和完整的信息是做出合理决策的基础,确定对信息的需求,形成基于信息需求的问题,确定潜在的信息源,制定成功的检索方案,从包括基于计算机和其他信息源获取信息、评价信息、组织信息于实际的应用,将新信息与原有的知识体系进行融合以及在批判性思考和问题解决的过程中使用信息。

**2. 信息素养的要素**

信息素养包括信息意识、信息技能、信息知识、信息道德 4 个要素,如图 6-1 所示。这 4 个要素共同构成一个不可分割的统一整体,其中信息意识是先导,信息知识是基础,信息能力是核心,信息道德是保证。

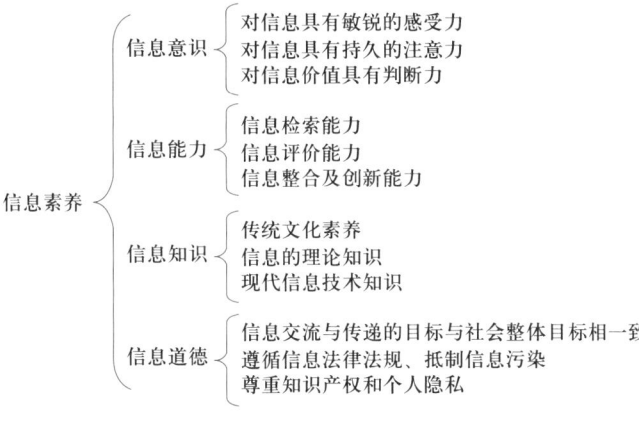

图 6-1 信息素养的四个要素

## (二) 信息技术发展史

**1. 信息技术的概念**

信息技术是指在信息的获取、整理、加工、存储、传递、表达和应用过程中所采用的方法,如语言、文字、信号、书信、电话及网络等。目前,信息技术主要指应用计算机科学和通信技术来设计、开发、安装和实施的信息系统及应用软件,所以信息技术有时也称为信息和通信技术。

微课 6-2:
信息技术发展史

**2. 信息技术发展史**

信息技术从产生到现在共经历了 5 次变革。

第一次是人类语言的产生,发生在距今约 3.5 万~5 万年前。它是信息表达和交流手段的一次关键性革命,产生了信息获取和传递技术。

第二次是文字的出现,大约在公元前 3500 年。文字的使用使信息可以长期存储,实现了跨时间、跨地域地传递和交流信息,并随之产生了原始的信息存储技术。

第三次是造纸术和印刷术的发明,造纸技术大约在公元 105 年出现。造纸把信息的记录、存储、传递和使用拓展到了更广阔的空间,使知识的积累和传播有了可靠的保证,是人类信息存储与传播手段的一次重要革命,也随之产生了更为先进的信息获取、存储和传递技术。

第四次是电报、电话、广播、电视的发明和普及,始于 19 世纪 30 年代。这些技术的应用实现了信息传递的多样性和实时性,打破了交流信息的时空界限,提高了信息传播的效率,是信息存储和传播的又一次重要革命。

第五次是计算机与互联网的出现,始于 20 世纪 60 年代。这是一次信息传播和信息处理手段的革命,对人类社会产生了空前的影响,使信息数字化成为可能,信息产业应运而生。

**3. 信息技术知名企业简介**

华为创立于 1987 年,是全球领先的信息与通信基础设施和智能终端提供商,其业务遍及 170 多个国家和地区,服务全球 30 多亿人口。

华为致力于把数字世界带入每个人、每个家庭、每个组织,构建万物互联的智能世界;让无处不在的连接成为智能世界的前提和基础;为世界提供多样性算力,让云无处不在,让智能无所不及;所有的行业和组织,因强大的数字平台而变得敏捷、高效、生机勃勃;通过 AI 重新定义体验,让消费者在家居、出行、办公、影音娱乐、运动健康等全场景获得极致的个性化智慧体验。

正因为华为秉承"开放合作共赢"的宗旨,面向未来的可持续发展,和全球学术界开放合作,持续探索新理论、新架构、新技术,才可以支撑产业长期可持续发展。华为标志及其园区如图 6-2 所示。

图 6-2 华为标志与园区

微课 6-3:
信息安全

### 【课中学习】

#### (一)信息安全

**1. 信息安全的定义**

国际标准化组织(ISO)对于信息安全的定义:为数据处理系统建立和采用的技术、管理上的安全保护,其目的是保护计算机硬件、软件、数据不因偶然和恶意的原因遭到破坏、更改和泄露。

**2. 信息安全问题存在的主要原因**

(1)非法信息采集

科技给人们的生活方式带来了简便、快捷和互联等,但其背后也伴有诸多信息安全隐患,例如诈骗电话、网络高利贷、推销信息以及"人肉搜索"等问题对个人信息安全造成很大影响。不法分子通过非法软件盗取个人信息,并利用信息牟利,严重威胁了公民生命、财产安全。部分未经授权的商家和个人非法采集个人信息,甚至建立调查公司兜售个人信息。这些问题使得个人信息安全遭到极大威胁,侵犯公民的隐私权。

（2）欠缺足够的信息保护意识

个人信息在网络上传播或被非法交易导致推销电话、骚扰短信不断，这与个人欠缺信息保护意识有一定的关系。公民在个人信息层面的保护意识相对薄弱，给不法分子盗取信息创造了条件。比如，有些网站要求填写个人的相关资料，有些网站甚至要求填写身份证号码等敏感信息。很多公民并未意识到这些行为是对个人信息安全以及隐私的侵犯。更有甚者，利用公民意识薄弱的弱点泄露或者是出售相关信息。日常生活中填写实名并要求填写敏感信息的问卷、访问记录表也存在信息被违规使用的风险。

3. 信息安全防护策略

（1）数据库管理安全防范

在数据库安全管理中存在各类由于人为因素造成的计算机网络数据库安全问题，对数据库安全产生了较大威胁。例如，由于操作不当导致数据库中遗留有害程序，这些程序影响计算机系统的安全运行，甚至会给用户带来巨大的经济损失。计算机用户和管理者应能够依据不同风险因素采取有效控制防范措施，并且从意识上真正重视安全管理保护，合理安排计算机网络数据库的安全管理工作。

（2）加强安全防护意识

很多人在生活中会用到各种账号，比如网银账号，以及微博、微信及支付宝账号等。这些信息的使用不可避免，但这些信息是不法分子的窃取目标。不法分子企图窃取用户的信息，使用这些信息登录用户的使用终端，并盗取用户账号内的数据或资金。网络上用户的各个账号之间是有关联的，一旦窃取成功一个账号，其他账号的窃取便易如反掌，可能会给用户带来更大的经济损失。因此，用户必须时刻保持警惕，提高自身安全意识，拒绝下载来源不明软件，禁止点击不明网址，提高账号密码安全等级，禁止多个账号使用同一密码等。

（3）采用数据加密技术

对于数据库安全管理工作而言，数据加密技术是一种非常有效的手段。加密能够最大程度避免计算机系统受到病毒侵害，保护计算机网络数据库信息安全，保障相关用户的利益。数据加密技术的特点是隐蔽性和安全性。当前市场上应用最广的计算机数据加密技术主要有保密通信、防复制技术及计算机密钥等。这些加密技术虽然各有利弊，但对于保护用户信息数据都具有重要的现实意义。因此，在数据库的日常安全管理中，采用科学先进的数据加密技术是非常必要的。加密技术除了能大大降低病毒程序入侵用户的重要数据信息网络外，还能在用户的数据信息被入侵后，依然有能力保护数据信息不泄露。需要注意的是，计算机系统存有庞大的数据信息，对每项数据逐一进行加密保护显然不现实，这就需要利用层次划分法，依据不同数据的重要程度合理进行加密处理，确保重要数据不会被破坏和窃取。

（4）提高硬件质量

影响计算机网络信息安全的因素不仅有软件质量，还有硬件质量，并且两者之间存在一定区别。在考虑硬件安全性的基础上，还必须重视硬件的使用年限问题。硬件作为计算机的重要构成要件，随着使用时间的增加，其性能会逐渐降低。用户在日常工作中应注意维护、修理与更换。

(5) 改善机房环境

改善机房环境是指改善计算机的使用环境,如灰尘、湿度及温度等。具体来说就是在计算机的日常使用中定期清理灰尘,保证硬件在干净的环境下工作,有效避免计算机硬件老化。最好不要在温度过高和潮湿的环境中使用计算机,注重计算机的外部维护。

(6) 安装防火墙和杀毒软件

防火墙能够有效限制计算机网络的访问权限,通过安装防火墙,可自动分析网络的安全性,拦截非法访问,过滤可能存在问题的消息,一定程度上增强系统对非法软件的抵御能力,提升网络系统的安全指数。同时,计算机还需要安装杀毒软件。杀毒软件可以删除和中断系统中的病毒,对于提高计算机网络安全大有益处。

(7) 应用计算机入侵检测技术

入侵检测主要是针对数据传输安全检测的系统。通过入侵检测系统的使用,可以及时发现计算机与网络之间异常现象,通过报警的形式提示使用者。为更好发挥入侵检测技术的作用,在使用该技术时会辅以加密、数据分析等一系列技术,确保计算机网络安全。

(8) 其他措施

为计算机网络安全提供保障的措施还包括提高账户的安全管理意识、加强网络监控技术的应用、加强计算机网络密码设置、安装系统漏洞补丁程序等。

4. 信息伦理

(1) 信息伦理的定义

微课6-4:
信息伦理

信息伦理是指涉及信息开发、信息传播、信息管理和利用等方面的伦理要求、伦理准则、伦理规约,以及在此基础上形成的新型的伦理关系。信息伦理又称为信息道德,是调整人和人以及个人和社会之间信息关系的行为规范的总和。信息社会中出现的信息伦理问题主要包括侵犯个人隐私权、侵犯知识产权、非法存取信息、信息责任归属、非法使用信息技术、信息授权等。网络信息的个体性与信息共享性之间产生激烈冲突,产生了各种新的矛盾。这种矛盾用以往的社会伦理难以定义、解释和调解,而制定的信息化相关法律和法规又具有相对的滞后性。这种现状需要信息化建设者、学术界和法律界共同研究和探讨。

(2) 如何维护自己的个人信息安全

1) 切勿将自己的身份证件、银行卡、电子银行等出租、转借或转卖给他人使用。

2) 切勿向他人透露银行卡号、账户密码、有效期、安全码、身份证号、短信验证码等重要信息。

3) 下载安装 App 或在第三方办理业务时,留意授权权限,仔细阅读相关协议和合同条款,谨慎写个人信息,避免重要信息被搜集或非法使用。

4) 不随意丢弃业务单据、ATM 凭条、信用卡对账单、刷卡单据等交易凭证,提供身份证复印件时注明用途,以防被人盗用。

5) 切勿向他人透露个人金融信息、财产状况等基本信息,更不要随意在网络上留下个人金融信息。

6) 尽量亲自办理金融业务,切勿委托不熟悉的人或中介代办,谨防个人信息和财产被盗。

7）不轻信来历不明的电话号码、手机短信和邮件。不向他人透露自己的银行账户、密码或向来历不明的账户转账。如有人要求或询问,应拒绝,必要时报警。

8）要在可靠 Wi-Fi 网络环境下进行网上支付,网购付款时使用正规网站,不要随意点击卖家发来的"付款链接"。

（3）如何遵守信息伦理

网络道德的培养,要正确地使用网络工具,应学会使用网络这一工具获取最新信息,使网络成为提高自己学习能力的重要工具,而不是利用它违背道德。

网络上存在不少虚假、低级庸俗甚至反动、色情的内容,要提高鉴别善恶美丑的能力,一定要做到不进入不良网站,不浏览不良的内容。

其次,要健康地进行网络交往。网络已成为一种人际交往的媒介和工具。网络交往要做到诚实无欺,不应该在网络上侮辱、诽谤他人,更不能通过网络进行色情、赌博等违法活动。

要自觉避免沉迷于网络,特别是网络游戏中。沉迷于网络游戏已成为近年来青少年刑事犯罪率升高的重要原因之一,并引起全社会的重视。

在公众、法律和媒介的合力作用下,营造出良好的信息交流环境,形成规范的信息传播实践模式,促进信息社会的和谐发展。

## (二) 信息素养与社会责任

### 1. 信息素养

信息素养是人们有效参与信息社会的必备的素养,并伴随着信息技术发展不断地被赋予新的内涵。随着信息化高速发展,人们的学习方法与媒介发生了很大的变化,这也就要求人们要具备独立学习能力及信息处理能力。

大学生的信息素养能力包括信息技术的使用能力、信息获取能力、信息处理能力及信息表达能力等。

微课 6-5：
信息素养与社会责任

（1）信息技术的使用能力

信息技术的使用能力是信息素养能力的基础。掌握使用信息系统的知识和技能是最基本的要求,具体包括以下几项能力：

1）掌握安装与启动信息系统工作的技能。

2）掌握操作信息系统的知识和技能。

3）掌握信息系统的日常维护和保养的知识和技能。

4）当出现故障和问题时,能判断与估计故障的原因,并进行必要的处理。

5）能根据工作需求选择合适的软件、系统,并准确熟练使用。

（2）信息获取能力

使用信息技术可以从海量的信息资源中筛选信息,信息获取能力是信息素养中非常重要的因素之一,主要包括以下几个方面的能力：

1）信息资源的查找能力。

2）信息资源的收集能力。

3) 信息资源的理解能力。
4) 信息资源的评价能力。
5) 信息资源的选择能力。

（3）信息处理能力

信息需要进行加工处理才能使用，因此必须具备一定的信息处理能力，才能把得到的碎片化信息和未经加工的数据真正使用。信息处理能力跟统计分析以及程序设计能力有着千丝万缕的关系，涉及的范围非常广泛，具体包括以下几个方面的能力：

1) 信息分类能力。
2) 信息统计分析能力。
3) 信息重组能力。
4) 信息编辑加工能力。
5) 信息存取能力。

（4）信息表达能力

人是信息的生产者和传播者，因此信息表达能力十分重要。具体体现为以下几项：

1) 信息生成能力。
2) 信息表达能力。
3) 信息报告能力。

**2. 社会责任**

数字化是这个时代的代名词，信息在人们的日常生活中起着举足轻重的作用。信息资源是现代社会必不可少的元素，自由、开放、共享、虚拟、多元是信息社会的标志。随着网络媒体的不断发展，移动通信、互联网、人工智能等技术将现代社会连接成一个复杂的网络系统，各类信息交织在一起，人与人之间、人与物之间、物与物之间都实现了高度交互性。人们从出生开始就潜移默化地受到信息社会氛围的熏陶，当信息社会中的个体充分享受信息技术带来的便利时，他们也会被赋予新的社会责任，即信息社会责任。与传统的社会责任的不同之处在于，信息社会责任是以信息社会作为大背景，以网络为媒介得以体现的一种责任，它决定了人们所学习的信息技术知识、技能以及掌握的解决问题思维能否恰当、合理、不违背道德原则、不触犯法律法规地运用。

人们要想在信息社会更好地履行自己的社会责任，需要做到以下几方面：

（1）遵守信息相关法律，维持信息社会秩序

法律是最重要的行为规范系统，国家对个人或企业的信息行为起调控作用，进而维持信息社会秩序，具体包括规范信息行为、保护信息权利、调整信息关系、稳定信息秩序。

2017年6月1日起实施的《中华人民共和国网络安全法》是为了保障网络安全，维护网络空间主权和国家安全、社会公共利益，保护公民、法人和其他组织的合法权益，促进经济社会信息化健康发展而制定的法律。其中的第十二条明文规定：任何个人和组织使用网络应当遵守宪法法律，遵守公共秩序，尊重社会公德，不得危害网络安全，不得利用网络从事危害国家安全、荣誉和利益，煽动颠覆国家政权、推翻社会主义制度，煽动分裂国家、破坏国家统一，宣扬恐怖主义、极端主义，宣扬民族仇恨、民族歧视，传播暴

力、淫秽色情信息,编造、传播虚假信息扰乱经济秩序和社会秩序,以及侵害他人名誉、隐私、知识产权和其他合法权益等活动。

(2)尊重信息相关道德伦理,恪守信息社会行为规范

20世纪70年代以来,一直存在关于信息伦理和信息素养的讨论,不过早期的讨论主要围绕信息从业人员展开,将其视作信息从业人员的一种职业伦理和素养。进入21世纪后,信息和科技的日益普及显著推动了经济社会各领域的深入发展,同时也切实改变了人们生活和社会交往的方式,现实世界与虚拟世界交融和并存的时代逐渐成形。

虽然法律是社会发展中不可缺少的强制手段,但在高速发展的信息社会环境下,法律可能会出现滞后性。在秩序形成的初始阶段,伦理原则、道德准则规范了信息社会的行为。

以个人隐私保护为例,该问题是信息伦理研究中最早出现的问题之一。在过去的很长时间内,每年都会新提出一些明确需要被保护的隐私内容和相关法律条文。如果说信息法律是信息活动强制性调控,那么信息伦理道德规范则是人们自觉调控方式,二者目标一致,相互配合、相互补充。

(3)杜绝对国家、社会和他人的直接或间接危害

信息科技对社会的渗透无处不在,同时,互联网把全世界紧密联系在一起,地域的影响被削弱,全球经济一体化也逐渐成形。传统的伦理道德观与地域文化和习俗有着千丝万缕的关联,因此同样面临演化的问题。例如,A国的公民在其个人网站上发布了一些有争议的文件,B国的公民可以访问该网站并下载这些文件,但下载行为会触犯B国的法律。那么,是否应该禁止A国的公民发布这些文档就成了问题。另外,智能终端的普及使时间和空间没有了阻隔,人与人之间的直接交流变得越来越少,也是一个问题。

互联网的普及同样引发了对匿名问题的思考,在早期互联网中,网民可以到不同的站点用匿名的方式发泄情绪、发表错误的思想、过时的主张,导致不文明用语屡见不鲜、网络空间"乌烟瘴气"。一则信息可能在短短几分钟内传播至数千甚至上万人,如果信息不实,可能会导致很大的社会问题。即使信息本身是真实的,网上批评和非议也很可能形成网络暴力,造成对当事人的过度审判。

当面对未知、疑惑或者两难局面的时候,"扬善避恶"是最基本的出发点,其中的"避恶"更为重要。每个信息社会成员都要从自身做起,做事前谨慎思考,己所不欲,勿施于人。杜绝对国家、社会和他人的直接或间接危害。

(4)关注信息科技革命带来的自然与人文环境变化挑战

随着现代科学技术的发展,人们开始关注人与自然、人与操作对象、人与人、人与社会以及人与自我5个方面的道德关系。如果进一步细分,还有人与信息、人与信息技术(媒体、计算机、网络等)等各种复杂的道德关系。

急剧的社会变迁不可避免地带来一些观念上的碰撞与文化上的冲突。例如,知识产权是基于创造成果和工商业标记依法产生的权利的统称。知识产权的有效保护对科学技术的发展起到了极大的促进作用,推广了新技术,同时"开源"的理念随之产生。时至今日,信息科技类开源产品的种类、数量繁多,使用也非常广泛。软件开源运动也

证明,开放源代码之后,由来自不同背景的参与者协作完成的程序,质量也非常高。获得开放软件源代码是免费的,但对所获取源码的使用却需要遵循该开源软件的许可协议。

## (三)国产化替代

微课 6-6:
国产化替代

近年来,我国的网络安全正在面临严峻挑战,其根本原因在于部分关键技术和设备受制于人。信息安全是关乎国家安全的大事,在时代背景下,"自主,可控"的软件系统肩负着历史使命。

国产化替代指的是替代具有一定科技含量、被外资垄断的产品,包括中央处理器(CPU)的替代、操作系统的替代、高端数据库服务器的替代。

(1)中央处理器

中央处理器(CPU)是计算机系统的核心,也是国家大宗战略物资,系统复杂、研发难度高。在国家集成电路产业政策和大基金投资等多重措施支持下,一大批国产 CPU 设计单位成长起来,产品覆盖了高性能计算、桌面、移动和嵌入式等主要应用场景。经过多年的积累,我国也涌现了诸如申威、飞腾、龙芯等优质可靠产品和国产领先、尖端的 CPU 厂商,如图 6-3 所示。

图 6-3 龙芯 3 号

(2)操作系统

操作系统是管理计算机硬件和软件资源的计算机程序。目前国产操作系统技术趋于成熟,银河麒麟、中标麒麟、红旗 Linux、优麒麟等系统已具有较高的实用性、稳定性和安全可控性,如图 6-4 所示。国产操作系统产品已覆盖服务器、桌面、移动和嵌入式等领域,且大多采用开源技术,在系统的功能、性能,以及对设备、应用软件的支持方面可满足用户的使用要求,可支持多种国产化处理器(方舟、龙芯等)架构,满足当前的应用需求。

图 6-4 银河麒麟、中标麒麟和优麒麟品牌

(3)高端数据库服务器

在大数据、云计算时代,计算能力主要依靠数据中心提供。目前国产数据库主要有

达梦、金仓、南大通用、神通等。软件国产化意味着不仅要适配数据库,而且要适配国产操作系统和硬件环境。国内多家自主知识产权的国产数据库与国产处理器、操作系统可深入融合适配,支持商业化部署、容灾等工具使用。

【课后提升】

实训任务6:网络诈骗认知与防范

网络诈骗是近年来最常见的信息安全威胁之一,如何识别网络诈骗并加强防范,也是信息化社会中每个人所必须掌握的一项基本技能。

拓展阅读6-1:网络诈骗认知与防范

**1. 什么是网络诈骗**

网络诈骗通常指不法分子为达到某种目的在网络上以各种形式向他人骗取财物的诈骗手段,即犯罪的主要行为、环节发生在互联网上的,用虚构事实或者隐瞒真相的方法骗取财物的行为。

**2. 常见的网络诈骗类型**

(1)刷单返利类诈骗

刷单返利类诈骗由于返利周期短、引流成功率高,已逐步演变为当前变种最多、变化最快的诈骗类型,并与其他电信网络诈骗手法相互"融合",成为电信网络诈骗主要引流方式。诈骗分子主要犯罪手法为:第1步,前期引流。通过网页、短信、社交软件、短视频平台等渠道发布兼职广告,打着"足不出户、高额佣金"的旗号,或以色情内容和免费礼物为诱饵,招募"刷单客""点赞员"或"推广员",一旦有受害人"上钩",即将其拉入"做任务"的聊天群。第2步,小额返利。加入聊天群后,诈骗分子会让受害人在群内领取"新手任务",主要是提高平台商家、网店的交易量、信誉度,关注相关公众号、账号,为短视频点赞评论刷粉丝等。受害人完成"新手任务"后,诈骗分子会快速返还小额佣金,用以骗取受害人信任。第3步,诱导下载刷单App。在受害人完成前期任务并获利基础上,诈骗分子通常会安排专人在微信群中散布获得高额佣金的截图,引诱受害人下载虚假刷单App做"进阶任务"。随后,诈骗分子以类似"充值越多、抢单越多、返利越多"为诱饵,诱骗受害人在刷单App中垫资充值,实际是将受害人资金转入其提供的银行账户,而受害人的App账户中显示的金额仅仅是虚拟数字。第4步,完成诈骗。当受害人完成任务想要提现时,诈骗分子将设置重重障碍,以"任务未完成""卡单"或"操作异常账户被冻结"等各种借口,拒不支付本金和佣金,甚至诱导受害人加大投入,进而骗取更多资金。一旦受害人识破骗局,诈骗分子将切断一切联系。

【小贴士】

刷单行为涉嫌违法,凡是需要先行充值或垫付资金的刷单行为都是诈骗。

(2)虚假投资理财类诈骗

虚假投资理财类诈骗的受害人多为具有一定收入、资产的单身群体或热衷投资、理财、炒股的人群。诈骗分子主要犯罪手法为:首先,通过多种渠道锁定受害人并骗取其信任,方式包括通过社交软件寻找受害人并建立联系、发布股票外汇等投资理财信息网罗目标人群、通过婚恋交友平台确定婚恋关系骗取信任等。在获得受害人信任后,诈骗分子采用冒充投资导师、金融理财顾问，或谎称有特殊资源可获得高额理财回报等方式，引诱受害人加入"投资"群聊、听取"投资专家"直播课、接受"股票大神"投资指导。随后，诈骗分子将诱导受害人在其提供的虚假网站或App上投资，前期小额投资试水可获得返利，一旦受害人加大资金投入后，就会发现无法提现或全部亏损，并被诈骗分子拉黑，且虚假网站、App无法登录。

【小贴士】

投资理财需谨慎，警惕虚假投资理财网站或App。

（3）虚假网络贷款类诈骗

诈骗分子通过网络媒体、电话、短信、社交软件等发布办理贷款、信用卡、提额套现等广告信息，打着"无抵押""免征信""无息低息""快速放款"或"免费提额套现"等幌子，以事先收取手续费、保证金、验资、交税等为由，或以检验还贷能力、调整利率、降息、提高征信等为借口，诱骗具有贷款需求或曾办理贷款业务的受害人转账汇款，甚至骗取受害人银行账户和密码等信息直接转账、消费，从而实施诈骗。

【小贴士】

任何声称"无抵押、无资质要求、低利率、放款快"的网贷平台都有极大风险。

（4）冒充客服类诈骗

冒充客服类诈骗的受害人群通常为网购用户，诈骗分子事先大肆非法窃取、收购买家网购信息及快递面单信息，以退款、理赔等为由对买家或平台商家实施精准诈骗。诈骗分子主要犯罪手法包括：冒充电商平台或者物流快递企业客服，谎称受害人网购商品出现问题，以退款、理赔、退税等为由，诱导受害人提供银行卡和手机验证码等信息，对受害人实施诈骗；声称误将受害人升级为VIP会员、授权为代理、办理商品分期业务等，以不取消上述业务将产生额外扣费为由，诱导受害人支付手续费，从而实施诈骗；以受害人电商平台会员积分、支付宝芝麻信用积分不足为由，让受害人申请贷款从而提高会员积分，并诱骗受害人将贷款汇入其指定账户，从而实施诈骗。

【小贴士】

接到自称电商、物流客服电话，务必到官方平台核实。

（5）冒充公检法类诈骗

冒充公检法类诈骗紧跟社会热点、不断迭代升级，造成的损失金额往往较大，广大群众深恶痛绝。此类诈骗让受害人深信不疑的重要原因之一，就是诈骗分子通过非法获取公民个人信息，从而在诈骗过程中准确说出受害人姓名、工作单位、住址、身份证号等，具有极强的迷惑性。诈骗分子主要犯罪手法为：冒充公检法等机关工作人员，谎称受害人名下银行账户、电话卡、社保卡、医保卡等被冒用，或者身份信息被泄露，或者涉嫌洗钱、非法出入境、快递包裹藏毒等违法犯罪，以此要求受害人将资金转入"安全账户"配合调查或接受监管，进而实施诈骗。为增加可信度，一些诈骗分子会向受害人展示虚假公检法网站上发布的假通缉令等法律文书。为远程获取受害人手机上的个人信息，诈骗分子常常要求受害人下载具有屏幕共享功能的App。为使受害人处于完全被操控状态,诈骗分子还会诱骗受害人到酒店等封闭空间,阻断所有短信、来电等外界联系。公安机关工作中发现,一些诈骗分子还会冒充不同部门的政府机关工作人员,以领取补助补贴、奖学金、医保卡、证券、金融账户被冻结,出入境证件异常、失效等为由实施诈骗。特别是近期一些诈骗分子以受害人涉嫌散布疫情谣言、贩卖假口罩、违反疫情防控规定等为由进行诈骗,影响恶劣。

**【小贴士】**

自称公检法等国家机关工作人员并要求把钱款转到"安全账户"的一定是诈骗。

3. 防骗技巧

1) 不要随意拨打网上的电话。有些诈骗网站会留下自己的联系方式让人拨打,这个时候一定要提高警惕,必须先做一个全方位的了解,再考虑进行下一步的行动,万不可自以为是。

2) 去正规的官方网站,注意防范"钓鱼网站",即不法分子利用各种手段仿冒真实网站的 URL 地址以及页面内容,利用真实网站服务器程序上的漏洞在站点的某些网页中插入危险的 HTML 代码,以此来骗取用户银行卡、信用卡账号、密码等私人资料。

3) 购物尽量使用第三方支付平台交易。在网站购物时,消费者要尽量避免直接汇款给对方,可以采用支付宝等第三方支付平台交易。一旦发现对方是诈骗,应立即通知支付平台冻结货款。即使采用货到付款方式,也要约定先验货再付款,防止不法商家偷梁换柱。此外,一定要在市场上认可度比较高的购物网站上购物,在支付过程中最好选择支付宝、网银等较为安全的支付方式,切记不可现金转账,以免被骗。

4) 保管好自己的私人信息,不要随便告诉陌生人。注意保管好自己的电子邮箱、QQ 号等相关私人资料,尽量少在网吧或公用计算机上网等。尤其在汇款给他人前,务必要向对方核实情况,以免上当受骗。在网上购物接到退款电话时,一定要提高警惕,特别是对方要求提供身份证、手机号以及支付宝、银行卡的相关信息,千万不要轻易将账号和密码告诉给陌生人。

5) 账号密码要经常更换。不要嫌麻烦而年复一年地使用同一个密码,如银行账户、QQ、邮箱等一定要做到不定期地修改密码,建议最好与自己不离身的手机进行捆绑,以便在第一时间掌握自己网上的信息。

6) 一旦发现自己进入了诈骗圈套,第一时间举报,保留好证据,比如聊天记录等。若有钱财流失,马上报警,一定要冷静,不能试图自己解决,网络诈骗分子的手段非常多样,一定要及时求助、及时举报,共同维护健康的网络环境。

# 拓 展 篇

- 单元 7　信息基础技术
- 单元 8　信息应用技术
- 单元 9　通信工程技术
- 单元 10　信息工程项目管理

# 单元 7　信息基础技术

## 项目 7-1　信息安全

### 【信息安全认知】

#### （一）信息安全概述

在信息化社会中,计算机和网络技术在政治、军事、金融、工业、商业以及人们的日常生活等方面的应用越来越广泛。社会对计算机和网络的需求量越来越大,如果计算机和网络系统的信息安全受到危害,将可能造成巨大损失甚至导致社会混乱。因此,信息的获取、传输、处理和安全保障等能力成为一个国家综合国力和经济竞争力的重要组成部分,或者说,信息安全已成为影响国家安全、社会稳定和经济发展的重要因素之一。我国已经开启全面建设社会主义现代化国家新征程,必须采取措施确保我国的信息安全。

当前,网络和信息技术迅猛发展,深度融入我国经济社会的各个方面,极大地影响和改变着人们的生活方式和社会活动,在促进技术创新、经济发展、文化繁荣、社会进步的同时,网络安全问题也日益凸显。网络入侵、网络攻击等非法活动,严重威胁着重要领域的信息基础设施的安全,云计算、大数据、物联网等新技术、新应用面临着更为复杂的网络安全环境的挑战。

非法获取、泄露甚至倒卖公民个人信息,侮辱诽谤他人,以及侵犯知识产权等违法活动在网络上时有发生,严重损害公民、法人和其他组织的合法权益。宣扬恐怖主义、极端主义,煽动颠覆国家政权,以及淫秽色情等违法信息,借助网络传播、扩散,严重危害国家安全和社会公共利益。

由此可见,网络安全已成为关系国家安全和发展,关系人民群众切身利益的重大问题。

#### （二）信息安全的定义和基本特征

信息安全可被定义为在数据处理系统建立和使用的过程中,采用技术、管理上的安全措施来保护计算机硬件、软件、数据不因偶然和恶意的原因而遭到破坏、更改和泄露。

信息安全的目标就是要保证信息系统的基本安全,并达到信息处理和网络通信所需的保障级别。信息安全的基本属性包括保密性、完整性、可用性、可控性和可审查性等。

1)保密性:信息不泄露给非授权用户、实体或过程,或供其利用的特性。

2)完整性:数据未经授权不能进行改变的特性,即信息在存储或传输过程中保证不被修改、不被破坏和丢失的特性。

3)可用性:可被授权实体访问并按需求使用的特性,当需要时能否存取所需的信息。例如,网络环境下拒绝服务、破坏网络和有关系统的正常运行等都属于对可用性的攻击。

4)可控性:对信息的传播及内容具有控制能力。

5)可审查性:出现安全问题时提供依据与解决方案。

## (三) 信息安全主流技术和设备

目前的信息安全主流技术和设备包括以下几类。

### 1. 防火墙系统

防火墙是由软件和硬件设备组合而成、在内部网和外部网之间、专用网与公共网之间的保护屏障,如图 7-1 所示。防火墙是一种获取安全性方法的形象说法,它是一种计算机硬件和软件的结合,在内部网与外部网之间建立起一个安全网关,从而保护内部网免受非法用户的侵入。防火墙实际上是一种隔离技术,是在两个网络通信时执行的一种访问控制权限,只允许用户"同意"的人和数据进入内部网,同时将用户"不同意"的人和数据拒之门外,最大程度地阻止网络中的黑客非法访问用户的内部网络。如果不通过防火墙,内部网就无法访问互联网,互联网上也无法和内部网进行通信。

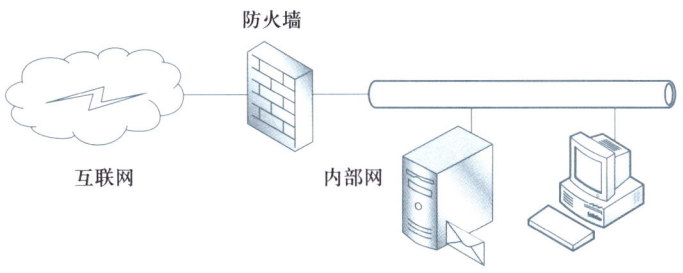

图 7-1 防火墙在网络中的位置

### 2. 入侵检测系统和入侵防御系统

入侵检测系统(Intrusion Detection System,IDS)是一种对网络传输进行实时监视的系统,在发现可疑传输时发出警报或者采取主动反应措施的网络安全设备。与其他网络安全设备的不同之处在于,IDS 采用一种积极主动的安全防护技术,如图 7-2 所示。

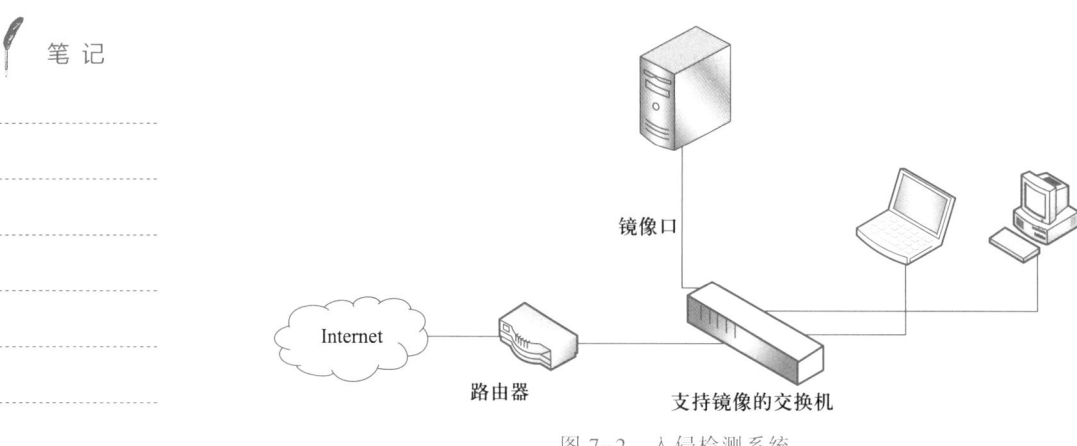

图 7-2　入侵检测系统

而入侵防御系统(Intrusion Prevention System,IPS)在入侵检测的基础上添加了防御功能,一旦发现网络攻击,可以根据该攻击的威胁级别立即采取抵御措施,如图 7-3 所示。

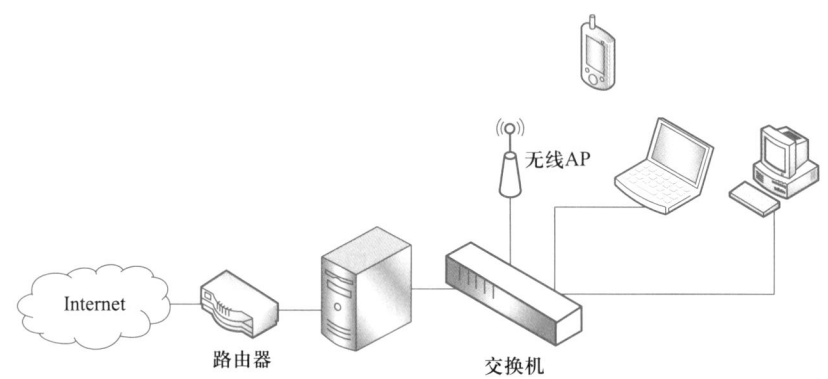

图 7-3　入侵防御系统

IDS 和 IPS 的差别在于:

1) 功能不同:IPS 在入侵检测的基础之上还实现了防护的功能。

2) 实时性要求不同:IPS 必须分析实时数据,而 IDS 可以基于历史数据做事后分析。

3) 部署方式不同:IDS 一般通过端口镜像进行旁路部署,而 IPS 一般要串联部署。

**3. Web 应用防火墙**

Web 应用防火墙(Web Application Firewall,WAF)是集 Web 防护、网页保护、负载均衡、应用交付于一体的 Web 整体安全防护设备。WAF 是应用级的网站安全综合解决方案,主要是为了防止网页内容被篡改,防止网站数据库内容泄露,防止口令被窃取,防止系统管理员权限被窃取,防止网站被植入病毒、木马、恶意代码、间谍软件等,防止用户输入信息的泄露,防止账号失窃,防止结构化查询语言(Structured Query Language,SQL)注入,以及防止跨站脚本(Cross Site Scripting,XSS)攻击等。WAF 功能示意如图 7-4 所示。

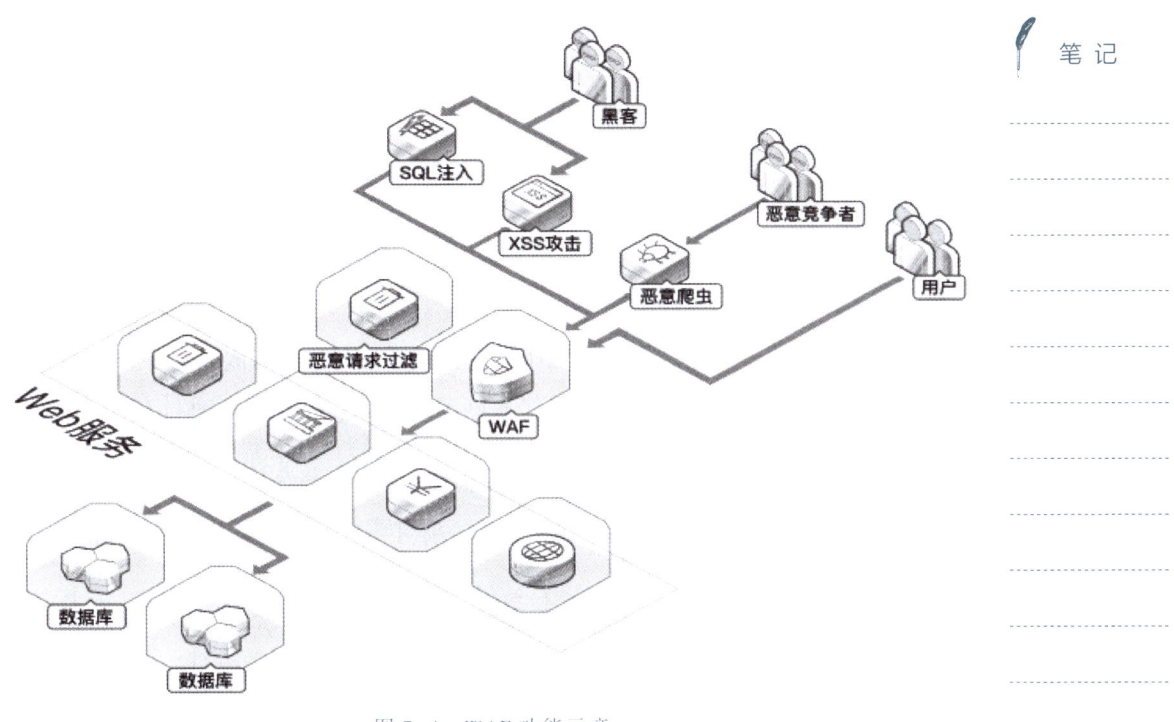

图 7-4　WAF 功能示意

**4. 虚拟专用网络**

虚拟专用网络(Virtual Private Network, VPN)的功能是在公用网络上建立专用网络以进行加密通信,就像在使用专线网络一样,因此在企业网络中应用广泛。VPN 网关通过对数据包的加密和数据包目标地址的转换实现远程访问,如图 7-5 所示。VPN 有

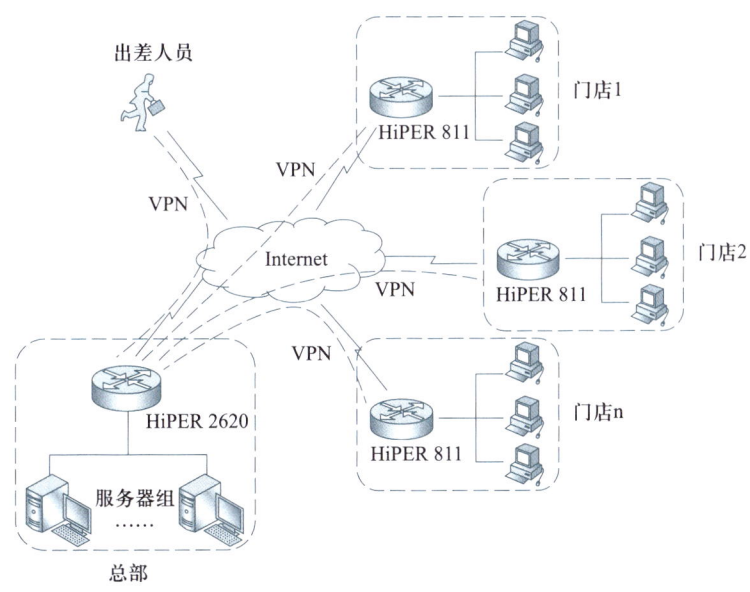

图 7-5　VPN 组网图

多种分类方式,如根据 VPN 采用的协议类型可以分为点对点隧道协议(Point-to-Point Tunneling Protocol,PPTP)、二层隧道协议(Layer 2 Tunneling Protocol,L2TP)和互联网安全协议(Internet Protocol Security,IPSec);按 VPN 的应用范围可以分为远程接入 VPN、内联网 VPN 和外联网 VPN;按照采用的设备类型可以分为服务器式 VPN、路由器式 VPN、交换机式 VPN 和防火墙式 VPN;按照实现的原理可以划分为重叠 VPN 和对等 VPN。

5. 网络病毒

计算机病毒是一种非法安装在设备上并进行传播的恶意软件。有些病毒可以窃取或破坏数据,有些病毒则可以破坏程序或系统的稳定性。这些病毒将自身附着在宿主计算机上,目的是进一步传播。从个人计算机到大型服务器都可能感染计算机病毒,并且传播到智能手机、平板电脑以及其他计算机设备。病毒的威胁来源广泛而且技术难度较低,现在计算机病毒多数依靠网络进行传播,所以防范计算机病毒要从本地计算机网络内部进行立体防护,防范病毒可以靠杀毒软件。杀毒软件可以根据病毒库查杀病毒,当有新病毒诞生时,只要在病毒库中更新针对新病毒的特征就可以查杀类似病毒,如图 7-6 所示。

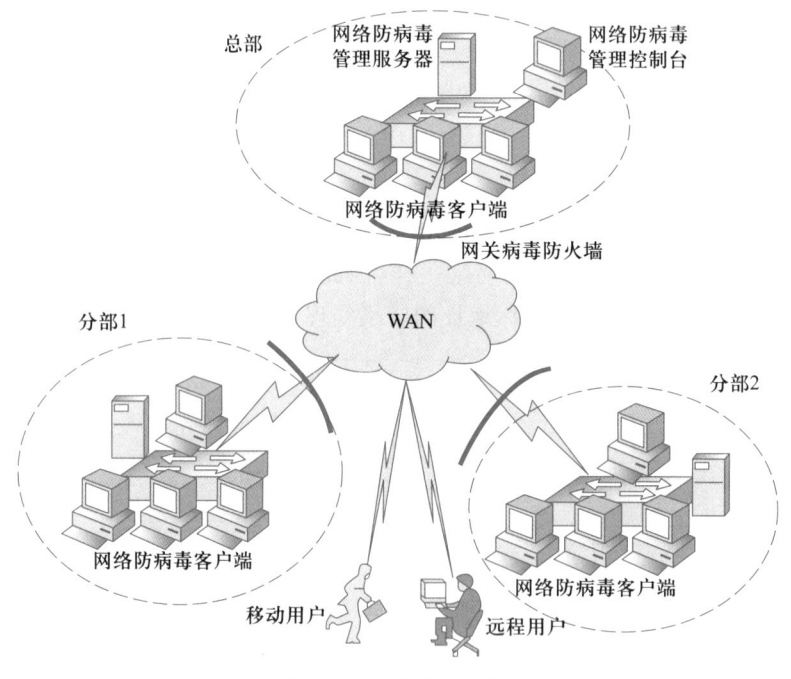

图 7-6 综合病毒防护

6. 加密和解密

加密是对重要数据的保护措施,使用不同的算法对数据实施加密后,如果不知道解密方法无法还原数据。加密过程的逆过程称为解密,即将该编码信息还原为明文的过程。通过加密可保证数据的机密性、完整性、鉴别性、不可否认性,在信息的存储、传输、处理等方面有广泛的应用。例如,保存 Word 2016 文件、压缩文件等可以选择加密方式并输入密码,这样不知道密码的人即使获取了该文件也无法读取。

加密的过程分为对称加密和非对称加密两种。对称加密就是加密和解密的过程中使用同一个密钥,即使用密钥对数据或者文件进行加密后用户可以使用该密钥对数据或者文件解密。非对称加密的密钥是成对出现的,即公钥和私钥。顾名思义,公钥就是公共的密钥,私钥就是私人的密钥,如果只想将一个文件给固定的一个用户看,使用用户的公钥对文件加密,用户只能使用与加密公钥对应的私钥进行解密才可查看原始文件。

## 【信息安全项目实施】

### (一)项目描述

微课 7-1:
典型注入型攻击模拟

本项目以在留言区输入评论为例,模拟一个典型的注入型攻击,该类攻击常见的发生场景是网站上留言评论或者是含有表单提交的地方。

1)攻击者在留言文本框中输入以下代码:

&lt;script&gt;alert(document.cookie)&lt;/script&gt;

2)前端调用 AJAX 向后端传值。

```
$('.send').click(function(){
    $.post('message.htm',{'msg':$('textarea').val()},function(){});
});
```

3)后端接收值写入数据库,同时又返回给前端展示。

```
app.post('message.htm',function(req,res,next){    //写入数据库
    //...
    //响应前端
    res.json({
        test:req.body.msg
    })
});
```

最终当前端原样展示之前输入的攻击代码时,页面便受到了注入型攻击。

### (二)知识准备

跨站脚本(Cross Site Scripting,XSS)攻击利用网页开发时留下的漏洞,通过巧妙的方法注入恶意指令代码到网页,使用户加载并执行攻击者恶意制造的网页程序。XSS 的重点不在于跨站攻击而在于脚本攻击,攻击者可以利用 Web 应用的漏洞或缺陷之处,向页面注入恶意的程序或代码,以达到攻击的目的。通俗来说就是页面在加载并且渲染绘制的过程中,如果加载并执行了预期之外的程序或代码,就可以认为是受到了 XSS 攻击。

**1. XSS 的危害**

1)可以通过 document.cookie 盗取 Cookie 中的信息。
2)使用 JS 或 CSS 破坏页面正常的结构与样式。

3）流量劫持，通过访问某段具有 window.location.href 定位到其他页面。

4）DoS 攻击，利用合理的客户端请求来占用过多的服务器资源，从而使合法用户无法得到服务器响应。并且通过携带的 Cookie 信息可以使服务端返回 400 开头的状态码，从而拒绝合理的请求服务。

5）利用 iframe、frame、XMLHttpRequest 等方式，以被攻击用户的身份执行一些管理动作，或执行一些一般的如发微博、加好友、发私信等操作，并且攻击者还可以利用 iframe、frame 等进一步地进行 CSRF 攻击，控制企业数据，包括读取、篡改、添加、删除企业敏感数据。

**2. XSS 攻击分类**

XSS 根据攻击是否持久，可以分为反射型 XSS 攻击和存储型 XSS 攻击两种。

1）反射型 XSS。攻击者通过包装特定的链接，并将链接发送给实际的用户来进行攻击。反射型 XSS 攻击一般是利用前端代码的漏洞或缺陷，比如使用 Eval 函数来解析执行动态传入的数据，或者是一些被后端接受处理后再返回前端展示的统一资源定位器（Uniform Resource Locator，URL）参数等，其操作手法很类似于钓鱼攻击。

2）存储型 XSS。攻击是通过表单提交和抓包工具，直接调用接口等形式向后端数据库注入数据。一旦注入成功，并在输出的页面上没有做任何防范措施，那么所有访问该页面的用户都会被攻击。

总体来说，反射型 XSS 是一种局部非持久的针对性攻击，而存储型 XSS 就要严重得多，它是一个全面大范围可持久型的攻击。

## （三）项目实施

**1. XSS 攻击**

大致上，攻击者进行 XSS 攻击要经过以下流程，如图 7-7 所示。

步骤 1：寻找漏洞。

不论是反射型攻击还是存储型 XSS 攻击，攻击者总需要找到两个要点，即"输入点"与"输出点"，也只有这两者都满足，XSS 攻击才会生效。"输入点"用于向 Web 页面注入所需的攻击代码，而"输出点"就是攻击代码被执行的地方。

步骤 2：构建攻击代码。

接下来分析程序寻找漏洞，然后构建攻击代码，比如上面作为留言内容的 script 标签，实际上可以执行前端 JS 代码，远程加载 JS 脚本、CSS 样式文件的 HTML 标签也非常多，比如：

1）当图片不存在时，必然触发事件。

```
<img src="null" ='alert(document.cookie)'/>
```

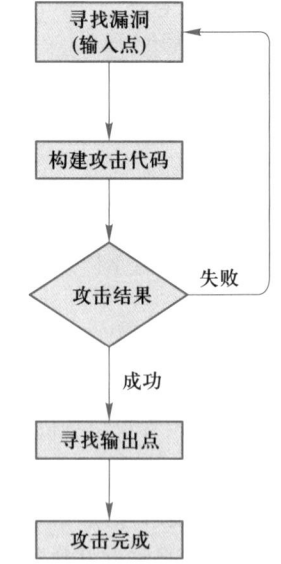

图 7-7　XSS 攻击流程

2）加载远程 CSS 文件,破坏当前页面的样式。

&lt;link href="test.css"&gt;

3）点击的时候。

&lt;a ="alert(document.cookie)" onmouseover onmouseout&gt;&lt;/a&gt;

4）鼠标移动的时候。

&lt;div onmouseover="do something here"&gt;

5）破坏页面样式。

&lt;style&gt; * {font-size:100px} &lt;/style&gt;

6）利用 IE7 的 CSS 表达式的行为。

&lt;div style="width:expression(alert('XSS'))"&gt;

步骤 3:寻找输出点。

当代码注入成功后,攻击者往往就需要去寻找所注入代码的输出点。例如,某网盘存在一个修改昵称的 XSS 漏洞,虽然前端设置了字符长度为 10,但是攻击者可以通过使用抓包工具构建一个执行脚本,从而成功地注入数据库。经过测试发现,最终攻击的输出位置处于用户分享资源给其他好友,展开好友列表的时刻。

**2. XSS 攻击的防御**

实际上简单地通过正则判断〈script〉、〈link〉、〈style〉、〈img〉等 HTML 标记并不可取,因为首先输入点的情况变化多样,很难把所有的 HTML 标记的特性都考虑进来;其次对 HTML 标记的限制,也会让产品的可用性大大降低,例如有些特殊的关键字会被程序阻止,使得用户使用非常不便;最后这种判断也不安全,例如攻击者会在关键字中插入空格、制表符以及其他 HTML 实体编码来躲避侦测。

既然 XSS 攻击必须有"输入点"和"输出点"两个要点,那么防御的时候就要控制这两点。

1）对输入内容的特定字符进行编码,如表示 HTML 标记的 <、> 等符号。

2）对重要的 Cookie 设置 httpOnly(一种 Cookie 属性,设置了该属性则通过 JS 脚本将无法读取到 Cookie 信息),防止客户端通过 document.cookie 读取 Cookie,此 HTTP 头由服务端设置。

3）将不可信的值输出 URL 参数之前,进行 URLEncode 操作,而对于从 URL 参数中获取值一定要进行格式检测。

4）不要使用 eval() 方法来解析并运行不确定的数据或代码,对于 JSON 解析请使用 JSON.parse() 方法。

5）后端接口也应该要做到关键字符过滤的问题。

目前应对 XSS 攻击的主要手段还是编码与过滤两种,编码用于将特殊的符号<、>、&、' 等进行转义,而过滤则是阻止特定的标记、属性、事件。

## （四）项目总结

本项目学习了 XSS 的定义。XSS 即跨站点脚本攻击，只要浏览器加载、解析或执行了意料之外的 JavaScript 或 CSS 等，都可以被认为是受到了 XSS 攻击。XSS 攻击的分类主要有"反射型"与"存储型"两种。

"反射型"攻击者通过包装改造 URL 参数，然后利用前端代码的缺陷或漏洞来攻击，更偏向与前端层面，并且在实际攻击中攻击者会根据 HTML 实体编码、URL 编码、Uniocde 编码等进行编码然后欺骗用户点击访问。"存储型"攻击者则会通过抓包工具或者是直接调用接口的方式向后端数据库注入数据。

XSS 攻击主要从两方面进行防范。可以对特殊的字符进行编码来防范在"输入点"的 XSS 反击。"输出点"的 XSS 攻击防范方式对输出方式和方法要有一定的安全风险认知。

## 【信息安全项目拓展】

### （一）项目描述

2021 年 12 月，Apache Log4j2 远程代码执行漏洞（漏洞编号 CVE-2021-44228）曝光，引发社会广泛关注。不法分子利用该漏洞，在未授权的情况下远程执行代码，获得服务器控制权限，该漏洞危害程度高、利用难度低、影响范围大。本项目将对这一漏洞的产生原因进行分析，并学习相应的修复方法。

### （二）项目要求

漏洞是在硬件、软件、协议的具体实现过程中或系统安全策略上存在的缺陷，从而使攻击者能够在未授权的情况下访问或破坏系统，是计算机、组件、应用程序或其他联机资源无意中留下的不受保护的入口点。漏洞会影响到很大范围的软、硬件设备，包括系统、网络客户和服务器软件、网络路由器和安全防火墙等。在这些不同的软、硬件设备中都可能存在不同的安全漏洞。在不同种类的软、硬件设备，同种设备的不同版本之间，不同系统之间以及同种系统在不同的设置条件下，都存在各自不同的安全漏洞问题。

Apache Log4j2 是一款开源的 Java 日志记录工具，大量的业务框架都使用了该组件。其远程代码执行最新漏洞细节被公开，攻击者可通过构造恶意请求，利用该漏洞实现在目标服务器上执行任意代码，可导致服务器被黑客控制进行页面篡改、数据窃取、挖矿、勒索等行为。该漏洞被命名为 Log4Shell，编号 CVE-2021-44228。不光很多互联网公司在应用该组件，很多耳熟能详公司的系统都在使用该框架，因为该组件广泛应用在 Java 程序中，导致影响范围极大。

此次漏洞是用于 Log4j2 提供的 lookup 功能造成的，该功能允许开发者通过一些协议去读取相应环境中的配置。但在实现的过程中，并未对"输入点"进行严格的判断，从而造成漏洞的发生。

可能的受影响应用及组件如图 7-8 所示。

图 7-8　Log4Shell 漏洞影响的应用和组件

漏洞修复方法如下：

1）升级 Apache Log4j2 所有相关应用到最新的 log4j-2.15.0-rc2 版本，该版本已被证实存在绕过风险。

2）配置网络防火墙，禁止系统主动外链网络，包含但不限于域名系统（Domain Name System，DNS）、传输控制协议/网际协议（Transmission Control Protocol/Internet Protocol，TCP/IP）以及 Internet 控制报文协议（Internet Control Message Protocol，ICMP）等。

3）升级已知受影响的应用及组件，如 srping-boot-strater-log4j2、ApacheSolr、Apache Flink、Apache Druid 和 Apache Struts2 等。

4）根据国家信息安全漏洞共享平台（China National Vulnerability Database，CNVD）建议，在对版本进行升级时候，应同时采用以下措施，对漏洞进行防范：

① 设置配置参数"log4j2.formatMsgNoLookups=true"。

② 修改 JVM 参数"-Dlog4j2.formatMsgNoLookups=true"。

③ 修改系统环境变量，设置 FORMAT_MESSAGES_PATTERN_DISABLE_LOOKUPS 为 true。

④ 禁止 Log4j2 所在服务器外链。

⑤ 升级 JDK 版本至 6u211 以上。

⑥ 部署使用第三方防火墙产品进行安全防护。

## 项目 7-2　程序设计

### 【程序设计认知】

#### （一）计算机语言

当今，计算机几乎遍布了人们工作、生活的每一个角落，除了人和人之间的相互交流之外，人也必须和计算机进行交流。人和人交流用的是双方都能听懂和读懂的自然语言，同样，人和计算机交流也要用人和计算机都容易接受和理解的语言，这就是计算机语言。人们用自然语言讲述和书写，目的是传播信息；相应地，使用计算机语言的目的，是使用和控制计算机。

计算机语言是根据计算机的特点而编制的,它没有自然语言那么丰富多样,而只是有限规则的集合,所以简单易学。但是,也正因为是根据机器的特点编制的,所以交流中无法做到意会和言传,而更多地表现了说一不二,表现了"规则"的严谨。例如,":"不能写成";","a"不能写成"A",这使得人和计算机的交流在一开始会有些障碍。

## (二)编程语言

编程语言(Programming Language,PL)又称程序设计语言(Program Design Language,PDL),是用来编写计算机程序的语言,泛指一切被标准化用来向计算机发出指令系统。编程语言包括以下几类。

**1. 机器语言**

机器语言是指挥计算机完成某个基本操作的命令,所有指令集合称为指令系统,直接用二进制代码表示指令系统的语言称为机器语言,早期计算机采用机器语言,只能识别0和1。

**2. 汇编语言**

汇编语言的实质和机器语言是相同的,都是直接对硬件操作,只不过指令采用了英文缩写符号,更容易识别和记忆。它同样需要编程者将每一步具体的操作用命令的形式写出来。

汇编程序通常由指令、伪指令和宏指令3部分组成。汇编程序的每一句指令只能对应实际操作过程中的一个很细微的动作,例如移动、自增等。因此,汇编源程序一般比较冗长、复杂,容易出错,而且使用汇编语言编程需要有更多的计算机专业知识,特别是硬件知识。

**3. 高级语言**

高级语言的出现使得计算机程序设计不再过度依赖某种特定的机器或环境,这是因为高级语言在不同的平台上会被编译成不同的机器语言,而不是直接由机器执行。

高级语言和汇编语言相比,不但将许多相关的机器指令合成为单条指令,并且屏蔽了与具体操作有关但与完成工作无关的细节,如使用堆栈、寄存器等,这样就大大简化了程序中的指令。目前大部分程序都是使用高级语言来编写。

使用高级语言所编写的程序不能直接被计算机执行,必须经过转换才。按转换方式的不同,可将高级语言分为以下两类。

1)解释类:执行方式类似于人们日常生活中的"同声翻译",应用程序源代码一边由相应语言的解释器"翻译"成目标代码(机器语言),一边执行,因此效率比较低,而且不能生成可独立执行的可执行文件,应用程序不能脱离其解释器。但这种方式比较灵活,可以动态地调整、修改应用程序。

2)编译类:编译是指在应用源程序执行之前,就将程序源代码"翻译"成目标代码(机器语言),因此其目标程序可以脱离其语言环境独立执行,使用比较方便且效率较高。但应用程序一旦需要修改,必须先修改源代码,再重新编译生成新的目标文件才能执行,如C++等。

## (三)计算机程序

计算机程序是指一组指示计算机执行动作或做出判断的指令,通常用某种程序设计语言编写,运行在某种目标体系结构上。计算机程序是计算机完成某种任务时执行的一组指令或所需的一系列步骤。计算机程序设计,或称程序设计,是给出解决特定问题程序的过程。程序设计往往以某种程序设计语言为工具,给出这种语言下的程序。程序设计过程一般包括分析、设计、编码、测试等不同阶段。

计算机程序又称软件,又可以分为系统软件和应用软件两大类。

(1)系统软件

一般称控制和管理计算机、手机或者其他设备的基本操作程序为系统软件,系统软件主要包括操作系统、数据库、中间件、虚拟软件以及软件开发工具等。

(2)应用软件

使用计算机、手机或者其他设备处理某种特定任务的程序称为应用软件,如文档处理软件、画图软件、视频软件、学习软件和购物软件等。

## 【程序设计项目实施】

### (一)项目描述

项目名称:学生信息管理系统。

项目语言:Python。

项目介绍:学生信息管理系统是通过 Python 进行编写的简单项目应用,项目共包含登录界面、注册界面和操作界面 3 个主界面,其中操作界面包含以下 10 项功能。

1)添加学生信息。

2)显示所有学生的信息。

3)删除学生信息。

4)修改学生信息。

5)按学生成绩,由高到低显示学生信息。

6)按学生成绩,由低到高显示学生信息。

7)按学生年龄,由高到低显示学生信息。

8)按学生年龄,由低到高显示学生信息。

9)保存学生信息到文件。

10)从文件中读取数据。

### (二)知识准备

Python 是完全面向对象的程序语言,面向对象编写程序支持将特定的功能与所要处理的数据相结合,即程序围绕着对象构建,如函数、模块、数字、字符串都是对象,并且完全支持继承、重载、派生、多继承,有益于增强代码的健壮性。Python 借鉴了多种语言的特性,支持重载运算符和动态类型,增加了元组、列表、集合、字典、字符串等复合数据类型，可以更方便地解决实际问题，简化程序设计，缩短代码长度，并且简明易懂、方便维护。

Python 是一种开源的可以在各种平台上运行的语言，如 Windows、Linux、macOS 等平台都可以使用 Python。Python 也是一种解释性语言，在程序开发过程中没有编译过程。另外，开发者可以很轻松地使用 C 语言、C++来编写 Python 的扩充模块，缩短开发周期，并且可以将其他语言编写的程序进行封装和集成。Python 的第三方使用方式与标准库类似，功能强大，提供了数据挖掘、大数据分析、图像处理等功能。

学习 Python 编程，必须先掌握 Python 的各种知识。

**1. Python 基础语法**

Python 的基础语法包括：

1）Python 集成开发环境(Integrated Development Environment，IDE)。

2）程序注释，包括单行注释和多行注释。

3）变量的作用、定义、命名规则、变量的数据类型、查看变量类型。

4）输入和输出函数。

5）算术运算符、赋值运算符、复合运算符。

6）类型转换。

7）分支结构(if…else)和循环结构(while、break、continue、for、for…else)等。

**2. Python 容器**

Python 容器是一种把多个元素组织在一起的数据结构，包括：

1）字符串的定义、遍历、下标、切片、常用方法(find、index、count、replace、split、capitalize、title、startwith、endwith、lower、upper、ljust、rjust、center 等)。

2）列表定义、语法格式、列表嵌套、列表遍历、列表常用操作方法、列表推导式。

3）元组定义、语法格式、常用操作方法、字典定义、语法格式、字典遍历、常用操作方法。

4）字符串、列表、容器、字典公共操作(range、enumerate、max、min、len、del 等)。

5）运算符+、*、in、not in 在容器中的使用方法。

**3. 函数和文件操作**

1）函数定义和调用语法、def 语句、return 语句、函数传参(位置参数、关键字参数)、默认参数、不定长参数。

2）函数文档编写、函数嵌套、全局变量和局部变量、Python 变量作用域、LEGB 规则、global 语句、nonlocal 语句。

3）组包和拆包、递归函数、匿名函数 lambda 表达式、文件操作、文件打开与关闭、文件读写操作、文件目录操作。

**4. 面向对象**

1）类和对象、类的定义格式、添加和获取对象属性。

2）常见的方法、继承、公有权限和私有权限、多态的概念和意义、多态的实现。

3）类属性和实例属性、类方法和静态方法。

4）异常的概念、捕捉异常、as 使用、else 使用、finally 使用、异常的传递、自定义异常、raise 抛出异常。

5）模块的概念和作用、制作模块、模块的导入方式、\_\_all\_\_ 的作用、\_\_name\_\_ 的作用。

6）包的概念和作用、制作包、包的导入。

**5. Pygame 库**

Pygame 是被设计用来写游戏的 Python 模块集合，是在优秀的 SDL 库之上开发的功能性包，极度轻便的并且可以运行在几乎所有的平台和操作系统上。Python 可以导入 Pygame 库开发游戏和多媒体软件。

**6. Tkinter 库**

Tkinter 是一套完整的图形化界面（Graphical User Interface，GUI）开发模块的组合或套件，这些模块共同提供了强大的跨平台 GUI 编程的功能。

### （三）项目实施

**1. 界面搭建**

本项目的界面将会使用 Python Tkinter 库进行搭建。Tkinter 与 Turtle 类似，无须额外安装，使用起来非常方便。Tkinter 提供了很多控件和消息事件，可以快速入门，非常适合开发轻量级应用程序的界面，Tkinter 中的控件是一些已经封装好的界面单元，可以直接使用，再复杂的应用程序都是由一个个控件单元组成，只要掌握了单个控件的使用方法，应用程序就可以像搭积木般创建出来。登录界面包括输入账号、输入密码功能，注册界面有输入姓名、输入年龄、输入密码、输入确认密码功能，功能页面包含 10 个功能按键。

**2. 文件的建立**

建立一个文件，保存所有学生的信息，每条信息包括学生姓名、学生班级、学生生日、联系方式、课程、成绩等。

**3. 文件的读写**

Python 内置的 open() 方法可以对文件进行读写操作。使用 open() 方法操作文件可以分 3 步，一是打开文件，二是操作文件，三是关闭文件。用户账号信息和学生信息分别存于不同的文件。

**4. 功能函数的编写**

功能函数主要包括添加学生信息、显示所有学生的信息、删除学生信息、修改学生信息、按学生成绩由高到低显示学生信息、按学生成绩由低到高显示学生信息、按学生年龄由高到低显示学生信息、按学生年龄由低到高显示学生信息、保存学生信息到文件、从文件中读取数据等。

**5. 主函数调用**

在主界面，每次循环都对用户单击的按钮编号进行判断，进而调用对应的功能的函数，同时对异常进行处理，保证程序正常运行。

### （四）项目总结

学生信息是高等院校的一项重要数据资源，该资源数据量庞大、学员广泛、更新频繁,给管理工作带来了不小的挑战。随着计算机应用的普及,人们使用计算机设计了结合学生信息特点及实际需求的学生管理系统,使用该系统可以高效、规范地管理大量的学生信息,减轻了管理人员的工作负担。

使用 Python 进行程序开发,可以极大简化设计流程,加快完成速度。同时使用者也可以对 Python 的文件 I/O 操作有更深的认识,对 Python 的排序也更加了解,同时也更加深入地了解 Python 编程的思路、方法、技巧等。

【程序设计项目拓展】

## (一) 项目描述

项目名称:飞机大战。

项目语言:Java。

项目介绍:本项目要求使用 Java 完成飞机大战小游戏的编写。

Java 作为一门成熟的编程语言,因其简单性、可移植性和跨平台性等优点,得到了广泛应用。对于游戏开发来说,由于涉及比较复杂的情况,开发是一个不断修改的过程,所以可以随时方便地修改、更新游戏内容显得十分关键。虚拟机和 Java 语言可以进行方便的交互,这给 Java 游戏编程提供了便利条件。

飞机大战游戏和很多游戏相同,有一个独立的循环体,这个循环体可以反复被执行,直到游戏退出。游戏的关键之处在于,玩家控制的战机飞行要不断地发出子弹,而敌方战机按一定的批次、不定的速度随机地从一个位置出现,在程序运行的过程中,要不断地判断我方战机是否与敌方战机相撞,子弹是否与敌方战机相撞,最后根据规则,结束各对象的生命周期。

## (二) 项目要求

1) 主界面框架类的功能:显示开始界面。

2) 弹出界面类的功能:弹出设置对话框、游戏成功对话框、失败界面对话框。

3) 游戏面板类的功能:显示飞机大战动态游戏画面,添加按钮用于控制游戏开始或暂停。

4) 玩家飞机类的功能:移动玩家飞机、绘制玩家飞机等。

5) 敌机类的功能:移动敌机、绘制敌机。

6) BOSS 飞机类的功能:移动 BOSS 飞机、绘制 BOSS 飞机。

7) 子弹类的功能:移动子弹、绘制子弹。

8) 碰撞类的功能:检测碰撞。

9) 爆炸类的功能:绘制飞机爆炸。

10) 声音类的功能:控制声音的播放与暂停。

11) 主类的功能:开启程序。

## 项目7-3　大数据

### 【大数据认知】

#### (一) 大数据的定义

大数据官方的定义是指无法在一定时间范围内用常规软件工具进行捕捉、管理和处理的数据集合,是需要采用新的处理模式才能发现、挖掘和应用的,具备更强决策力、洞察发现力和流程优化能力的海量、高增长和多样化的信息资产。简单来说,大数据就是在结构化的传统数据上再增加非结构化的新数据。传统数据是常规业务系统里面的数据,如客户资料、财务数据等,这些数据是结构化的,容量不是特别大。对比传统数据,还有一种新数据,来源于社区网络、互联网、移动终端等渠道,包括文本、图片、音频、视频等非结构化的数据。目前全世界75%以上都是非结构化数据,而且还一直在高速增长。

大数据技术的战略意义不在于掌握庞大的数据信息,而在于对这些含有意义的数据进行专业化处理。对某些组织来说,第一次面对数百吉字节(GigaByte,GB)的数据集可能让他们需要重新思考数据管理的选项;对于其他组织来说,数据集可能需要达到数十或数百太字节(TeraByte,TB)才会对他们造成困扰。不管怎样,大数据时代已经降临,在商业、经济及其他领域中,决策将日益基于对大数据的分析制定,而并非基于经验和直觉。

#### (二) 大数据的特征

大数据有5个明显特征:数据量大、数据类型多样、价值密度低、数据处理速度快和数据真实。

**1. 数据量大**

数据量大仅仅是界定大数据定义的关键要素之一,而对大数据的定义至少有3个方面的要素:海量服务数据、不同的数据和文件类型、可管理和分析的数据。但并不是数据量大的数据就被称为大数据,传统信息系统生成的相对小数据也是大数据分析的重要组成部分。当前,从数据源的角度来看,大数据主要集中在互联网、物联网和传统信息系统3个渠道。

**2. 数据类型多样**

数据类型的多样性也让数据被分为结构化数据和非结构化数据。相对于以往便于存储的以文本为主的结构化数据,非结构化数据量和种类越来越多,包括网络日志、音频、视频、图片、地理位置、出行轨迹信息等,这些多类型的数据对数据的处理能力提出了更高要求。

**3. 价值密度低**

数据价值密度低是大数据的重要特征之一。传统数据基本都是结构化数据,每个字段都是有用的,价值密度非常高。大数据时代,越来越多数据都是半结构化和非结构化数据,如网站访问日志,里面大量内容都是没价值的,真正有价值的信息比较少,虽然数据量比以前大了许多倍,但价值密度确实低了很多。

**4. 数据处理速度快**

通常传统信息系统的数据增量是可以预测的,增长率是可控的。但是在大数据时代,数据增长率已经超过了传统数据的增长率,处理能力也超过传统数据处理速度。

**5. 数据真实**

在数据的生命周期内,所有数据都是真实、完全、一致和准确的,保证数据的完整性意味着以准确真实、完全以事件实际发生的方式收集、记录、报告和保存数据和信息。

## (三) 大数据技术

大数据技术是一种从各种类型数据中快速获取有价值信息的技术,对大数据进行收集、存储、分析、挖掘和呈现的过程中涌现了大量新技术。大数据处理关键技术一般包括大数据采集、大数据预处理、大数据存储及管理、大数据处理、大数据分析及挖掘、大数据呈现和应用。

**1. 大数据采集技术**

大数据采集技术是指通过各种方式和手段来获取射频识别(Radio Frequency Identification,RFID)数据、传感器数据、社交网络交互数据及移动互联网数据等,因为数据源多样、数据量大、产生速度快,所以大数据采集技术也面临许多技术挑战,必须保证数据采集的及时性、可靠性和高效性,还要尽量避免采集重复数据。

大数据的数据源主要有运营数据库、社交网络和感知设备3类。针对不同的数据源,所采用的数据采集方法也不相同,如网络数据采集可以通过网络爬虫或网站公开应用程序编程接口(Application Programming Interface,API)等方式从网站上获取数据信息。

**2. 大数据预处理技术**

大数据预处理技术主要是指对已接收数据的辨析、抽取、清洗、填补、平滑、合并、规格化及一致性检查等操作。因获取的数据可能具有多种结构和类型,数据预处理的主要目的是将这些复杂的数据转化为单一的或者便于处理的结构,以达到快速分析处理的目的。

通常数据预处理包含数据清理、数据集成和变换及数据规约3个部分。

**3. 大数据存储及管理技术**

大数据存储及管理的主要目的是用存储器把采集到的数据存储起来,建立相应的数据库,并进行管理和调用。

**4. 大数据处理技术**

大数据的处理模式可以分为流处理模式和批处理模式两种。流处理是采集后直接处理数据,批处理则是先存储后处理。

**5. 大数据分析及挖掘技术**

大数据处理的核心是对大数据进行分析,只有通过分析才能获取很多深入的、有价值的信息。利用数据挖掘进行数据分析的常用方法主要有分类、回归分析、聚类、规则关联等,这些技术可以从不同的维度对数据进行挖掘。

**6. 大数据展示技术**

在大数据时代下,数据高速增长,分析人员将这些数据汇总并进行分析。如果分析结果是文字或太多的指标,理解可能有些困难,所以就需要将结论精简化、直接化和可视化。图表甚至动态图的形式可将数据更加直观地展现给用户,从而减少用户的阅读和思考时间,以便用户更好、更快地做出决策。

## 【大数据项目实施】

### (一)项目描述

使用爬虫技术合法地从某合法网站所抓取的评分排名前 100 的电影数据展开分析。在抓取的电影数据中,最重要的数据包括影片的主演、影片的上映时间、影片的制作国、影片的评分等。对数据进行分析后用户可以直观地了解关心的信息,如有哪些国家制作了这些影片、最著名的演员都有哪些、不同年份或不同月份的影片上映情况、不同影片评分下影片数量分布情况等。通过这些信息可以分析出哪些国家发行的影片最多,哪些年份上映的评分靠前的影片最多,通常都会集中在哪些月份进行集中上映,同时还能知道最受观众喜爱的演员都有哪些。最后还能够清楚地看到,在这 100 部影片中,大部分影片的一个打分情况。

### (二)知识准备

#### 1. PyEcharts

Echarts 是由百度开源的数据可视化图表工具,凭借着良好的交互性和精巧的图表设计,得到了众多开发者的认可。而 Python 是一门富有表达力的语言,很适合用于数据处理。当数据分析遇上数据可视化时,PyEcharts 就诞生了。它具备简洁的 API 设计,支持链式调用,包括 30 多种常见图表,支持主流编译环境 Jupyter Notebook 和 JupyterLab,可轻松集成至 Flask、Django 等主流 Web 框架,此外多达 400 多种地图文件以及原生的百度地图为地理数据可视化提供强有力的支持。

#### 2. Matplotlib

Matplotlib 是 Python 的绘图库,它能让使用者很轻松地将数据可视化,并且提供多样化的输出格式,Matplotlib 可以用来绘制各种静态、动态、交互式的图表,包括线条图、散点图、等高线图、条形图、柱状图、3D 图形、图形动画等。

### (三)项目实施

简要程序代码如下:

```
import pandas as pd
import numpy as np
from pyecharts.charts import Line,Bar,Pie
import pyecharts.options as opts
from collections import Counter
#设置字段对齐
```

```python
pd.set_option('display.unicode.ambiguous_as_wide', True)
pd.set_option('display.unicode.east_asian_width', True)
#设置最大显示列数与显示宽度,以防止出现不必要的换行输出现象
pd.set_option('display.max_columns',500)
pd.set_option('display.width',1000)
data = pd.read_csv('maoyan.csv',encoding='utf-8')
print('前10部影片信息:')
print(data.head(10))
#查看数据基本信息
print('查看影片数据基本信息:')
print(data.info())
#查看数据集中的基本统计分析
print('查看影片数据基本统计结果:')
print(data.describe())
#获得电影的平均分
print('获得所有影片的平均分:')
print(data['star'].mean())
#提取日期的年份与月份,这里没有采用Pandas库中的to_datatime()方法
#主要是考虑到原始数据中的日期没有包含天,只有年和月
#并且采用字符串分隔操作更显得方便些
data['year'] = data['pub_time'].str.split('-').str[0]
data['month'] = data['pub_time'].str.split('-').str[1]
year = data.groupby('year')['year'].count()
attr_year = list(year.index)
num_year = list(year)
#以下是PyEcharts库中绘制折线图的基本操作
#先声明一个Line对象,然后添加X轴坐标
#然后添加Y轴坐标,如果需要给Y轴坐标起名字的话,可添加名字
#利用is_smooth可以设置折现是光滑曲线还是不光滑的折线
#最后设置折线图的一些全局属性,如标题,位置是居中还是
#左对齐或右对齐等
line = (
    Line()
    .add_xaxis(attr_year)
    .add_yaxis('',num_year,is_smooth=True)
    .set_global_opts(title_opts=opts.TitleOpts( ,pos_left='center'))
```

)
#下面这一行代码让折线图在 Jupyter Notebook 上显示的一条必备命令
#缺少它,所绘制的折线图将不会在 Notebook 上显示
line. render_notebook( )

**1. 数据导入基本信息分析**

首先将数据导入到代码中,并查看一下这批数据集的基本信息以及一些基本的统计量分析结果,如评分前 10 的电影信息,如图 7-9 所示。

对于影评分,可以查看所有电影的平均分、最大值、最小值等,如图 7-10 所示。

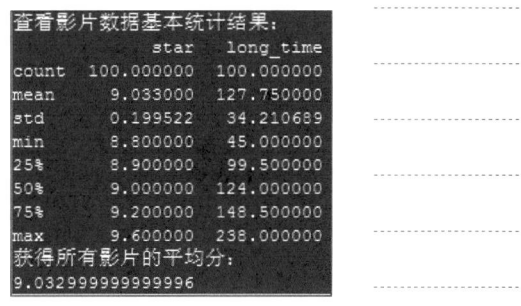

图 7-9　前 10 部评分最高的电影　　　图 7-10　100 部电影的平均影评分

**2. 可视化年度上映信息**

首先对数据做进一步的分析处理,并以可视化的形式展示。根据影片的上映日期,以折线图进行展示不同年份下所上映的影片数的分布情形,如图 7-11 所示。

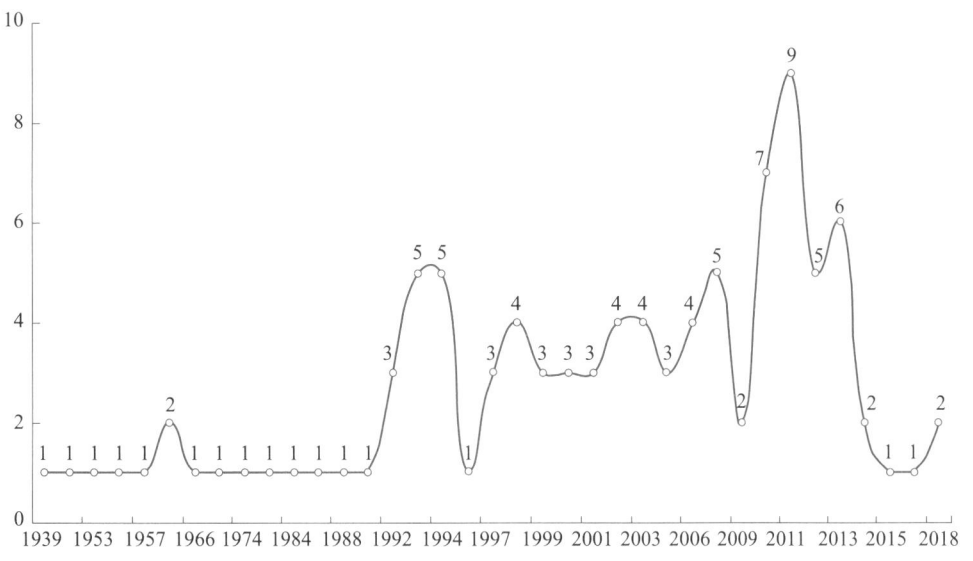

图 7-11　每年上榜影片数折线图

由折线图可知,在 1993 年到 2013 年这 21 年间,上榜的影片较多。这个结果的背

后还能进一步分析得出结论,并结合专业的人士所处行业的综合信息来判断,也就是大数据的广度和深度分析。

**3. 查看不同月份上映的影片数**

电影的上映时间是很有讲究的,例如一些影片会选在国庆节上映,因为该时间段观影人数会更多。再比如,影片的排挡也会综合考虑不同月份的行情。因此,通过对这批影片数据做进一步分析,可知在哪些月份上映的影片数最多。程序代码如下:

```
month = data.groupby('month')['month'].count()
attr_month = list(month.index)
v_month = list(month)
#以下是利用 PyEcharts 库制作柱状图的基本思路
bar = (
    Bar()#声明一个 Bar 对象
    .add_xaxis(attr_month)#添加 X 坐标
    .add_yaxis('',v_month)#添加 Y 坐标值,也可以再加个标题
    .set_global_opts(title_opts=opts.TitleOpts( ,pos_left='center'))
    #设置好柱状图的全局信息,包括图标题、位置等
)
#这一步非常重要,千万不能省略,否则无法在 NoteBook 上显示
bar.render_notebook()
```

程序运行结果如图 7-12 所示。

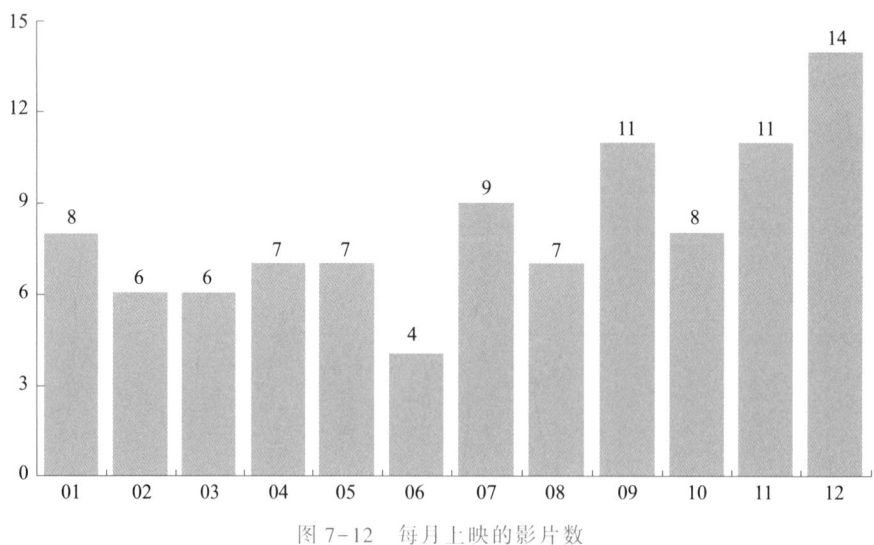

图 7-12　每月上映的影片数

从该柱状图可以分析出,步入到下半年,影片通常会扎堆上映,电影从业人员依据这些数据得出影片档期排挡规律,比如我国电影市场每年都会有一个贺岁档。至于为

什么会有这么一个规律,需要深度分析人们的社会行为、消费习惯规律等数据才能得出一个准确答案,而不是从这一批数据中就能得到的。

**4. 影片发行国分布情况分析**

分析得出影片上映时间规律后,接下来就分析这些最受欢迎的影片大多来源于哪些国家。通过分析,就可以看出当前哪些国家制作的影片最受欢迎。

```python
#本段代码的作用是分析出不同国家所制作的影片数的一个占比情况
def get_country(country):
    #首先要做的就是提取所有的国家信息
    country_str = ''
    if country.find('(') < 0 or country.find('国家1') > 0:
        country_str = '国家1'
    elif country.find('国家7') > 0:
        country_str = '国家7'
    else:
        country_str = country.split('(')[1].strip(')')
    return country_str
data['country'] = data['pub_time'].map(get_country)
country = data.groupby('country')['country'].count()
attr_country = list(country.index)
num_country = list(country)
#以下是pyecharts库绘制饼状图的基本思路
pie = Pie()   #声明一个Pie图对象
pie.add(
    "国家",   #设置饼状图名称
    #设置一下饼状图中要显示的数据
    [list(z) for z in zip(attr_country, num_country)],
    # center为圆心坐标
    center=["20%", "50%"],
    # 60为内半径,80为外半径
    radius=[60, 80],
)
            #设置饼状图的全局属性,包括标题、位置信息等
pie.set_global_opts(
        title_opts=opts.TitleOpts(, pos_left='left'),
        legend_opts=opts.LegendOpts(
            type_="scroll", pos_top="200%", pos_left="80%", orient="vertical"
```

```
        ),
    )
#设置显示百分比
pie.set_series_opts(
        tooltip_opts = opts.TooltipOpts(
            trigger = "item", formatter = "{a}
{b}:    {c} ({d}%)"
        ))
#下面这行代码是确保饼状图能够在 Notebook 上显示的必备代码
pie.render_notebook()
```

其运行结果如图 7-13 所示。

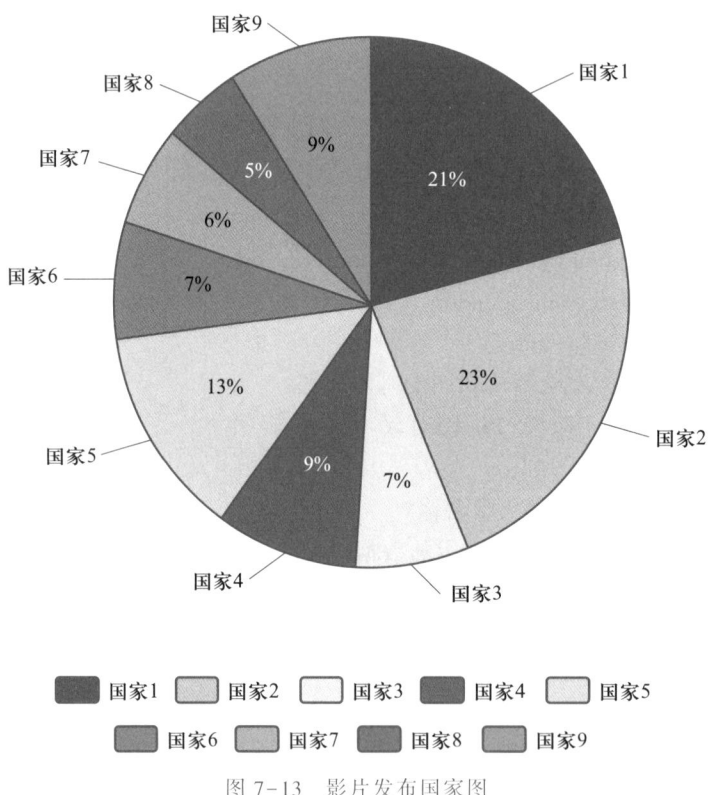

图 7-13　影片发布国家图

从该国家分布的饼状图来看,国家 1 和国家 2 制作发行的电影受到市场的喜爱程度最高。

### (四) 项目总结

本项目简单地分析了某网站评分前 100 的电影数据集中的一些基本信息,包括影片上映时间规律、影片发行国规律等信息。在这些分析过程中,使用了分组分析、基本统计分析等分析技术。在分析影片发行国规律时,还对数据做了比较复杂的处理,这属于数据清理的范畴。最后利用可视化的形式展示所分析出来的结论,并对该结论做了一些基本的解释。

从这个实际的小项目中就能够完整地看到数据分析的 3 个主要环节——数据清理、数据分析、分析结果。

## 【大数据项目拓展】

### (一) 项目描述

Hive 是基于 Hadoop 的一个数据仓库工具,用来进行数据提取、转化、加载,这是一种可以存储、查询和分析存储在 Hadoop 中的大规模数据的机制。Hive 数据仓库工具能将结构化的数据文件映射为一张数据库表,并提供 SQL 查询功能,能将 SQL 语句转变成 MapReduce 任务来执行。Hive 的优点是学习成本低,可以通过类似 SQL 语句实现快速 MapReduce 统计,使 MapReduce 变得更加简单,而不必开发专门的 MapReduce 应用程序。

有一个关于网上发布文章的大数据集,如表 7-1、表 7-2 所示。

表 7-1 文章信息表(article_detail_info)

| col_name | data_type | comment |
| --- | --- | --- |
| wid | string | 文章 id |
| created_dt | bigint | 发布时间戳 |
| content_tags | string | 文章标签类型,多个标签用","分隔 |
| dt | string | 分区信息 |

表 7-2 文章曝光表(article_clicked_info)

| col_name | data_type | comment |
| --- | --- | --- |
| uid | string | 用户 id |
| rootsid | string | 文章信息表中的 wid |
| loc | string | 文章被点击的位置 |
| dt | string | 分区信息 |

### (二) 项目要求

针对表 7-1 和表 7-2,完成如下 SELECT 查询:
1) 查询分区为 2021 年 6 月 12 号发布的 tag 为"content_tag02"的文章总数。
2) 查询分区为 2021 年 6 月 12 号发布的各个 tag 的文章总数。

3）查询分区为 2021 年 6 月 12 号各个领域被点击的总文章数以及被点击量。

## 项目 7-4　人工智能

### 【人工智能认知】

#### （一）人工智能概述

人工智能（Artificial Intelligence，AI）在 1956 年被提出，目前已经取得跨越式的发展，成为一门应用广泛的交叉和前沿学科。该学科是研究、开发用于模拟、延伸和扩展人的智能的理论、方法、技术及应用系统的一门新兴技术，也是计算机科学的一个分支，该领域的研究包括机器人、语言识别、图像识别、自然语言处理和专家系统等。人工智能的目的就是让计算机、嵌入式设备、控制设备以及其他智能型设备能够作出智能的判断和结论。

人工智能的诞生发展，不仅在科学领域有重要的影响，也有着极其重要的哲学意义。这主要表现在两个方面：第一，人工智能科学及其发展有力地证明了辩证唯物主义的正确性。一方面，人工智能打破了精神活动的神秘性，人脑思维活动之所以可以模拟，就在于它有其一定的物理机制和运动规律，证实了意识来源于物质的唯物主义原理；另一方面，人工智能及其发展进一步丰富了意识能动性原理。此外，人工智能强化了思维形式、思维功能过程在意识活动中的作用，提出了哲学和科学研究的新方向、新问题，如思维形式的相对独立性及其与思维内容的复杂关系、智能机与人类的关系等。

需要特别指出的是，人工智能和机器人是两个完全不同的领域。机器人技术是一个处理物理机器人的技术分支，研究方向是可编程机器旨在执行一系列任务。而人工智能是开发程序来完成原本需要使用人类智能完成的任务。然而，这两个领域可以结合创造人工智能机器人。

大多数机器人都不是人工智能。例如，工业机器人通常被编程为执行相同的重复性任务，因此它们通常具备有限的功能。然而，将人工智能算法引入工业机器人，可以使其执行更复杂的任务。例如，机器人可以使用寻路算法在仓库中自主导航。

#### （二）人工智能主要分支

通信、感知与行动是现代人工智能的 3 个关键能力，这些能力与下面技术相关。

**1. 计算机视觉**

计算机视觉是指机器感知环境的能力。这一技术类别中的经典任务有图像生成、图像处理、图像提取和图像的三维重建。物体检测和人脸识别是其比较成功的子研究领域。

**2. 语音识别**

语音识别是指识别语音并将其转换成对应文本的技术，相反的任务（文本转语音）也是这一领域内一个研究主题。语音识别已经应用很长时间，特别是最近几年随着大数据和深度学习技术的发展，语音识别已经进入成熟的商用阶段。

### 3. 文本挖掘

文本挖掘主要是指文本分类，该技术可用于理解、组织和分类结构化或非结构化文本文档，其涵盖的主要任务有句法分析、情绪分析和垃圾信息检测。这项技术已经处于商业应用阶段，现在很多应用都集成了基于文本挖掘的情绪分析或垃圾信息检测技术。

### 4. 机器翻译

机器翻译是将一种自然语言（源语言）的文本翻译成另一种语言（目标语言）的技术。机器翻译发展历史很长，近年来由于神经网络机器翻译技术的出现而取得了非常显著的进展，但仍然没有达到专业译者的水平。

### 5. 机器人

机器人学研究的是机器人的设计、制造、运作和应用，以及控制它们的计算机系统、传感反馈和信息处理。机器人可以分成固定机器人和移动机器人两大类。

## （三）人工智能与机器学习/深度学习的关系

机器学习（Machine Learning，ML）是计算机科学的子领域，其所关注的是计算机程序如何随着经验积累自动提高性能。机器学习的形式化描述：对于某类任务 T 和性能度量 P，如果一个计算机程序在 T 上以 P 衡量的性能随着经验 E 而自我完善，那么就称这个计算机程序在从经验 E 学习。机器学习的主要理论基础涉及概率论、数理统计、数值逼近、最优化理论、计算复杂度理论等，核心要素是数据、算法和模型。

深度学习（Deep Learning，DL）是机器学习领域中一个新的研究方向，学习的是样本数据的内在规律和表示层次，这些学习过程中获得的信息对诸如文字、图像和声音等数据的解释有很大的帮助。深度学习的最终目标是让机器能够像人一样具有分析学习能力，能够识别文字、图像和声音等数据。它是一个复杂的机器学习算法，在语音和图像识别方面取得的效果，远远超过先前有关图像技术。深度学习通过建立、模拟人脑的神经元结构来实现对外部输入的数据进行从低级到高级的特征提取计算，从而能够解释外部数据。

深度学习在搜索技术、数据挖掘、机器学习、机器翻译、自然语言处理、多媒体学习、语音、个性化推荐及其他相关领域都取得了不错的成果。

## （四）人工智能的 4 种类型

目前，有 4 种人工智能类型：反应机器、有限记忆、心智理论和自我意识。这些 AI 类型作为一种层次结构存在，其中最简单的级别需要基本功能，而最高级的级别是无所不知。

### 1. 反应式机器

最简单的人工智能系统类型是反应式，其既不能从经验中学习，也不能形成记忆。相反，反应式机器对一些输入做出反应并产生一些输出。这一类机器包括 AlphaGo 和"深蓝"计算机。反应式机器不依赖于世界的内部概念，而是直接感知世界并根据所感知采取策略。

### 2. 有限记忆

有限记忆是指 AI 存储先前数据并使用数据做出更好预测的能力。换句话说，这些类型的人工智能查看存储的数据并做出决定。自动驾驶汽车是一种记忆有限的人工智能，它使用数据做出及时决策。例如，自动驾驶汽车使用传感器来识别陡峭的道路、交通信号和过马路的平民，然后车辆可以使用这些信息来做出更好的驾驶决策避免事故。

### 3. 心智理论

在心理学中，心智理论是指将信念、意图、欲望、情感、知识等心理状态归因于自己和他人的能力。目前还没有达到心智人工智能类型的智能算法。例如，司机可以对地图软件生气地大喊大叫，因为地图软件将用户引向错误的方向。然而，软件既不会对人的痛苦表现出关心，也不会提供情感上的支持。相反，地图应用程序将返回相同的交通报告和预计到达时间。具有心智理论的人工智能系统会理解人类对如何被对待有想法、感受和期望。然后可以相应地调整其响应。

### 4. 自我意识

AI 开发的最后一步是构建具有自我意识的机器，可以形成自己的表征。自我意识是心智人工智能理论的延伸和进步，具有自我意识的机器具有人类的意识，具有思考、渴望和理解其感受的能力。目前，这类人工智能只存在于电影和漫画书中。

## 【人工智能项目实施】

### （一）项目描述

人工客服可能不能及时回答问题，而人工智能的解决方案是使用算法来训练聊天机器人，通过聊天机器人来迎合客户的需求，即让聊天机器人能够及时回答客户的常见问题。

聊天机器人通过自然语言处理来模仿客服的对话风格。高级聊天机器人不再需要特定的输入格式（如回答是或否的问题），它们可以回答需要详细答复的复杂问题。实际上，聊天机器人只是人工智能的一个例子。如果客户对收到的答复的评价不佳，则聊天机器人会识别出所犯的错误并在下次进行纠正，以确保最大的客户满意度。

本项目将学习如何设计机器人与人类进行交互，以及如何根据人类指令完成特定的任务。

### （二）知识准备

#### 1. 模糊匹配

在计算机科学中，字符串模糊匹配是一种近似地查找与模式匹配的字符串的技术。字符串模糊匹配在搜索算法中广泛应用，即使用户拼错单词或只输入部分单词进行搜索，也能够找到匹配项。因此，模糊匹配也被称为字符串近似匹配。

#### 2. TF-IDF 技术

词频—逆文档频率（Term Frequency-Inverse Document Frequency，TF-IDF）是一种统计方法，用以评估一字词对于一个文件集或一个语料库中的其中一份文件的重要程度。字词的重要性随着它在文件中出现的次数成正比增加,但同时会随着它在语料库中出现的频率成反比下降。

**3. 结巴分词**

结巴分词是当前应用最广泛的第三方中文分词库,其原理是利用一个中文词库,确定汉字之间的关联概率,汉字间概率大的组成词组,形成分词结果。除了分词,用户还可以添加自定义的词组。

结巴分词提供以下 3 种中文分词模式。

1) 精确分词:把文本精确地切分开,不存在冗余单词。
2) 全模式:把文本中所有可能的词语都扫描出来。
3) 搜索引擎模式:在精确模式基础上,对长词再次进行切分。

**4. 贝叶斯分类**

贝叶斯分类是一类分类算法的总称,这类算法均以贝叶斯定理为基础。朴素贝叶斯分类是贝叶斯分类中最简单也是常见的一种分类方法。

朴素贝叶斯分类是以贝叶斯定理为基础并且假设特征条件之间相互独立的方法,先通过已给定的训练集,以特征词之间独立作为前提假设,学习从输入到输出的联合概率分布,再基于学习到的模型,输入 X 求出使得后验概率最大的输出 Y。

**5. 网络爬虫技术**

爬虫指的是向网站发起请求,获取资源后分析并提取数据的程序。从技术原理上分析就是通过程序模拟浏览器请求站点的行为,把站点返回的 HTML 代码、JSON 数据、二进制数据(图片、视频)爬到本地,进而提取所需要的数据,存放起来使用。

网络爬虫的具体实现流程如下。

1) 发起请求:使用 HTTP 库向目标站点发起请求,即发送一个 Request。Request 一般包含请求头和请求体。
2) 获取相应内容:如果服务器可以正常响应,则会得到一个 Response。Response 包含 HTML、JSON、图片、视频等。
3) 解析内容:解析 HTML 数据使用正则表达式或第三方的解析库,如 BeautifulSoup、pyquery 等;解析 JSON 数据使用 JSON 模块解析二进制数据并写入文件。
4) 保存数据:数据库(MySQL、MongoDB、Redis)文件。

## (三) 项目实施

**1. 确定项目设计思路**

本项目设计的智能聊天机器人主体基于"模糊匹配"技术,同时采用自行构建或网络爬虫的方式构建数据库,借助于 TF-IDF 技术、结巴分词技术处理用户输入,最终调用百度智能语音处理模块或图形化用户交互界面实现智能聊天机器人输出,如图 7-14 所示。

**2. 模糊匹配实现**

本任务主体实现主要依据于"模糊匹配"。用户的输入经过一系列格式化处理转换为预期格式,与构建的数据库问题进行匹配,返回匹配程度高的问题对应的答案,同时经过格式化处理,转换为语音并进行文字播报或者在图形化用户交互界面中输出文字。

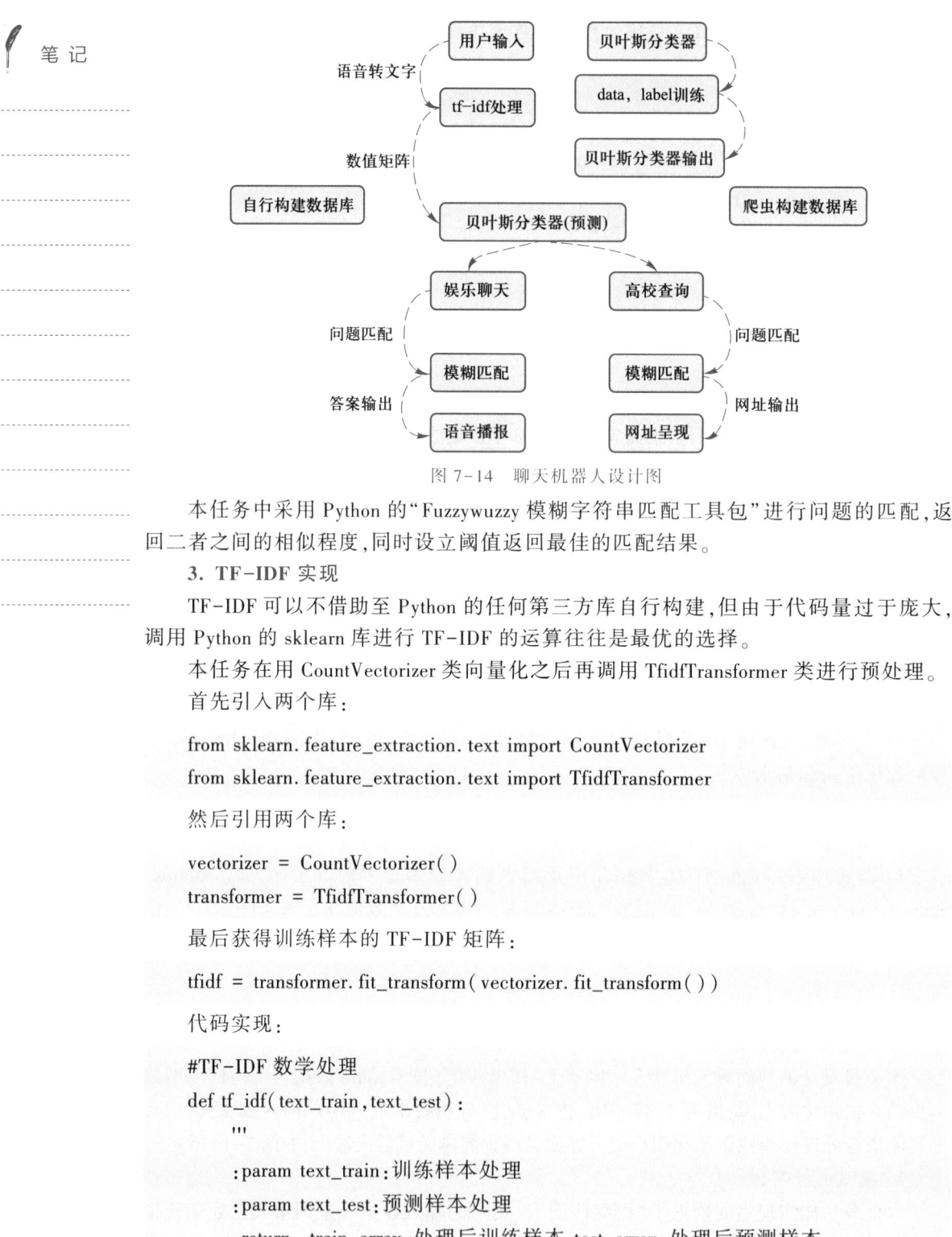

图 7-14 聊天机器人设计图

本任务中采用 Python 的"Fuzzywuzzy 模糊字符串匹配工具包"进行问题的匹配,返回二者之间的相似程度,同时设立阈值返回最佳的匹配结果。

3. TF-IDF 实现

TF-IDF 可以不借助至 Python 的任何第三方库自行构建,但由于代码量过于庞大,调用 Python 的 sklearn 库进行 TF-IDF 的运算往往是最优的选择。

本任务在用 CountVectorizer 类向量化之后再调用 TfidfTransformer 类进行预处理。

首先引入两个库:

from sklearn.feature_extraction.text import CountVectorizer
from sklearn.feature_extraction.text import TfidfTransformer

然后引用两个库:

vectorizer = CountVectorizer()
transformer = TfidfTransformer()

最后获得训练样本的 TF-IDF 矩阵:

tfidf = transformer.fit_transform(vectorizer.fit_transform())

代码实现:

```
#TF-IDF 数学处理
def tf_idf(text_train, text_test):
    '''
    :param text_train:训练样本处理
    :param text_test:预测样本处理
    :return: train_array:处理后训练样本  test_array:处理后预测样本
    '''
```

```
vectorizer = CountVectorizer(min_df=1,max_features = 6)
transformer = TfidfTransformer()
tfidf_train = transformer.fit_transform(vectorizer.fit_transform(text_train))
tfidf_test = transformer.fit_transform(vectorizer.transform(text_test))
#训练样本和预测样本在相同模型处理,保证维度一致
train_array = tfidf_train.toarray()
test_array = tfidf_test.toarray()
#稀疏矩阵转换为稠密矩阵,保证维度一致
return [train_array,test_array]
```

**4. 结巴分析实现**

结巴分词代码实现步骤:首先引入中文分词库 import jieba,然后利用精确分词模式 jieba.cut(s)来切分文本。

**5. 朴素贝叶斯分类代码调用**

sklearn 库根据不同场景提供了 3 种常用的朴素贝叶斯分类的算法。如果样本特征分布大部分是连续值,使用 GaussianNB 会比较好;如果样本特征的分布大部分是多元离散值,使用 MultinomialNB 比较合适;如果样本特征是二元离散值或者很稀疏的多元离散值,应该使用 BernoulliNB。

本项目根据数据的特点,选择 MultinomialNB 进行分类。

Python 调用 sklearn 库中贝叶斯分类代码的步骤如下。

1) 引入 sklearn 库:

```
from sklearn.naive_bayes import MultinomialNB
```

2) 根据数据集和标签训练模型:

```
model = MultinomialNB()
model.fit(dataset,label)
```

3) 使用分类器预测结果:

```
model.predict()
```

**6. 网络爬虫实现**

BeautifulSoup 是一个工具箱,提供一些简单的函数来处理导航、搜索、修改分析树等功能。BeautifulSoup 通过解析文档为用户提供需要抓取的数据,调用方式简单,很少代码就可以写出一个完整的应用程序。

1) 引入爬虫相关库:

```
import requests
from bs4 import beautifulsoup
```

2) 设置爬虫网页,获得 reponse,同时设置 beautifulsoup 对象。

3) 使用 find_all 命令查找目标内容,并提取目标信息存储至文件中,完成数据库的构建。

## （四）项目总结

本项目是一个简单入门级的人工智能开发项目，设计、流程都相对简化。目前人工智能项目的开发流程一般分成以下几个步骤：

1）数据处理。
2）模型设计。
3）训练优化。
4）评估验证。
5）测试调整。
6）部署实施。

## 【人工智能项目拓展】

### （一）项目描述

随着深度学习技术的快速发展，人的面部表情研究成为一个热点研究方向。表情识别属于模式识别领域，对国防安全、儿童教育、心理学等有着重要的应用价值。为此，人们一直期望能够通过机器准确地识别人脸表情信息。同时，面部表情作为最有力的社交信号之一，在日常生活交流中能够帮助理解对方的内心情感。在人类的基本表情中，微笑是人类内心喜悦的体现，也是人类交流中最常见的表达方式之一。微笑检测作为基本人脸表情中一项特定工作，在心理学还有人的行为分析方面有着巨大的潜在应用价值，同时对孤独症患病儿童的早期干预和诊断尤为重要。

本项目拓展将制作笑脸识别程序，通过视频采集的方式，检测视频中出现的人脸信息，判断视频中人脸是否是在笑，如果是在笑则标注 smile，如果不是在笑则标注 unsmile。本项将会将会使用深度学习的卷积神经网络（Convolutional Neural Network，CNN）模型进行制作，识别准确率和召回率都需达到 80%。

### （二）项目要求

**1. 人脸信息采集**

搜集相关人脸表情的图片，将图片分为笑脸和不笑两部分，同时在笑和不笑图片中划分出训练级数据和测试集数据，训练数据越丰富训练的模型越好，并且每张图片都设置对应的标签。

**2. 搭建模型**

整理好的人脸表情图片进行处理，尝试设置 CNN 网络层、损失函数、激活函数、优化函数、评价函数以达到最优模型，模型最后分类为笑和不笑两种情况。

**3. 人脸信息采集**

使用 OpenCV 模块不断获取人脸信息，将采集的人脸信息传入搭建好的模型之中。

**4. 绘制人脸信息**

模型再获得到输入的图像信息时，会进行判断是否为笑，根据返回信息，可将信息绘制到信息采集的人脸处。

## 项目 7-5　云计算

### 【云计算认知】

#### （一）云计算概述

云计算（Cloud Computing）既指通过互联网以服务形式发布的应用程序，也指数据中心中提供这些服务的硬件以及系统软件，而位于数据中心的软硬件就是"云"。云计算是一种采用虚拟化、面向服务的计算和网格计算等技术的大规模分布计算，为获取和管理大规模 IT 资源提供了一种不同的方式。它也是一种使用 IT 资源的模式，为使用者提供共享的可配置资源以进行方便、按需的网络访问，如网络、服务器、存储、应用和服务等。资源的使用和释放可以快速进行，不需要付出很大代价。

"云"是网络、互联网的一种比喻说法。用户通过台式机、便捷式计算机、手机等方式接入云数据中心，按自己的需求进行调用计算。云计算按部署场景又可以分为公有云、私有云和混合云。

#### （二）云计算架构

目前业界云计算一般采用软件即服务、平台即服务和基础设施即服务 3 种模式，如图 7-15 所示。

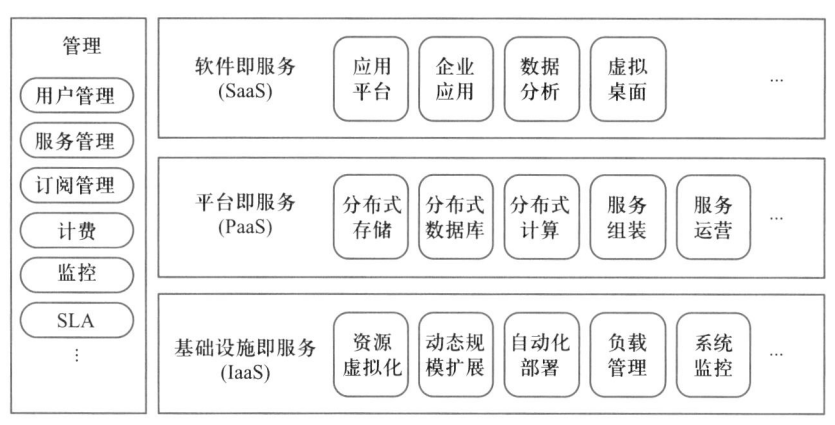

图 7-15　云计算模式

**1. 软件即服务**

软件即服务（Software as a Service，SaaS）是指服务提供商将应用软件统一部署在云计算平台上，客户根据需要通过互联网订购应用软件服务，服务提供商再根据客户所订购软件的数量、时间的长短等因素收费，并通过标准浏览器向用户提供应用服务。

由服务提供商维护和管理软件，并提供软件运行的硬件设施，客户只需拥有能够接入互联网的终端即可随时随地使用软件。在这种模式下，客户能够降低硬件成本，快速构建应用系统。

**2. 平台即服务**

平台即服务(Platform as a Service,PaaS)是指服务提供商将分布式开发环境与平台作为一种服务来提供。提供商为客户提供开发环境、服务器平台、硬件资源等服务,客户则在服务提供商平台的基础上定制开发自己的应用程序,并通过其服务器和互联网传递给自己的客户。

**3. 基础设施即服务**

基础设施即服务(Infrastructure as a Service,Iaas)是服务提供商将内存、I/O 设备、网络设备、存储和计算能力等整合为一个虚拟的资源池,为客户提供所需的存储资源、虚拟化等服务。

### (三) 云计算常见应用

云计算已经广泛应用于社会各种场景中。存储云是在云计算技术上发展起来的一种新型的存储技术,是一个以数据存储和管理为核心的云计算系统。用户可以将本地的资源上传至云端上,可以在任何地方连入互联网来获取云上的资源。

医疗云是指在移动技术、多媒体、5G 通信、大数据以及物联网等新技术基础上,结合医疗技术,使用云计算来创建医疗健康服务云平台,从而实现医疗资源的共享和医疗范围的扩大。因为云计算技术的运用与结合,医疗云提高医疗机构的效率,方便居民就医,医院的云预约挂号、电子病历、电子医保卡等都是云计算与医疗领域结合的成果。此外,医疗云还具有数据安全、信息共享、动态扩展、全国布局等优势。

教育云可以将所需要的任何教育硬件资源虚拟化,然后将其传入互联网,以向教育机构、学生和教师提供一个方便快捷的平台。教育云是教育信息化的一种发展。慕课(MOOC,大规模在线开放课程)就是教育云的一种应用。

## 【云计算项目实施】

### (一) 项目描述

阿里云已经为 200 多个国家和企业提供了云服务。早在 2018 年,阿里云就确定了云计算和大数据战略,并确定自主研发分布式操作系统"飞天"。2018 年 11 月,阿里云升级为阿里云智能,这其中就包括了机器智能计算平台、算法训练平台、数据库等全面和阿里云服务器相结合的产品,并为全社会服务。

本项目通过对阿里云的组成、体系和功能进行深入了解,对"飞天"平台模块和功能进行分析和学习,以便更好地了解并掌握云计算。

### (二) 知识准备

**1. 虚拟化技术**

虚拟化是云计算的核心技术之一,它为云计算服务提供基础架构层面的支撑,是信息通信技术服务快速走向云计算的主要驱动力。可以说,没有虚拟化技术,就没有云计算服务的落地与成功。

在计算机中,虚拟化是一种资源管理技术,是将计算机的各种实体资源,如服务器、网络、内存及存储等予以抽象及转换后呈现出来,打破实体结构间的障碍,使用户可以更好地使用这些资源。这些资源的虚拟部分不受现有资源的架设方式、地域或物理组态所限制。

虚拟化技术主要分为以下4大类。

1)平台虚拟化:针对服务器和操作系统的虚拟化,主要包括服务器虚拟化和桌面虚拟化。

2)资源虚拟化:虚拟计算机中的使用资源,包括CPU、存储、网络虚拟化。

3)应用程序虚拟化:基于软件的服务虚拟化是将应用程序从操作系统中分离出来,使应用程序运行在操作系统中,但是又不依赖于操作系统。

4)表示层虚拟化:用户在使用应用程序时,其应用程序并不是运行在本地操作系统上,而是运行在服务器上,客户端只显示程序的界面和用户的操作,服务器仅向用户提供表示层,这种虚拟化就是表示层虚拟化。

目前市面较受欢迎的虚拟系统主要有KVM、XEN和VMware等类别。其中,KVM是一个开源的系统虚拟化模块,自Linux发行2.6.20版本后,集成在Linux的各个主要发行版本中。XEN是一门开源的裸金属虚拟化技术,轻便小型,与操作系统无关,是一种半虚拟化技术。VMware是一款可以在一台机器上同时运行两个或更多Windows或Linux系统的虚拟机软件。

**2. 分布式数据存储技术**

云计算的一大优势就是能够快速、高效地处理海量数据。在数据爆炸的今天,这一点至关重要。为了保证数据的高可靠性,云计算通常会采用分布式存储技术,将数据存储在不同的物理设备中。这种模式不仅摆脱了硬件设备的限制,同时扩展性更好,能够快速响应用户需求的变化。

分布式存储与传统的网络存储并不完全一样。传统的网络存储系统采用集中的存储服务器存放所有数据,因此存储服务器成为系统性能的瓶颈,不能满足大规模存储的需要。分布式网络存储系统采用可扩展的系统结构,利用多台存储服务器分担存储负荷,使用位置服务器定位存储信息,不但提高了系统的可靠性、可用性和存取效率,还易于扩展。

**3. 分布式资源管理**

云计算采用了分布式存储技术,自然就要引入分布式资源管理技术。在多节点的并发执行环境中,各个节点的状态需要同步,并且在单个节点出现故障时,系统需要有效的机制保证其他节点不受影响。分布式资源管理系统便是这样的技术,是保证分布式系统状态的关键。

另外,云计算系统所处理的资源往往非常庞大,少则几百台服务器,多则上万台,同时会跨越多个地域,且云平台中运行的应用也是数以千计。如何有效地管理这批资源,保证它们正常提供服务,就需要强大的技术支撑。因此,分布式资源管理技术的重要性可想而知。

**4. 容器技术**

容器是一种沙盒技术,其主要目的是为了将运行在其中的应用与外界隔离。这个沙盒可以方便地被转移到其他宿主机。容器是一个特殊的进程,通过名称空间(Name Space)、控制组(Control Groups)、切根(Chroot)技术把资源、文件、设备、状态和配置划分到一个独立的空间。简而言之,容器就是将软件打包成标准化单元,用于开发、交付和部署。

目前主流的容器技术有 Kubernetes(K8s)和 Docker。K8s 是一种开放源码的容器集群管理系统,能够实现自动化部署、扩展容器集群、维护等功能。Docker 是一种开放源码的应用容器引擎,开发者可以将他们的应用和依赖打包在一个可移植的容器中,发布到 Linux 机器上,从而实现虚拟化。

## (三)项目实施

"飞天"开放平台是由阿里云自主研发的公共云计算平台,自 2011 年 7 月在阿里云官网正式上线以来,已经推出了包括弹性计算服务、开放存储服务、关系型数据库服务、开放结构化数据服务在内的一系列服务和产品。阿里云系统架构如图 7-16 所示。

微课 7-3:
飞天开放平台

图 7-16 阿里云系统架构

"飞天"平台内核包含的模块可以分为以下几部分。

**1. 分布式系统底层服务**

底层服务包括分布式环境下所需要的协调服务、远程过程调用、安全管理和资源管理的服务。这些底层服务为上层的分布式文件系统、任务调度等模块提供支持。

(1)协调服务——"女娲"

"女娲"系统为"飞天"提供高可用的协调服务,是构建各类分布式应用的核心服务。该系统的作用是采用类似文件系统的树形命名空间来让分布式进程互相协同工作。例如,当集群变更导致特定的服务被迫改变物理运行位置时,如服务器或者网络故障、配置调整或者扩容时,借助"女娲"系统可以使其他程序快速定位到该服务新的接入点,从而保证了整个平台的高可靠性和高可用性。

(2)远程过程调用——"夸父"

在分布式系统中,不同计算机之间只能通过消息交换的方式进行通信。显式的消息通信必须通过 Socket 接口编程,而远程过程调用可以隐藏显式的消息交换,使得程序员可以像调用本地函数一样来调用远程服务。

"夸父"是"飞天"平台内核中负责网络通信的模块,提供了一个远程过程调用的接口,简化编写基于网络的分布式应用。"夸父"的设计目标是提供高可用、全时段、大吞吐量、高效率、易用、多种协议的远程过程调用服务。

(3)安全管理——"钟馗"

"钟馗"是"飞天"平台内核中负责安全管理的模块,提供了以用户为单位的身份认证和授权,以及对集群数据资源和服务进行的访问控制。

Capability 是用于访问控制的一种数据结构,定义了对一个或多个指定的如目录、文件、表等资源所具有的访问权限。用户访问"飞天"系统的资源时必须持有 Capability,否则即视为非法。

密钥对是基于公开密钥方法的,包括一个私钥和相对应的公钥。在"飞天"平台系统中,密钥对用于数字签名服务,以保证 Capability 的不可伪造。私钥用于产生数字签名,公钥用于验证数字签名的有效性。

**2. 分布式文件系统**

文件系统提供一个海量的、可靠的、可扩展的数据存储服务,将集群中各个节点的存储能力聚集起来,并能够自动屏蔽软硬件故障,为用户提供不间断的数据访问服务。

分布式文件系统——"盘古"

"盘古"是一个分布式文件系统,其设计目标是将大量通用机器的存储资源聚合在一起,为用户提供大规模、高可靠、高可用、高吞吐量和可扩展的存储服务,是"飞天"平台内核中的一个重要组成部分。"盘古"具备如下特征。

1)大规模:能够支持数十 PB 量级的存储大小(1PB=1000TB),总文件数量达到亿量级。

2)数据高可靠性:保证数据和元数据是持久保存并能够正确访问的,保证所有数据存储在处于不同机架的多个节点上面。即使集群中的部分节点出现硬件和软件故障,系统能够检测到故障并自动进行数据的备份和迁移,保证数据的安全存在。

3)服务高可用性:保证用户能够不中断地访问数据,降低系统的不可服务时间。即使出现软硬件的故障、异常和系统升级等情况,服务仍可正常访问。

4)高吞吐量:运行时系统 I/O 吞吐量能够随机器规模线性增长,保证响应时间。

5)高可扩展性:保证系统的容量能够通过增加机器的方式得到自动扩展,下线机器存储的数据能够自动迁移到新加入的节点上。

6)低延时:系统能很好地支持在线应用的低延时需求。

**3. 任务调度**

任务调度模块为集群系统中的任务提供调度服务,同时支持强调响应速度的在线服务和强调处理数据吞吐量的离线任务;自动检测系统中故障和热点,通过错误重试、针对长尾作业并发备份作业等方式,保证作业稳定可靠地完成。

资源管理和任务调度——"伏羲"

"伏羲"是"飞天"平台内核中负责资源管理和任务调度的模块,同时也为应用开发提供了一套编程基础框架。"伏羲"同时支持强调响应速度的在线服务和强调处理数据吞吐量的离线任务。在"伏羲"中,这两类应用分别简称为 Service 和 Job。

在资源管理方面,"伏羲"主要负责调度和分配集群的存储、计算等资源给上层应用;管理运行在集群节点上任务的生命周期;在多用户运行环境中,支持计算额度、访问控制、作业优先级和资源抢占,从而在保证公平的前提下,达到有效地共享集群资源。

在任务调度方面,"伏羲"面向海量数据处理和大规模计算类型的复杂应用,提供了一个数据驱动的多级流水线并行计算框架,在表述能力上兼容 MapReduce、Map-Reduce-Merge 等多种编程模式;自动检测故障和系统热点,重试失败任务,保证作业稳定可靠运行完成;具有高可扩展性,能够根据数据分布优化网络开销。

4. 集群监控和部署

集群监控和部署模块对集群的状态以及上层应用服务的运行状态和性能指标进行监控,对异常事件产生警报和记录;为运维人员提供整个"飞天"平台以及上层应用的部署和配置管理,并支持在线集群扩容、缩容和应用服务的在线升级。

(1) 集群监控——"神农"

"神农"是"飞天"平台内核中负责信息收集、监控和诊断的模块(集群监控)。该模块通过在每台物理机器上部署轻量级的信息采集模块,获取各个机器的操作系统与应用软件运行状态,监控集群中的故障,并通过分析引擎对整个"飞天"的运行状态进行评估。"神农"的用户通过 Master 来访问"神农"系统,以数据订阅的方式获取"神农"系统采集到的信息。

(2) 集群部署——"大禹"

"大禹"是"飞天"内核中负责提供配置管理和部署的模块(集群部署),包括一套为集群的运维人员提供的完整工具集,功能涵盖了集群配置信息的集中管理、集群的自动化部署、集群的在线升级、集群扩容、集群缩容,以及为其他模块提供集群基本信息等。每个"飞天"模块的发布包都包含一个部署升级的描述文件,定义了该模块部署和升级的流程,提供给"大禹"使用。

在结构上,"大禹"包含了集群配置数据库、节点守护进程、客户端工具集等部分。

集群配置数据库负责存放和管理所有部署了"飞天"的集群的配置信息,节点守护进程运行在集群的每一个节点上,负责与集群配置数据库同步该节点相关的集群信息,执行节点相关的具体运维任务,并汇报任务执行状态。客户端工具集是运维人员实际使用的命令行工具和网页界面,运维人员通过这些工具对集群进行部署、升级、扩容、缩容等具体操作。

## （四）项目总结

基于阿里云服务器（Elastic Compute Service，ECS）的"飞天"平台是一个提供基础云存储和云计算服务的开放平台。云服务器就是把固定配置的服务器升级为随时可以调整配置的云端服务器。用户可以从云市场获取由第三方服务商提供的基础软件、企业软件、网站建设、代运维、云安全、数据及 API、解决方案等相关的各类软件和服务，也可以成为云市场服务供应商。

用户可以根据业务需求和策略的变化自动调整 ECS 资源，可以在一组 ECS 上通过 Docker 容器管理应用生命周期，可以对多台 ECS 进行流量分发的负载均衡服务，可以监控 ECS 实例及其系统盘，还可以编写代码调用阿里云开发者工具包（SDK）访问阿里云的产品和服务。

## 【云计算项目拓展】

### （一）项目描述

本项目要求在 Windows 系统下安装配置 VMware 和 CentOS 环境。

### （二）项目要求

**1. 安装和使用 VMware**

VMware 支持在一台机器上同时运行两个或更多 Windows 或 Linux 系统。与"多启动"系统在一个时刻只能运行一个系统、在系统切换时需要重新启动机器相比，VMware 采用了完全不同的概念，可以便捷地在多系统中切换，因此很适合测试软件、测试安装操作系统、测试病毒木马等。

VMware 是同时运行多个操作系统在主系统的平台上，切换操作与 Windows 应用程序类似，而且每个操作系统都可以进行虚拟的分区、配置而不影响真实硬盘的数据，可以通过网卡将几台虚拟机连接为一个局域网。

**2. 安装和配置 CentOS 系统**

CentOS 是 Linux 的一个发行版本，是 Red Hat Enterprise Linux（RHEL）的再编译版本。RHEL 是很多企业采用的 Linux 发行版本，但需要向开发者 Red Hat 付费才可以使用，并能得到付费用的服务、技术支持和版本升级。CentOS 也是 Linux 系统，但不需要向 Red Hat 付任何的费用，同样也得不到任何有偿技术支持和升级服务。

微课 7-4：
安装 VMware+
CentOS 环境

# 单元 8　信息应用技术

## 项目 8-1　机器人流程自动化

### 【机器人流程自动化认知】

说到机器人，多数情况下人们认为是长相类似人的一种机器，但实际上，大多数机器人样子并不像人，而是根据需求制作出来的设施或者设备。常见的机器人有从事工业生产的工业机器人或者通过软件制作出来的软件机器人。

#### （一）机器人流程自动化概念

机器人流程自动化（Robotic Process Automation，RPA）是以软件机器人和人工智能为基础的业务过程自动化科技，通过模仿人的操作流程和方法，让软件机器人自动执行大量重复的、基于规则的任务，将手动操作变为机器自动化的技术。例如，在企业业务流程中的文件录入、票据验证、财务数据处理、跨系统数据迁移等工作，均可通过机器人流程自动化技术准确、快速地完成，减少人工错误、提高效率并大幅降低运营成本。

简而言之，RPA 就是借助一些能够自动执行的脚本（这些脚本可能是某些工具生成的，也可能是人力编写的），完成一系列原来需要人工完成的工作。只要具备一定脚本生成、编辑、执行能力的工具，都可以称之为机器人。

RPA 的主要功能包括数据搜索、数据迁移、数据录入、字符识别、信息审核、上传下载、筛选统计、整理校验、生成报告以及推送通知等。

如今，RPA 已广泛应用于金融、制造、能源、政务、零售、物流、医疗、教育、电商等众多领域，为业务流程自动化提供良好的解决方案、优化人员配置以及提升运营管理效率。

#### （二）RPA 开发平台

目前有很多 RPA 的开发平台，典型的 RPA 平台至少会包含开发、运行、控制 3 个组成部分。

**1. 开发工具**

开发工具主要用于软件机器人的配置或设计机器人。通过使用开发工具,开发者可以为机器人执行一系列的指令和决策逻辑进行编程。开发工具一般还包括以下几个部分。

1) 记录仪

用于配置软件机器人,类似 Excel 中的宏功能,记录仪可以记录用户界面里发生的每一次鼠标动作和键盘输入。

2) 插件/扩展

为了使软件机器人的配置变得简单,大多数平台都提供大量插件和扩展应用。

3) 可视化流程图

RPA 厂商为方便开发者更好地操作 RPA 开发平台,推出流程图可视化操作。例如 UiBot 开发平台就包含流程视图、可视化视图和源码视图,来对应不同用户的需求。

**2. 运行工具**

开发工作完成后,用户可使用工具运行软件机器人,也可以查阅运行结果。

**3. 控制中心**

控制中心用于软件机器人的部署与管理,包括开关机器人的运行,为机器人制作日程表,维护和发布代码,重新部署机器人的不同任务,管理许可证和凭证等。需要在多台计算机上运行软件机器人时,也可以用控制器对这些机器人进行集中控制,如统一分发流程、统一配置启动条件等。

### (三) RPA 的部署模式

RPA 有以下 3 种部署模式。

**1. 开发型 RPA**

开发型 RPA 从定义必要条件阶段就开始进行单独设计,即不安装打包的 RPA 产品,开发者要根据公司自身的环境、办公系统、业务流程等进行开发。这种模式需要投入更多人力、财力,导入所需的时间也相对较长。

**2. 本地部署型 RPA**

本地部署型 RPA 是在公司的服务器和计算机上安装并使用 RPA 软件,基于模板(如规则、宏、脚本等)推进业务流程自动化,因此需要定制能与公司内的其他系统相配合的 RPA,并构建与公司安全策略相匹配的环境。本地部署型 RPA 比开发型 RPA 价格略低,但它可能与公司的业务流程不完全匹配。有些情况下,公司可能需要更改业务流程。

**3. 云型 RPA**

云型 RPA 是指可登录到云服务平台,在云环境中部署软件机器人,并在 Web 浏览器上自动执行任务。但是它的自动化范围仅限于 Web 浏览器任务,所以很难融合云服务之外的其他服务,导入价格也较低。对于仅需要实现简单业务流程自动化的公司,适合采用云型 RPA。

# 【机器人流程自动化项目实施】

## （一）项目描述

本项目要求在信息系统中，除了能使用客户端访问数据库，还要使用 RPA 对数据库进行自动化操作。数据库自动化操作是指在保证数据安全的前提下，使用用户名和密码登录数据库，并使用 SQL 语句对数据库进行操作。

## （二）知识准备

UiBot 是一款 RPA 平台。一般的 RPA 平台至少会包含开发工具、运行工具和控制中心 3 个组成部分，UiBot 也不例外。在 UiBot 中，这 3 个组成部分分别被命名为 UiBot Creator、UiBot Worker 和 UiBot Commander。和一般的 RPA 平台相比，UiBot 中还提供了专门为 RPA 设计的 AI 能力，这些 AI 能力也构成了 UiBot 的第 4 个组成部分，称为 UiBot Mage。

要使用 UiBot 开发自动化流程，要首先了解流程、流程块、命令、属性 4 个概念，这几个概念之间是包含关系，一个流程包含多条流程块，一条流程块包含多条命令，一条命令包含多个属性。

**1. 流程**

流程是指要用 UiBot 来完成的一项任务，一个任务对应一个流程。虽然可以用 UiBot 陆续建立多个流程，但同一时刻只能编写和运行一个流程。在使用 UiBot Worker 和 UiBot Commander 的时候，也是以流程为基本单元来使用的。流程大致相当于脚本。当然，UiBot 中的流程和脚本又有一定的差异，比如流程包含一个文件夹，而不只是一个文件。最重要的差异是，UiBot 中的流程都是采用流程图的方式来显示的。

**2. 流程块**

可以把一个任务分为多个步骤来完成，其中的每个步骤在 UiBot 中用一个流程块来描述。例如，假设任务是"人上车"，可以把该任务分为 3 个步骤：把车门打开，人坐到驾驶座上，把车门关上。上述每个步骤就是一个流程块。但通过本例子可以看出，在 UiBot 中，一个步骤，或者说一个流程块，只是大体上描述了要做的事情，而暂时不涉及如何去做的细节。

**3. 命令**

命令是指在一个流程块当中，需要告知 UiBot 具体每一步该做什么动作以及如何去做。UiBot 会遵循用户给出的命令，逐一执行。假如流程块是"车门打开"，那么具体的命令可能是：找到车门把手，抓住车门把手，拉开车门。

UiBot 所能完成的几乎所有命令，都分门别类地列在左侧的"命令区"，也就是如图 8-1 所示的左侧框中，包括模拟鼠标、键盘操作，以及对窗口、浏览器操作等多个类别，每个类别包含的具体的命令还可以进一步展开查看。

**4. 属性**

如果说命令只是一个动词，那么属性就是和这个动词相关的名词、副词等，它们组合在一起，UiBot 才知道具体如何做这个动作。

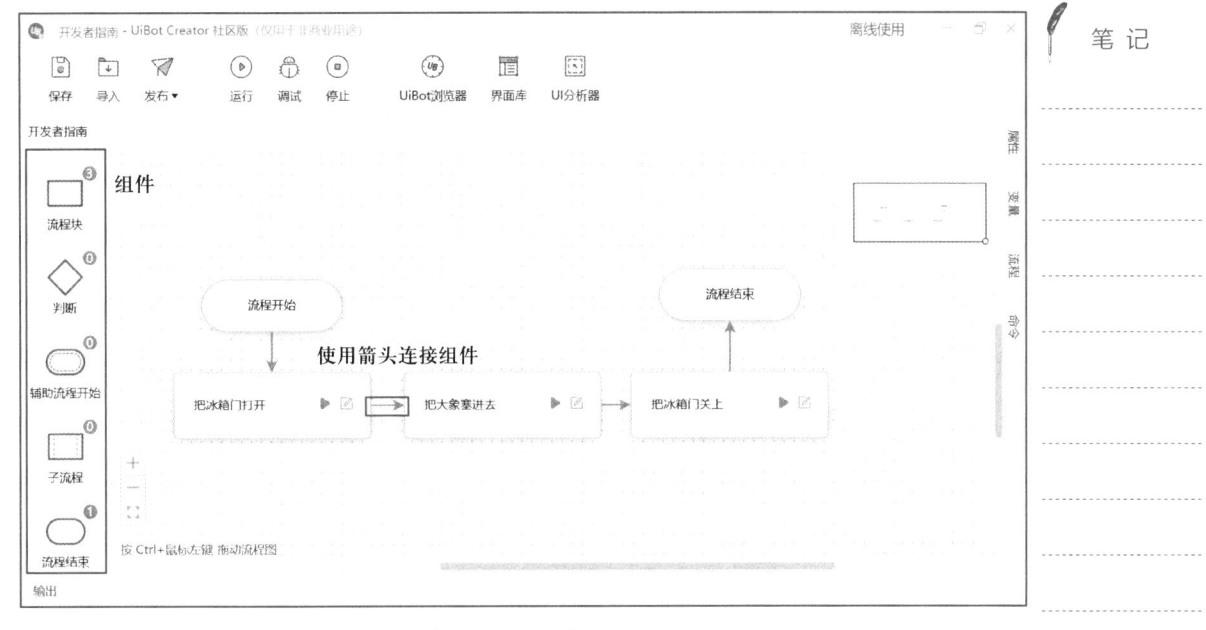

图 8-1　UiBot 命令区

仍以命令"拉开车门"为例,该命令属性包括用多大力气、用左手还是右手、拉开多大角度。在编写流程块的时候,只需要在"组装区"用鼠标单击命令,将其设置为高亮状态,右边的属性变量区即可显示当前命令的属性,包含"必选"和"可选"两大类。一般来说,UiBot 会自动设置每一个属性的默认值,但"必选"的属性还是需要用户进行修改。对于"可选"的属性,一般保持默认值,有特殊需求便修改。

## (三) 项目实施

### 1. 创建数据库对象

单击"软件自动化"的"数据库"目录,插入一条"创建数据库对象"命令,如图 8-2 所示,该命令将创建一个连接指定数据库的数据库对象。

图 8-2　创建数据库对象

创建数据库对象命令有以下 3 个属性。

1)"数据库类型"属性:指定创建的数据库对象的类型。UiBot 目前支持 MySQL、SQL Server、Oracle、Sqlite3 和 PostgreSQL 共 5 种数据库类型。

2)"数据库配置"属性:描述创建数据库对象时的一些关键信息,这段信息比较长,也不太容易看懂,单击文本框右侧的"修改"按钮,会弹出一个对话框"数据库配置"显示更多属性,如图 8-3 所示。

图 8-3 创建数据库对象

在"Host"和"Port"文本框中输入的是数据库的 IP 地址和端口号,在"数据库配置"对话框中填写的是"192.168.0.1"和"3306",表明数据库可以通过"192.168.0.1:3306"这个地址进行访问。"User"和"Password"文本框中输入的是访问数据库的用户名和密码,"Database"文本框中输入的是要连接的数据库的名称。"Charset"文本框中输入的是数据库的字符集,通常保持默认"utf8"即可。

每种类型的数据库,其配置属性可能不完全相同,例如 Oracle 数据库没有"Database"文本框,只有"Sid"文本框,但其含义是类似的。Sqlite3 数据库跟另外 3 种数据库差别比较大。MySQL、SQL Server、Oracle 是典型的关系型数据库,而 Sqlite3 是文件型数据库,因此 Sqlite3 的"数据库配置"对话框中只有"Filepath"一个子属性,用于输入所操作的 Sqlite3 数据库文件的路径。PostgreSQL 数据库的"数据库配置"属性与 MySQL 不同,但当前仅支持关系型特性的自动化操作,PostgreSQL 其他的特性配置暂不支持。

3)"输出到"属性:和其他的软件自动化命令类似,可以在该属性文本框中输入一个变量名,该变量会保存创建的数据库对象,在这里输入"objDatabase",后续的所有数据库操作都针对 objDatabase 数据库对象进行。

## 2. 数据库操作

创建数据库对象后,接下来对数据库进行操作。UiBot 提供两种数据库操作:一种是查询数据,对应"执行单 SQL 查询"和"执行全 SQL 查询"两条命令;另一种是对数据库、表和表中数据进行修改,对应"执行 SQL 语句"和"批量执行 SQL 语句"两条命令。

"执行单 SQL 查询"命令可以执行一条 SQL 查询语句,并且返回查询到的第一条结果,如图 8-4 所示。插入一条"执行单 SQL 查询"命令,可以看到这条命令有 3 个属性:一个是"数据库对象"属性,该文本框输入"objDatabase";一个是"SQL 语句"属性,该文本框输入将要执行的查询语句,这里输入"select * from table1",意思是查询 table1 表的所有数据,并返回第一条结果;第 3 个属性是"输出到",这里输入一个变量 iRet,表示 SQL 语句的执行结果,用户通过 iRet 的值来判断 SQL 语句是否成功执行。

## 3. 关闭数据库连接

操作完成之后使用"关闭连接"命令关闭数据库连接。在该命令的唯一属性"数据库对象"文本框中输入数据库对象 objDatabase,即可关闭数据库连接,如图 8-5 所示。

图 8-4　执行单 SQL 查询操作图

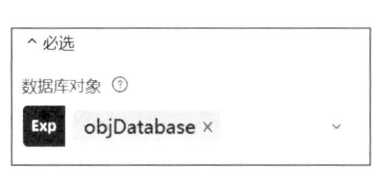

图 8-5　关闭数据库

## (四) 项目总结

通过上面的案例可以看出,RPA 平台是把"软件机器人"分解成很多零件,让业务专家以搭积木的方式把这些零件在自己的工作台上搭起来,因此不需要专业的 IT 人员参与,让普通工作人员就能看到机器人的工作流程和执行的情况,并能进行简单的维护。

因此,RPA 平台的功能和性能可以用以下 3 个方面衡量:

(1) 足够强大,零件数量要多,复杂的场景能应对。

(2) 足够简单,不需要 IT 专家的参与,普通人可以轻松掌握。

(3) 足够快捷,普通人稍微熟练一些以后,可以用最便捷的方式快速实现自己的机器人。

## 【机器人流程自动化项目拓展】

## (一) 项目描述

在日常工作中,经常需要自动或者定时发送或接收邮件。本项目要求使用 RPA 流程来实现这一过程。

### (二) 项目要求

实现邮件的自动发送和接收通常有两种方法:一种是直接通过简单邮件传输协议(Simple Mail Transfer Protocol,SMTP)、邮局协议版本3(Post Office Protocol-Version 3,POP3)和交互式邮件存取协议(Internet Mail Access Protocol,IMAP)等邮件协议来实现;另一种是通过邮件客户端来实现。通过邮件协议实现不需要在计算机上安装任何客户端软件即可完成,但配置较为烦琐。通过邮件客户端实现需要依赖于邮件客户端软件,但相对比较简单。

本项目使用UiBot自动化操作Outlook客户端,可直接使用"发送邮件""获取邮件列表""回复邮件"以及"下载附件"这些命令,与用户平时在Outlook客户端上操作邮件的习惯基本相同,并输入发件人、收件人、标题、正文、附件等信息。

## 项目8-2 数字媒体

### 【数字媒体认知】

#### (一) 数字媒体概述

信息的表现形式多种多样,这些表现形式可以统称为媒体。在现代社会中,人们用计算机、手机、摄像机等数字化设备记录、制作和传播的信息媒体由数字化的最小单元比特(bit)组成,其可以用来表现文字、图像、动画、影视、语音及音乐等数字信息。如果是单一类型的信息,就称为单一媒体,而如果是文本、数据、声音、图像、动画等融合的信息,则称为数字媒体。

数字媒体的实质不仅在于多种媒体的表现,而且在于媒体的可重复使用、相互转换和广泛传播。

#### (二) 数字媒体分类

如果按时间属性分类,数字媒体可分成静止媒体和连续媒体。静止媒体是表现事物静止状态的数字媒体,比如文本和图片等;连续媒体是表现事物运动状态的数字媒体,如音频、视频、虚拟图像等。

按来源属性,可将数字媒体分成自然媒体和合成媒体。自然媒体是指客观世界存在的景物、声音等,经过专业设备进行数字化和编码处理后得到的数字媒体,如数码相机拍的照片、数字摄像机拍的影像、数字音乐、数字电影电视等。合成媒体则是指以计算机为工具,采用特定符号、语言或算法表示的,由计算机软件生成、制作的文本、音乐、语音、图像和动画等,如用3D建模软件制作的动画角色。

#### (三) 数字媒体技术

数字媒体技术属于跨专业的技术领域,主要以计算机技术、通信技术、网络技术、流媒体技术、存储技术、显示技术等为基础。制作者基于艺术理念设计,使用计算机技术制作,使用存储技术保存,使用通信技术进行传输,使用流媒体、显示技术进行展示。

## 【数字媒体项目实施】

### (一) 项目描述

信息技术的发展,导致短视频的展示和传播方式发生了革命性的改变,传统媒体逐渐被数字媒体取代。借助于数字媒体的独特优势,短视频创作者有了前所未有的机遇、平台、课题和挑战。

本项目通过对数字媒体在短视频拍摄制作的特点进行分析,就如何在新媒体时代利用数字媒体的技术优势和表现特色来创新思路及调整方法创作出吸引观众、具有艺术魅力的短视频作品这一主题,提出创作思路。

在自媒体蓬勃发展的今天,手机摄影越来越受到创作者的青睐和追捧。所有有拍摄功能的智能手机都能用于拍摄作品。同时,各大平台也凭借短视频吸引了大众的关注,赚足了流量。手机制造厂商对手机硬件配置规格越来越高,现在的手机也能拍出媲美专业相机的画面,因此使用手机拍摄短视频并分享到平台成为人们记录分享生活片段的一种方式。

本项目要求使用手机拍摄并制作一段短视频并发布。

### (二) 知识准备

短视频是一种互联网内容传播方式。近年来,视频行业逐渐崛起一批优质用户生成内容(User Generated Content,UGC)制作者,微博、秒拍、快手、今日头条等短视频平台募集了一批优秀的内容制作团队入驻。从 2017 年起,短视频行业竞争日益激烈,内容制作者也偏向专业生产内容(Professional Generated Content,PGC)化运作。

相比传统的图文,短视频不仅具有轻量化的特点,而且信息量大、表现力强、直观性好。用户可以利用碎片化时间浏览短视频,并且通过弹幕、评论、分享进行社交互动,让短视频具备了很强的传播潜力,并增加了其影响力。

制作短视频自媒体,可以分为以下 4 个步骤。

1) 顶层设计,包括故事脚本、策略制定、IP 打造、场景选择、题材选择、人设等。
2) 拍摄。
3) 剪辑。
4) 拍摄相关素材。

**1. 拍摄基础操作**

手机拍摄视频的基础设置有对焦、曝光、视频帧数、分辨率设置、视频比例等。

(1) 对焦与曝光

对焦与曝光是视频拍摄的基础操作,在手机的视频拍摄模式下,点击屏幕中希望对焦的区域即可实现对焦在屏幕右侧的太阳图标调整器中调节画面曝光。在光线变化的拍摄场景中,可以长按屏幕锁定画面的对焦与曝光,使手机在拍摄运镜过程中能够确保曝光稳定、焦点清晰。

（2）视频设置

手机拍摄视频通常需要设置分辨率和帧率两个参数，帧率建议设置为每秒60帧（fps），分辨率建议设置为1080P，对视频要求高则设置分辨率为4K，视频会更清晰，但是内存占用较多。

（3）确定视频比例

在视频拍摄模式下，画面的比例默认是16∶9，也就是手机横拍的比例，竖拍的比例则是9∶16，建议使用横拍的画面比例。在后期剪辑软件中，可以根据需要灵活调整画面比例，比较常用的有16∶9、9∶16、2.35∶1（电影宽荧幕）等。

2. 视频转场

视频转场是前后两个视频画面切换的方式，在拍摄时需要掌握转场的方法和技巧，使视频中切换观感更自然。短视频中比较常用的转场方式有4类。

（1）硬切转场

硬切转场即前后的视频画面直接进行切换，没有添加任何遮挡、相同景物、同向运镜或后期转场效果，是一种非常直接的转场形式。

硬切转场适合在拍摄时没有考虑好画面的转场方式，或者没有找到合适的景物来拍摄转场效果。通常，关联性不强或反差很大的视频画面使用硬切转场看起来不自然。在拍摄画面有一定的关联性时，使用硬切转场会更加适合观者的视觉习惯。

（2）相同物体转场

相同物体转场是一种比较自然的转场方式。前后的两个视频画面都拍摄相同的景物，而该景物是在不同的场景或不同的拍摄视角中出现，第1个画面拍摄这个主体景物作为结束，第2个画面拍摄这个主体景物作为开始，让观者的视线从第1个画面很自然地就过渡到第2个画面。

（3）相同运动方向转场

相同运动方向转场主要是指前后两个画面中的主体景物都是朝着同一方向运动，同时手机也保持相同的运镜方向，这样过渡两个画面非常自然。

相同运动方向转场适合拍摄运动中的景物，例如走路的人物、跑动的车子、骑车人等。拍摄两段及以上的视频画面，都需要确保主体景物是相同的运动方向。同时，手机可以采用跟拍运镜的方式，横移跟拍、推进跟拍、后拉跟拍等，确保前后的两段视频画面都是相同的跟拍运镜方向。

（4）遮挡物转场

遮挡物转场是指第1个视频画面需要以遮挡作为结束，第二个视频画面需要以遮挡作为开始，后期剪辑时把两个画面剪辑在一起，就能得到比较自然的转场效果。遮挡转场实际上是营造了一种对画面的遮挡效果，让两个画面得以实现自然的过渡。

转场方式很多，在今后的拍摄中可以灵活运用。转场是为视频服务，目的是获得自然流畅的视频。

3. 慢动作拍摄技巧

慢动作是指画面的播放速率比常规播放速率更慢。慢动作视频的每秒帧数比常规速率的视频要高很多,也就是在每秒内播放的画面要更多,呈现出来的细节更加丰富。拍摄慢动作时也需要保证手机的稳定,选择稳定的手持或借助脚架、稳定器拍摄都可以。慢动作适合拍摄运动速率比较快的景物。

**4. 延时摄影拍摄技巧**

延时摄影是指物体或者景物缓慢变化的过程被压缩到一个较短的时间内,呈现出平时用肉眼无法察觉的奇异精彩景象。建议使用全手动设置,使用减光滤镜,选择合适的时间间隔等来进行延时拍摄,并避免拍摄太长的片段。

**5. 视频运镜**

运镜也就是视频画面的运动,动态的视频画面要比静止的画面更有动感,可以带来更大的视觉冲击感。视频的运镜有很多种方式,一般比较常见的有推进运镜、后拉运镜、摇动运镜、横移运镜、甩动运镜、升降运镜、跟随运镜等,每一种运镜方式都能够拍出具有动感的画面效果。见表8-1。一个视频短片中可以交替使用不同的运镜方式,让视频看起来顺畅自然。

表8-1 运镜方式比较

| 运镜 | 技巧 | 作用 | 应用场景 |
| --- | --- | --- | --- |
| 推进 | 镜头从远到近运动 | 突出主体、视觉聚焦、交代场景 | 人物入场、开头、结尾 |
| 后拉 | 镜头从近到远运动 | 拉与推正好相反,使画面由小场面连续过渡到大场面 | 被摄主体在画面由近到远、由局部到全体展示出来 |
| 摇动 | 相机不动,镜头做上、下、左、右或旋转运动 | 相机位置不动,只有角度的变化 | 主观视角、建筑物 |
| 横移 | 水平方向做左右横移 | 场景中人物的空间关系 | 多人或多物的 |
| 甩动 | 快速从A到B | 爆发力 | 人物冲突 |
| 升降 | 相机位置在升或降时拍 | 表现高大物体、事件或场面的规模 | 内容全景 |
| 跟随 | 跟随人物保持等距离运动 | 交代运动方向 | 人物连续的表情或动作变化 |

**6. 取景与构图**

取景和构图决定着视频画面的视觉冲击力和美感。视频的景别可以简单理解为视频取景画面范围的大小。根据手机和主体景物之间的拍摄距离远近,常见的景别主要有特写、近景、中景、远景。

1) 特写:细微的镜头,如拍摄人物的手抖动、双眼紧闭等,常用来对人物的眼睛、鼻子、嘴、手指、脚趾等这样的细节进行拍摄,适合用来表现需要突出的细节。

2) 近景:拍摄人物胸部以上部位,表现人物的细微动作,面部表情,表达人物内心世界的想法。

3）中景：拍摄人物膝盖以上部位，使观众看清人物的表情，有利于突显人物的肢体动作。

4）远景：能把整体环境交代清楚，告诉观众拍摄地点是哪里。以拍摄人物为例，远景就是把整个人和环境拍摄在画面里面，常用来展示事件发生的时间、环境、规模和气氛。

视频的构图是对画面中的主体景物、陪衬景物以及画面中的各个元素的搭配与安排，其在一定程度上决定了画面的美感和意境。在视频拍摄中能凸显视频画面美感的构图方法如下。

（1）利用线条的视觉引导

线条具有较强的视觉引导作用，能够引导观众的视线聚焦在画面中的主体景物上，更好地突出主体景物。在许多的拍摄场景中，只要留心观察，就能很轻易地找到线条元素。

（2）框架式构图

框架式构图用于凸显画面中的主体景物，在拍摄场景中可以寻找一些窗户、门框、洞口等具有框架结构特点的视角，让主体景物位于框架之中。利用框架结构把主体景物"框"住，能够起到突出主体景物的作用。

（3）对称式构图

对称式构图用于增强画面平衡与对称美感，适合应用在一些较为规则、工整、线条结构具有对称特征的拍摄场景中，如室内建筑、户外等场景，可以把主体景物安排在画面的中间，体现对称的美感。

（4）虚实对比

虚与实是一组对比鲜明的元素。在同一个画面中，观者的视线往往会聚焦在画面中清晰的部分，忽视画面中虚化的部分。使用手机可以设置对焦，拍出画面中的虚实对比感。

（5）居中构图法

居中构图法是视频拍摄中运用最多、最为方便和易用的构图方法，只需要把主体景物安排在画面的中间位置。居中构图法的实施简单，适用于大部分拍摄场景。

（6）明暗对比构图

明与暗在画面中具有较强的对比感，这种构图方式通常需要寻找有光影的场景，画面中既有亮部的区域，也有阴影区域，使亮部与暗部在画面中形成对比，体现出光影之美。

（7）水平和垂直构图

水平和垂直构图是最基本的构图法之一，以水平和垂直线条为主，能够表现出宽阔、稳定、和谐的感觉。在拍摄时，垂直线构图常用于表现一些高大伟岸的建筑、树木或者自然风景等。

（8）对角线构图

对角线构图是把拍摄的主体安排在画面的对角线上，可以增强画面的延伸感和立体感。拍摄食物最适合用对角线构图。

(9) 九宫格和井字构图

九宫格和井字构图属于黄金分割式的一种形式。该构图把画面平均分成九块,在中心块上4个角的点,用任意一点的位置来安排主体位置。这种构图能呈现变化与动感,使画面富有活力。

(10) 三角形构图

三角形构图通过多个元素构成三角形,让画面具有力量感和稳定性,又可以分为正三角形、倒三角形和斜三角形等构图方式。其中斜三角形构图较为常用,也较为灵活。三角形构图具有稳定、均衡、灵活等特点。

### 7. 调整视频画质

如果用户要想拍摄一段好的视频,保证视频画质是最基本的要求。成像质量的好坏和手机摄像头的像素高低有关。很多手机在摄像时可以选择调整分辨率、画质等级、亮度等参数,建议尽量选择较高的分辨率、画质和易于编辑的格式,以保证得到最佳的视频品质。

### 8. 注意环境光线

光线对拍摄效果的影响很大。例如,在天气晴朗、阳光灿烂的天气和在阴雨天拍摄效果不一样,在拍摄时调整亮度也是同理。拍摄前将亮度调到最亮,可以辅助提升画面清晰度,还可以让画面细节展示更加真实、丰富、有立体感。手机拍摄短视频使用补光灯也可以起到使画面更加清晰、细节呈现更加真实、丰富、有立体感的作用。

因此,在夜晚或弱光环境中,如果拍摄者没有携带专业设备,可以借助拍摄主体周围的灯光,如路灯、广告灯、室内灯光或开启手机闪光灯等,保证视频中的画面色彩和清晰度。

## (三) 项目实施

使用手机剪辑App——剪映进行剪辑。

### 1. 创建影片

打开剪映App,点击下方栏最左边的"剪辑"按钮,再点击上方"开始创作"按钮,跳转到手机相册界面,选择希望导入的素材片段,点击"添加"按钮。导入素材以后,便进入时间线界面。时间线在视频剪辑中是最为重要的一个概念,画面会根据时间线上的先后顺序来进行播放,绝大部分编辑操作和预览也都会在时间线上完成。

### 2. 剪辑音乐

进入剪映App,点击"音频"按钮,再点击"音乐"按钮就可以在App自带的曲库中挑选合适的配乐,也可以复制其他音乐App上的分享超链接来下载并导入。

### 3. 片段导入

片段导入就是根据故事情节或配乐节奏,将片段进行排序。可以直接拖动想排序的视频素材进行前后移动。另外,如果想对某一段素材的长度进行调整,可以在时间线上选中该片段,在片段的前后进行拖拽即可改变长度。还可以使用"分割"按钮对片段进行分割,分割出不需要的素材直接点击"删除"按钮即可删除。如果想添加新素材到时间线上,点击加号按钮即可。

微课 8-1:
手机剪辑 App 剪影操作演示

**4. 添加效果**

可以对某一段素材的片段进行效果的调整。首先选中一个素材,点击"动画"按钮就可以添加素材画面的入场动画、出场动画以及组合动画。想添加更炫酷的效果,可以回到操作栏最开始的界面,点击"特效"按钮,有非常丰富的视频效果可供选择。点击中间"播放"按钮可以预览所选的效果。

**5. 添加文字**

除了添加画面效果,还可以添加文字。首先,在时间线上将光标移动到希望添加文字的位置,点击"文字"按钮,再点击"新建文本"就可以输入想要添加的文字,再选择需要的效果,这样文字就添加到了时间线上。对文字的修改、删除以及时长变化的操作方法与前面的操作类似。

**6. 进行调色处理**

点击"滤镜"按钮,可以选择合适的滤镜对视频进行调色处理。通过上方的拖动条可以调整滤镜的强度。点击"调节"按钮,可以对视频进行亮度、饱和度、对比度等的调节,非常实用。处理完全部的视频,点击上方"导出"按钮即可直接导出视频。

**7. 发布短片**

在短视频平台上选择编辑好的短视频文件,编辑标题及其他内容,点击"发布"按钮即可。

### (四)项目总结

在自媒体蓬勃发展的今天,手机摄影越来越受到人们的青睐和追捧。人人都能用手机进行创作,同时,各大平台也凭借短视频吸引着大众的关注。近些年的手机制造厂商对手机硬件的配置越来越高,使用手机也能拍出媲美专业相机的画面,因此拍摄手机短视频也成为当下人们记录分享生活片段的一种方式。

手机剪辑 App 的功能十分强大,并且简单易用,可以快速、系统地剪辑短片。短视频并不难,但是如何把视频拍得有趣、有质感,才是最重要的。

## 【数字媒体项目拓展】

### (一)项目描述

某企业为宣传企业形象,采用拍摄短视频并发布到平台的方式来凸显企业文化、产品、服务以及特色。要求在内容选择和内容设置上做到涵盖全面、阐述透彻、重点突出、点面结合、起落有序、层次分明。

### (二)项目要求

**1. 参数要求**

1)视频格式:MP4。

2)片长设置:30 秒~60 秒。

3)拍摄规格:高清(1080 像素×1920 像素)。

**2. 画面要求**

1）拍摄手法要求有时代感，大气，角度新颖，可视性强。
2）画面处理要求节奏感强，动静相宜，波澜起伏，旷达中不失细腻。

## 项目 8-3　虚拟现实

### 【虚拟现实认知】

#### （一）虚拟现实的概念

虚拟现实（Virtual Reality，VR）技术也称灵境技术或人工环境，于 20 世纪 80 年代初首次被提出，是指借助计算机及传感器技术创造一种崭新的人机交互手段。虚拟现实是利用计算机模拟产生一个三维空间的虚拟世界，为使用者提供视觉、听觉、触觉等感官的模拟交互，让其如同身临其境，可以实时观察虚拟空间的事物。

虚拟现实技术综合了计算机图形技术、计算机仿真技术、传感器技术、显示技术等多种科学技术，在多维信息空间上创建一个虚拟信息环境，给用户一种沉浸感，并具有环境完善的交互能力，有助于启发构思。所以说，沉浸、交互、构想是 VR 环境系统的 3 个基本特性。

虚拟技术的核心是建模与仿真。其中，建模就是建立模型，即为了理解事物而对事物做出的一种抽象，是对事物的一种无歧义的书面描述。建立系统模型的过程又称为模型化。建模是研究系统的重要手段和前提，凡是用模型描述系统的因果关系或相互关系的过程都属于建模。

仿真又称模拟，是利用模型复现实际系统中发生的过程，并通过对系统模型的实验来研究存在的或设计中的系统。这里所指的模型包括物理、数学、静态、动态、连续、离散的各种模型；所指的系统也很广泛，包括电气、机械、化工、水力、热力等系统，也包括社会、经济、生态、管理等系统。当所研究的系统造价昂贵、实验的危险性大或需要很长的时间才能了解系统参数变化所引起的后果时，仿真是一种特别有效的研究手段。仿真的重要工具是计算机，其过程包括建立仿真模型和进行仿真实验两个主要步骤。

#### （二）虚拟现实的特点

虚拟现实被认为是多媒体最高级别的应用。它是计算机技术、计算机图形学、计算机视觉、视觉生理学、视觉心理学、仿真技术、微电子技术、立体显示技术、传感与测量技术、语音识别与合成技术、人机接口技术、网络技术及人工智能技术等多种高新技术集成之结晶。其逼真性和实时交互性为系统仿真技术提供有力的支撑。

虚拟现实技术有以下 3 个主要特点。

（1）沉浸性

沉浸性又称为临场感，指用户对虚拟世界中的场景产生真实感。理想的模拟环境应该使用户难辨真假，让用户全身心地投入到计算机创建的三维虚拟环境中。该环境中的一切看上去像真的、听上去像真的、动起来像真的，甚至闻起来、尝起来等一切感觉都像真的，如同在现实世界中的感受一样。

(2) 交互性

交互性指用户对虚拟世界中的物体的可操作性。例如，用户可以用手去直接抓取模拟环境中虚拟的物体，这时手有握着东西的感觉，并可以感觉物体的重量，视野中被抓的物体也能随着手的移动而移动。

(3) 构想性

构想性又称为自主性，指用户在虚拟世界的多维信息空间中，依靠自身的感知和认知能力可全方位地获取知识，发挥主观能动性，找出对问题的完美解决方案。

### (三) 虚拟现实的关键技术

实现虚拟现实，主要用到如下的技术或者产品。

**1. 近眼显示设备**

实现 VR 技术的主要平台设备是近眼显示(Near-Eye Display, NED)，该技术是可以实现 30PPD(每度像素数)单眼角分辨率、100Hz 以上刷新率、毫秒级响应时间的新型显示器及配套驱动芯片。NED 是玻璃或护目镜式可穿戴显示设备，由微型显示面板和成像光学器件组成，靠近眼睛的微显示面板发出的光通过成像光学器件进行准直，从而在眼睛可以舒适聚焦的远距离处形成虚像。近眼显示设备向高分辨率、低时延、低功耗、广视角、可变景深、轻薄小型化等方向发展。

**2. 感知交互技术**

人的最基本感知包括视觉、听觉、嗅觉、触觉和味觉，另外还有痛觉、快感、饥饿、口渴、时间感、平衡、内脏感觉等多种类型。感知交互技术是通过浸入式声场、语音交互、眼球追踪、触觉反馈、表情识别、脑电交互等技术的创新研发，优化传感融合算法，推动各种感觉的互相融合和影响。

**3. 渲染处理技术**

渲染技术是虚拟现实的关键技术，通过基于视觉特性、头动交互的渲染优化算法，高性能图形处理器(Graphics Processing Unit, GPU)配套时延优化算法，借助于新一代图形接口、渲染专用硬加速芯片、云端渲染、光场渲染、视网膜渲染等关键技术，使虚拟现实的画质、时延、功耗达到最优的效果。

**4. 内容制作技术**

内容制作技术指的是全视角 12K 分辨率、60fps、高动态范围成像(High Dynamic Range Imaging, HDR)、多摄像机同步与单独曝光、无线实时预览等影像捕捉技术的应用，保障虚拟现实的基础内容能够满足后期处理的要求。

### (四) 虚拟现实的应用

随着虚拟现实产业链逐渐成熟，虚拟现实应用场景也逐步落地。目前，游戏、旅游、教育、医疗以及工业是虚拟现实最主要的应用领域。

**1. VR游戏**

游戏是虚拟现实技术较早落地的领域,里程碑式的 VR 游戏和相关硬件设备让虚拟现实行业迎来拐点。多样的 VR 应用方式为游戏带来丰富的玩法,很多厂商都推出了传统大型游戏和经典 3D 游戏的 VR 版本。

**2. VR旅游**

通过 VR 视频、VR 直播等方式,可以给用户带来实景旅行体验。例如,景区与技术公司合作,运用 VR、3D、AI 等技术,整合景区旅游资源,提供一站式在线旅游服务。

**3. VR教育**

VR 教育通过在线课堂高品质的视频、逼真的交互、全景的教学环境给学生带来完美的教学体验,可以达到线下课堂类似的效果。

**4. VR医疗**

VR 医疗可以用于手术培训、病情察看、临床医生教育、培训助产士,提高医疗的及时性和安全性。

**5. VR工业**

VR 技术可对设备的基本操作、典型缺陷处理、故障分析等模块进行真实模拟。基于真实数据构建的虚拟现实系统可以逼真还原现实生成环境,通过 VR 设备使一线的工作人员能够更加安全、准确地掌握各种操作技能。

## 【虚拟现实项目实施】

### (一)项目描述

VR 全景制作是虚拟现实项目中比较简单的一种,是利用 VR 虚拟现实技术实现用户与图像深度交互的一种技术,可以生动形象地展示出真实、自然的图像,并且用户可以根据自己的意愿进行一系列操作,无死角观看景物。简单来说,VR 全景制作就是通过 VR 虚拟现实技术将实际场景打造成线上真实立体可深度交互的场景。

本项目将通过数码相机进行景物拍摄,再通过后期软件制作成 VR 全景图。

### (二)项目准备

**1. 硬件设备准备**

1)数码相机:重要的拍摄器材。

2)鱼眼镜头:一种特殊的广角镜头,其最大的特点是视角范围大,一般可达到 220°或 230°,这为近距离拍摄大范围景物创造了条件。常规的镜头视角范围有限,如果进行 360°拍摄需要拍摄很多张照片,如果使用鱼眼镜头,可减少拍摄张数,提高拍摄效率。

3)三脚架:起到固定和支撑作用,为数码相机提供稳定的视角进行下一步拍摄。

4)全景云台:连接三脚架和数码相机的硬件,其主要作用是让相机可以稳定在一个纵轴线上转动。

**2. 软件准备**

1)图片处理软件 Adobe Photoshop(PS):主要处理以像素所构成的数字图像,使用其众多的编辑与绘图工具,能够有效地进行图片编辑工作。在 VR 全景图制作中,可以使用 Photoshop 来处理图片中的瑕疵以及拼接痕迹等。

2) 图片调色软件 Adobe Photoshop Lightroom(LR):一款以后期制作为重点的图形工具软件,是数字拍摄工作流程中重要的工具。其增强的校正工具、强大的组织功能以及灵活的打印选项可以帮助用户加快图片后期处理速度,将更多的时间投入拍摄。在 VR 全景图制作中可以使用 LR 来为图片进行批量调色。

3) 曝光合成软件 Photomatix Pro:一款数字照片处理软件,能把多个不同曝光的照片混合成一张照片,并保持高光和阴影区的细节。通常情况下,会使用 3 张不同曝光的照片通过 Photomatix Pro 合成一张曝光更佳的照片来进行使用。

4) 全景拼接软件 PTGui:基于全景拼接工具 Panorama Tools 的一个用户界面软件。Panorama Tools 是功能强大的全景制作工具,但是需要用户编写脚本命令才能工作。而 PTGui 通过为全景制作工具 Panorama Tools 提供可视化界面来实现对图像的拼接,从而创造出高质量的全景图像。通过使用 PTGui,能够高效地完成 VR 全景图片的拼接,并且操作非常简单,几乎只需要点击鼠标就能完成全景图片的拼接。

5) 全景本地播放器 DevalVR Player:一款免费的 3D 图片查看软件,可以方便查看全景图片。DevalVR Player 可以用来看常规看图软件无法显示的 3D 效果,可以使用 DevalVR Player 预览检查全景图片的拼接效果。

6) 酷雷曼 3DVR 全景营销系统:利用 3D 技术和 VR 虚拟现实技术推出的云端沉浸式展览展示服务平台,通过简单操作可以为企业、旅游景点、家居房产等行业提供 VR 全景展示、策划、拍摄、制作、发布以及分享服务。

### (三) 项目实施

**1. 图片拍摄**

(1) 前期安装

先取出三脚架,转动固定旋钮,放出隐藏架身部分,将架身调试到合适高度。观察三脚架的水平仪,确保水平仪气泡与中心点及外圈相关并且居中,再将全景云台和三脚架安装到一起。

安装相机前,首先将全景云台附带的卡扣安装到相机上,再将相机固定到云台上。

(2) 拍摄方法

顺时针转动平台底座,每转 60° 拍摄一张照片,水平 6 张照片拍摄完成后拍摄垂直 90° 和 270° 两张照片。

相机通常使用三连拍模式,在该模式下每个角度拍摄时会获得三张照片,分别是高曝光照片、弱曝光照片和正常曝光照片,三连拍能够让后期照片合成时获得更优的曝光效果。如果所处环境光线均匀,则不需要三连拍。

拍摄时注意每张照片都有一定的重合区域,每张照片至少有 20% 的区域与前一张照片重叠。

**2. 图片处理**

拍摄图片后,要进行图片处理步骤。打开 Lightroom,将图片批量导入进行调色处理，但需要注意的是调色完成后导出时不要选中"调整大小以适合"复选框，并且不要限制图片文件的大小。打开 Photomatix Pro 批量导入图片进行设置后，就可以进行曝光合成处理，这里预设类型一般选择"自然"。合成后即可导出图片。

**3. 全景拼接**

打开 PTGui 导入 6 张合成后的鱼眼图，选择"广角"，焦距设置为 12，单击"确定"按钮后自动选择"圆周鱼眼"，水平视场为 180°，单击对准图像后按 Ctrl+Shift+D 组合键查看拼接图片，单击"创建全景图"，比例为 2∶1，生成后单击"工具"，选择"转换到 QTVR/立方体"，将全景图转换为长条图。

**4. 进行细节修整**

将拼接完成的全景图导入 Photoshop 进行修图。使用"钢笔工具"去掉脚架，再使用"仿制图章工具"和"修补工具"等修复错位及拼接痕迹，最后进行简单的美化即可导出。使用 DevalVR Player 打开图片查看全景效果，发现问题后继续使用 Photoshop 进行修整，需要重复多次检查及修整。

**5. 进行上传生成**

最后将全景图上传至酷雷曼 3DVR 全景营销系统，一键生成 VR 全景图并添加功能。系统中的功能非常多，除了基础功能外还能够根据需求添加"3D 环物""动态交互""酷客导航"以及"酷游联动"等各种功能。

## （四）项目总结

本项目在拍摄前一定要调试仪器，确保器材可以正常使用。拍摄的图片需要经过剪辑拼接之后才能输出成品。注意在 PTGui 拼接合成的过程中，有时候会提示手动添加控制点，这时需要手动添加些控制点。

## 【虚拟现实项目拓展】

## （一）项目描述

VR 技术已经延伸到了各行各业，例如 VR 全景看房功能已经在房地产行业中普遍使用。VR 技术的出现，让购房者进入一个可以看得见、身临其境的虚拟全景世界，甚至足不出户就能够感受到真实的沉浸式看房体验。

本项目将通过单反相机拍摄房屋内外照片，然后通过后期软件制作成 VR 全景图。

## （二）项目要求

制作 VR 全景看房需要注意以下几个要点：

1）对于器材的选择，大部分都是使用单反相机、鱼眼镜头、全景云台和三脚架设备。

2）在拍照时注意光线，在光线不均匀的情况下要把相机调整为三连拍模式，拍照的时候各个角度一定要有 30% 的互相重叠率。

3）拍摄之后进行拼接、美化图片，可以使用软件直接批量拼接，有瑕疵的地方进行修饰。

4) 拼接、美化后的图片还不算是真正优质的 VR 全景图,需要上传到专业的 VR 全景图处理软件或者平台才能看到最佳效果。

5) 为 VR 全景看房提供其他实用功能,如图文介绍、场景解说等。

## 项目 8-4　区块链

### 【区块链认知】

#### (一) 区块链的定义

工业和信息化部指导发布的《区块链技术和应用发展白皮书(2016)》中对区块链(Block Chain)的定义如下:

广义来讲,区块链技术是利用块链式数据结构来验证和存储数据、利用分布式节点共识算法来生成和更新数据、利用密码学的方式保证数据传输和访问的安全性、利用由自动化脚本代码组成的智能合约来编程和操作数据的一种全新的分布式基础架构与计算范式。狭义来讲,区块链是一种按照时间顺序将数据区块以顺序相连的方式组合成的一种链式数据结构,并以密码学方式保证的不可篡改和不可伪造的分布式账本。

因此一般认为,区块链是一种由多方共同维护,使用密码学保证传输和访问安全,能够实现数据一致存储、难以篡改、防止抵赖的记账技术,也称为分布式账本技术(Distributed Ledger Technology,DLT)。

区块链中所谓的账本,其作用和现实生活中的账本基本一致,即按照一定的格式记录流水等交易信息。特别是在各种数字货币中,交易内容就是各种转账信息。但与生活中的账本不同的是,这种去中心分布式的账本,链上的每个节点都有一本,节点共同参与记账。上一个区块上的记账信息会被打包到下一个区块上,最终形成一个链式结构。

#### (二) 区块链的核心技术

虽然区块链作为一种只诞生了十几年的技术也是一个新兴概念,但该技术所使用的基础技术目前都是非常成熟的。区块链的基础技术,如哈希运算、数字签名、P2P 网络、共识算法、智能合约等,在区块链技术出现前就已经广泛应用于各种互联网应用中,但这并不意味着区块链只是"新瓶装旧酒",其并不是简单地融合现有的技术。例如,区块链中的共识算法和隐私保护得到了创新,智能合约从简单的想法变成了现实。

**1. P2P 网络**

点对点(Peer to Peer,P2P)网络,又称对等互联网技术或点对点技术,是一种无中心服务器、依靠用户群(Peers)交换信息的互联网系统。

P2P 网络消除了中心化的服务节点,将所有的网络参与者视为对等的用户(Peer),并在他们之间分配任务和工作负载。

**2. 密码学**

密码学是区块链的基础。区块链大量运用了各种算法,主要包括哈希算法和一系列加密算法。

(1) 哈希算法

哈希算法(Hash Function)又称散列算法或哈希函数,是一种从任何一种数据中创建小的数字"指纹"的方法。散列函数把消息或数据压缩成摘要,使得数据量变小,将数据的格式固定下来。该函数将数据打乱混合,重新创建一个叫作散列值的"指纹"。

(2) 公私钥对

公私钥对是区块链所使用的加密技术的基石。

公私钥对由公钥和私钥两部分组成。这两个密钥是具有特定数学关系的大整数,用于代替密码和用户名。公钥就像一个人的名字或用户名。在大多数情况下,所有者可以与任何请求者共享他的公钥,而获得公钥的人可以利用它去联系公钥的所有者。公钥与所有者的信用相关,一个人可以创建许多公钥用以不同的目的。公钥可以用于引用或查看账户,但公钥本身不能用于处理账户的任何操作。

私钥则像密码一样,用于验证某些操作。私钥和密码之间的区别是:如果要使用密码,必须将其发送给某个人或服务器,以便其对密码进行验证。而使用私钥时则无须将其发送给任何人,即私钥能够在不向任何人发送秘密信息的情况下对自己进行身份认证,这种身份验证理论上是完全安全的,不易受其他系统的安全漏洞影响。私钥不应向任何人分享,存储和使用设备建议只在本地设备。

(3) 消息认证与数字签名

利用消息认证码和数字签名技术对消息摘要进行加密,可以实现消息的防篡改和身份认证。

消息认证码全称是基于Hash的消息身份认证码(Hash-based Message Authentication Code,HMAC)。HMAC基于对称加密,用于保护消息完整性。

数字签名又称为电子签名,是通过一定的算法实现与传统物理签名相似的效果的技术,即通过密码学领域的相关算法对签名内容进行处理,获取用于表示签名的字符段。

**3. 共识机制**

共识机制是区块链事务达成分布式共识的算法,主要有工作量证明(Proof of Work,PoW),即通过一定的工作量来获得相应的奖励。

权益证明(Proof of Stake,PoS)是PoW的一种升级共识机制,根据每个节点所占财产的比例和时间,加快寻找随机数的速度。

授权权益证明(Delegated Proof of Stake,DPoS)机制类似于董事会投票,财产持有者投出一定数量的节点,代理他们进行验证和记账。

**4. 智能合约**

智能合约(Smart Contract)是一种特殊协议,在区块链内制定合约时使用,当中内含了代码函数,亦能与其他合约进行交互、决策、存储资料及发送财产等功能。智能合约主要提供验证及运行合约内所订立的条件,允许在没有第三方的情况下进行可信交易,这些交易可追踪且不可逆转。

## (三)区块链的特点

**1. 匿名性**

因为区块链每个节点间的数据交换都遵循固定算法,它的数据交互是无须信任中介的(区块链中的程序规则会判断数据的有效性),所以交易的双方不用通过公开身份让对方信任自己。相对而言,传统交易都要公开身份,并且要找个双方都信任的中介(一般是银行或者政府)来保障安全。

**2. 自治性**

区块链技术尝试通过构建可靠的自治网络系统,力求从根本上解决价值交换和转移中存在的欺诈与寻租的现象。在具体应用中,区块链采用基于协商一致的规范和协议(一套公开透明的算法),各个节点都要按照这个规范来操作,这样就使所有的工作都由机器完成,对人的信任改成了对机器的信任,理论上任何人为的干预都不起作用。

**3. 开放性**

区块链的系统是开放的,除了数据的直接关联方的私有信息通过非对称加密技术被加密外,区块链中的数据对所有节点都是公开的,因此整个系统信息具有高度透明性。

**4. 可追溯**

区块链系统通过区块数据结构存储了第一个区块产生后发生的全部数据,区块链上的任意数据都可以通过链式结构追溯到本源。

**5. 不可篡改**

交易信息被添加到区块链中,就被所有节点共同记录下来,并可以通过加密技术确保此交易信息与之前和之后加入区块链中的信息互相关联,因此对区块链中的某条记录进行更改的难度与成本很高。

**6. 集体维护**

区块链系统是由所有具备维护功能的节点共同维护的,所有节点都能通过公开的接口查询数据与开发应用。

**7. 无须许可**

区块链系统中所有的节点都可以请求将任何一个交易添加到区块链中,但仅在所有用户都认为这条交易合法的情况下才能进行交易。

**8. 去中心化**

去中心化最早是指互联网发展过程中形成的社会关系形态与内容产生形态,是相较于中心化的新型网络内容的生产过程。在区块链系统中,每笔交易信息都会被记录在每一个节点的账本中,而每新增一笔交易,所有节点也都能成为该笔交易的"检查站",并且使用密码学原理检测其正确性。由此,即使没有交易中心,各种交易仍能安全运行。由于区块链系统中没有中心节点,不仅信息透明度大幅提升,更不会有因中心节点出错而导致全盘皆错的安全性问题。

## 【区块链项目实施】

### (一) 项目描述

2018年8月，国家税务总局授权深圳市税务局试行区块链电子发票，由深圳市税务局定义行政发行标准和纳税人发票使用规范，由腾讯公司提供区块链底层技术支持，高灯科技等电子发票服务商负责提供接入各个交易场所的解决方案，最终实现将"资金流、发票流"合一，将发票开具与线上支付相结合，打通了发票申领、开票、报销、报税全流程。区块链电子发票以互联网产品的形态诞生，做到税务机关各环节可追溯、业务运行"去中心化"、纳税办理线上化、报销流转无纸化。

本项目将对区块链电子发票的工作流程和实现进行深入学习。

### (二) 知识准备

区块链电子票据是以提供隐私保护和多方安全用票为目的，结合区块链不可篡改、可追溯的特性，为财政电子票据在查验、归集、报销入账等民生应用中提供技术保障的服务。

相比纸质票据，电子票据在留存上其实已经有了一定的进步。但是对于个人而言，普通电子票据储存在不同平台上，例如有的在短信里，有的在邮件里，还有的在手机App里，管理不方便。另外，在打印报销时，电子票据存在真伪的核验问题，企业直接从票面查验真伪很费时。

区块链技术在电子票据领域的成功落地使得这些问题都迎刃而解。在区块链中，可以接入包括医院、学校、交管局、法院等在内的大量开票单位，还可以接入医保、企业、商保等一系列用票单位。同时，区块链电子票据从生成、传送、储存到使用的全程中都盖上"戳"，全程可溯源、不可篡改，保证了票据的真实性和唯一性，也避免了票据的重复使用。

区块链电子发票平台框架共包括税务链管理端和业务终端两个部分，如图8-6所示。

(1) 记账节点

以税务局为核心建设核心链，承载着业务节点提交上来的所有发票数据，每条核心链的每秒处理事务数(Transactions Per Second, TPS)可达上万。考虑运营质量和数据安全原因，核心链的节点由税局机关拥有，并且在国家税务总局统一规划建设的专用网络中工作。

(2) 业务节点

业务节点为分布式，为节点负责的纳税人提供服务，与核心链之间通过路由网关保持连接。业务节点只保存与节点相关的发票数据，无权并且无法持有全网的发票数据，也不能参与区块链共识算法计算。通过路由网关，业务节点可以向核心链申请自己权限范围内的发票数据，并且可以将开票、红冲等上链请求提交到核心链。同时，业务节点也承担发票查验服务，并且可以针对纳税人的需求提供个性化的解决方案。

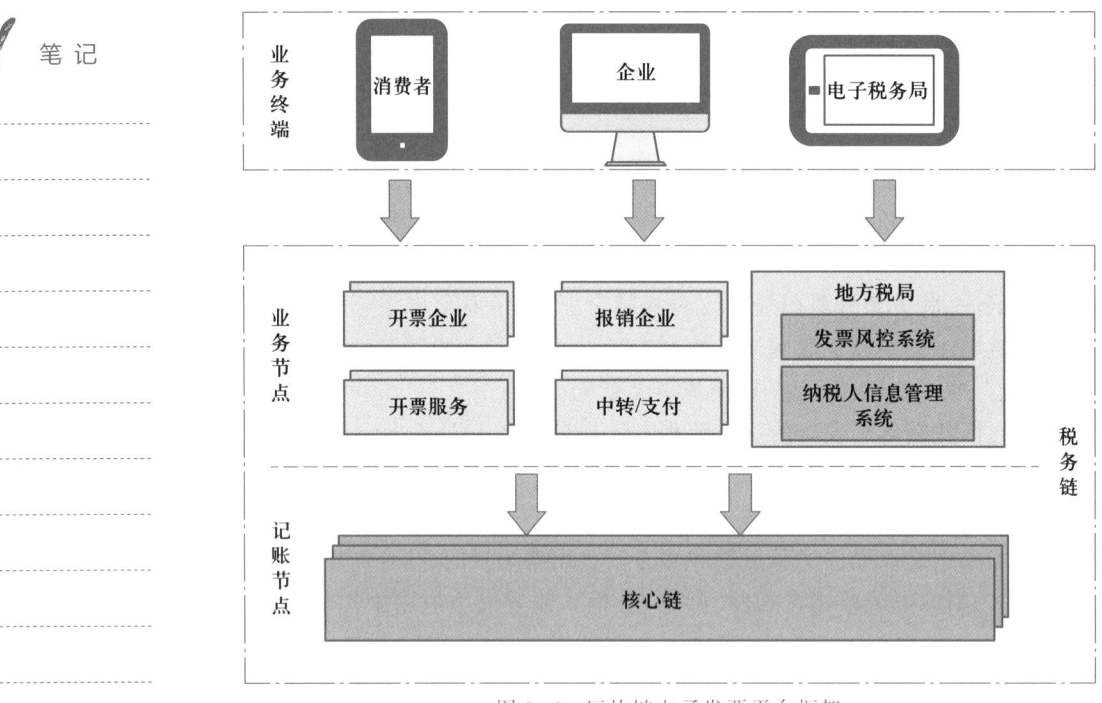

图 8-6 区块链电子发票平台框架

## (三) 项目实施

区块链电子发票业务流程,如图 8-7 所示。区块链电子发票业务流程包领票、开票、流转、验收、入账等大致分为以下 4 个步骤。

步骤 1:税务机关在税务链上写入开票规则,将开票限制性条件上链,实时核准和管控开票。

步骤 2:开票企业在链上申领发票,并写入交易订单信息和身份标识。

步骤 3:纳税人在链上认领发票,并更新链上纳税人的身份标识。

步骤 4:收票企业验收发票,锁定链上发票状态,审核入账,更新链上发票状态,最后支付报销款。

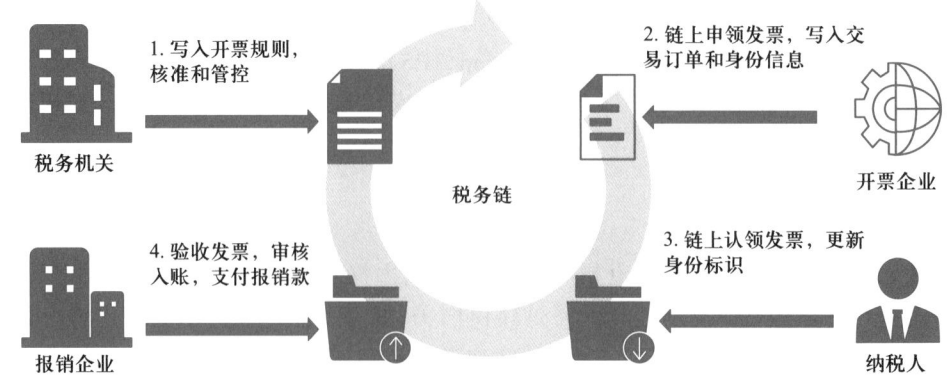

图 8-7 区块链电子发票业务流程示意

### (四)项目总结

在传统电子发票的基础上,区块链电子发票重点优化,解决了以下 4 个方面的问题:

1)信息孤岛。将发票流转信息上链,解决了发票流转过程中的"信息孤岛"问题,实现了发票状态全流程可查、可追溯。

2)无纸化报销。因为发票全流程的信息都在链上,报销时只要在链上更新发票状态即可,无须再打印为纸质的文件存档。

3)一票多报、虚报虚抵。利用区块链技术,可以确保发票的唯一性和信息记录的不可篡改性。

4)提升监管力度。由于发票全流程的信息都在链上,因此可以帮助税务局等监管方实现实时的全流程监管。

微课 8-3:
区块链电子发票业务流程展示

## 【区块链项目拓展】

### (一)项目描述

基于区块链的司法电子证据云,由区块链技术结合司法资源及权威政务级节点,为机关单位、企业及个人用户等提供不同数据类型的文件,并提供全方位电子数据存证保全、电子证据管理、可信时间认证、法院核验、司法鉴定等服务。这样,在发生纠纷时,用户即可从容应对、高效维权。

证据云的架构包含身份校验、证据认证、电子取证、证据存储和法院核验 5 个部分。

1)身份校验:对存证发起人的身份信息通过公安部身份数据进行实名校验,使用人像和身份证件快速鉴定信息真伪,对特殊身份进行风险预警。

2)证据认证:电子证据的摘要信息可以通过区块链进行分布式存储,不能增加、删除或修改,并可做行文及时间追溯。

3)电子取证:支持互联网取证、视频取证、手机 App 取证及其他类型的取证。

4)证据存储:将提取后的证据进行镜像映射和光磁固化。

5)法院核验:可在互联网法院的电子证据平台对存证保全证书、可信时间等进行验证。

### (二)项目要求

查阅资料自行分析司法电子证据云采用的技术、可行的工作流程和可以解决的问题。

# 单元 9　通信工程技术

项目 9-1
现代通信技术

## 项目 9-1　现代通信技术

### 【现代通信技术认知】

#### （一）现代通信技术的概念

通信，就是信息的传递，是指人与人或人与自然之间通过某种行为或媒介进行的信息交流与传递。自古以来人类就进行着通信，从人与人的交流谈话到飞鸽传书和烽火狼烟，通信无处不在，通信技术也在历史的长河中不断发展。关于现代通信的起源，一般以 1838 年莫尔斯发明有线电报，第一次实现了文字信息转变为电信号进行传播为标志，由此信息的传递效率大大提高。

在各种各样的通信方式中，利用"电"来传递消息的通信方法称为电信。国际电信联盟（International Telecommunication Union，ITU）将电信定义为"使用有线电、无线电、光或其他电磁系统的通信"。利用任何电磁系统，包括有线电信系统、无线电信系统、光学通信系统及其他电磁系统，采用任何表示形式，包括符号、文字、声音、图像以及由这些形式组合而成的各种可视、可听或可用的信号，从发信者向一个或多个接收者发送信息的过程，都称为电信。因此，电信是通信的一种方式，也是现代通信最主要的一种方式。这种通信方式具有迅速、准确、可靠等特点，且几乎不受时间、地点、空间、距离的限制，因而得到了飞速发展和广泛应用。

随着现代科学技术的飞速发展，现代通信相继出现了程控交换、计算机网络、移动通信、数据通信、光纤通信、物联网通信、量子通信等各种新型通信技术和通信系统，并且和计算机等信息技术不断深入融合，实现了语音、数据和媒体等类型的信息即时传输和交换，实现了信号从模拟到数字、从语音到数据到多媒体甚至到高清视频，带宽从 kbit/s 到 Gbit/s，时延从秒到毫秒，通信对象从人和人发展到人和物、物和物，建设了覆盖世界的各种通信网络。因此，现代通信技术是融合了电子、通信、计算机、物联网等各种技术门类的综合性技术，属于新一代信息技术的组成之一。

#### （二）现代通信系统的类型

通信技术和系统根据技术特性和实现的功能可分为以下几种类型。

**1. 光纤接入**

光纤接入是解决用户最后一公里通信的部分,主要通过光纤直接入户为用户提供各种通信服务。光纤接入能够提供达到 10Mbit/s、100Mbit/s、1000Mbit/s 的高速宽带,是目前通信技术中接入的主要形式,适用于集团用户、智能化小区、宾馆、商务楼、校园等高速接入互联网。

**2. 无线接入**

无线接入网是指部分或全部采用无线电波这一传输媒质连接用户与交换中心的一种接入技术。无线接入技术主要应用于现代移动通信网络,如 2G、3G、4G、5G 通信系统。

**3. 传输网**

传输网是用于信息传送通道的网络,一般架构在交换网、数据网和支撑网之间,主要为各个网络提供通信的信道。

**4. 核心网**

核心网是通信中枢,负责管理数据,对数据进行路由和交换,确认数据传输方向。目前核心网主要包括交换单换、转发单元、多媒体单元、用户管理单元、位置管理单元等。

## (三) 现代通信设备

**1. 光纤接入网设备**

光纤接入网就是以光纤为传输介质的接入网络,用于替代铜线并接入每个家庭。光接入网目前典型的技术是无源光网络(Passive Optical Network,PON),一般由以下 3 个部分组成。

1)光线路终端(Optical Line Termination,OLT):电信的局端设备,也是 PON 的核心设备,主要向上连接相关业务服务器,向下通过单纤连接 ONU,如图 9-1 所示。

2)光网络单元(Optical Network Unit,ONU):接入的终端设备,如图 9-2 所示。ONU 具有两个作用:一是对 OLT 发送的广播进行选择性接收,若需要接收该数据,要对 OLT 进行接收响应;二是对用户需要发送的以太网数据进行收集和缓存,按照被分配的发送窗口向 OLT 端发送该缓存数据。

微课 9-1:
常见通信设备

图 9-1 OLT 设备

图 9-2 ONU 设备

3）光分配网（Optical Distribution Network，ODN）：OLT 和 ONU 之间的光传输物理通道，主要功能是完成光信号的双向传输，通常由光纤光缆、光连接器、分路器以及安装连接这些器件的配套设备组成，其中最重要的部件是分光器，如图 9-3 所示。

**2. 互联网通信设备**

数据在互联网中是以"包"的形式传递的，但是"包"在传递的过程中，需要确定"包"从哪里来、发到哪里去，以及包由设备怎么接收。在这个过程中，"包"可能需要穿越不同的网络，因此不同的网络要对"包"进行不同的处理。完成这个功能的设备有交换机、路由器、防火墙等。

1）交换机：可以实现一个局域网内部设备的数据转发和传送，是企业构建单位办公网络的主要设备之一，如图 9-4 所示。

图 9-3　ODN 设备　　　　　　　　图 9-4　交换机设备

2）路由器：可以实现不同网络之间数据的路由和转发，是组成广域网的主要设备之一，如图 9-5 所示。

3）防火墙：一种网络设备，主要功能是隔离内部网络和外部网络，保障内部网络不受非法接入，从而保证内部网络的安全，如图 9-6 所示。

图 9-5　路由器设备　　　　　　　　图 9-6　防火墙设备

**3. 无线接入网设备**

无线接入系统是通过无线电波进行移动用户与固定用户之间或者移动用户之间的信息传输，由移动终端设备、基站、移动交换局组成。目前，5G 网络是技术先进并大力建设推广的移动网络。其中，5G 基站由基带处理单元（Building Base band Unit，BBU）处理基带信号，如图 9-7 所示。由有源天线单元（Active Antenna Unit，AAU）生成射频信号，并将信号发出和接受来自手机的射频信号，如图 9-8 所示。

图 9-7　BBU 设备

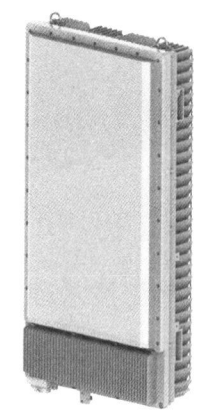
图 9-8　AAU 设备

**4. 传输网设备**

传输设备的主要功能是传输通信信号,延长传输距离,实现长途通信。目前使用传输系统主要有分组传送网和光传送网。

1) 分组传送网(Packet Transport Network,PTN):以分组交换为核心主要面向分组数据业务的传送设备,如图 9-9 所示。PTN 针对 IP 业务流量的突发性和统计复用传送的要求而设计,具有更低的总体使用成本,同时具有高可用性和高可靠性、高效的业务调度机制和流量工程、便捷的管理、易扩展、业务隔离与高安全性等优势。

2) 光传送网(Optical Transport Network,OTN):在光域内实现业务信号的传送、复用、路由选择、监控,并且保证其性能指标和生存性的传送网络设备,如图 9-10 所示。OTN 以密集波分复用(Dense Wavelength Division Multiplexing,DWDM)、波分复用(Wavelength Division Multiplexing,WDM)技术作为基础,保证了超大传输容量。

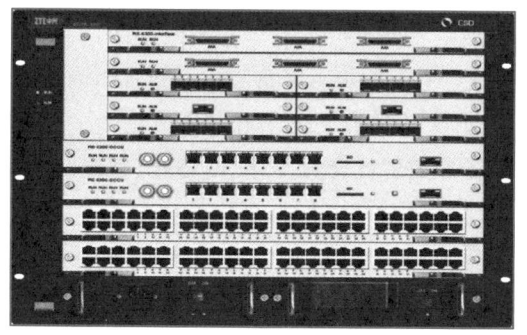
图 9-9　PTN 设备

图 9-10　OTN 设备

**5. 核心网设备**

核心网包括固网核心网和移动核心网。5G 核心网应用了网络功能虚拟化(Network Function Virtualization,NFV)技术,通过 IT 虚拟化技术,利用标准化的通用 IT 设备来实现各种网络设备功能。5G 核心网的主要设备是 x86 服务器以及存储和交换设备,如图 9-11、图 9-12 所示。

拓展篇

笔记

图 9-11 服务器

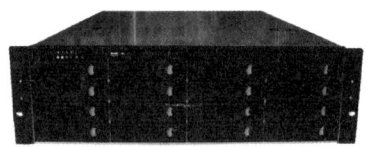

图 9-12 磁盘阵列存储设备

### 【现代通信技术项目实施】

#### (一) 项目描述

5G 基站组网需要根据覆盖规划和安装环境,选用功能和性能满足要求的设备和合适的线缆进行设备连接,一般工作量巨大。

本项目将完成 5G 基站的 BBU 和 AAU 之间的连接以及 BBU 和传输设备之间的连接。

#### (二) 知识准备

**1. 5G 的概念**

5G 意思是第五代移动通信技术,是最新一代蜂窝移动通信技术,也是新一代信息基础设施的重要组成部分。2019 年 11 月 1 日中国三大运营商正式上线 5G 商用套餐,标志着中国正式跨入 5G 时代。与 4G 相比,5G 具有"超高速率、超低时延、超大连接"的技术特点,进一步提升了用户的网络体验,为移动终端带来更快的传输速度。5G 不仅要解决人与人通信,为用户提供增强现实、虚拟现实、超高清视频等更加身临其境的业务体验,更要解决人与物、物与物的通信问题,满足移动医疗、车联网、智能家居、工业控制、环境监测等物联网应用需求。

为满足多样化的应用场景需求,5G 的关键性能指标更加多元化。国际电信联盟定义了 5G 的 8 大关键性能指标中高速率、低时延、大连接成为其最突出的特征,即用户体验速率达 1Gbit/s,时延低至 1ms,用户连接能力达每平方千米 100 万个连接点。最终,5G 将延伸到经济社会的各行业各领域,成为支撑经济社会数字化、网络化、智能化转型的关键新型基础设施。

5G 技术采用灵活定义的空口技术、新型编码和调制技术、大规模多路输入多路输出(Multiple-Input-Multiple-Output,MIMO)技术、网络虚拟化、云计算、边缘计算、网络频谱共享、无线中继传输等大量新技术。

**2. 5G 基站组网类型**

根据 5G 基站设备部署的特点,5G 基站可分为分布式无线接入网(Distributed-Radio Access Network,D-RAN)、集中式无线接入网(Centralized-Radio Access Network,C-RAN)组网。

1) D-RAN 是分布式组网,在 5G 建设初期较为常见。这种组网的 BBU 和 AAU 基本安装在同一个位置。BBU 安装在通信机房里,AAU 安装在机房不远处的铁塔、独杆塔或者楼顶上,两个设备之间距离一般不会超过100m。BBU和AAU之间通过野外光纤连接,如图9-13所示。

笔 记

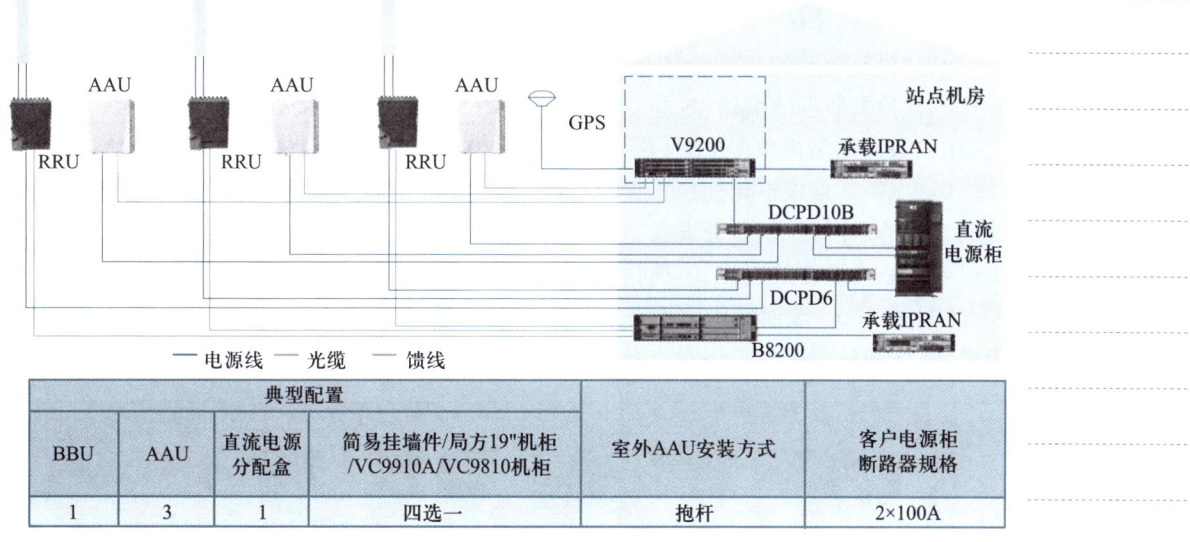

图9-13 D-RAN 5G组网

2) C-RAN组网是集中式组网,在不具备新建机房条件的地方,就近选择一个已经在用的机房,把BBU全部集中放置在这个机房里,甚至可以组成BBU资源池,而AAU安装在距离此机房很远的地方,如几公里外。它们之间通过地下光缆或者架空光缆连接。这样大幅度降低了机房建设数量,从而缩减建设成本。另外,拉远之后的射频和天线,还能安装在离移动终端用户更近的位置,使基站的选址更加方便,如图9-14所示。

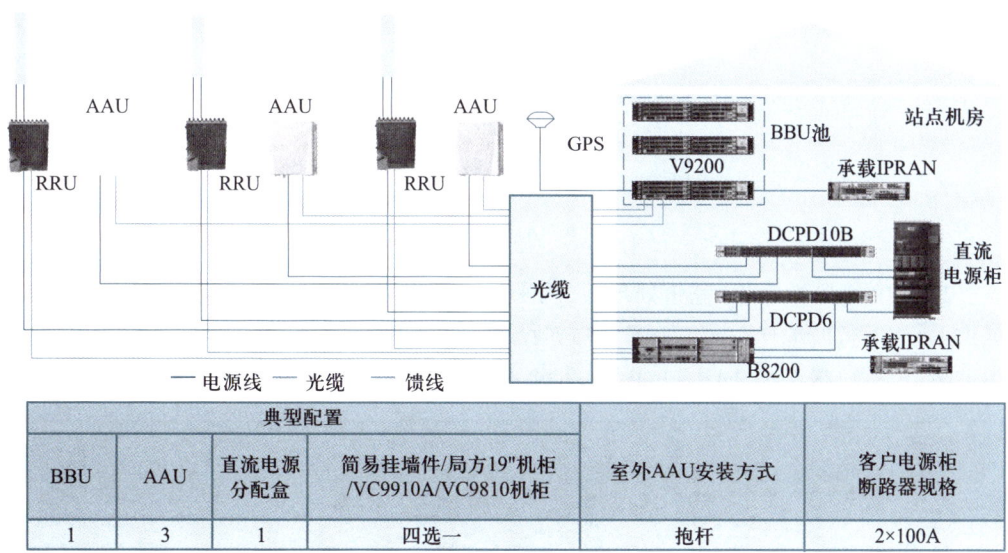

图9-14 C-RAN 5G组网

拓展篇

微课 9-2：
常见 5G 基站设备

## （三）项目实施

5G 基站设备由 BBU 和 AAU 组成，它们之间使用光纤连接来完成信息的传送。

### 1. BBU 侧连接

BBU 处理移动通信的基带信号，包括语音信号、数据流量信号、信令信号的处理，另外还有各类数据的编码、校验、纠错等功能。5G BBU 由基带处理板（VBPc5）、电源分配板（VPD）、风扇模块（VFC）、虚拟化交换板（VSWc2）单板构成。

1）VSWc2 是虚拟化交换板，主要实现基带单元的控制管理、以太网交换、传输接口处理、系统时钟的恢复和分发及空口高层协议的处理，如图 9-15 所示。ETH 光口可以实现与核心网设备的连接，本项目中可以使用尾纤，如图 9-16 所示。尾纤一端连接这个 ETH1 光口，一端连接传输设备，完成 BBU 上行信号的传输。GNSS 用于连接 GNSS 天线，保证基站可以同步运行。

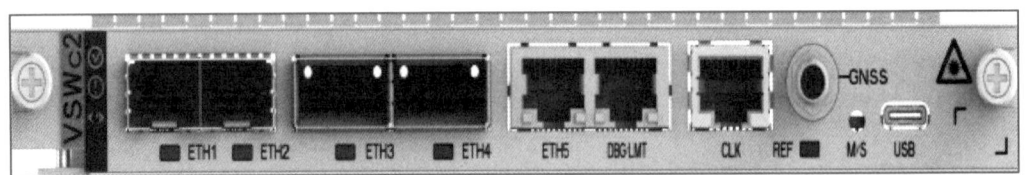

图 9-15　VSWc2 虚拟化交换板

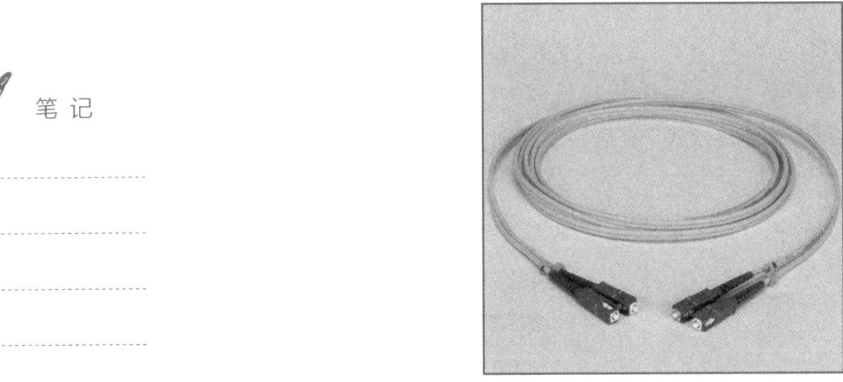

图 9-16　光纤尾纤

2）VBPc5 单板是 5G 基带处理板，用来处理 5G 协议栈，功能包括实现物理层处理，提供上行、下行的 I/O 信号，如图 9-17 所示。在本项目中使用的野外光纤一端连接 OF1 端口，另一端连接 AAU 的 OPT1 端口，完成与 AAU 进行连接，如图 9-18 所示。

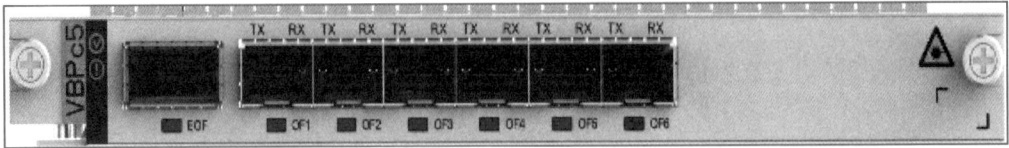

图 9-17　VBPc5 基带处理板

图 9-18 野外光纤

### 2. AAU 侧连接

AAU 是基站的有源天线单元，设备内部将射频收发单元与天线阵单元集成在一起，构成有源天线阵可以将基带数字信号转换成模拟信号，然后调制成高频射频信号，再通过功放单元放大功率，最后通过天线发射出去。

AAU 侧面接口主要为 OPT 口，需要插入适配光模块通过光纤与 BBU 基带处理板进行互联。本项目中使用野外光纤连接 AAU 的 OPT1 端口和 BBU 的基带板的 OF1 口，如图 9-19 所示。

### （四）项目总结

通信网络是行业数字化的承载平台，是数字化的基础。通信网络的建设就是先进行网络设计和规划，之后进行安装地点和环境的勘察和设计，接着进行通信设备的安装和组网，以及设备的加电和调测，之后进行业务开通和测试，最后进行网络运营、维护和优化。在这个过程中，通信设备的连接是最基本的，设备的连接要根据产品的特性选择合适的端口和线缆。

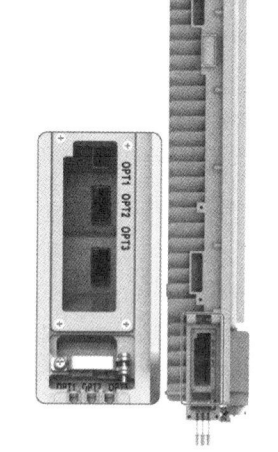

图 9-19 AAU 的 OPT1 口

## 【现代通信技术项目拓展】

### （一）项目描述

随着高清智能电视以及无线保真（Wireless Fidelity，WiFi）的普及，每家每户都有高速宽带上网的需求，所以面对现代通信技术的发展，对于旧小区或者新小区需要使用新技术进行改造和新建。

本项目主要针对一个新建小区，包括 6 栋楼，每栋楼 11 层 2 个单元，每个单元每层两户，通过光纤到户（Fibre To The Home，FTTH）接入方式完成对新建小区接入网的合理设计。

### （二）项目要求

1）学习了解 PON 宽带接入、FTTH、接入设备等基础知识。

2）根据目前现代通信需求，自拟用户业务需求，比如上网带宽、高清电视、带宽、语音带宽等。

3）根据自拟业务需求和用户数量，做出适合项目的设备配置清单，包括 OLT、ODN、ONU 等。

4）根据自拟业务需求，规划出项目所需要的数据，包括虚拟局域网（Virtual Local Area Network，VLAN）、IP 地址等。

5）画出项目的组网设计简图。

## 项目 9-2　物联网

### 【物联网认知】

#### （一）物联网的概念

物联网（Internet of Things，IoT）的概念最早提出于 1999 年。所谓物联网，即"万物相连的互联网"，是在互联网基础上的延伸和扩展，将各种信息传感设备与网络结合起来而形成的一个巨大网络，目的是实现在任何时间、任何地点，人与人、人与物、物与物、人与服务、人与场景的互联互通，最终完成万物互联。

#### （二）物联网的体系架构

物联网的价值在于让物体也拥有"智慧"，从而实现物与人、物与物之间的沟通。物联网的特征在于感知、互联和智能的叠加。物联网的体系架构可分为感知层、网络层和应用层，如图 9-20 所示。

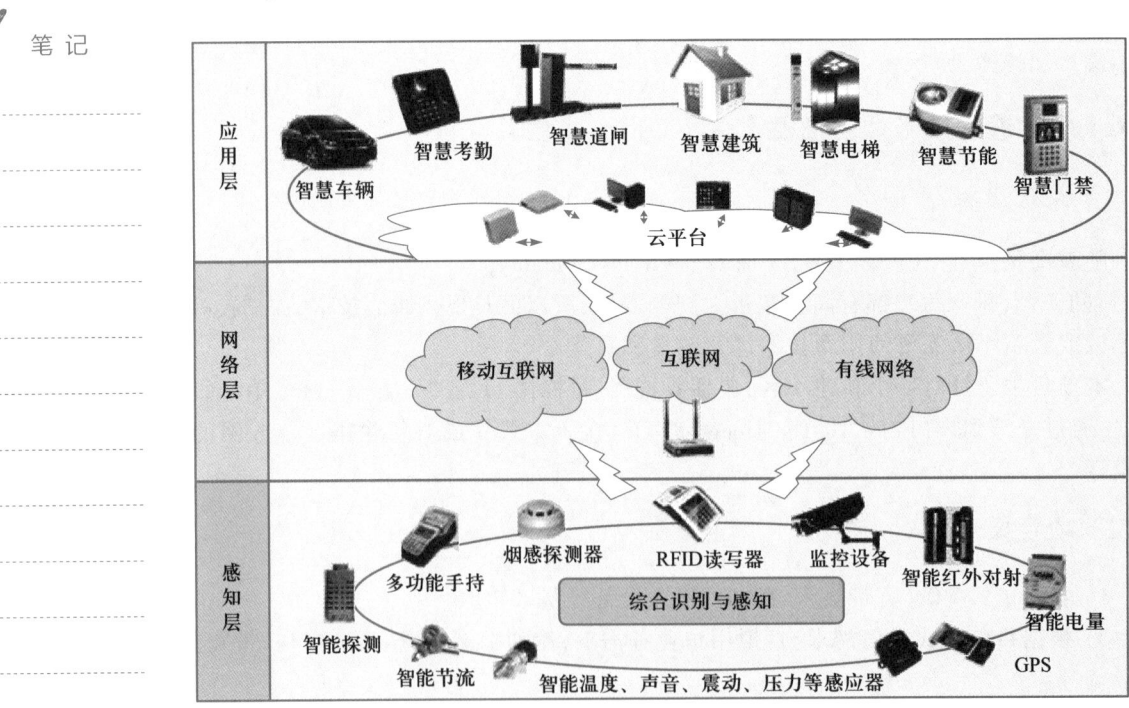

图 9-20　物联网的体系架构

**1. 感知层**

感知层是物联网发展和应用的基础,包括传感器或读卡器等数据采集设备、数据接入到网关之前的传感器网络,也包括各种控制器与执行器,其任务是识别物体和采集相关信息,实现对"物"的感知、识别和控制。

**2. 网络层**

网络层是建立在现有通信网络和互联网基础之上的融合网络。网络层通过各种接入设备与移动通信网和互联网相连,其主要任务是通过现有的互联网、广电网络、通信网络等实现信息的传输、初步处理、分类、聚合等,用于沟通感知层和应用层。

**3. 应用层**

应用层是将物联网技术与专业技术相互融合,利用分析处理的感知数据为用户提供丰富的特定服务。应用层是物联网发展的目的,典型的物联网应用可分为设备管理、联动管理、数据统计等,可通过手机、计算机等终端提供广泛的智能化应用服务解决方案。

## (三)物联网的主要特点

物联网的主要特点体现在以下 3 个方面。

**1. 信息的全面感知**

物联网上部署了海量的多种类型传感器,每个传感器都是一个信息源,不同类别的传感器所捕获的信息内容和信息格式不同。传感器获得的数据具有实时性,即按一定的频率周期采集环境信息,不断更新数据。物联网通信中的一个环节就是对数据的分时段采集。

**2. 信息的可靠传送**

物联网技术的基础和核心仍然是互联网,通过各种有线和无线网络与互联网的融合,将物体的信息实时而准确地传递。在物联网上的传感器定时采集的信息需要通过网络传输,对采集到的数据进行安全加密,并使用有效的路由协议、通信协议和网络安全协议,以保证数据的高可靠性及准确性。在传输过程中,为了保障数据的正确性和及时性,必须适应各种异构网络和协议。

**3. 信息的智能处理**

从传感器获得的海量信息中分析、加工和处理出有意义的数据,以适应不同用户的不同需求,从而发现新的应用领域和应用模式。信息从采集、传输到接收的整个过程中,都需要对信息进行处理。

任何一个基本要素在处理过程中出现问题,将导致网络终端不能收集到准确可靠的信息,从而不能实现物物通信。

## (四)物联网应用

物联网现在已经深入到人们生活的方方面面,特别在城市管理领域的智能交通、智能建筑、环境监测等方面,农业生产领域的智慧农业、智能温室大棚、畜牧溯源等方面,以及智能家居领域、智能物流领域等得到了广泛应用。

拓展篇

微课 9-3：
简单物联网场景
展示

## 【物联网项目实施】

### （一）项目描述

本项目将以一个温室大棚为例,学习典型物联网项目的实施过程。

物联网技术目前被广泛应用于农业领域,传统的温室大棚将逐渐被智能温室大棚代替,并将牢牢占据未来农业市场。智能化温室也被称为连栋温室或者现代温室,是农业种植的高级类型,集环境控制系统、云管理平台等设备于一体,可直接调节大棚内温度、光照、水分、湿度、肥料、气体等诸多生产因素,实现精细化标准化生产,有效降低经营成本,提升农作物品质。

智能温室大棚是指配备了由计算机控制的可移动天窗、遮阳、保温和保湿窗帘、风扇、降温设备、喷滴灌等自动化设施系统,基于农业温室环境的智能化调控的温室大棚,通常由信号采集系统、中心计算机、控制系统等部分构成。

智能温室的智能化主要体现在智能控制系统,由各类传感器等硬件与自动化控制系统、通信、计算机技术于一体,搭建温室智能化软硬件平台,在云管理平台设置多种作物生长的环境参数,实现对温室中温度、湿度、光照、二氧化碳等环境要素的自动监测、控制。

可针对农作物生长所需的温度、湿度、光照强弱、土壤温度、含水量、通风等因素,做到整个生长环境的多方位监测,人为创造出植物生长最佳的环境,令温室环境接近适宜自然生长环境,满足农作物生长需求。

智能温室在种苗繁育、果蔬和花卉等农作为种植,甚至养鸡养鸭等养殖业广泛应用。

本项目中的智能温室大棚需要具有以下功能。

1) 手机客户端访问功能。使用手机通过网络访问监控系统。

2) 实时监测和报警。使用无线传感器可以实时采集大棚内的环境因子,包括空气温度、空气湿度、土壤温度、土壤水分、光照强度等数据信息,再通过网络传输到智能大棚监控专家系统,为数据统计、分析提供依据,对不适合作物生长的环境条件自动报警。

3) 远程设施控制系统。通过网站,可以对水泵、卷帘机、风机、湿帘、电磁阀、施肥机等设备远程控制,实现农业设施的远程手动或自动控制。

4) 远程生产指导系统。根据农作物生长模型库,对大棚实时环境监测数据对比分析,当环境数据高于作物生长的上限或低于作物生长下限时,系统自动报警。

### （二）知识准备

物联网系统架构体系复杂,适用行业广泛,产业链长,需要用到非常多的技术,比如感应层的 RFID 技术,网络层的广域网通信技术如 3G、4G、5G,应用层的大数据及云计算技术等。

**1. RFID**

射频识别(Radio Frequency Identification,RFID)是一种非接触式的自动识别技术,

它通过射频信号自动识别目标对象并获取相关数据。

RFID具有读取方便快捷、识别速度快、使用寿命长、数据容量大、标签数据可动态更改、动态实时通信、数据安全等特点。

**2. 传感器**

传感器是一种能够感受规定的被测量并按照一定规律转换成可用输出信号的器件或装置。

传感技术是一门集敏感材料科学、传感器技术及系统、微机电加工技术、微型计算机技术及通信技术等多学科相互交叉、相互渗透而形成的新型工程技术,是现代信息技术的重要组成部分。

传感技术与通信技术和计算机技术构成了现代信息技术的三大支柱,以传感器为核心的检测系统就像神经和感官一样,源源不断地向人类提供宏观与微观世界的信息,成为人们认识自然、改造自然的有利工具。

**3. 蓝牙**

蓝牙技术能够实现单点对多点的无线数据和声音传输,通信距离在10m的半径范围内,数据传输带宽最高可达1Mbit/s。蓝牙工作在全球开放的2.4GHz工业科学医学(Industry Science Medicine,ISM)频段,使用跳频频谱扩展技术,通信介质为2.402~2.480GHz的电磁波,没有特别的通信视角和方向要求。蓝牙具有功耗低、支持语音传输、通信安全性好、组建网络简单等特点。

蓝牙模块体积很小、便于集成,功耗低,全球范围适用,同时可传输语音和数据,具有很好的抗干扰能力,可以建立临时性的对等连接,成本低,安全性好,接口标准开放。

**4. WiFi**

无线保真(Wireless Fidelity,WiFi)是属于无线局域网的一种,通常指IEEE 802.11b产品,是利用无线接入手段的新型局域网解决方案。WiFi覆盖半径可达几十米到上百米,数据传输带宽最高可达几千Mbit/s,工作在全球开放的2.4GHz和5GHz ISM频段。WiFi的主要特点有传输速率高、可靠性高、建网快、便捷、可移动性好、网络结构弹性化、组网灵活、组网价格较低等。

**5. ZigBee**

紫蜂(ZigBee)技术是一种近距离、低复杂度、低功耗、低速率、低成本的双向无线通信技术,主要用于距离短、功耗低且传输速率不高的各种电子设备之间进行数据传输,以及典型的有周期性数据、间歇性数据和低反应时间数据传输的应用,因此其非常适用于家电和小型电子设备的无线控制指令传输。

ZigBee的技术特点有传输速率低、省电可靠、时延短、网络容量大、安全、高保密性、有效范围小等。

以上3种短距离无线通信各有优劣,见表9-1。在实际应用中,可以根据具体的应用场景选择不同的通信技术。

表 9-1　WiFi、蓝牙和 ZigBee 比较

| 特性 | WiFi | 蓝牙 | ZigBee |
| --- | --- | --- | --- |
| 电池寿命 | 几小时 | 几周 | 6~24 个月 |
| 复杂程度 | 非常复杂 | 复杂 | 简单 |
| 节点/主节点 | 32 个 | 7 个 | 65000 个 |
| 接入网络速度 | 最长 3s | 最长 10s | 1s 以内 |
| 覆盖半径 | 100m | 10m | 30~300m |
| 可扩展性 | 可以漫游 | 不可以漫游 | 可以漫游 |
| 有效吞吐量 | 5Mbit/s~7Mbit/s | 700kbit/s | 100kbit/s |
| 安全 | 验证服务装置 ID(SSID) | 64 位,128 位 | 128 位 AES 和应用层 |
| 应用 | 电脑联网 | 文件传输 | 传感和控制 |

6. 嵌入式系统

嵌入式系统是以应用为核心,以计算机技术为基础,适应应用系统对功能、可靠性、安全性、成本、体积、质量、功耗、环境等方面有严格要求的专用计算机系统。

嵌入式向下联系传感器与控制设备,向上经网络层与应用层交互,是物联网系统中的底层重要的一环。具有专用性强、可裁剪性高、实时性好、可靠性高、生命周期长、不易被垄断等特点。

7. 网关

物联网网关是连接感知网络与传统通信网络的纽带。其可以实现感知网络与通信网络或不同类型感知网络之间的协议转换,既可以实现广域互联,也可以实现局域互联。此外,物联网网关还需要具备设备管理功能,运营商通过物联网网关设备可以管理底层的各感知节点,了解各节点的相关信息,并实现远程控制。

物联网网关具有强大的接入能力、可管理能力和协议转换能力。

(三) 项目实施

按照物联网架构体系及项目需求,本项目中的智能温室大棚系统主要分为大棚现场、数据传输业务平台和终端展现 3 部分,分别对应物联网架构体系中的感知层、网络层和应用层。

此智能温室大棚的网络拓扑结构如图 9-21 所示。

1) 智能温室大棚感知层包括温室环境检测、土壤墒情检测、控制设备以及农业智能控制柜,负责大棚内部环境参数的采集和控制设备的执行。

2) 网络层根据使用场合,采用不同通信技术实现智能控制柜与云平台的数据通信。

3) 应用层使用业务平台实现远程设施控制、远程生产指导,并在多种用户终端展现,如手机、计算机和平板电脑等。

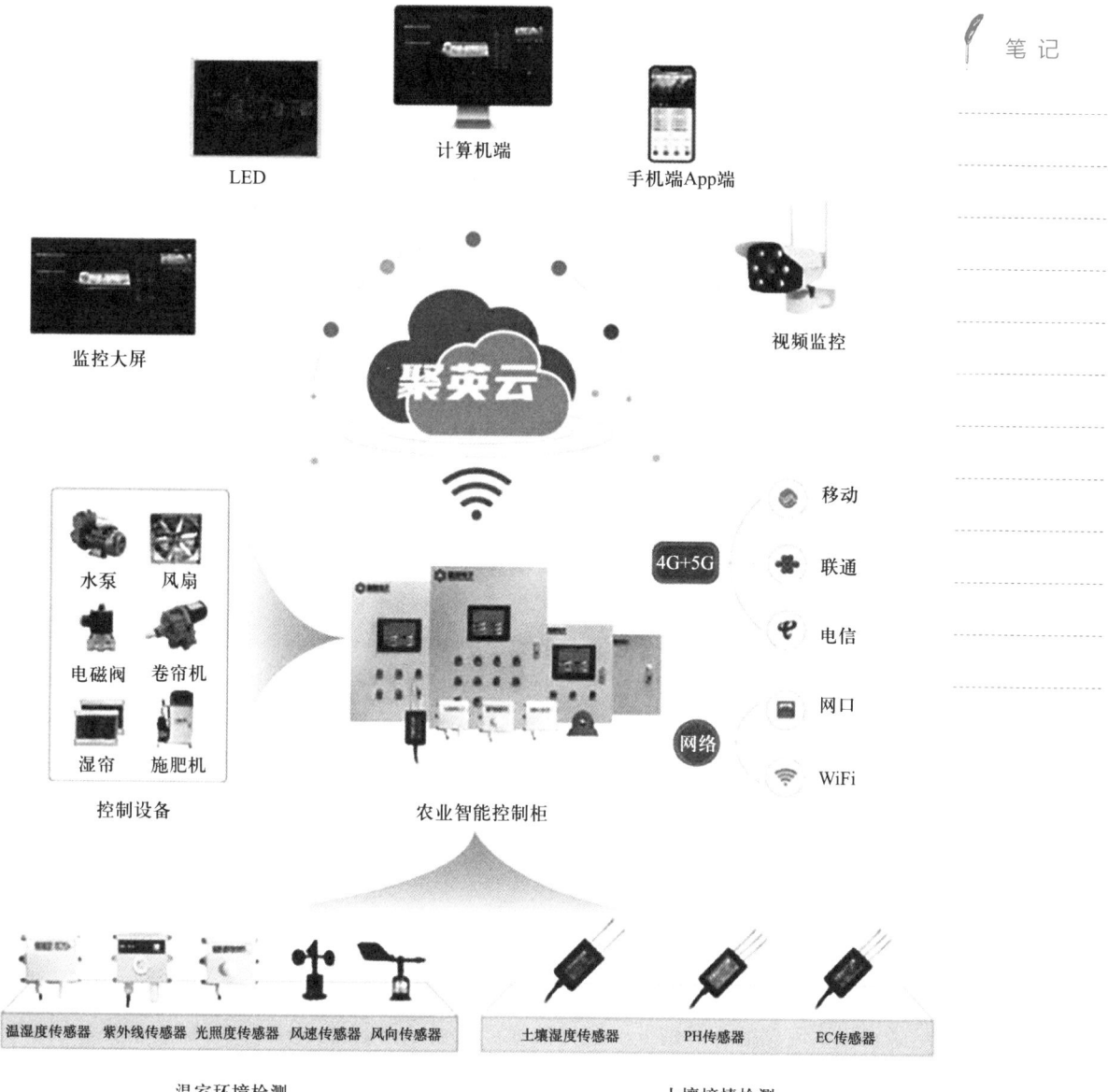

图 9-21 智能温室大棚网络拓扑结构

本项目详细实施过程如下。

步骤 1：感知层采集智能温室大棚各种环境参数。

采集环境参数主要包括农业生产所需的光照强度、温度、空气湿度、风速、风向、土壤温度、土壤水分等数值，用来采集这些数据的传感器可细分为温室环境监测和土壤墒情检测两个模块。温室环境监测模块需要用到温湿度传感器、紫外线传感器、光照度传感器、风速传感器和风向传感器；土壤墒情监测单元需要用到土壤温湿度传感器、氢离子浓度（Hydrogen ion concentration，PH）传感器、电导率（Electric Conductivity，EC）传感器。

对于不同的应用场景需求可以去掉某些传感器，也可以根据需求增加另外的传感器,如二氧化碳传感器等。

步骤2:嵌入式技术读取传感器数据,然后将数据上报到农业智能控制柜。

将农业智能控制柜置于在温室大棚现场,传感器采集到的各种数据可以在现场显示,并且智能控制柜可以根据传感器获得的数据智能控制设备,调节温室大棚处于更利于温室大棚中农作物的生产环境,如根据湿度参数控制水泵以调节大棚的湿度,根据温度参数控制风扇以调节温室大棚的温度、根据光照度参数控制卷帘机执行收放动作调节温室大棚的光照等。

有时控制设备和各种传感器距离农业智能控制柜很近,那么控制设备和传感器通过普通的有线技术就可以连接到智能控制柜。控制设备和各种传感器也可能距离农业智能控制柜很远,则控制设备和传感器可以通过WiFi、蓝牙、ZigBee等短距离无线传输距离连接到智能控制柜。在本项目中不同传感器分布较远,并且距离智能控制柜较远,传感器不方便使用市电供电,需要考虑功耗问题,所以采用低功耗、低延迟的ZigBee技术将传感器采集到的数据上传给农业智能控制柜。

步骤3:数据上传到云平台。

本项目需要在现场通过智能控制柜查看或调节传感器的数据和各种控制设备。如果使用网络层技术将数据传输到云平台,即使身处千里之外,也可以随时随地了解温室大棚的实时状况。本项目中的农业智能控制柜和云平台间传输选用4G通信技术。

由于本项目中传感器多种多样,传输协议多种多样,且ZigBee与传输控制协议/网络协议(Transmission Control Protocol/Internet Protocol,TCP/IP)不能直接互通,所以在智能控制柜处需加网关。

根据智能控制柜与云平台服务器的距离,选用合适的通信技术,而不是必须采用4G、5G等移动通信,如果距离较远可以选用4G或者5G,如果距离较近可以选用网线或WiFi实现农业智能控制柜与云平台的通信。本项目中农业智能控制柜距云平台服务器几十千米,传输无延迟需求,无图像、视频传输需求。因此从成本考虑,采用4G通信实现。

步骤4:数据展示。

将云平台上的数据展示在终端界面,如计算机、手机、LED屏、监控大屏等,方便详尽了解温室大棚的各种情况。各种数据可以图形化、表格化显示,可以查询各种数据记录,可以远程与农业智能控制柜进行交互,可以调整、控制水泵开启关闭的湿度阈值,可以调整控制卷帘机收放的光照度阈值等,也可以调整各种参数的报警阈值,实现远程设施控制,还可以利用大数据与云计算技术建立农作物生长模型库,为智能控制农作物生产提供建议,远程、高效和精准地实现温室大棚管理。

步骤5:产品跟踪。

如果有需要,感知层可以采用RFID技术对温室大棚生产的农业产品进行跟踪,则应用层可实现产品溯源服务。在应用层增加应用,农业生产企业可以对客户进行管理,提高企业的销售能力。

### (四)项目总结

智慧农业和物联网技术有机结合,可以高效实现农业在生产方面的规范化、智能化,为现代化的农业发展创造出更加丰厚的收益。本项目通过智能温室大棚物联网项目的实施,介绍物联网系统架构和相关技术。当然,不同的项目要根据实际需求选择适合的技术。例如,在网络层技术的选择上,目前市场上主要有低功率广域网络(Low-Power Wide-Area Network,LPWAN)技术、窄带物联网(Narrow Band Internet of Things,NB-IOT)技术、基于LTE的物联网(LTE enhanced MTO,eMTC)技术以及远距离无线电(Long Range Radio,LORA)技术等。

## 【物联网项目拓展】

### (一) 项目描述

本项目为某地的可视化环保检测系统,该系统包括固定排污点监控、环保车船流动监控以及环保执法监控3个部分。通过固定点摄像头监控固定点排污情况,环境监测车船配有摄像头及无线传输终端可流动巡视各处排污情况,执法车配有车载摄像头及无线传输终端,环保执法人员可远程获取车船视频与图像取证,图像与视频采用独特的压缩算法经无线或有线传输入网。该系统可以实现远程实时监控与全方位存储,以及在各种终端的显示功能,极大方便了环境监控与执法取证,威慑违规企业,避免污水的排放。以往违规企业常在晚上偷偷排放,现在这些行为也无法逃脱这套系统的监控,有效地避免了污水的排放,保护了自然环境。

基于5G的无线可视化环保监测系统如图9-22所示。

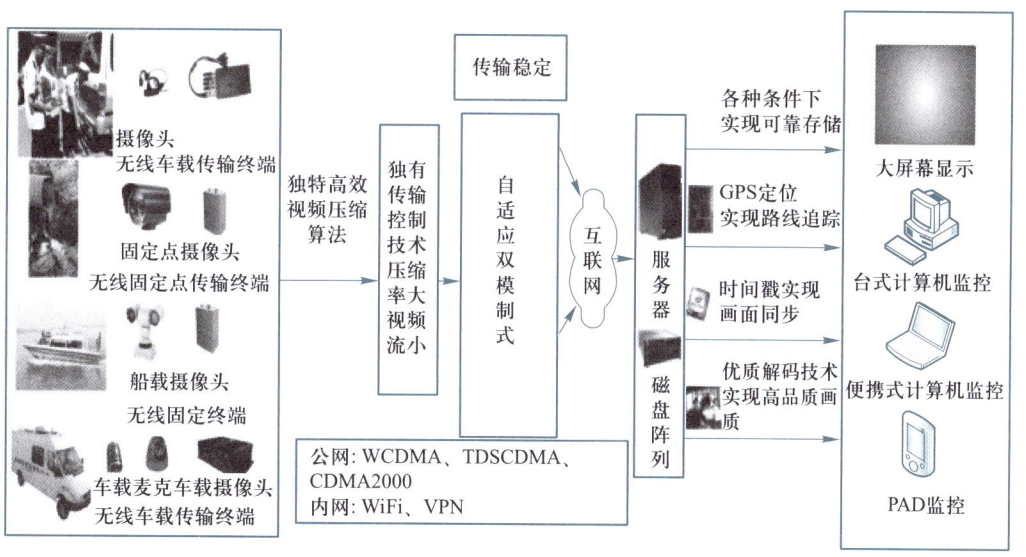

图9-22 无线可视化环保监控系统拓扑图

### (二) 项目要求

针对本项目中的环保检测系统,分析物联网的架构,并简述各层中需要用到的关键技术。

# 单元 10  信息工程项目管理

## 项目 10  项目管理

【项目管理认知】

随着现代经济的发展,在信息社会和知识经济的推动下,项目化运作生产和经营等行为已经成为企业普遍采用的模式,项目管理方式也成为企业快速发展所依赖的重要技术之一。如何定义一个项目并了解项目管理工作的开展,需要明确一些主要的概念性问题。

### (一) 项目管理概述

**1. 项目的定义**

项目是指在一定的约束条件(有限时间和资源)下,为了创造独特的产品、服务或成果而进行的工作。在现代社会生活中,"项目"一词的使用已经非常普遍,其目的在于创造特定的产品、服务或成果,因此项目独特的特性和项目多样性,导致人与人之间对项目的理解也有所不同。

项目管理是指项目的管理者在有限的资源下,使用管理知识把各种学科、技术、方法运用到项目中,来完成项目,自项目的投入决定开始到项目完成的整个过程实施规划、组织、领导、调节、掌控和评估,来达到完美完成项目的目的。

**2. 项目生命周期**

项目生命周期由有序、阶段性重叠的一系列项目阶段组成,包括项目从开始到完成所经过的各个时期。最基础的分类是把项目从开始到完结分成 5 个过程,分别是启动过程、规划过程、执行过程、监控过程和收尾过程,如图 10-1 所示。通过阶段划分,可以让项目团队对整个项目实施有全面的了解。

**3. 项目约束条件**

项目的特点导致项目实施过程中必然受到多种因素的制约。在项目管理过程中,其主要制约因素是时间、成本和质量 3 个方面,如图 10-2 所示。

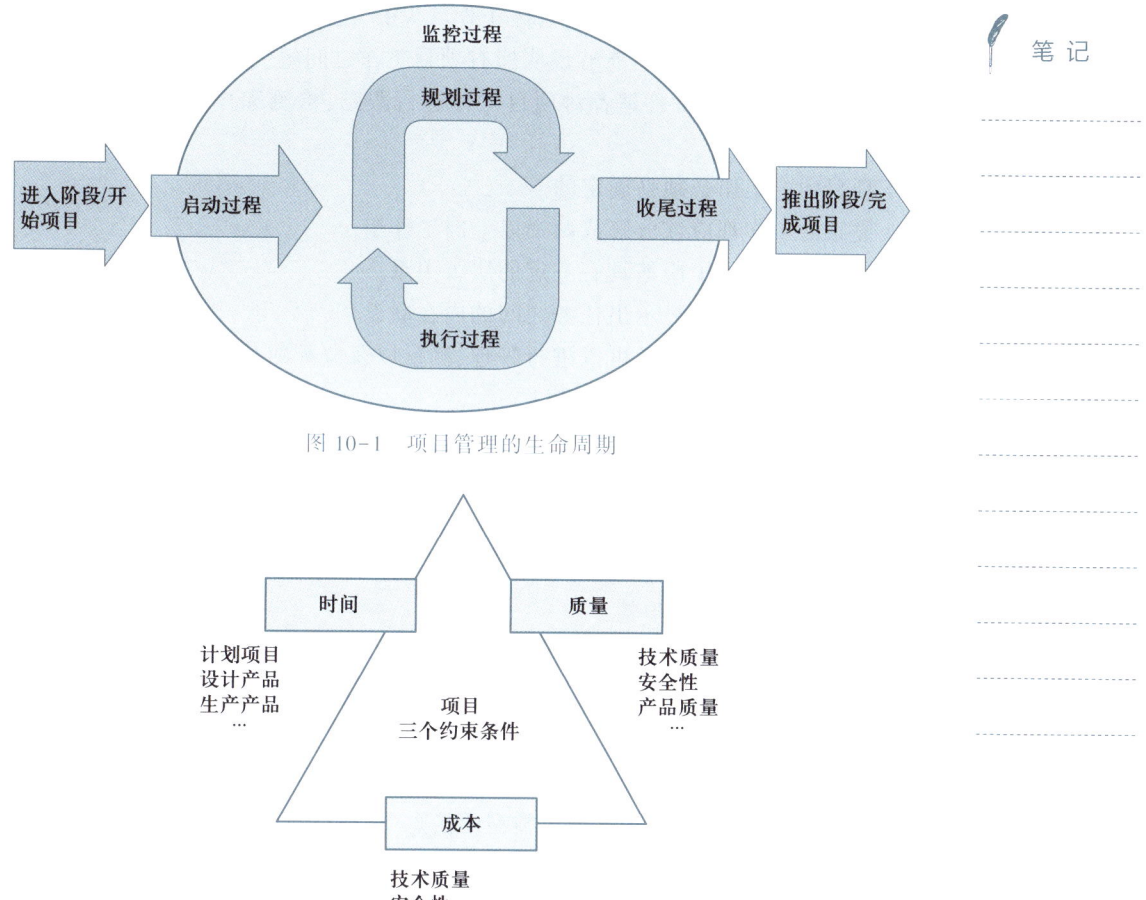

图 10-1　项目管理的生命周期

图 10-2　项目管理的三个约束条件

## (二) 项目设计流程

项目确立后,需要对项目进行规划。这是项目在开展过程中十分重要的阶段,包括项目描述、工作分解结构、项目活动描述、项目估算、项目进度计划、资源管理、风险管理计划等内容。完备的项目计划,是项目成功执行的重要基础。

### 1. 项目描述

项目描述需要依据项目现有文件资料、项目目标、项目范围、产出物标准、时间、质量、成本、前提假设和可能存在的风险,通过与相关方进行沟通,进而完善制定出项目标书文件,并在项目实施过程中不断进行维护。

项目描述中需要重点关注的关键信息包括项目名称、项目目标、项目交付物、项目验收标准、核心项目活动、项目约束、项目权责分配等。

### 2. 工作分解结构

工作分解结构(Work Breakdown Structure,WBS)是面向项目交付成果,对项目工作进行逐级分解形成的详细的工作内容,也可以解释为项目团队为了实现项目的最终目标和创造产出项目成果所要完成的具体工作。WBS 只能逐级显示项目工作,无法显示项目工作的先后顺序,但依然能够说明所有项目工作之间组织情况和隶属关系,能够帮助项目经理以及其他项目管理者对项目工作进行跟踪、检测和控制。工作分解结构的基本原则如下:

1)项目中的工作必须是确定的。
2)复杂的工作都应该分解成两个以上的工作组。
3)所有的工作组中应该具有一定的层级关系。
4)利用相应的技术显示出任务之间的内在联系。
5)应确定工作组应该是可以进行管理、测量以及分配的独立工作组。
6)底层工作能够表示项目过程。
7)各项任务之间所有联系不需要在工作分解结构中全部展示。

**3. 项目活动描述**

项目活动描述最重要的作用是能够协助团队的成员明确各个工作组的具体工作内容,为参加项目的成员能够正确认识自己需要完成的工作提供保障。

(1)项目活动描述的步骤

1)将底层项目活动作为描述对象,并列在清单上。
2)明确每一个底层项目活动的产出、交付以及完成该成果所需要的具体工作、资源、成本等相关的信息。

(2)项目活动描述的关键内容

在项目活动描述时需要包含很多类型的信息,只有信息完善才能够保证项目活动能够被有效理解以及管理。因此,项目活动描述主要包括项目活动名称、交付物或产出物、交付标准或产品标准、参考标准、详细的项目活动工作描述、前提假设条件、需求信息等。

**4. 项目估算**

项目估算过程是在项目成本控制与项目进度控制的基础上进行的,项目估算也为二者的控制与管理提供了依据,如图 10-3 所示。

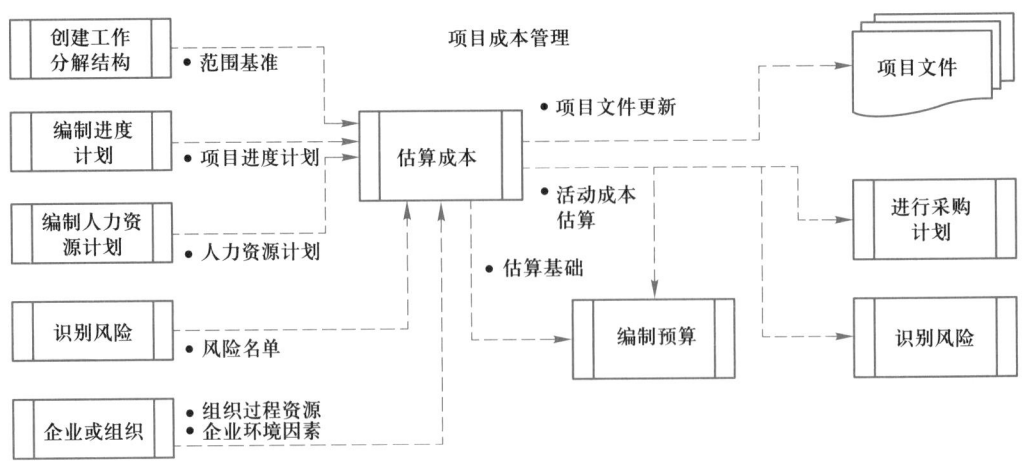

图 10-3 项目管理估算数据流向

项目估算是对所有项目活动以及整个项目的成本与资源的需求预估,是在项目活动分解结构的基础上进行的估算工作,因此分解结构的合理性也影响了项目估算的准确性。

项目估算的实施过程如下:

1)建立假设前提条件。
2)采用合理的估算工具对各个项目活动工作做出估算,包括工期与资源。
3)对项目活动中的产生的其他资源做出估算。

**5. 项目进度计划**

项目进度计划是依据项目最终产出物所进行的活动先后顺序做出的时间安排,也可以解释为为了完成项目目标、得到项目产出物而进行的活动规划。

项目进度计划制定的方法

1)根据项目工作分解结构产出的项目活动之间的相互关系,确定项目活动的先后顺序和执行时间的顺序关系。
2)将项目估算出的各个项目活动所需的工期、资源等成本对应到各个项目活动之中。
3)根据活动顺序以及资源、成本的分配,制订项目进度计划的管理计划,跟进进度的同时处理项目实施过程中可能存在的风险。

## (三)项目实施监控

在项目计划阶段结束之后,开始进入项目实施阶段,此时项目已经从初始的一个模糊的目标变成了一个具体可执行的项目方案。项目实施监控的关键步骤是对项目活动进行合理的组织和规划。规划完成后,项目理论上可以按照执行方案进行落地执行。

**1. 组建团队**

为了项目能够顺利执行,在项目团队组建过程中,就需要寻找合适的团队成员。在考虑不同团队成员个体的能力、素质等方面因素以外,还需要判断成员是否能够与团队其他成员配合到位以及与团队的共向性。组建团队需要指定一个组建者,组建者应具备对人员的判断能力和对团队的总体规划能力。每一个团队成员都要具备相应的知识和技能,综合素质必须符合项目需求。在团队建设过程中,为了保证实施效果,每个成员需要参加培训。

**2. 变更管理**

在项目实施过程中,变更是必然存在的,无论是大项目还是小项目,都会存在或多或少的需求变更,因此在面对需求变更时要摆正心态。变更管理的基本步骤如下:

1)建立变更管理机制,明确项目基准和变更规则。
2)明确项目红线,建立变更审核机制。
3)制定变更跟踪规则并进行记录。

**3. 项目控制管理**

项目控制管理的有效进行,是指对项目进行严格把控,协助项目团队在时间、费用要求下,最终完成项目目标。在控制过程中实现可视化工作进度,从而进行更加有效的管理。

(1) 项目控制的基本步骤

确定项目关键信息的载体,建立良好的成员沟通机制,促进项目团队之间的有效的沟通。确定在项目实施过程中,对于项目整体进度、成本和质量的沟通目标,制定项目规划。

(2) 项目过程控制的工具

在项目过程控制中,需要使用很多技术、方法和工具,从而提高控制管理的效率。常用工具包括资源的使用控制技术、数据分割核对的方法与技术、建立数据的考评制度和定期检查报告制度、定期进行项目会议制度、对项目进度与项目成果进行讨论和跟进制度。

4. 项目收尾工作

项目收尾工作主要是围绕项目成果的质量进行,即按项目描述确定的项目成果标准和要求进行验收工作。

收尾活动包含一些必要的行政工作,主要包括项目资料移交、记录经验、项目过程中遇到的问题与解决方案、项目中使用的技术等。

## 【项目管理项目实施】

### (一) 项目描述

某电信公司原有阿朗设备 1000 个,用作 2G 语音设备及 4G 部分数据业务。随着现代通信技术的快速发展及产业规模不断扩大,市场竞争越发激烈,阿朗的设备性能、升级扩容以及服务已经难以达到运营商要求。经电信公司统一部署,将由中兴通讯公司负责本次基站设备的替换工作。工程采用交钥匙工程,由中兴通讯公司负责本次替换工程的基站设备拆除、设备提供、设备安装、部分天馈系统的改造、业务开通以及设备交付后的技术培训工作。按合同,每站替换的建安费约为 1 万元。系统改造产生的费用按实际工程量单独进行结算。

电信公司决定,由主管工程建设的副总经理牵头组织实施。根据第一次项目会议讨论,本工程由电信公司建设部牵头组织实施,管控整体进度以及质量;电信公司维护部门负责基站侧以外如光缆补缆的施工,并主导本次工程各种验收工作。

本项目要求统一部署时限不超过 9 个月。在项目现场办公会上,电信公司明确要求:希望施工单位能克服困难,保质保量在 6 个月内完成全部工作。中兴通讯公司领导在对项目综合调研讨论后承诺按照要求完成全部任务。

微课 10-1:
项目标书简单展示

### (二) 项目实施

1. 项目描述

根据项目描述归纳总结该项目的关键要求,见表 10-1。

表 10-1 项目信息表

| 项目名称 | 中兴替换建设项目 |
|---|---|
| 项目目标 | 6个月完成中兴替换阿朗设备,去除主设备资金,工程总投资控制在900万元以下 |
| 交付物 | 1000套中兴通讯设备基站设备,包含天馈系统改造 |
| 交付物完成准则 | 基站设备能够正常使用,手机用户能够正常使用,业务指标达到合同要求标准 |
| 工作描述 | 阿朗设备拆除、中兴通讯基站安装、系统改造、基站调测开通 |
| 工作规范 | 依据国家建设工程的有关规定 |
| 所需资源估计 | 人力、材料、设备的需求预测 |
| 重大里程碑 | 开工日期××××年××月××日、工勘完成日期××××年××月××日、设备备货完成日期××××年××月××日、设备拆除、安装完工日期××××年××月××日、调测工程完工日期××××年××月××日、工程验收日期××××年××月××日 |

项目经理审批意见:按照要求保质、保量、按时完成任务

签名日期:××××年××月××日

### 2. 项目团队组建

根据现有组织以及项目需求,搭建适用于本项目实施的项目团队组织,如图10-4所示。

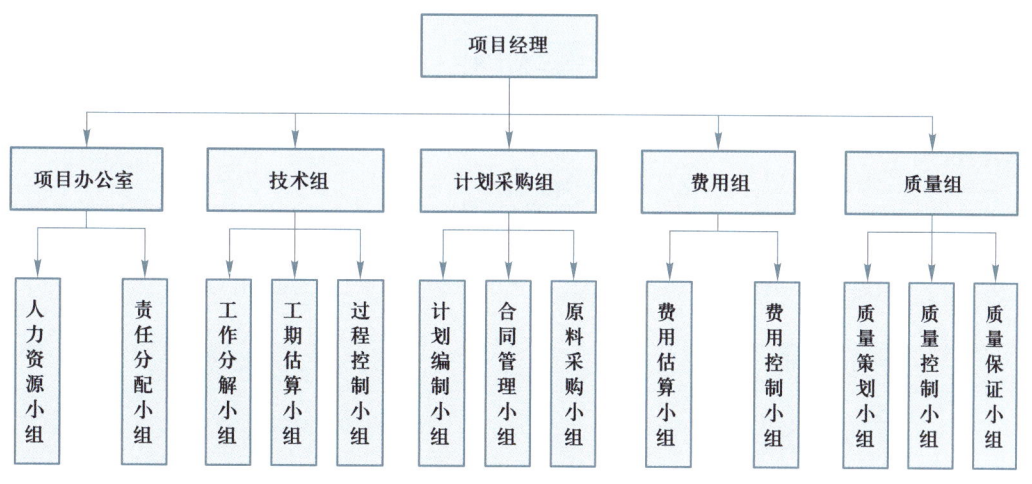

图 10-4 项目组织架构

### 3. 工作分解结构

根据项目总体任务目标和项目过程,对项目工作内容进行分解,按照项目工作分解结构的原则和方法,完成工作的细分,如图10-5所示。

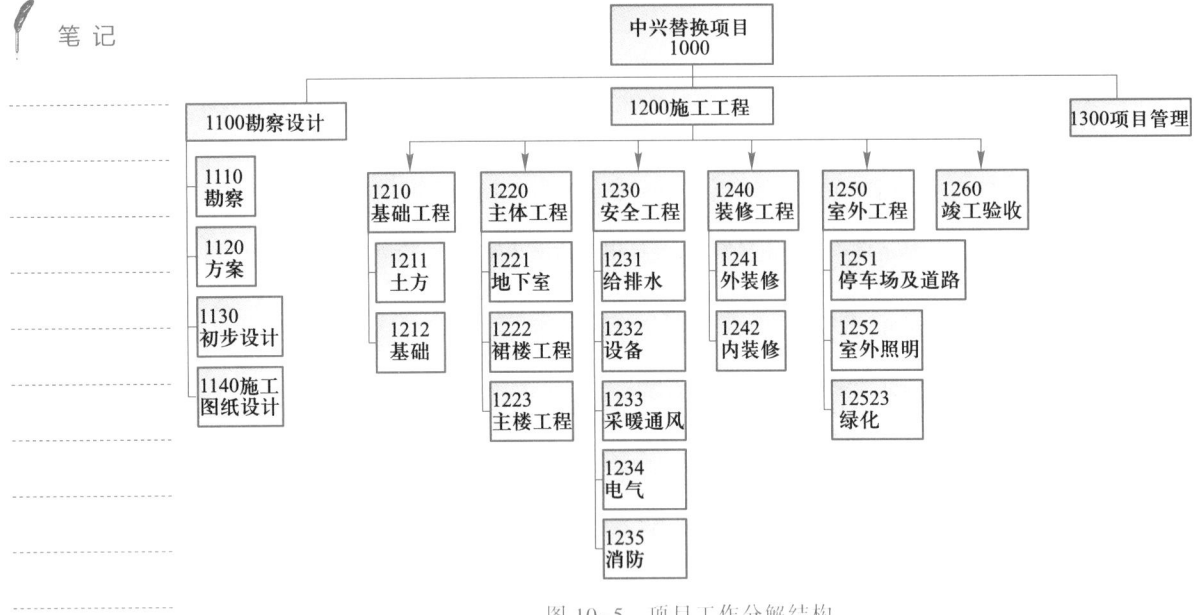

图 10-5 项目工作分解结构

**4. 项目进程控制及过程分析**

在项目实施工程中,根据项目工作的执行以及进度跟踪,项目经理以及其他关键项目团队成员要对项目的整体进程进行把控,并对项目过程中出现的问题或关键指标进行分析,以保证项目质量,如图 10-6 所示。

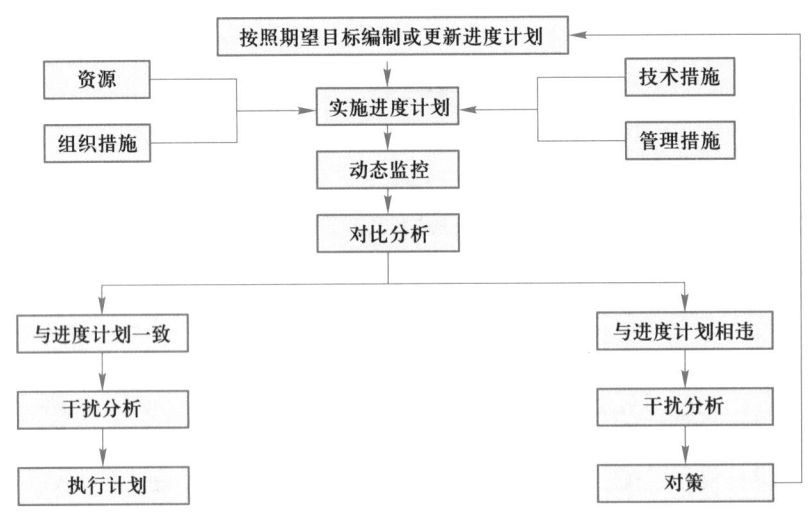

图 10-6 项目进度控制过程分析

## (三)项目总结

通过本项目的实施和研究,对通信项目管理过程进行全面的了解,在该项目中积累了大量宝贵经验。

根据项目背景分析项目的特点,并对项目及其设施的总目标进行描述。针对项目的目标要求、设施要求,对该项目实施的过程进行分解,要求分解后的项目工作数目大约15个左右,并用工作分解结构图或工作分解结构表进行展示,同时在工作分解结构图或工作分解结构表中编制工作编码,并对分解的工作进行描述。为公司实施该项目设计一个合理的管理机制,要求采用项目负责制的管理形式,统筹考虑计划、人力、资源、费用及质量管理等方面的问题。为项目的每项工作指派责任人,制定项目的责任分配。分析项目各项工作之间的先后关系,编制项目的网络计划图和甘特图。

## 【项目管理项目拓展】

### (一) 项目描述

某公司准备开发一个适用于企业业务的数字化管理系统。在开始的前期,项目团队给出了一个粗略的进度计划,预计工期在12~18个月的时间。在1个月后,要求完成并获得批准产品的需求报告,根据需求,项目经理对项目进行规划,制订为期一年的项目进度计划表。企业曾经在去年开发过类似的项目,在制订计划过程中,并没有让技术人员参加,是项目经理独立设计完成的进度表。根据现在的需求分析和项目目标,项目组成员对此项目持有较为乐观的态度,公司十分重视该项目,但是项目经理并未将进度表放在重点位置上。

项目进入到开发阶段后,技术人员反馈计划安排得太满,没有考虑节假日等问题,包括新员工的适应阶段,即计划是按最高水平、最理想的情况制订的。此外,项目中出现的问题也没有被管理层重视,影响了项目的开发进度。为了减少技术人员负担,项目经理将进度计划延期了两周。技术主管反馈所有工作都是到了非做不可的时候才安排,计划编制者则反应项目中出现的很多问题都是由于技术人员没有充分了解项目造成的,不得不促使整个组织去完成进度。

在项目实施中,很多问题与争议一直存在,无论是会议还是协调,都无法将项目的商业目标和技术目标统一。在后期测试时同样存在测试人员与研发人员对接处理问题缓慢的情况,按照现进度,整个项目工期将比原计划延长4个月。

### (二) 项目要求

1) 在本案例中,分析产生上述案例项目问题的原因,并总结经验。
2) 根据本案例出现的问题,找出解决方案。

# 参考文献

[1] 深圳职业技术学院计算机与网络基础教研室.计算机应用基础——信息素养+Office 2013办公自动化[M].2版.北京:高等教育出版社,2017.

[2] 曾爱林.计算机应用基础项目化教程(Windows 10+Office 2016)[M].北京:高等教育出版社,2019.

[3] 眭碧霞.信息技术基础(WPS Office)[M].2版.北京:高等教育出版社,2021.

[4] 敖建华,杨青,叶聪.信息技术基础[M].北京:高等教育出版社,2019.

## 郑重声明

高等教育出版社依法对本书享有专有出版权。任何未经许可的复制、销售行为均违反《中华人民共和国著作权法》，其行为人将承担相应的民事责任和行政责任；构成犯罪的，将被依法追究刑事责任。为了维护市场秩序，保护读者的合法权益，避免读者误用盗版书造成不良后果，我社将配合行政执法部门和司法机关对违法犯罪的单位和个人进行严厉打击。社会各界人士如发现上述侵权行为，希望及时举报，我社将奖励举报有功人员。

反盗版举报电话　（010）58581999　58582371
反盗版举报邮箱　dd@hep.com.cn
通信地址　北京市西城区德外大街4号　高等教育出版社法律事务部
邮政编码　100120

读者意见反馈

为收集对教材的意见建议，进一步完善教材编写并做好服务工作，读者可将对本教材的意见建议通过如下渠道反馈至我社。

咨询电话　400-810-0598
反馈邮箱　gjdzfwb@pub.hep.cn
通信地址　北京市朝阳区惠新东街4号富盛大厦1座
　　　　　高等教育出版社总编辑办公室
邮政编码　100029